愚管抄

全現代語訳

慈　円
大隅和雄　訳

講談社学術文庫

目次

愚管抄

凡例

一、現代語訳に際しては、岡見正雄・赤松俊秀校注『愚管抄』(日本古典文学大系86)を底本とし、新訂増補国史大系所収の『愚管抄』を参照して一部改め、中島悦次著『愚管抄全註解』も参考にした。

一、訳文はなるべく原文に忠実にと心がけたが、現代文として読みやすくするため、ことばを補った部分もある。

一、通読の便宜を考えて、訳注は原則として( )で本文内に挿入した。しかし、意味の多様なことば、難解な個所、『愚管抄』の書誌的な研究の論点となっている部分などについては、巻末の補注で説明を加えた。

一、人名は原則として原文の呼称をそのまま使用し、( )で通例の呼称を補った。ただし、冷泉天皇以後の天皇はすべて〇〇院としるされているが、訳文ではそれぞれ天皇・上皇・法皇と表現した。

一、巻第三以後、読みやすさを考えて小見出しを加えた。

一、段落は底本のとおりにはせず、やや多く区切りをつけた。

一、原文には系図の記載はないが、人間関係の理解を容易にするため、適宜、挿入した。系図の中の天皇の歴代数は『愚管抄』にしるされたものではなく、通例のそれを採用した。

一、校正に際しては北海道大学日本史研究室の石丸熙氏の協力を得た。

巻第一

中国の年代記

盤古《ばんこ》　天地開闢《かいびゃく》ののち最初に現われた君主である。
三皇《さんこう》　天皇《てんこう》・地皇《ちこう》・人皇《じんこう》をいう。また伏羲《ふくぎ》・神農《しんのう》・黄帝《こうてい》を三皇とすることもある。
五帝　小昊《しょうこう》・顓頊《せんぎょく》・高辛《こうしん》・堯《ぎょう》・舜《しゅん》の五人の聖天子をいう。
三王　夏《か》・殷《いん》・周《しゅう》の三王朝をいう。そのうち夏は十七王、四百三十二年。殷は商《しょう》ともいい、三十王、六百十八年。周は三十七王、八百六十七年を数えた。
十二諸侯　春秋時代の強国で、鄭《てい》・曹《そう》・宋《そう》・晋《しん》・衛《えい》・秦《しん》・斉《せい》・燕《えん》・魯《ろ》・蔡《さい》・楚《そ》・陳《ちん》をいい、さらに十二諸侯には入れないが、呉《ご》をあげることもある。
六国《りっこく》　戦国時代の強国をいい、周の第二十七代元《げん》王の時に強力であった韓《かん》・魏《ぎ》・趙《ちょう》・斉・燕・楚の六国をさす。
秦　六帝あいつぎ、五十六年。

漢　十二帝、二百十四年を数えたが、王莽《おうもう》が建てた新《しん》によって中断され、新は十四年つづいた。更始《こうし》三年に後漢が再建された。
後漢　十二帝あいつぎ、百九十五年。
三雄　後漢の末期におこった魏・呉・蜀《しょく》の三国をいう。魏は五帝、四十五年。呉は四帝、四十九年。蜀は二帝、四十三年を数える。
晋　十五帝、百五十五年の歴史をもつが、第二代恵《けい》帝以後、漢民族以外の諸族があいついで漢王を称し、南燕・後涼《こうりよう》・後秦・後蜀・偽夏・西秦・南涼・前秦・前涼・前燕・後趙・代・魏・北涼・西涼・北燕・後燕の諸国が現われた。
南朝・北朝　晋の後、漢人の南朝と北方民族の北朝とに分かれ、宋―八帝五十九年、後魏―十四帝百三十九年、南斉―七帝三十三年、西魏―三帝二十三年、東魏―一帝十六年、梁《りよう》―四帝五十五年、後周―五帝二十四年、陳―五帝三十三年、北斉―七帝二十八年、という王朝があいついで興亡した。
隋《ずい》　後周の後をついで、三帝三十七年。
唐《とう》　隋の後をつぎ、二十帝二百八十九年を数える。
五代　唐の後、梁―三帝十六年、唐―四帝十三年、晋―三帝十二年、漢―二帝三年、周―三帝九年の五王朝が興亡を重ねた。
大宋　周の後をついで現在まで十三帝、今年までで二百六十三年になる〔これをしるしたのは承久二年（一二二〇）である」。

践祚《せんそ》というのは即位のことである。祚は阼（即位の儀式で天子が昇る階《きざはし》）のことという。阼は「はじめ」を意味し、践祚は「位をふむはじめ」という意味である。

脱屣《だっし》というのは退位することである。黄帝は仙道を求めて昇天を願い、位を退くに際して屣《くつ》（わらじ）をぬぎ捨てるようであったという。

国王の在位年数を数えるには受禅の年を捨ててつぎの年から数える。これは踰年《ゆねん》法という年代の計算法である。受禅というのは譲位のことで、禅は「ゆずる」とよみ、譲も「ゆずる」ことであるから、受禅はゆずりを受けることを意味する。

さて日本の皇位の直系はつぎのとおりである。

神武《じんむ》　綏靖《すいぜい》　安寧《あんねい》　懿徳《いとく》　孝昭《こうしょう》　孝安《こうあん》　孝霊《こうれい》　孝元《こうげん》　開化《かいか》　崇神《すじん》　垂仁《すいにん》　景行《けいこう》　日本武尊《やまとたけるのみこと》
仲哀《ちゅうあい》　応神《おうじん》　隼総《はやぶさ》皇子　男大迹《おおと》王　私斐《しひ》王　彦主人《ひこあるじ》王　継体《けいたい》　欽明《きんめい》　敏達《びだつ》　忍坂大兄《おしさかのおおえ》皇子
舒明《じょめい》　天智《てんち》　施基《しき》（志貴）皇子　光仁《こうにん》　桓武《かんむ》　嵯峨《さが》　仁明《にんめい》　光孝《こうこう》　宇多《うだ》　醍醐《だいご》　村上《むらかみ》　円融《えんゆう》
一条《いちじょう》　後朱雀《ごすざく》　後三条《ごさんじょう》　白河《しらかわ》　堀河《ほりかわ》

以上が皇位の世代の列記であるが、実際には皇位はつぎに述べるように受け継がれてきたのである。

皇帝年代記(1)

第一　神武天皇　在位七十六年。辛酉《かのととり》の年に即位し、時に五十二歳。百二十七歳で崩御。

彦波瀲武鸕鷀草葺不合尊《ひこなぎさたけうがやふきあわせずのみこと》の第四子で、正月一日庚辰《かのえたつ》に御生誕。御母は海神の娘玉依姫《たまよりひめ》であった。この天皇の時にはじめて神官を置いてよろずの神々をおまつりになった。またこの国を秋津《あきづ》島《しま》とお呼びになった。

天皇の宮は大和国橿原宮《かしはらのみや》で、はじめの年は辛酉の年であったが、それは釈迦の滅後二百九十年にあたり、また周の第十六代僖《き》王の三年に相当するという。しかし周の恵《けい》王十七年辛酉の年にあたるとする説もあり、現代まで数えて相違がないことから、この説のほうがよいように思われる。

第二　綏靖天皇　在位三十三年。治世のはじめは庚辰の年で、五十二歳で即位。御年八十四歳で崩御。

神武天皇の第三子で、神武四十二年正月甲寅《きのえとら》の日に東宮《とうぐう》（皇太子）に立てられた。時に十九歳。母は蹈鞴五十鈴媛《たたらいすずひめ》といい、事代主神《ことしろぬしのかみ》の娘であった。神武天皇の崩御後四年たって即位され、大和国葛城高岡宮《かずらきたかおかのみや》に宮を定め、后《きさき》は一人、皇子は一人であった。

さて、神武には三人の皇子があった。第一の皇子は手研耳命《たぎしみみのみこと》、第二皇子は神八井耳命《かむやいみみのみこと》、第三はこの東宮つまり綏靖天皇である。神武天皇崩御ののち、喪に服する間、第一皇子が世の事を行なうこととされたが、この皇子は二人の弟皇子に対してたちまち害心を抱くようになった。綏靖天皇は兄の心を知って、中の兄に長兄を射殺してしまうようすすめたところ、中の兄は弓矢をとりながらその手がふるえて射ることができなかった。この東宮はその時、中の兄の弓矢をとって、ねらいあやまたず射殺してしまわれた。事が終わってのち、中の皇子は自分は皇位をつぐべき器量ではないことを述べて弟に譲ろうとし、東宮は「兄なのだから」と、互いに譲りあって四年の間、即位の事が行なわれなかった。四年の空白が過ぎ、ついに兄のすすめによって、綏靖天皇が即位されたのである。

この出来事をよく考えてみると、すべての世のことわりというものは、このように歴史のはじめにみごとに示しておいてあるらしいということがわかってくる。兄を殺すというのは悪のようであるが、この場合は自分が皇位につこうとして兄を殺されたのではなく、世の常の悪を退治しようという御心からなさったことであった。それで末弟である東宮は残った兄に位につくようおすすめになったのである。この経過を見てゆくと、ただ道理を明らかにし、それに従うことが究極の目的とされていることがわかるであろう。父の神武天皇はかねてこうした第三皇子の器量を推察され、東宮に立てておかれたのであった。

この歴代皇位継承の最初の出来事を知ったうえで後のことを考えてみると、中の皇子と東宮とが正道を守ろうとする御心で互いに皇位を譲りあわれたことは、仁徳天皇と宇治太子との例によってあらわされ、弟皇子がついに兄に説得されて即位したということは、仁賢天皇と顕宗天皇との御兄弟が人々のはからいに従ってよく事に処された例としてあらわれているのである。さらにまた、兄の皇子を射殺したのは、すべて悪というものを退けて善に従おうという御心のあらわれであるが、歴史を見ていくと、聖徳太子の時に崇峻天皇が殺され、大友皇子が天武天皇に討たれたというように、類似の例は後世に至るまで数多いのである。このようにまずはじめに、全部に通ずる正しい筋道のあり方が示されているのである。

第三　**安寧天皇**　在位三十八年。治世のはじめの年は癸丑《みずのとうし》の年であった。二十歳で即位。崩御の時御年五十五。

綏靖天皇の太子で、綏靖二十五年正月戊子《つちのえね》の日に十一歳で東宮となった。母は皇太后五《い》十鈴依姫《すずよりひめ》で、事代主神の妹娘であった。大和国片塩浮穴宮《かたしおうきあなのみや》に宮を定め、后は三人、皇子四人があった。

第四　**懿徳天皇**　治世は三十四年。辛卯《かのとう》の年にはじまり、即位の時御年三十四。七十七歳(2)で崩御。

安寧天皇の第二子であったが、第三子ともいわれている。安寧十一年に東宮となる。母は皇太后渟名底中姫《ぬなそこなかつひめ》といい、事代主神の孫にあたる。大和国軽曲峡宮《かるのまがりわのみや》に宮居を定めた。この天皇の三十二年に孔子が死んだという。しかし別な説では孝昭天皇の七年という。后は三人、皇子は一人であった。

第五　孝昭天皇　在位八十三年。丙寅《ひのえとら》の年にはじまる。三十二歳で即位し、百二十歳で崩御。懿徳天皇の太子で、懿徳二十二年に東宮に立てられた。母は皇太后天豊津媛《あまとよつひめ》といい、息《おき》石耳命《いしみみのみこと》の娘であった。大和国掖上池心宮《わきのかみいけこころのみや》を宮居とし、三人の后と二人の皇子があった。

第六　孝安天皇　在位百二年。治世のはじめの年は己丑《つちのとうし》の年で、即位の時に三十六歳。御年百歳、あるいは百三十七歳で崩御。

孝昭天皇の第二子で、孝昭六十八年に東宮となった。母は皇太后世襲足媛《よそたらしひめ》といい、尾張連《おわりのむらじ》の祖先にあたる瀛津世襲足媛《おきつよそたらしひめ》の妹であった。宮を大和国室秋津島宮《むろあきづしまのみや》に定め、后三人、皇子一人があった。異本には皇子二人ともいう。

第七　孝霊天皇　在位七十六年。治世のはじめは庚午《かのえうま》の年で、五十三歳で即位。百十、あるいは百二十八歳で崩御。

孝安天皇の太子で、孝安七十六年に東宮に立てられた。母は皇太后姉押姫《あねおしひめ》で、天足彦国押人命《あまたらしひこくにおしひとのみこと》の娘であった。大和国黒田廬戸宮《くろだいおとのみや》に宮居して、后五人と男女六人の御子があった。

第八　孝元天皇　在位五十七年。丁亥《ひのとい》の年をはじめとし、即位の時六十歳。御年百十七で崩御。

孝霊天皇の太子で、孝霊三十六年に東宮に立てられた。母は皇太后細媛《くわしひめ》といい、磯城県主《しきあがたぬし》大目《おおめ》の娘である。宮を大和国軽境原宮《かるのさかいはらのみや》に定め、三人の后と男女五人の御子があった。

第九　開化天皇　在位六十年。甲申《きのえさる》の年をはじめとし、五十一歳で即位。御年百十五で崩御。孝元天皇の第二子で、孝元二十二年に東宮に立てられた。母は皇太后鬱色謎命《うつしこめのみこと》といい、穂積臣《ほづみのおみ》の遠祖である鬱色雄命《うつしこおのみこと》の妹にあたる。大和国春日率川宮《かすがいさかわのみや》に宮を定め、四人の后と男女五人の御子があった。

以上九代の天皇の治世については、執政の臣のことはしるされていない。

第十　崇神天皇　在位六十八年。治世は甲申の年にはじまり、即位の時五十二歳。御年百二十、異本によれば百十九で崩御。

開化天皇の第二子で、開化二十八年に東宮となった。母は皇太后伊香色謎命《いかしこめのみこと》で、大綜麻杵《おおへそき》の娘であった。大和国磯城瑞籬宮《しきのみずがきのみや》に宮を定めた。

この天皇の即位ののち、病で死ぬ者が数多く出た。そこで天照大神を笠縫の里におまつりし、さらに諸国に社を置いて神々を大切にまつった。その後、世の中はよく治まり、民は豊かになったのである。国の租税を定め、諸国に池をつくり、船をつくったりなどのことは、この天皇の御代に行なわれたのである。

この天皇の后は四人、男女の御子は十一人であった。

また、四つの地方に使者を派遣し、天皇のまつりごとに従わない者を平定した。しかし、臣《おみ》・連《むらじ》というような組織や名称はまだこの時にはなかった。

第十一　垂仁天皇　在位は九十九年。治世は壬辰《みずのえたつ》の年にはじまった。四十三歳で即位し、崩御の時百三十歳。別の説では百一歳とも、また百五十一歳ともいう。

崇神天皇の第三子で、崇神四十八年に東宮に立てられた。母は皇太后御間城姫《みまきひめ》で、大彦命《おおひこのみこと》の娘であった。宮は大和国巻向珠城宮《まきむくのたまきのみや》に定められ、后は四人、男女の御子は十一人であった。

この天皇の御代に、神のお告げによって太神宮を伊勢国の五十鈴《いすず》川のほとりにまつることになった。斎宮《さいぐう》もこのときにはじまったのである。また昔は人が死ぬと、その人に仕えていた者たちを生きたまま主人の墓に埋めてしまうことが行なわれていたが、この時から禁止となり、土で人形を作ってかわりに墓に納めることになった。また、この天皇の御代に遠い不老不死の国である常世《とこよ》の国から果物がもたらされた。今の橘《たちばな》がそれである。また、中国にはじめて人を遣わし、新羅《しらぎ》からはじめて使者が来たのもこの天皇の御代のことであった。

この時代に、阿陪臣《あべのおみ》など五氏の祖先が、みことのりをうけて政務を相議したという。しかし、まつりごとに参与した人々はすべて卿などと称しただけで、臣の名も制度もなかった。

第十二　景行天皇　在位六十年。辛未《かのとひつじ》の年にはじまり、四十四歳で即位、別の説では七十一歳ともいう。御年百六歳で崩御。一説では百三十三とも、また百三十ともいう。

垂仁天皇の第三子で、垂仁三十七年に東宮となった。母は皇太后日葉州媛命《ひはすひめのみこと》といい、丹波《たには》道主王《みちぬしのおおきみ》の娘であった。大和国纏向日代宮《まきむくのひしろのみや》を宮と定め、后は八人、男女の御子は八十人であった。

この天皇の御代に武内宿禰《たけのうちのすくね》をはじめて大臣という位につかせた。また国々の民の姓《かばね》が定められた。

武内宿禰は棟梁臣《とうりようのしん》に任ぜられたのであるが、棟梁臣ということばはこの時にはじまるのである。

第十三　成務天皇　治世は六十一年。辛未の年にはじまり、四十九歳で即位、百七歳で崩御。景行天皇の第四子で、景行五十一年に東宮に立てられた。母は皇太后八坂入姫命《やさかいりひめのみこと》といい、八《や》坂入彦《さかいりひこ》皇子の娘であった。近江国志賀高穴穂宮《しがのたかあなほのみや》を宮と定められたが、これ以前はすべて宮は大和国であった。この天皇の御代に諸国の境界が定められた。また后は一人で御子がなかった。

武内宿禰はこの御代に大臣となったが、大臣という称号はこの時にはじまるのである。武内大臣は天皇と生まれた日が同じであったために、特別の寵愛を受けたのだといわれている。

第十四　仲哀天皇　在位九年。壬申《みずのえさる》の年にはじまり、即位の時四十四歳。御年五十二で崩御。景行天皇の孫にあたり、日本武尊《やまとたけるのみこと》の第二子である。母は皇太后両道入姫命《ふたじいりひめのみこと》といい、活《い》目《く》天皇──垂仁天皇のことである──の王女であった。成務四十八年に東宮に立てられた。長門国穴戸豊浦宮《あなとのとよらのみや》に宮を定め、三人の后と四人の皇子があった。

この天皇の御代に、皇后が豊浦宮で如意宝珠を得たまうということがあった。この宝玉は海中から出たものである。

この天皇の政治を補佐したのは、大臣武内宿禰と大連《おおむらじ》大伴健持連《たけもつのむらじ》であった。大連という称号はこの時にはじまるのである。

またこの仲哀天皇の御父日本武尊は今の尾張国の熱田大明神である。

第十五　神功皇后　摂政として治世六十九年。治世は辛巳《かのとみ》の年にはじまり、即位の時三十二歳。御年百で崩御。

仲哀天皇の后である。開化天皇の皇子に彦生命《ひこいますのみこと》という皇子があり、その御子に大筒城真稚《おおつつきまわか》があった。そしてまたその御子に息長宿禰《おきながのすくね》が生まれ、息長宿禰の御子が神功皇后なのである。皇后の母は葛木高額媛《かずらきのたかぬかひめ》であった。大和国磐余稚桜宮《いわれわかさくらのみや》が宮と定められていた。

大臣には武内宿禰がいた。

この皇后は男の姿をして、新羅・高麗《こま》・百済《くだら》の三国を征服して、応神天皇をお生みになり、その後見役に武内宿禰をあてられた。応神の兄にあたる仲哀天皇の皇子たちが皇后に対して謀反を起こした時に、武内宿禰が謀反にうち勝ったことがある。このことはむやみに代々伝え尽くせるものではない。

第十六　応神天皇　在位四十一年。庚寅《かのえとら》の年にはじまり、即位の時七十一歳。百一歳で崩御。一説では百十歳という。

仲哀天皇の第四子で、神功皇后三年に東宮に立てられた。母は神功皇后。宮は大和国軽島明宮《かるしまのあかりのみや》であった。后は八人、男女の御子は十九人であった。

いま八幡大菩薩としてまつっているのはこの天皇のことである。

この天皇の御代に百済国から衣縫《きぬぬ》いの工女や種々の技術者・博士《はかせ》などが渡来した。中国の経書《けいしょ》や馬などが伝えられたのである。

また、この御代の大臣は武内宿禰であった。

第十七　仁徳天皇　在位八十七年。癸酉《みずのととり》の年にはじまり、即位の時二十四歳。御年百十で崩御。

応神天皇の第四子。応神四十年に東宮を補佐して政務をとる任についた。母は皇太后仲《なかつ》姫命《ひめのみこと》で五百木入彦《いおきいりひこ》皇子の孫であった。摂津国難波高津宮《なにわのたかつのみや》に宮居して、后は三人、男女の御子は六人であった。

兄弟で互いに皇位を譲りあい、空位のままで三年を経たことについてはのちに詳述する。仁徳天皇の弟が東宮に立てられていたのである。この説でいいのであろうか。

この御代も大臣は武内宿禰であった。この大臣は六代の天皇の後見をつとめ、二百八十余年の永きにわたった。どの地で没したかはわかっていない。

またこの御代に冬の氷を夏まで貯えておく氷室《ひむろ》がはじまった。鷹狩りが行なわれはじめたのもこの御代である。この天皇は今の平野大明神なのである。

第十八　履中天皇　在位六年。治世は庚子《かのえね》の年にはじまり、六十二歳で即位し、御年七十で崩御。

仁徳天皇の第一子で、仁徳三十一年に東宮となった。母の皇太后磐之媛命《いわのひめのみこと》は、葛城襲津彦《かずらきそつひこ》の娘である。大和国磐余稚桜宮《いわれわかさくらのみや》に宮居して、四人の后と男女四人の御子があった。

この天皇の御代に、諸国から女官をたてまつる采女《うねめ》の制がはじまった。また大臣が四人おかれたのもはじめてである。さらに諸国に倉を建てさせたのもこの御代のことであった。四人の大臣というのは、執政の平群竹宿禰《へぐりのずくのすくね》・宗我満智宿禰《そがのまちのすくね》・物部伊久仏《もののべのいくふつ》、大連葛木円使王《かずらきのつぶらのおみ》で、執政というものはこれが最初であった。また葛木円使王は武内宿禰の曾孫である。

第十九　反正天皇　在位六年。治世は丙午《ひのえうま》の年にはじまり、即位の時五十五歳。御年六十で崩御。

仁徳天皇の第三子で、履中二年に東宮に立てられた。母は履中に同じ。河内国丹比柴籬宮《たじひのしばがきのみや》に宮を定め、后二人、男女の御子四人があった。

この御代の執政は葛木円使王である。

第二十　允恭天皇　治世は四十二年。壬子《みずのえね》の年をはじめとし、即位の時三十九歳。御年八十で崩御。

仁徳天皇の第四子。母は履中に同じ。大和国遠明日香宮《とおつあすかのみや》に宮居して、后二人、男女の御子は九人であった。美女として名高い衣通姫《そとおりひめ》はこの天皇の后なのであるが、応神天皇の孫にあたるという。

この御代の大連は大伴室屋連《むろやのむらじ》であった。

第二十一　安康天皇　治世は三年。はじめの年は癸巳《みずのとみ》の年であった。五十三歳で即位。五十六歳で崩御。

允恭天皇の第二子。母は稚渟毛二派《わかぬけふたまた》皇子の娘である皇太后忍坂大中姫《おしさかのおおなかつひめ》であった。大和国山辺郡石上穴穂宮《やまのべぐんいそのかみのあなほのみや》を宮に定められた。

この御代の大臣は葛木円大臣である。

安康三年八月のこと、眉輪王《まよわの》が安康天皇を殺して円大臣の家に逃げ込むという事件が起こったが、眉輪王は大泊瀬《おおはつせ》皇子に殺されてしまった。

またこの御代の大連は大伴室屋連であった。

允恭天皇の東宮に立てられていたのはこの天皇の兄であったが、允恭四十二年十二月十四日、兄を殺して五十三歳で即位したのがこの安康天皇であった。そのうえ、叔父にあたる大《おお》草香《くさか》皇子を殺し、その妻を奪って后にした。眉輪王はその后と大草香皇子との間の子であったので、親の仇ということでこの事件が起こったのである。くわしくは後の巻に述べてある。

第二十二　雄略天皇　在位二十二年。治世は丙申《ひのえさる》の年にはじまり、即位の時七十歳。御年百四で崩御。

允恭天皇の第四子。母は安康と同じ。大和国泊瀬朝倉宮《はつせあさくらのみや》に宮居して、后は四人、男女の御子は五人であった。

浦島子が釣った亀が女となり、蓬萊山《ほうらい》にのぼったのはこの御代のことである。

この御代の大臣は平群真鳥臣《へぐりのまとりのおみ》・物部目連《もののべのめのむらじ》であった。目連は執政伊久仏の子である。

第二十三　清寧天皇　在位五年。治世のはじめは庚申《かのえさる》の年であった。三十九歳で即位、三十七歳ともいう。

雄略天皇の第三子。母は皇太后夫人韓媛《からひめ》であった。葛木円大臣の娘である。大和国磐余甕栗宮《いわれのみかくりのみや》に宮居した。

この天皇は御誕生の時に白髪であった。そのため御名を白髪《しらが》といった。父の雄略天皇は、霊異のあらわれとかしずいて東宮に立てられたという。この天皇は御子がなかったので、履中天皇の御孫を二人呼び寄せて御子とされた。この二人は安康の御代の乱れのために、丹波国にかくれていた御子であった。

この御代の大臣・大連は前の御代と同じである。

第二十四　顕宗天皇　在位三年。治世は乙丑《きのとうし》の年をはじめとし、三十六歳で即位。御年四十八で崩御。

履中天皇の孫。市辺押羽皇子《いちべおしは》の第三子で、母は夷媛《はえひめ》といい、蟻臣《ありのおみ》の孫である。大和国近明日香八釣宮《ちかつあすかのやつりのみや》を宮と定め、后は一人あったが御子はなかった。

曲水の宴（三月三日、庭園を曲流する水に盃を浮かべて流し、詩を賦しあう宴遊）はこの御代にはじめられた。

大臣・大連は前と同じである。

第二十五　仁賢天皇　在位十一年。治世は戊辰《つちのえたつ》の年にはじまった。御年五十で崩御。

顕宗天皇の兄で母も同じ。清寧三年に東宮に立てられた。大和国山辺郡石上広高宮《いそのかみのひろたかのみや》に宮居して、后二人、男女の御子は八人あった。

顕宗・仁賢両天皇のことは、くわしくは後の巻に述べる。二人とも互いに譲りあい、御姉を女帝にしたということで、飯豊《いいとよ》天皇と称された。飯豊天皇は二月に即位し、十一月に崩御されたという。普通の皇代記はこの天皇のことは省略しているのであろうか。顕宗・仁賢二代の御代は、特に世の中がよく治まっていた。それというのも、この両天皇は田舎の生活を経験され、民のうれいをよく理解して政治を行なわれたからであろう。

この御代の大臣は平群真鳥大臣であった。真鳥大臣はこの御代に大伴金村連《おおともかなむらのむらじ》のために殺されてしまった。真鳥大臣は五代の天皇の大臣をつとめた人であった。

またこの御代の大連は大伴金村連であった。

第二十六　武烈天皇　在位八年。治世は戊寅《つちのえとら》の年にはじまる。十歳で即位。御年十八で崩御。あるいは五十七歳で崩御ともいう。

仁賢天皇の太子。仁賢七年に東宮に立てられた。母は皇后春日大娘《かすがのおおいらつめ》皇女である。大和国泊瀬列城宮《はつせなみきのみや》を宮と定め、后一人があったが御子はなかった。

この天皇はこの上ない悪王で、人を殺すことを遊びとされた。真鳥大臣が殺されたのも、天皇が大伴金村と心を合わせて行なわれたことであり、そのことによって金村は大臣に任ぜられたのである。

第二十七　継体天皇　在位二十五年。治世は丁亥《ひのとい》の年にはじまる。即位の時五十八歳。御年八十二で崩御。

応神天皇の五代の後裔にあたり、彦主人王《ひこあるじ》の御子であった。母は振媛《ふるひめ》といい、活目《いくめ》の御門《みかど》——垂仁天皇のことをいう——の七代の子孫である。応神天皇五代の子孫というのは、応神・隼総《はやぶさ》皇子・男大迹《おおと》王・私斐《しひ》王・彦主人王・継体天皇という系譜である。ただし私斐王については異説もある。五代という数え方は、応神を加えるか除くかいずれであろうか。神功皇后もまた開化天皇五代の子孫というが、それはたしかに開化を加えて数えている。そうであれば私斐王を加えるのは無理な伝えであろう。よく調べてみなければならない。大和国磐余玉穂宮《いわれのたまほのみや》を宮と定めたが、のちに山城国に遷都され、またさらに大和国に宮を移されたという。

この天皇の御代に百済国から五経博士（『易経』『詩経』『書経』『春秋』『礼記』に精通している学者）が遣わされてきた。

この天皇の即位については、武烈天皇の崩御によって皇統が絶えてしまったので、越前国においでになったこの天皇が迎えられたのである。それは群臣たちがきめてとり行なったことであったが、その経緯は後の巻にしるしてある。

この天皇の后は九人、御子は二十一人、うち男九人、女十二人であった。

この御代の大臣には巨勢男人《こせのおひと》大臣があった。武内宿禰の子で、継体二十年九月に死んだ。また大連としては大伴金村連、物部麁鹿火大連《もののべのあらかびのおおむらじ》がいた。

第二十八　安閑天皇　在位二年。癸丑《みずのとうし》の年にはじまり、六十八歳で即位。御年七十で崩御。

継体天皇の第一子。母は尾張連草香《くさか》の娘で目子媛《めのこひめ》といった。大和国勾金橋宮《まがりのかなはしのみや》に宮居して、四人の后があったが御子はなかった。

この御代には大臣は欠けたままで、大連は前代と同じであった。

第二十九　宣化天皇　在位四年。治世のはじめは乙卯《きのとう》の年で、即位の時六十九歳。御年七十三で崩御。

継体天皇の第二子。母は安閑に同じ。宮を大和国檜隈宮《ひのくまのみや》に定め、后二人、男女の御子六人があった。

大臣には蘇我稲目宿禰《そがのいなめのすくね》がなった。満智宿禰《まちのすくね》の子である。大連は前代と同じであった。

第三十　欽明天皇　在位三十二年。治世は癸亥《みずのとい》の年にはじまる。御年六十三で崩御。

継体天皇の第三子。母は皇太后手白香《たしらか》皇女といい、仁賢天皇の皇女であった。大和国磯城《しき》島宮《しまのみや》に宮を定め、后六人、御子二十五人、うち男十六人、女九人があった。

この御代の大臣は蘇我稲目宿禰であったが、欽明三十一年三月に死んだ。また大連には大伴金村麿《かなむらまろ》と物部尾輿連《おこしのむらじ》とがいた。

この天皇の御代に百済国からはじめて仏像・経典が伝えられ、天皇はそれを尊崇された。ちょうどそのころ国中に悪い病気が流行した。物部大臣は、天皇に「日本の国は昔から神を第一にあがめてまいりました。それを今改めて仏を尊崇なさっております。そのために神が怒って災をなされるのではありますまいか」と申し上げ、仏像を難波の堀江に流し捨て、寺院を焼き払ってしまった。ところが、そうするうちに空から火があらわれて内裏が焼けるという災がおこった。また海上に光を放つものがあらわれ、その光は日の光以上であった。天皇が人を遣わして調べさせてみると海に浮かんでいるのは楠の木であった。そこで、その木で仏像をお作らせになった。吉野の光像がこの仏である。

またこの天皇の治世の最後の年に、聖徳太子がお生まれになった。

第三十一　敏達天皇　在位十四年。治世は壬辰《みずのえたつ》の年にはじまり、即位の時二十四歳。御年八十二で崩御。崩御の御年は三十七といい、また二十八ともいう。(3)

欽明天皇の第二子。欽明十五年に東宮に立てられた。母は皇太后石姫《いしひめ》皇女で、宣化天皇の皇女であった。大和国磐余《いわれ》訳語田宮《おさだのみや》を宮と定め、后四人、御子十六人、うち男六人、女十人があった。

この御代の大臣には蘇我馬子宿禰《うまこのすくね》、大連には物部弓削守屋連《ゆげのもりやのむらじ》が任ぜられた。

この天皇の御代に百済国から仏像・経典・僧尼を送ってきた。守屋大臣は仏像を焼き、僧尼を追放した。ところが、その日、天に雲一つないのに雨が降り、国内に悪質の皮膚病が流行して、天皇・大臣をはじめこの病気にかかる者が数知れなかった。これは仏の教えを滅ぼそうとしたためである。この中で蘇我大臣一人は仏舎利（仏の遺骨）を拝し、仏の教えを信じて行なおうとしたのであった。

またこの御代のこと、高麗から使節が来て烏《からす》の羽根に書いた文書をたてまつった。船史《ふねのふひとの》祖王《みおつおや》がその文書をよく解読した。

第三十二　用明天皇　在位二年。乙巳《きのとみ》の年にはじまる。

欽明天皇の第四子。母は蘇我稲目大臣の娘の堅塩姫《きたしひめ》であった。大和国池辺列槻宮《いけべなみつきのみや》を宮と定め、后三人、男女の御子七人があった。

この御代の大臣は前代と同じであったが、大連は物部守屋が殺されてしまった。

この天皇は用明二年四月に崩御されたが、棺にお入れして葬儀を行なわないうちに、五月に入り物部守屋と聖徳太子との間に合戦が起こった。蘇我馬子大臣と聖徳太子の二人は、心を合わせて守屋の首をとり、その勢力をみな亡ぼしたので、こののち仏法はさかんになったのである。七月になって用明天皇の御葬送がとり行なわれた。

第三十三　崇峻天皇　在位五年。戊申《つちのえさる》の年（五八八）をはじめとするが、即位はその前年丁《ひのと》未《ひつじ》の年。即位の時六十七歳。七十二歳で崩御。

欽明天皇の第十五子。母は小姉君《おあねのきみ》といい、蘇我稲目大臣の娘であった。大和国倉橋宮《くらはしのみや》を宮とし、后一人、御子二人があった。

この御代の大臣は蘇我馬子で前代と同じであった。またこの御代に百済国から仏舎利が献上された。

　この天皇は馬子大臣に殺されたのである。

第三十四女帝　**推古天皇**　在位三十六年。癸丑《みずのとうし》の年（五九三）をはじめとし、即位の時四十歳。御年七十三で崩御。八十三ともいう。

　欽明天皇の二女で敏達天皇の后である。母は用明天皇に同じ。大和国小《お》墾田宮《はりだのみや》に宮を定められた。

　大臣は前代に同じく蘇我馬子であったが、推古三十四年（六二六）五月に死んだので、その年に蘇我蝦夷臣《えみしのおみ》が大臣に任ぜられた。蝦夷は豊浦《とよら》と号した。

　この天皇は崇峻天皇が殺されたのち、諸人が合議して即位させたのである。厩戸《うまやど》皇子を東宮に立て政務を委ねられた。この東宮は用明天皇の皇子で、かの聖徳太子なのである。太子は十七条憲法を作って天皇にさし出され、冠位のさまざまな等級をお定めになり、また天皇のこと、国のこと、もろもろの家のことなどを記録することをはじめられた。太子の死後は、世の中は衰退し、民は乏しくなったといい伝えている。

　暦《こよみ》というものや天文書が百済国から伝わったのはこの御代のことであった[4]。また僧正《そうじょう》・僧《そう》都《ず》という僧侶の官名が定められ、寺院や僧尼についての規制ができたのもこの御代のことである。

第三十五　舒明天皇　在位十三年。治世は己丑《つちのとうし》の年（六二九）にはじまり、即位の時三十七歳。御年四十九で崩御。

敏達天皇の孫で、忍坂大兄《おしさかのおおえ》皇子の御子である。母は糠手姫《ぬかてひめ》皇女といい、敏達天皇の皇女であった。大和国高市《たけち》崗本宮《おかもとのみや》を宮と定められた。

この天皇の御名は田村という。これまでの天皇の御名ははなはだしく字数が多くて、人々もとやかくいわないし、読み方もはっきりしないので書かなかった。これ以後は文字も少ないので記入することにしたい。

この天皇には、五人の后と、御子は男女合わせて八人があった。

大臣には蘇我蝦夷臣が任ぜられていた。

またこの御代に、伊予国の湯の宮に行幸があった。

推古天皇崩御ののち、皇位継承をめぐって争いが起こったが、蘇我蝦夷が田村王をたてて朝議を押しきり、それに従わない勢力を武力で打ち払った。やがて蝦夷の子入鹿《いるか》が国政をとったが、その権威は父をもしのいだということである。

第三十六女帝　皇極天皇　在位三年。壬寅《みずのえとら》の年（六四二）にはじまる。

御名は宝《たから》といい、敏達天皇の曾孫。先帝舒明天皇の后である。敏達天皇の御子に忍坂大兄皇子があり、その御子に茅渟《ちぬ》王という王があった。皇極天皇は茅渟王の御子である。母は吉《き》備《び》姫《ひめ》女王といい、欽明天皇の孫であった。宮は大和国明日《あす》香河原宮《かのかわらのみや》に定められた。

この御代の大臣は蘇我蝦夷臣であった。

皇極二年十二月、聖徳太子の御子山背大兄《やましろのおおえ》王は蘇我入鹿の策に陥って自殺した。

この御代に大臣を左右大臣と改められた。ただしこれはつぎの天皇の時のことかもしれない。

豊浦大臣（蝦夷）の子蘇我入鹿が政務をとるようになったが、そのふるまいは横暴で、皇子たちの中には反乱の動きさえでてきた。この時中大兄《なかのおおえ》皇子、のちの天智天皇と、中臣鎌《なかとみのかま》子《こ》、のちの大織冠《たいしょくかん》の二人が、心を合わせてはかりごとをたて入鹿を殺したのである。入鹿の父豊浦大臣も自邸に火を放って焼死してしまった。その時、日本の国の古来の重要な文書はみな邸宅とともに焼失したという。蝦夷は死後大鬼となった。

この女帝は三年の治世ののち、弟に位を譲られた。

第三十七　孝徳天皇　在位十年。甲寅《きのえとら》の年にはじまる（乙巳《きのとみ》〈六四五〉の誤り）。

御名は軽《かる》といい、皇極天皇の同母弟であった。乙巳《きのとみ》の年六月十四日庚戌《かのえいぬ》の日に即位し、同じ日に中大兄皇子を東宮に立てられた。この東宮はのちの天智天皇である。宮を摂津国難波《なにわ》長柄豊崎宮《ながらとよさきのみや》に定め、三人の后と一人の皇子があった。

左大臣には阿倍倉橋麻呂《あべのくらはしまろ》が任ぜられたが、大化五年（六四九）三月七日に死んだ。大紫巨《こ》勢徳《せのとこ》大臣が大化五年四月二十日に左大臣となってあとを継いだ。

右大臣に任ぜられたのは蘇我山田石川麻呂《やまだいしかわまろ》で、馬子大臣の孫であったが、大化五年謀反を讒言《ざんげん》されてみずから命を絶った。大紫大伴長徳《ながとこのむらじ》連があとを継いで大化五年四月に任命され、白雉《はくち》二年（六五一）七月に死んだ。

内大臣（内臣《うちつおみ》の誤り）は大錦上中臣鎌子連が任ぜられた。任命は大化元年であった。鎌子は鎌足《かまたり》ともいい、天児屋根尊《あめのこやねのみこと》二十一世の孫にあたり、小徳冠中臣御食子卿《しようとくかんなかとみのみけこ》の長男である。大化元年六月三日、入鹿を誅殺した功によって恩賞を賜わり、内大臣に任命された。その時の詔には、「国家が安きを得ることができたのはまことに貴下の力によるものであった。よって大錦冠の位につけ、内大臣に任命し、二千戸の課戸を封禄として与える。また軍事や国家の枢要を貴下につかさどってもらいたい」と書かれていたという。

この天皇の時にはじめて年号が定められた。大化は五年まで、白雉も同じく五年続いた。

またこの御代に八省（中務・式部・治部・民部・兵部・刑部・大蔵・宮内の八省）百官（種々の官員）が定められ、国々の境界や租税の制度もととのえられた。遣唐使が唐の国から文書や宝物を持ち帰ったのもこの御代のことである。

この天皇は仏法尊崇の心が特に深く、神事以上に仏法を重んじられた。二千人を越える僧尼を集めて一切経（仏教経典の総称）の読誦《どくじゆ》を行なわせ、その夜宮中に二千余の燈明をともされた。

白雉五年正月、鼠の大群が難波から大和国へ移動するのが見られた。人々はそれは遷都の前兆であると語りあった。

第三十八女帝重祚　斉明天皇　在位七年。治世のはじめは乙卯《きのとう》の年（六五五）であった。

皇極天皇がふたたび即位された天皇で、宮は大和国岡本宮に定められたが、当初は大和国飛鳥川原宮《あすかのかわらのみや》であった。この女帝ははじめ用明天皇の孫にあたる高向王《たかむこ》との間に一子があったが、のちに舒明天皇の后となって三人の御子をもうけられた。

この天皇の御代の末年に多くの人々がつぎつぎに死んだので、時の人は豊浦大臣（蘇我蝦夷）の霊魂のしわざであると語りあった。豊浦大臣の霊が竜に乗って空を飛ぶのを見たという人もあった。また斉明天皇崩御ののち、葬儀の夜にも大きな笠をつけてこの世のことを見てあるいたという。

左大臣は大紫巨勢徳大臣であったが、斉明四年正月に没した。内大臣は大錦上中臣鎌子連であった。

第三十九　天智天皇　治世は十年。治世のはじめは壬戌《みずのえいぬ》の年（六六二）であった。

御名は葛城《かずらき》といい、舒明天皇の第一子。母は皇極天皇であった。宮は近江国大津宮に定められ、后は九人、男女の御子十四人があった。

この御代の太政大臣は大友皇子であった。天智天皇の第一子で、太政大臣というものはこの時にはじまった。

内大臣は大織冠藤原鎌子。天智八年（六六九）十月十五日に内大臣となり、藤原の姓を賜わった。同月十六日に死去。年は五十六で、在官二十五年に及んだ。

このほかに左右の大臣らには六人があった。この天皇は孝養の御心が深くて、御母斉明天皇崩御ののち、七年の間即位なさらなかった。

この御代のこととしては、御子の大友皇子を太政大臣とし、また諸国の人民を調べて戸籍を記録した。東宮の時に水時計を作製されたこと、のちに鎌足を内大臣にして藤原の姓を授けられたことなどがある。

孝徳天皇のつぎに、東宮であった中大兄皇子をおいて斉明天皇が即位されて七年たった。斉明天皇崩御ののちは、ただちに天智天皇が位を継がれたのであって七年の空位があったのではないと私は考えている。さきに御母斉明天皇の崩御ののち、七年間即位の儀がなかったとしるしたが、それは東宮をそのままにして、御母が七年間位についておいでになったことをさすと考えれば、空位のことは考えないですむと思う(5)。

第四十　天武天皇　在位十五年。壬申《みずのえさる》の年（六七二）が治世のはじめの年であった。

御名は大海人《おおあま》といい、舒明天皇の第三子。天智天皇と同母である。宮は大和国飛鳥浄御原《きよみはらの》宮《みや》に定められた。

天智七年に東宮に立てられていたが、天智天皇崩御ののち、位を継ぐようにいわれてもうけいれず、天智天皇の后か大友皇子が即位なさるのがよいと説かれ、御自分は皇位を望んでいないということを人々に知らせようとして、出家して吉野山にこもっておしまいになった。それなのに大友皇子は軍隊をさし向けてこの天皇を討とうとされたのである。その計画が大友皇子の妃であったこの天皇の皇女からひそかに父方に通報された。天皇は「これは何たることか。自分はこんな行動をとっているのに」と思われたのであろう。伊勢の方へ逃れて、伊勢の太神宮に祈願をなされ、美濃・尾張の地方で軍勢を集め、近江に攻め入って大友皇子をうち破り、即位して世を治められることになったのである。この戦乱のことはよく知られている。

大津皇子はこの天皇の御子である。この御代に政務をおとりになったという。またこの皇子は漢詩文を愛好され、日本ではじめて詩賦を作った人とされている。

左大臣には大錦上蘇我赤兄《あかえ》臣がいたが、天武元年八月に配流《はいる》された。右大臣の大錦上中臣金《かねのむらじ》連は、天武元年八月に殺された。また大納言《だいなごん》蘇我果安《はたやす》も、天武元年八月に罪を犯して殺された。大納言という官はこの時はじまった。この時は五人が任命されたという。

またこの御代には年号があった。朱雀《しゅじゃく》は一年で壬申《みずのえさる》の年にあたる。白鳳《はくほう》は十三年で、元年は壬申。朱雀と同じ年であるから、年内に改元があったのであろう。朱鳥《しゅちょう》は八年続いたが、その中で一年だけがこの御代にかかる。

天武十年、草壁《くさかべ》皇子を東宮に立てた。

大友皇子との戦乱ののち、左右大臣らが殺されてしまったが、その後、大臣任命のことは見えない。

第四十一女帝　持統天皇　在位十年。丁亥《ひのとい》の年（六八七）をはじめとする。

御名は菟野《うの》といい、天智天皇の二女、天武天皇の皇后である。母の越智娘《おちのいらつめ》は蘇我大臣山《やま》田《だ》石川麿《いしかわまろ》の娘であった。大和国藤原宮《ふじわらのみや》を都と定めた。

太政大臣に任ぜられたのは浄広一《じょうこういち》（天武朝に定められた位階の一）高市《たけち》皇子で、天武天皇の第三子にあたる。持統四年（六九〇）七月五日に任命され、同十年七月十三日に死去。また中納言はこの御代にはじまった。このほかに右大臣・大納言もおかれていた。東宮の草壁皇子があったのであるが、まず御母が即位されたのであった。ところが草壁皇子が若くして亡くなられたので、その御子の軽皇子をまた東宮に立てた。

この御代のはじめに大津皇子の謀反の事件があり、皇子は自殺を命ぜられた。

この御代にも年号があった。朱鳥は前代からつづいてこの御代には七年。大化は四年で乙《きのと》未《ひつじ》の年にはじまった（この大化は私的に用いられた年号）。

卯杖《うづえ》（正月初卯《はつう》の日に五色の糸で巻いた木の杖で邪気をはらう行事）・踏歌《とうか》（正月はじめに宮中で行なわれる舞踏の行事）などはこの時にはじまった。

大化三年（私年号の大化）に東宮に譲位して太上《だいじょう》天皇の尊号を称されたが、太上天皇ということはこれがはじめてであった。その後、四年を経て崩御された。

第四十二　文武天皇　在位十一年。治世は丁酉《ひのととり》の年（六九七）にはじまる。即位のとき十五歳。御年二十五で崩御。

御名は軽《かる》といい、天武天皇の孫にあたる。東宮草壁皇子の第二子で、御母は元明天皇である。都は前代に同じく藤原宮で、二人の后と一人の御子があった。大化三年、つまり文武天皇の元年は戊戌《つちのえいぬ》（丁酉〈六九七〉の誤り）であるが、二月に東宮に立てられたのである。大知太政官事（のちの太政大臣に相当する）は刑部《おさかべ》親王で、天武天皇の第九子であった。大宝三年（七〇三）正月二十日に任ぜられ、慶雲《きょううん》二年（七〇五）五月七日に死去した。

大納言には藤原不比等《ふひと》が任命されたが、大織冠（鎌足）の二男であり、任ぜられたのは大宝元年のことであった。

参議には大伴安麻呂がなった。参議はこの時にはじまったのである。

前代のあとをうけて大化が一年、その後、無年号の期間三年を経て、辛丑《かのとうし》の年（七〇一）三月二十一日に大宝という年号が定められ、大宝は三年続いた。年号はこれ以後は相続いて絶えることはないのである。

この御代に律令が制定された。また官位をととのえ、官位に従って衣服の制を定めた。さらに、それまでは種々の冠を与えることによって位を授けていたのをやめて、位記《いき》という文書を与えることになった。

甲辰《きのえたつ》の年（七〇四）五月七日に改元して慶雲となった。慶雲は四年までである。

第四十三女帝　元明天皇　在位七年。

御名は阿閉《あべ》といい、慶雲四年六月十五日に即位。時に四十六歳。また御年六十一で崩御。天智天皇の第四女で文武天皇の御母にあたる。草壁皇子の妃。母は宗我嬪《そがひめ》といい、蘇我山田大臣の娘であった。都は大和国平城宮である。

知太政官事には穂積《ほづみ》親王、左大臣には石上麿《いそのかみのまろ》が任ぜられた。右大臣は藤原不比等《ふひと》で、和銅元年(七〇八)三月十一日に任命されたのである。

和銅は戊申《つちのえさる》の年正月十一日に改められた年号で七年続いた。

この天皇は文武天皇崩御ののち、御子の聖武天皇がまだ幼少であったので、とりあえず位におつきになったのである。

第四十四女帝　**元正天皇**　在位九年。

御名は氷高《ひたか》という。三十五歳で即位された。東宮草壁皇子の御子で文武天皇の姉にあたる。母は元明天皇で文武天皇と同母であった。都は前代と同じ平城宮。

知太政官事は穂積親王であったが、霊亀元年(七一五)七月十三日に死去し、のちに舎人《とねり》親王が養老四年(七二〇)八月一日に任ぜられた。親王は浄御原《きよみはら》天皇(天武)の第三子である。左右大臣は前代と同じ。中納言には藤原武智麿《むちまろ》、参議には藤原房前《ふささき》が任命された。この二人は淡海公《たんかいこう》(不比等)の子息である。

霊亀は乙卯《きのとう》の年九月三日に改元されたもので、その日が即位の日であった。二年までで、丁巳《ひのとみ》の年(七一七)十一月十七日に養老に改元。養老は七年まで続いた。

また、不比等大臣は養老四年八月三日に亡くなったが、六十二歳であった。淡海公とおくり名された。病床にあったが、聖武天皇の外祖父として手厚い待遇をうけ、死後太政大臣の位を贈られたのである。

第四十五　聖武天皇　在位二十五年。二十五歳で即位し、御年五十八で崩御。

天璽《あめしるし》国排開《くにおしひらき》豊桜彦《とよさくらひこ》天皇と申し上げる。文武天皇の御子で和銅七年に東宮に立たれた。母は文武天皇夫人の藤原宮子《みやこ》で、淡海公不比等の娘である。都は平城宮。四人の后と男女六人の御子があった。

知太政官事には舎人親王が任命された。親王は天平七年（七三五）十一月十四日に亡くなったが、御年は六十であった。同月二十二日に太政大臣の位が追贈され、天平宝字二年（七五八）六月には崇道《すどう》天皇と追号された。同じく知太政官事に任命されたのは鈴鹿《すずか》王である。この王は太政大臣高市親王の三男で天平九年九月に任命され、同十七年九月十一日に死んだ。

左大臣には長屋《ながや》王。謀反の罪で藤原宇合《うまかい》らに邸をかこまれて自殺した。高市皇子の第一子であった。また左大臣には橘諸兄《もろえ》も任命された。敏達天皇の子孫で葛城王を改めて橘諸兄と称した。

右大臣は武智麿。天平六年正月十七日に任命され、同九年七月二十五日に五十八歳で亡くなった。太政大臣を贈られる。また中納言の豊成《とよなり》は武智麿の長男で、中衛（禁中を守る官）大将を兼ねていた。

神亀は甲子《きのえね》の年（七二四）二月四日に改元、即位の日にあたる。五年まで。天平は己巳《つちのとみ》の年（七二九）八月五日に改元して二十一年まで。

天平二十一年、御年五十歳の七月二日、退位して出家なさり、法名を勝満《しょうまん》と号された。その後、八年間御在世になって東大寺を建立なさった。このことについては別の巻にくわしく述べてある。

また参議の房前は天平二年、中衛大将となったが、大将はこれがはじめである。天平九年四月十七日、五十七歳で死亡。この年に不比等の子息四兄弟——藤原四家の祖で、長男武智麿、二男房前、三男宇合、四男麿《まろ》の四人。うち三人は参議——は四人とも一年のうちに病死した。宇合は八月五日、麿は七月十三日、死亡。天然痘が天下にひろまり、死者は数知れなかったという。

第四十六女帝　孝謙天皇　在位十年。

御名は阿閉《あべ》という。三十歳で即位。聖武天皇の皇女で、母は光明《こうみょう》皇后。聖武天皇の母に同じく淡海公の娘であった。都は平城宮。

左大臣は橘諸兄。天平勝宝八年（七五六）二月、辞表を出して引退した。右大臣は藤（原）豊成。天平勝宝元年四月十四日に任命され、天平宝字元年（七五七）、左大臣に進んだ。同年七月二日、ある事件に連坐して左遷された。仲麿《なかまろ》を賞賛したためであるという。

大保には藤恵美押勝《えみのおしかつ》が任ぜられた。恵美押勝は本名仲麿。武智麿の二男。天平宝字元年五月十九日、右大臣となる。また紫微内相《しびないしょう》（孝謙天皇の時におかれた軍政の長官）となり、大臣に准ずる待遇をうけた。中衛大将は兼任のままであった。同二年、右大臣が改められて大保となり、八月二十五日、その大保に任ぜられた。同日の勅によって姓の中に恵美の二字を加え、仲麿を押勝と改めよといわれ、封戸《ふこ》（一定数の戸を与えてその戸が納める租税を俸禄とする）百町を給された。

この天皇は天平感宝元年（七四九）七月二日に即位。即位の日に改元して天平勝宝となった。この年は己丑《つちのとうし》の年である。天平勝宝は八年まで。丁酉《ひのととり》の年八月十八日に改元されて天平宝字となったが、天平宝字のうち二年までがこの天皇の御代である。最初の天平感宝は四月十四日に改元されたのであるが、早くも七月二日には天平勝宝に変わったからであろうか、普通の年代記にはこの年号を書き落としているようである。

この御代に東大寺で一万の僧を集めた大法会《ほうえ》が行なわれた。予期しないのに宮中に天下太平という文字が顕現したという。この天皇以後のことは別巻にくわしく書いてある。

第四十七　淡路廃帝　（淳仁天皇）　在位六年。

御名は大炊《おおい》という。二十六歳で即位。天武天皇の孫にあたり、舎人親王の第七子であった。母は夫人山背《やましろ》といい上総守当麻老《かずさのかみたいまのおゆ》の娘である。同じく平城宮を都とした。

大師（太政大臣の改称）には藤押勝。天平宝字四年（七六〇）正月十一日、大保（右大臣）から昇進。天皇が大保押勝の邸に行幸され、節部省（大蔵省の改称）から主典《さかん》以上の官吏に対して位に応じて絁《あしぎぬ》（太織りの絹）を賜わり、押勝は太政大臣に任ぜられて随身（貴人の身辺を警固する官人）を賜わった。ところが同八年九月十一日、謀反をおこしたので、天皇から賜わった名を奪われ、官位を解かれ、藤原姓も剝奪されて殺されてしまった。

大臣の道鏡禅師は、天平宝字八年に任ぜられた。弓削《ゆげ》の姓を賜わる。もとは少僧都《しょうそうず》であった。また右大臣の藤豊成は、天平宝字四年、左大臣に進んだが（左遷されたの誤り）、同八年四月、右大臣に復された。無実の罪で左遷されていたのを回復したのである。

天平宝字は戊戌《つちのえいぬ》の年（丁酉《ひのととり》〈七五七〉の誤り）八月二日に改元されて八年までである。この天皇は天平宝字元年に東宮となって二年八月一日に即位。恵美大臣と心を同じくして先帝孝謙天皇の意にそむいたために廃位されて淡路国に流された。三年ののち配流の地で崩御された。

第四十八　称徳天皇　在位五年。

孝謙天皇がふたたび位につかれたもので、五十三歳で即位、五十七歳で崩御。四十七歳で即位、五十三歳で崩御ともいう。

天平宝字九年正月一日に重祚《ちょうそ》。

太政大臣は道鏡禅師。天平神護《じんご》二年（七六六）には法皇の位を授けられた。右大臣は吉備《きびの》真吉備《まきび》。右衛士少尉《うえじのしょうじょう》下道朝臣国勝の息男で、中衛大将であった。大納言の藤真楯《またて》は、房前の三男。天平神護二年三月十六日に死亡。

天平神護は乙巳《きのとみ》の年正月七日に改元されて二年まで。神護景雲は丁未《ひのとひつじ》の年（七六七）八月十八日の改元で三年まで。同三年八月四日に天皇崩御。

道鏡法皇の事件では和気清麿《わけのきよまろ》が勅命をうけて使に立ち、太神宮・八幡などのお告げのことがあった。

天平宝字元年は丁酉の年である。廃帝の元年は戊戌の年であった。そのほかのことをくわしく記することができないが、世間のうわさには伝えられていることであろう。

第四十九　光仁天皇《しらかべ》　在位十二年。

御名を白壁《しらかべ》といい、もとは大納言であった。神護景雲四年庚戌《かのえいぬ》、八月四日癸巳《みずのとみ》に群臣らが大納言白壁王を皇太子に立てて、政務万端をとることとなった。時に六十二歳。高野（称徳）天皇の遺詔に「よろしく大納言白壁王を皇太子に立つべし」とあったという。

同年十月一日己丑《つちのとうし》の日に大極殿で即位の儀が行なわれた。

天智天皇の孫にあたり、施基《しき》皇子の第六子である。母の橡姫《とちひめ》は紀諸人《きのもろひと》の娘であった。平城宮を都とし、后五人、男女の御子七人があった。

左大臣は藤原永手《ながた》。宝亀二年（七七一）二月二十一日、六十八歳で死亡。右大臣には大中臣清麿が任ぜられた。また左大臣藤原魚名《うおな》は、房前の五男で近衛大将であった。内大臣の藤良継《よしつぎ》は、もとの名を宿名麿《すくなまろ》といい、式部卿宇合《うまかい》の二男であった。参議には藤百川《ももかわ》がなった。宇合の八男である。宝亀十年七月七日、四十八歳で死去。

宝亀は庚戌《かのえいぬ》の年（七七〇）十月一日に改元されて十一年まで。天応は辛酉《かのととり》の年（七八一）

正月一日の改元で二年までである。

この天皇は高野天皇〔称徳〕崩御ののち、大臣以下の群臣がとりきめて立てた天皇であった。天応元年四月に東宮に譲位し、その年の十二月、御年七十三で崩御。

第五十　桓武天皇　在位二十四年。

御名を山部《やまべ》という。天応元年四月三日、四十五歳で位を継いだ。光仁天皇の皇子で、宝亀四年（七七三）三十七歳の時に東宮に立てられた。母は高野《たかの》氏で、新笠乙継《にいかさおとつぎ》朝臣の娘である。はじめ長岡宮に遷都し、のちに同じく山城国の平安宮に都を定めた。現在の京である。后・女御は十六人、男女の御子は三十二人であった。

左大臣は藤魚名。延暦元年（七八二）六月十四日、謀反の事件に連坐して配流されたが、流罪の途中、病気と称して難波にとどまっていた。翌二年五月、都に帰り、七月二十五日に死んだ。時に六十三歳。もとの左大臣を贈られ、流罪の詔などを焼却したという。

右大臣の藤田麿《たまろ》は宇合の五男で近衛大将であった。同じく藤是公《これきみ》は武智麿の孫で、参議乙《おと》麿《まろ》の息男である。延暦二年七月十九日に任ぜられ、同八年九月十九日に死去。同じく右大臣の藤継縄《つぐただ》は豊成《とよなり》の子息で延暦九年二月二十七日に任命され、同十五年七月十九日、七十歳で死んだ。また同じく神王《みわのおう》は、天智天皇の孫の榎井《えのい》親王の子で、延暦十七年八月に任ぜられた。

中納言の藤内麿《うちまろ》は、房前の孫にあたり、大納言真楯《またて》の三男。延暦十七年八月十六日に任命された。

延暦は壬戌《みずのえいぬ》の年八月十九日に改元され、二十四年までである。

伝教大師は無動寺《むどうじ》の相応和尚《そうおうかしょう》の申請によって、慈覚大師（円仁）と同じ日に伝教大師のおくり名を賜わった。延暦七年に根本中堂を建立し、同二十三年、入唐《にっとう》。翌二十四年、帰朝した。弘仁十三年（八二二）六月四日、入滅《にゅうめつ》。時に五十六歳。

この御代に山城国長岡京に遷都されたが、ほどなくこの平《たいら》の京に定まった。その後遷都のことはない。

また伝教・弘法両大師の渡唐はこの御代の末年のことであった。この天皇は文をお好みにならず武を第一とされたという。坂上田村麿《さかのうえのたむらまろ》を大将軍に任じて蝦夷を平定された。現今の平氏はこの天皇の末裔である。(6)

巻第二

第五十一　平城天皇　在位四年。

御名を安殿《あて》という。延暦二十五年（八〇六）三月十七日、皇位を継ぐ。時に三十三歳。桓武天皇の第一子で延暦四年十一月、十二歳のとき東宮となった。母は皇后乙牟漏《おとむろ》といい、内大臣藤原良継の娘であった。后は三人、御子は男女七人があった。

右大臣の神王《みわのおう》は大同元年（八〇六）四月二十四日に死んだ。藤内麿があとを継いで同年五月十九日に右大臣に任ぜられた。もと近衛大将で右大臣になってからも兼ねていた。大同二年四月二十二日、近衛が左近衛に改められたので左近衛大将となった。

大同は丙戌《ひのえいぬ》の年（八〇六）五月十八日にはじまって四年までである。

左右大将はこの御代にはじまった。もとの近衛と中衛のことで、近衛が左近衛に、中衛が右近衛に改められたのである。藤内麿が左近衛大将となったのと同じ日に、右近衛大将には坂上田村麿が任ぜられた。

大同四年四月一日、譲位して皇太子神野《かみの》が即位し、平城天皇の御子高岳《たかおか》親王を東宮とした。天皇の御病気が重くなったのでこのようなことが行なわれたのである。しかし平城天皇は上皇として十四年御在世ののち、天長元年（八二四）七月七日に御年五十一で崩御された。この天皇は奈良においでになったので奈良御門《ならのみかど》という。（在原）業平《なりひら》中将はこの天皇の孫にあたる。

第五十二　嵯峨天皇　在位十四年。

御名は賀美能《かみの》といい、神野とも書く。大同四年四月一日、位を継ぐ。時に二十四歳。東宮となったのは大同元年、二十一歳の時であった。桓武天皇の第二子。母は平城天皇と同じ。后・女御は九人、男女の御子は四十七人であった。

右大臣には藤内麿。左大将。弘仁三年（八一二）七月六日、五十七歳で没。同じく藤園人《そのひと》。房前の嫡孫で、参議大蔵卿楓麿《かえでまろ》の子息である。弘仁三年十二月五日、右大臣となり、同九年十二月十九日、六十三歳で没。その日に左大臣を贈られた。同じく藤冬嗣《ふゆつぐ》。左大将。内麿の三男。弘仁十二年六月九日、右大臣となった。

弘仁は庚寅《かのえとら》の年（八一〇）九月二十七日に改められた年号で、十四年までである。

天台座主《ざす》には内供《ないぐ》（宮中に奉仕する僧職）義真《ぎしん》。弘仁十三年四月五日に太政官から任ぜられた。時に四十四歳。治山十一年。座主の治山の年を数える場合は最後の年は切り捨ててつぎの座主の方につけることにする。天長十年（八三三）七月四日、五十五歳で入滅。修禅大師。

この御代に内宴《ないえん》（正月二十日のころに宮中で公卿以下が詩文を作る宴）の行事がはじまっ

た。またこの天皇は漢詩文にすぐれておいでになった。

四十七人の御子のうち、王子十六人、女王十四人は姓を賜わって臣籍に降下された。

天皇は平城上皇と不和であった。そのため上皇は挙兵して東国へ向かわれたのである。天皇は大納言（坂上）田村麿、参議（文室《ふんや》）綿麿《わたまろ》らを派遣して兵乱をしずめようとされ、上皇方の大将軍であった仲成は討ちとられてしまった。尚侍《ないしのかみ》（宮中の女官の長）の薬子《くすこ》も自殺したが、この挙兵は薬子のすすめで起こされたものという。上皇は出家され、上皇の御子であった高岳親王は東宮を廃され、大伴《おおとも》親王が東宮に立てられた。

高岳親王は出家得度され、弘法大師の弟子となられた。唐に渡ってかの地で亡くなられた。真如親王と申し上げるのはこの親王である。一説によれば、唐からさらにインドに入ろうとなさり、西域の砂漠でお亡くなりになったという。

天台座主というものはこの御代にはじまったのである。

天皇は退位ののち、十九年、御在世になり、承和九年（八四二）七月十五日、御年五十七で崩御された。

第五十三　淳和天皇　在位十年。

御名は大伴という。弘仁十四年四月十七日、三十八歳で位を継ぐ。東宮となったのは弘仁元年九月十三日で、その時二十五歳であった。桓武天皇の第三子。母は贈（死後追贈すること）皇太后旅子《たびこ》で、参議藤百川《ももかわ》の娘であった。后・女御は六人、男女の御子は十三人であった。

左大臣は藤冬嗣。左大将で天長二年（八二五）、左大臣に昇進し、翌三年七月十四日に五十三歳で死去。官職にあること六年であった。同じく藤緒嗣《おつぐ》。百川の長男で、没後、太政大臣を贈られた。

右大臣は清原夏野《なつの》。左大将。舎人《とねり》親王の曾孫で、御原《みはら》王の孫。正五位下小倉《おぐら》王の子息である。天長九年十一月二日に右大臣となった。

天長は甲辰《きのえたつ》の年（八二四）正月十五日に改元されたもので十年まで。

天長元年七月五日、平城天皇崩御。御年は五十一。

宮中の仏名《ぶつみよう》（十二月に行なわれ、仏の名を唱えて罪を懺悔する法会）の行事はこの御代にはじめられた。

この天皇は退位ののち七年、承和七年五月八日に崩御された。御年五十七、一説には五十九とする。

またこの時代に二人の太上天皇がおいでになった間は、嵯峨上皇を前《さきの》太上天皇、淳和上皇を後《のちの》太上天皇と申し上げた。

第五十四　仁明天皇　在位十七年。

御名を正良《まさら》といい、のちに深草御門《ふかくさのみかど》といった。天長十年二月二十八日、二十四歳で位を継ぐ。東宮に立てられたのは弘仁十四年四月十九日壬寅《みずのえとら》で、時に十四歳であった。嵯峨天皇の第二子。母は皇太后橘嘉智子《たちばなのかちこ》で内舎人《うどねり》清友の娘であった。后・女御・更衣九人と御子二十四人があったが、御子のうち七人は姓を賜わり、臣籍に下った。

左大臣は藤緒嗣。承和十年、引退。同じく源常《ときわ》。左大将。嵯峨天皇の第三子で、承和七年八月七日に右大臣となり、同十一年七月二日、左大臣に進んだ。

右大臣には清原夏野。左大将。承和四年七月七日、五十六歳で死去。同じく藤三守《みもり》。参議(藤)巨勢麿《こせまろ》の孫。阿波守真作の子で、承和五年正月十日、右大臣となり、同七年七月七日、五十六歳で死去。同じく橘氏公《うじきみ》。贈太政大臣清友の三男。承和十一年七月二日、右大臣に任ぜられ、同十四年十二月十九日、六十五歳で死去。同じく藤良房《よしふさ》。冬嗣の子息。右大将。嘉祥《かじょう》元年(八四八)正月十日、右大臣となった。

承和は甲寅《きのえとら》の年(八三四)正月三日にはじまり、十四年まで。

承和七年五月八日、淳和上皇御年五十五で崩御。同九年七月十五日には嵯峨上皇が御年五十七で崩御された。

嘉祥は戊戌《つちのえいぬ》の年六月十三日に改められた年号で三年までである。

嘉祥三年三月二十一日、仁明天皇崩御。時に御年四十一。

天台座主には円澄《えんちょう》。承和元年三月十六日に六十一歳で任ぜられて治山三年。同三年十月二十三日に没した。時に七十四歳(六十三歳の誤りであろう)。

この天皇を世人は深草御門と申し上げているが、それは御陵の名をとっていうのである。

天皇の御葬儀が終わった時、遍昭《へんじょう》僧正の出家という出来事が起こった。遍昭は少将良岑宗貞《よしみねのむねさだ》といって、天皇のそば近くに仕えていた人であった。

承和九年七月十五日に嵯峨上皇が崩御なさり、それに先立って承和七年に淳和上皇がお亡くなりになった。仁明天皇即位の時に、淳和天皇の御子恒貞《つねさだ》親王を東宮に立てたのであるが、嵯峨・淳和両上皇が崩御なさると、東宮方の人々の中に謀反の企てがあるという風説が起こり、ついに恒貞親王は東宮を廃されるに至った。

この御代の承和二年三月二十一日、弘法大師は入定《にゅうじょう》（禅定に入ること。ふつうは僧の死没を意味するが、弘法大師は高野山で禅定に入ったのであって死んだのではないと信じられていた）をとげた。時に六十二歳であった。

第五十五　文徳天皇　在位八年。

御名を道康《みちやす》という。嘉祥三年三月二十一日、二十四歳で位を継ぐ。東宮に立てられたのは承和九年八月四日、十六歳の時で、その年二月二十六日に御元服のことがあった。仁明天皇の第一子。母の皇太后宮藤原順子《じゅんし》は左大臣冬嗣の娘で五条の后といわれた。女御六人、御子二十九人があったが、御子のうち十四人は臣籍に下った。

太政大臣は良房。左大将。天安元年（八五七）二月十九日に太政大臣に任ぜられ、左大将も兼ねた。

左大臣は源常《ときわ》。左大将。斉衡《さいこう》元年（八五四）六月十日、四十四歳で死去。同じく源信《まこと》。嵯峨天皇の御子で天安元年二月十九日に任ぜられた。

右大臣は藤良相《よしみ》。冬嗣の五男。右大臣に任ぜられたのと同日に右大将となり、天安六年正月、左大将となった。

仁寿《にんじゅ》は辛未《かのとひつじ》の年（八五一）四月二十八日に改元されて三年まで、斉衡は甲戌《きのえいぬ》の年十一月二十九日に改められて三年まで、さらに天安は丁丑《ひのとうし》の年二月二十一日に改元されて二年までであった。

天安二年八月二十七日、御年三十二で崩御。

天台座主は内供奉円仁《ないぐぶえんにん》。仁寿四年四月三日に任ぜられた。時に六十一歳。治山十年。承和三年（八三六）、遣唐使参議左大弁常嗣《つねつぎ》とともに唐に向かったが順風を待って大宰府に二年間逗留した。同五年六月十三日、出帆。同十四年、帰朝した。貞観《じょうがん》六年（八六四）正月十四日、死去。

またこの御代に東大寺の大仏の頭が何の理由もないのに落ちるということがあった。

第五十六　清和天皇　在位十八年。
御名を惟仁《これひと》といい、水尾御門《みずのおのみかど》と申し上げる。天安二年八月二十七日、御年九歳で皇位を継ぐ。東宮となったのは嘉祥三年十一月二十五日、一歳の時であった。文徳天皇の第四子で貞観六年正月一日に元服。母は皇太后藤原明子《あきこ》。忠仁公《ちゅうじんこう》（良房）の娘で、染殿《そめどの》の后とよばれた。后は十三人、御子は十八人であった。御子のうち四人は臣籍に降下。

摂政太政大臣には藤良房。忠仁公とおくり名し、白川殿《しらかわどの》ともよばれる。日本国における幼主の摂政はこの時からはじまったのである。天安二年十一月七日、清和天皇即位の日にこの位についた。五十五歳の時のことである。しかし、貞観八年（八六六）八月十九日の詔に摂政に任ずることがしるされているので、摂政というものに任ぜられた正確な年月については、なお調べてみる必要があろう。貞観十四年九月二日、六十九歳で没した。

この御代以後については、大臣等の任免をいちいちしるすことは煩雑でできない。摂政のほかは必要がないように思う。ただし必要な場合は書き加えることにしたい。

右大臣には良相。貞観九年十月十日、五十七歳で死去。在官十一年。正一位を追贈された。同じく基経《もとつね》。良房の養子であるが、実は中納言長良《ながら》の三男である。長良は良房の兄にあたり、冬嗣の長男であった。

貞観八年九月二十二日、大納言伴善男《とものよしお》が伊豆国に流された。この年閏《うるう》三月十日の夕に応天門《おうてんもん》とその左右の門に放火した罪によってである。

貞観は己卯《つちのとう》の年（八五九）四月二十五日に改められた年号で十八年まで。

天台座主には内供奉安恵《あんえ》。貞観六年二月十六日に任ぜられた。時に五十五歳。それまで座主の任命は太政官の公文書で行なわれていたが、この時からは宣命《せんみょう》（天子のみことのりを宣布する公文書）によることになった。慈覚大師（円仁）の遺奏によるという。治山四年。同十年四月三日、五十八歳で入滅。金輪院《こんりんいん》とよばれる。同じく内供奉円珍《えんちん》。権少僧都《ごんのしょうそうず》。贈法《ぞうほう》印《いん》。貞観十年六月三日、五十四歳で天台座主となる。治山二十四年。仁寿三年七月九日、入唐し、天安二年六月十七日、帰朝。寛平三年（八九一）十月二十九日、七十八歳で入滅。おくり名は智証大師。

この御代から摂政がはじまった。

貞観十八年に退位されてから三年を経て、元慶《がんぎょう》二年（八七八）五月八日に出家なさり、法名を素真《そしん》と称された。同年（元慶四年の誤り）十二月四日、崩御。御年三十一。御所を清和《せいわ》院《いん》といった。

この天皇の御代に八幡大菩薩が男山（山城国。石清水八幡宮の地）に移っておいでになった。大安寺の僧行教が祈願して八幡大菩薩をお移し申し上げたのである。

第五十七　陽成天皇　在位八年。

御名を貞明《さだあきら》といい、貞観十八年十一月二十九日、皇位を継承。時に九歳。東宮に立てられたのは同十一年であった。清和天皇の御子で、元慶六年正月二日に御元服。母は皇太后藤原高子《たかこ》。中納言長良の二女である。御子は九人あったが、みな退位されてからの御子であった。

摂政太政大臣は基経。陽成天皇の皇位継承と同時に摂政の任につき、のち関白となった。貞観十八年に清和天皇の詔によって摂政となった。元慶元年二月、大将を辞任。同二年七月十七日、中務省《なかつかさ》の官人二人、左右の近衛府から各六人の官人を専属の警備役に賜わった。同四年十一月八日の詔で関白となる。さらに同年十二月十四日に右大臣から太政大臣になった。時に四十六歳。元慶六年二月一日、勅によって忠仁公（良房）の先例のように、三后（皇后・皇太后・太皇太后）に准ずる俸禄を賜わることとなった。

元慶は丁酉《ひのととり》の年（八七七）四月十六日に改元されたもので八年まで。

元慶二年（四年の誤り）十二月四日、清和天皇崩御。御年三十一。

この天皇は御長命で、天暦三年（九四九）八十一歳で崩御された。

第五十八　光孝天皇　在位三年。

御名を時康《ときやす》といい、小松御門《こまつのみかど》と申し上げる。元慶八年二月四日に御年五十五で位を継ぐ。仁明天皇の第三子で、承和三年十二月二日に元服。母は贈皇太后藤原沢子《さわこ》で紀伊守総継《ふさつぐ》の娘であった。

執政の臣は昭宣公《しようせんこう》基経。元慶八年十二月二十五日、天皇が宮中で基経五十歳の祝賀の宴を行なわれたという。

仁和は乙巳《きのとみ》の年（八八五）二月二十一日に改められて四年まで。

仁和三年丁未《ひのとひつじ》八月二十六日丁卯《ひのとう》、この日巳《み》の二刻（午前十時過ぎ）に光孝天皇崩御。時に御年五十八。

陽成天皇は物怪《もののけ》のわざわいがひどく、狂気の御振舞はいいようがなかった。そこで母方の伯父である昭宣公（基経）以下の人々が相談をしてこの天皇を位におつけしたのである。光孝天皇には四人の女御と四十一人の男女の御子があった。御子のうち三十五人は源氏となって臣籍に下った。

第五十九　宇多天皇　在位十年。

御名を定省《さだみ》といい、亭子院《ていじのいん》、また寛平《かんぴょう》法皇とも申し上げる。仁和三年八月二十六日、御年二十一歳で皇位を継ぐ。東宮となったのは同じ年であった。光孝天皇の第三子。母は皇太后宮班子《はんし》女王で、式部卿仲野親王の娘である。女御五人と御子二十人があった。御子の一人は姓を賜わって臣籍に下った。

関白太政大臣は基経。仁和三年十一月十九日の詔に、政治に関することすべては、百官みな自分の職掌をまとめて天皇に申し上げるが、天皇に申し上げる前にまず太政大臣に申し上げて（このことが関白ということばにあたる）、そのあとで事をはからうのは前例のとおりにする、とあったのである。寛平三年（八九一）正月十三日、五十七歳で没。天皇はたいへん悲しまれ、詔を下して、正一位を贈り、生前と同じ俸禄などを給された。摂政関白太政大臣の任にあること二十年であった。

仁和は前の御代の続きが一年。寛平は己酉《つちのととり》の年（八八九）四月二十七日の改元にはじまって九年までである。

山の座主には内供惟首《いしゅ》。寛平四年五月二十一日に六十八歳で座主となり、治山一年。同五年二月二十九日、六十九歳で没した。虚空蔵《こくうぞう》とよばれた。また内供猷憲《ゆうけん》は、寛平五年三月二十五日、座主となったが、時に七十三歳。治山六ヵ月で同年卒《しゅつ》した。持念堂《じねんどう》と号した。ついで阿闍梨《あじゃり》康済《こうさい》は、寛平六年九月十二日、座主となった。時に六十七歳で治山三年。昌泰二年（八九九）二月八日に七十二歳で没した。覚心房《かくしんぼう》権律師と号した。

この天皇の御元服の年については、もう昔のことであるためか、元慶年中というだけで知っている人はいない。寛平九年三十一歳で御退位。昌泰三年御出家。時に三十四歳（昌泰二年、三十三歳の誤り）。法名を金剛覚《こんごうかく》という。承平九年（元年の誤り）御年六十五で崩御。退位ののち三十四年も御在世なさったのである。

またこの御代に賀茂臨時祭《りんじのまつり》（四月の恒例の祭に対して十一月に行なわれる）がはじまった。

第六十　醍醐天皇　在位三十三年。

御名は敦仁《あつひと》という。寛平九年丁巳《ひのとみ》七月五日戊寅《つちのえとら》に皇位を継ぐ。時に御年十三。東宮に立てられたのは同五年四月二日で、九歳の時であった。宇多天皇の第一子。御元服は同七年正月十九日、十一歳の時というが、別の説では皇位につかれた当日ともいう。しかしこの説は間違いであろう。母は贈皇太后藤原胤子《たねこ》で、内大臣高藤《たかふじ》の娘であった。高藤は醍醐天皇即位の時には中納言であったが、昌泰二年、大納言に昇進した。

左大臣には藤時平《ときひら》。内覧（太政官の文書を天皇より先に内見することを許される）。本院《ほんいん》大臣と号した。昌泰二年二月十四日に左大臣となり、延喜九年（九〇九）四月四日、三十九歳で没した。翌五日、正一位太政大臣を贈られた。

右大臣には菅原（道真）。内覧。昌泰四年辛酉《かのととり》正月二十五日、左遷のことにおあいにな
り、延喜三年癸亥《みずのとい》二月二十五日、大宰府で御死去なさる。時に御年六十。

内大臣には藤高藤。冬嗣の孫。内舎人正六位上良門《よしかど》の二男。昌泰三年正月二十八日に内大
臣となったが、同年三月十三日、六十三歳で没した。

また右大臣に源光《ひかる》。仁明天皇の第三皇子。延喜元年（九〇一）正月二十六日に任ぜられ、
同十三年三月十三日、没。六十八歳。同じく右大臣に藤忠平《ただひら》。左大将。延喜十四年八月二十
五日、右大臣となり、延長二年（九二四）正月七日、左大臣に進んだ。同じく右大臣に藤定方《さだかた》。故贈太政大臣高藤の二男。延長二年正月二十二日に任ぜられた。時に五十二歳。

昌泰は戊午《つちのえうま》の年（八九八）四月十六日の改元で三年まで。延喜は辛酉《かのととり》の年（九〇一）七
月十五日に改元されて二十二年まで。延長は癸未《みずのとひつじ》の年（九二三）閏《うるう》四月十一日に改められ
て八年であった。

醍醐天皇は延長八年九月二十九日、御年四十六で崩御。

山の座主には阿闍梨長意《ちょうい》。法橋《ほっきょう》（五位に準じ律師に相当する僧位）。贈僧正。昌泰二年十
月八日、七十二歳で天台座主となる。治山七年。延喜六年七月三日、卒す。時に七十九歳。
同八年贈位のことがあった。同じく内供奉増命《ぞうみょう》。法務僧正（僧綱の中で法務を司る者）。静観《じょうかん》とおくり名された。延喜六年十月十七日に座主となる。時に六十四歳で治山十六年に及

ぶ。延長五年（九二七）十一月十一日、座主を退いて六年ののちに八十五歳で没した。谷座《たにのざ》主《す》と呼ばれた。同じく内供良勇《りょうゆう》。延喜二十二年八月五日、六十八歳で座主となり、治山一年。延長元年三月六日、六十九歳で没した。谷座主と呼ばれる。同じく内供玄鑒《げんかん》。法橋。延長元年七月二十二日、六十二歳で座主となる。治山三年、同四年二月十一日、卒す。年六十五。花山《かざんの》座主と呼ばれる。同じく内供尊意《そんい》。法印（僧階の第一位で僧正に相当する）。贈僧正。延長四年五月十一日に六十六歳で座主となる。治山十四年。天慶三年（九四〇）二月二十三日、八十三歳で没した。法性房《ほっしょうぼう》と号した。

延喜元年（九〇一）正月、菅丞相《かんしょうじょう》（菅原道真のこと、丞相は大臣の中国名）をめぐる事件が起こった。この間の記録はのちにすべて焼きすてられてしまったのである。延長八年六月二十六日、宮中の清涼殿に雷が落ち、雷神が大納言清貫《きよつら》、右中弁希世《まれよ》の二人を蹴殺してしまった。天皇はこの不祥事のために常寧殿《じょうねいでん》にお移りになった。

延長八年九月二十二日、醍醐天皇退位。同月二十九日午前二時、御出家され、法名を宝金《ほうこん》剛《ごう》とされたが、まもなくその日に崩御。御年は四十六であった。后・女御・更衣等二十一人。男女の御子は三十六人であった。御子のうち六人は源氏の姓を賜わった。

この御代には凶事の前兆である彗星《ははきぼし》がたびたび出現したのであるが、そのたびごとにみごとに善政を行なわれたので、すべて無事に過ぎていったのだといい伝えている。大宝の年号がはじまって（七〇一）以来、ただこの御代だけが敬慕に価するであろう。北野天神である菅原道真が左遷されたことも、仏が仮の姿をとって末の世の人々を導くためのできごとであったと理解すると、ますますめでたいことに思われるのである。

第六十一　朱雀天皇　在位十六年。

御名を寛明《ゆたあきら》という。延長八年九月二十二日、八歳で皇位を継ぐ。東宮となったのは同三年のことであった。醍醐天皇の第十一子。承平七年（九三七）正月四日に十五歳で御元服。母は皇太后宮藤原穏子《おんし》。昭宣公（基経）の四女であった。

摂政太政大臣には藤忠平。朱雀天皇受禅と同日に摂政となり、承平六年八月十九日、太政大臣に任ぜられた。天慶四年（九四一）十月二十日、摂政を辞任し、同年十一月二十八日、関白となった。

右大臣には藤実頼《さねより》があり、忠平の長男で天慶七年四月九日に任ぜられた。

承平は辛卯《かのとう》の年（九三一）四月十六日に改められて七年まで。

承平元年七月十九日に宇多院が崩御された。御年六十五であった。

天慶は戊戌《つちのえいぬ》の年（九三八）五月二十三日に改元され、九年までである。

山の座主には権律師義海《ぎかい》。少僧都。天慶三年三月二十五日、天台座主となる。時に六十八歳で、治山五年。同九年五月十日、七十四歳で卒した。同じく権律師延昌《えんしょう》。僧正。平等房《びょうどうぼう》と号し、慈念とおくり名された。天慶九年十二月三十日、六十七歳で天台座主に任ぜられ、治山十八年。応和三年（九六三）正月十五日に卒した。時に八十五歳。

賀茂社に天皇が行幸なさることはこの御代にはじまった。また石清水八幡宮の臨時祭（三月の午《うま》の日の祭で八月の放生会《ほうじようえ》に対していう）もこの御代にはじまった。将門《まさかど》・純友《すみとも》が謀反を起こすということがあったが、平貞盛《さだもり》・橘遠保《とおやす》などが追討して反乱を平定した。

また比叡山の根本中堂が焼失した。

朱雀天皇は天慶九年四月に譲位され、天暦六年（九五二）八月十五日、崩御。御年三十であった。女御・后二人があり、御子は姫宮一人であった。

第六十二　村上天皇　在位二十一年。

御名を成明《なりあきら》といい、天暦御門《てんりやくのみかど》と申し上げる。天慶九年四月十三日、二十一歳で皇位を継承。東宮に立てられたのは同七年、十九歳の時であった。醍醐天皇の第十四子で、天慶三年十月一日、十五歳で御元服。御母は朱雀天皇と同じである。

関白太政大臣には忠平。天慶九年五月二十日、関白となり、准三宮《じゆさんぐう》（太皇太后宮・皇太后宮・皇后宮に准じて優遇される称号で准三后と同じ）に叙せられた。天暦三年正月二十一日には忠平の病気平癒を祈るために五十人の度者（正式に出家得度した僧）を賜わり、十五大寺（東大・興福・元興・大安・薬師・西大・法隆・大后・不退・新薬師・唐招提・超証・京法華・宗鏡・弘福の各寺）で諷誦《ふじゆ》（経文などを声をあげて読誦すること）が行なわれた。八月八日、病床に臥してたてず。十四日には詔が下って、度者三十人を加持祈禱のために賜わり、病から救うために天下に大赦が行なわれた。しかし、同日戌《いぬ》の刻（午後八時ごろ）、七十歳で没した。十八日、詔によって、大納言清蔭・中納言元方・参議庶明らが遣わされ、忠平の柩《ひつぎ》の前で正一位を贈り、信濃国に封じて信濃公とされた。また貞信公《ていしんこう》とおくり名されたのである。

左大臣には実頼。忠平の長男で左大将。天暦元年四月二十六日、左大臣に任ぜられた。天徳元年（九五七）三月二十一日には大将を辞任したが、同年四月五日、勅によって帯剣を授けられた。さらに天徳三年三月には宮城の諸門を輦車《てぐるま》に乗ったままで出入りすることを許された。

右大臣には師輔《もろすけ》。同じく忠平の二男で右大将。天暦元年四月二十六日、右大臣となる。同九年六月十七日、大将を辞任。同年七月二十二日、勅によって帯剣を授けられた。天徳四年五月二日、出家し、同四日、五十三歳で没した。右大臣在任十四年。

天暦は丁未《ひのとひつじ》の年（九四七）四月二十四日に改元されて十年まで。

天暦三年九月二十九日、陽成院崩御。御年八十一であった。同六年八月十五日には朱雀院崩御。御年は三十。

天徳は丁巳《ひのとみ》の年（九五七）十月二十七日に改められて四年まで。応和は辛酉《かのととり》の年（九六一）二月十六日に改元されて三年まで。康保は甲子《きのえね》の年（九六四）七月十日に改元されたもので四年までである。

村上天皇は康保四年五月二十五日、崩御。御年四十二。

山の座主には権大僧都鎮朝《ちんちょう》。俗世の人となりのち出家、俗名を橘高影《たかかげ》といった。同じく権少僧都喜慶《ききょう》。三昧《さんまい》座主《ざす》と号した。康保二年二月十五日、座主に任ぜられる。時に七十七歳。治山一三月九日、七十九歳で座主となり、治山七ヵ月で同年十月五日に卒した。応和四年年。同三年七月十七日に卒した。同じく権律師良源《りょうげん》。法務大僧正。御廟《みみょう》と呼ばれ、慈恵《じえ》とおくり名された。康保三年八月二十七日に座主となった。時に五十五歳で、治山十九年。永観三年（九八五）正月三日、七十三歳で死去した。

天徳四年九月二十三日、大内裏が焼けてしまった。平安京遷都後はじめての火災である。御神鏡（天照大神の霊代《たましろ》として祭られる鏡で三種神器の一つ）を奉安してある温明殿《うんめいでん》の焼けあとの灰の中から、少しもそこなわれていない御神鏡を探し出し申し上げることができたので、翌朝中宮職の局にお移しして、内蔵寮《くらりょう》（中務省《なかつかさ》に属し、天皇の装束や神仏に奉るものの調進などをつかさどる）の奉幣が行なわれた。また別の伝えによると、内裏焼亡の時、神鏡はみずから飛び出されて大庭《おおにわ》の椋《むく》の木に懸かっておいでになったという。けれどもその記録はあまり確かではないようである。

村上天皇は康保四年五月二十五日、御年四十二で崩御。

后・女御は十人、男女の御子は十九人であった。

天暦三年、忠平が死んで以後、この御代には関白がおかれなかった。実際の政治は、小野宮《おののみや》（実頼）、九条殿（師輔）の二人が左右の大臣となって執り行なっていたのである。

第六十三　冷泉天皇　在位二年。

御名は憲平《のりひら》といい、康保四年五月二十五日、十八歳で皇位を継承。東宮に立てられたのは天暦四年のことで、一歳であった。村上天皇の第二子で、応和三年二月二十八日、十四歳で御元服。母は皇后藤原安子《あんし》。九条右大臣師輔公の娘である。

関白太政大臣には実頼。康保四年六月二十二日、関白となり、同年十月五日には牛車《ぎっしゃ》に乗ったままで宮城の門を出入りすることを許された。さらに同年十二月十三日、太政大臣に任ぜられた。

右大臣には藤師尹《もろただ》があった。貞信公（忠平）の五男。のちに小一条左大臣とよばれた。

安和は戊辰《つちのえたつ》の年（九六八）八月十三日に改元されて二年までである。

冷泉天皇は安和二年に退位された。時に御年二十。その後四十年余御在世。

第六十四　円融天皇　在位十五年。

御名は守平《もりひら》という。安和二年八月十三日に十一歳で位を継ぐ。東宮に立てられたのは康保四年、九歳の時であった。村上天皇の第五子。天禄三年（九七二）正月三日、十四歳で御元服。母は冷泉天皇に同じである。

関白太政大臣には実頼。おくり名して清慎公《せいしんこう》という。安和二年八月十三日、関白に任ぜられ、天禄元年五月十八日、七十一歳で没した。

摂政右大臣には伊尹《これただ》。天禄元年正月、右大臣に任ぜられ、引きつづき左大将の任にあった。同年五月二十一日、摂政となる。同年七月には大将を辞任し、身辺につき従う武官を賜わった。同二年十一月二日、太政大臣に昇進。翌三年十一月一日、四十九歳で没した。

関白太政大臣には兼通《かねみち》。天禄三年十一月二十七日、内大臣に任ぜられた。その時には中納言であったから大納言を経ずに昇進したのである。同年十二月二十八日には延暦寺検校《けんぎょう》（寺社の事務を監督する役）にも任命された。天延二年（九七四）三月二十六日、関白となる。貞元《じょうげん》二年（九七七）十一月四日、准三宮に叙せられ、同八日、五十三歳で没した。忠義公《ちゅうぎこう》とおくり名された。

関白太政大臣には頼忠《よりただ》。貞元二年十月十一日、関白となり、翌天元元年（九七八）十月二日、太政大臣に任ぜられた。

右大臣には兼家《かねいえ》。天元元年十月二日に任ぜられている。

天禄は庚午《かのえうま》の年（九七〇）三月二十五日に改元されて三年まで。

天禄三年正月三日、天皇御元服のことがあった。

天延は癸酉《みずのとのとり》の年（九七三）十二月二十日の改元で三年まで。貞元は丙子《ひのえね》の年（九七六）七月十三日に改められて二年まで。ついで天元は戊寅《つちのえとら》の年（九七八）四月十五日（十一月二十九日とするものが多い）の改元で五年まで。さらに永観は癸未《みずのとひつじ》の年（九八三）四月十五日に改元されて二年までであった。

天皇が石清水八幡宮、平野社（京都市北区）へ行幸なさることはこの御代にはじまったのである。

円融天皇は永観二年八月二十七日に退位された。時に御年二十六。寛和元年（九八五）八月二十九日、御病気によって出家なさり、法名を金剛法と名のられた。二十七歳の時であった。その後、正暦二年（九九一）二月十三日、御年三十三で崩御。

女御・后は五人、御子は皇子一人であった。

この御代に内裏の火災がたびたび起こり、人々は亡き菅原道真の祟《たた》りであるなどといい伝えたのであった。貞元元年五月十一日丁丑《ひのとうし》の火事の時、神鏡に損傷はなかったが、輝きを失い黒ずんでしまったという。天元三年十一月二十二日の火災では内裏のなかばを焼失した。さらに、同五年十一月十七日、また火災に見舞われ、今度は内裏はすべて焼亡してしまったのである。灰の中から焼けた金を拾い集めて進上した。(7) このちも北野天神の霊験はあらたかであるという。

第六十五　花山天皇　在位二年。

御名を師貞《もろさだ》といい、永観二年八月二十七日、十七歳で皇位を継承。東宮となったのは安和二年であった。冷泉天皇の第一子で、天元五年二月十九日、御元服、時に十五歳である。母は贈皇太后藤原懐子《かいし》。一条摂政（伊尹）の娘であった。

関白太政大臣には頼忠。円融天皇が花山天皇に譲位された時、関白はこれまでどおり頼忠に続けさせるよう申し送られたのである。

左大臣には兼家がなった。

中納言の義懐《よしちか》は、一条摂政の五男であった。永観二年十月十日、一度に位階が二つ進んで従三位となり、同月の十四日には正三位に昇進した。花山天皇の母方の叔父にあたるためで、その昇進は早く、道隆（兼家の子、義懐のいとこにあたる）を追い越した。寛和元年（九八五）九月十四日、参議に任ぜられ、同十一月二十一日には従二位に叙せられた。さらに同月二十五日、二十九歳で中納言となった。翌寛和二年六月二十六日、花山天皇の御出家に従って出家をとげた。太政大臣（頼忠）が関白となってはいたが、この御代の政治はすべて義懐に委ねられていたのである。

山の座主には権僧正尋禅《じんぜん》。おくり名されて慈忍《じにん》という。永観三年二月二十七日に四十一歳で天台座主となる。治山四年。正暦元年（九九〇）二月二十七日、四十六歳で卒した。

寛和は乙酉《きのととり》の年四月二十七日に改められて二年まで。

この天皇は寛和二年六月、突如として道心を起こされ、内裏を脱出して花山寺（元慶寺ともいい京都山科にある）で出家なさった。法名を入覚と申し上げ、御出家ののち、二十二年御在世。寛弘五年（一〇〇八）に崩御された。

第六十六　一条天皇　在位二十五年。

御名は懐仁《かねひと》という。寛和二年六月二十三日に皇位を継承。御年七歳であった。東宮となったのは永観二年八月二十七日のことである。円融天皇の第一子。御元服は永祚《えいそ》二年（九九〇）正月五日、御年十一の時であった。母は東三条院詮子《せんし》。大入道殿《おおにゅうどうどの》兼家の娘である。

摂政太政大臣兼家。寛和二年六月二十三日、摂政となる。同年七月十四日、右大臣を辞任。同年八月二十二日の勅によって三后に准ずる年官年爵（年官は毎年の任官者を申請する権利を与えられ、任官者から任料を徴収する。年爵は叙位に際して従五位下に叙せられる人を申請する権利を与えられ、叙料をとることで、ともに売官制度の一種）を賜わったが、年官年爵は固く辞退して受けなかった。永延二年（九八八）三月二十五日、輦車《てぐるま》に乗って宮門や役人の詰所、太政官に出入りすることを許す旨の宣旨を賜わった。正暦元年（九九〇）五月五日、病のため辞表を出して摂政をやめたが関白に任ぜられた。同月八日、出家し、法名を如実《にょじつ》と号した。さらに同月十日、二条京極の邸宅を寺院に改めて法興院《ほこいん》と名づけた。同年七月二日、六十二歳で没した。

摂政内大臣道隆《みちたか》。正暦元年五月八日、関白となる。同月二十五日、牛車に乗って宮門を出入りすることを許され、翌二十六日には摂政に任ぜられた。同年六月一日、大将を辞任して身辺警備の武官を賜わった。正暦二年七月二十三日、内大臣を辞任。同四年四月二十七日には摂政を辞退して関白となった。長徳元年（九九五）三月、病気のため関白を辞し、四月六日に出家をとげて、同月十日、四十三歳で没した。

関白右大臣道兼《みちかね》。長徳元年四月二十七日に関白となったが、翌五月の五日に死去。三十五歳であった。世に七日関白とよばれている。

太政大臣頼忠。永祚元年六月十六日、六十六歳で没した。正一位を追贈され、廉義公《れんぎこう》とおくり名された。同じく藤為光《ためみつ》。九条殿（師輔）の九男。寛和二年七月二十日、右大臣となり、正暦二年九月七日、太政大臣に任ぜられた。同三年六月六日、死去。五十一歳。正一位を贈られ、恒徳公《こうとくこう》とおくり名された。

左大臣道長《みちなが》。長徳元年五月十一日、内覧に任ぜられた。その時はまだ大納言であったから異例のことであった。同年六月十九日、右大臣となり、内大臣伊周《これちか》を追い越した。さらに翌二年閏《うるう》七月二十日には左大臣となったのである。同年八月、左大将を辞任し、童子六人を身辺につき従わせることとした。同年十月九日には勅によって、左右近衛府の下役人各一人と舎人《とねり》各四人を身辺の警固に賜わり、童子による身辺の警備をやめた。長徳四年三月十三日、身辺警備の人々をやめ、内覧なども辞退することを願って勅許を得たが、翌長保元年（九九九）十二月十六日にはふたたび身辺警備の者について勅が下り、旧に復した。

内大臣伊周。正暦五年八月二十八日、御堂《みどう》（道長）を追い越して内大臣となった。時に二十一歳。長徳元年三月八日の宣旨には「太政官や宮中から出される文書は、関白が病気の間の処置として内大臣に報告してから出すこととせよ」と書かれていた。同年四月十日、父関白の喪に服して、一時官職を解かれた。同じ日、身辺の警備として左右近衛各四人の舎人を賜わる。長徳二年四月二十四日、大宰権帥《だざいのごんのそつ》（大宰府の長官を帥といい、その下が権帥。大臣で罪を得た場合大宰権帥として流すのが例であった）に左遷。詔には「内大臣藤伊周朝臣と権中納言藤原朝臣隆家《たかいえ》は、去る正月十五日夜、花山法皇に矢を放ち危うくし申し上げたという。また東三条院（兼家の娘詮子、円融后、一条母）の御病気に際してはのろいのまじないを行なったという。よって法律の定めるところに従って罪科に処するのである。しかしながら思うところあって、内大臣を大宰権帥に、隆家を出雲権守に配流することにきめられたのである」とあった。伊周は時に二十三歳。内大臣の任にあること三年であった。長徳四年閏十二月十六日、東三条院の御病気による大赦のついでに大臣の位に復することを許された。さらに寛弘二年（一〇〇五）二月二十五日の宣旨によって大臣の下、大納言の上の席次について朝議に参加することを許されたという。

内大臣には藤原公季《きみすえ》があった。

永延は丁亥《ひのとい》の年（九八七）四月五日に改元されて二年まで。永祚は己丑《つちのとうし》（九八九）の年八月八日に改められて一年だけである。さらに正暦《しょうりゃく》は庚寅《かのえとら》の年（九九〇）十一月七日の改元で五年までであった。

円融院は正暦二年二月十三日、崩御。御年は三十三であった。

長徳は乙未《きのとひつじ》の年（九九五）二月二十二日に改元されて四年まで。長保は己亥《つちのとい》の年（九九九）正月十三日に改められて五年まで。さらに寛弘は甲辰《きのえたつ》の年（一〇〇四）七月二十日に改元されて八年までである。

一条天皇は寛弘八年六月二十二日に崩御。時に御年三十二。

花山院は同五年二月八日、御年四十一で崩御。

冷泉院は同八年十月二十四日、御年六十二で崩御された。

山の座主には権大僧都余慶《よけい》。観音院座主とよばれる。三井《みい》（三井寺＝園城寺《おんじょうじ》の流れは寺門派といって延暦寺の流れである山門派と対立した）の門流を継ぐ。智弁《ちべん》とおくり名された。永祚元年九月二十九日、七十一歳で天台座主となったが、同年十二月二十六日には座主を辞退した。比叡山の僧徒が反対したためである。こののちにも智証大師（円珍、寺門派の祖。山門派は慈覚大師円仁を祖とする）の流れを汲む人で座主となった人々はいずれも永く寺務をとらなかった。[8] 同じく前少僧都陽生《ようしょう》。西塔《さいとう》の竹林院《ちくりんいん》に住した。権大僧都。永祚元年十二月二十七日、八十二歳で天台座主に任ぜられ、治山一年。正暦元年九月二十八日、座主を辞して同年十月二十日、八十三歳で没した。同じく権少僧都暹賀《せんが》。西塔の本覚院《ほんがくいん》に住んだ。権僧正。正暦元年十二月二十日、座主となる。時に七十七歳。治山八年ののち、長保（長徳の誤り）四年八月一日、八十五歳で没した。同じく権大僧都覚慶《かくきょう》。西塔に東陽坊《とうようぼう》を開いた。大僧正。長保（長徳の誤り）四年十月二十九日、七十一歳で天台座主に任ぜられた。治山十六年。長和三年（一〇一四）十一月二十三日、八十七歳で入滅。

春日（奈良にある。藤原氏の氏神）・大原野《おおはらの》（京都市西京区にあり、春日神社を平安京に勧請《かんじよう》した神社）・松尾《まつのお》（京都市西京区にあり、賀茂社とともに平安京鎮護の神社）・北野（京都市上京区にあり、菅原道真を祭る神社）の四社へ天皇が行幸されるという例はこの御代にはじまった。

またこの御代に起こったこととしては、帥内大臣《そつのないだいじん》（伊周）の流刑があげられる。

一条天皇は寛弘八年に退位された。

后・女御は五人、御子は五人であった。

第六十七　三条天皇　在位五年。

御名を居貞《いやさだ》といい、寛弘八年六月十三日に三十六歳で皇位を継ぐ。東宮に立てられたのは寛和二年七月六日、十一歳の時で、同じ日に御元服も行なわれた。冷泉天皇の第二子。母は贈皇后超子《ちようし》。大入道殿兼家の第一女である。

左大臣には道長。寛弘八年八月二十三日、牛車に乗って宮門を出入りすることを許された。また引き続いて内覧の任にあった。

長和は壬子《みずのえね》の年（一〇一二）十二月二十五日に改められて五年までである。

山の座主には大僧正慶円《きようえん》。後三昧《ごさんまい》座主とよばれる。長和三年十二月二十六日に天台座主に任ぜられて治山五年。寛仁三年（一〇一九）九月三日、七十五歳で没した。

三条天皇は長和五年、四十歳（四十一歳の誤り）で退位なさり、寛仁元年四月二十九日、御出家。同年五月九日おかくれになった。

第六十八　後一条天皇　在位二十年。

御名を敦成《あつなり》といい、長和五年（一〇一六）正月二十九日に皇位を継承。御年九歳。東宮となったのは寛弘八年であった。一条天皇の第二子。寛仁二年（一〇一八）正月三日、十一歳で御元服。母は上東門院彰子《じょうとうもんいんしょうし》。御堂関白（道長）の第一女である。

摂政左大臣道長。長和五年正月二十九日に摂政となった。同年六月十日、三宮に准ずる俸禄を賜わったがさらに勅を下され、妻の従一位源朝臣倫子《りんし》にも封戸《ふこ》（一定数の戸を与えてその戸が納める租税を俸禄とする）や年爵《ねんじやく》（六八ページ参照）、国衙の収入の一部などを賜わった。同年十一月七日、左大臣を辞任。寛仁元年三月十六日には願い出て摂政からも引退した。同年十二月、太政大臣に任ぜられ、翌二年正月三日、内裏の門の内で輦車《てぐるま》に乗ることを許される。同年二月五日には辞表を出して太政大臣をやめた。寛仁三年三月二十一日、五十四歳で出家し、法名を行観《ぎょうかん》と号した。同年五月八日、詔によって、一度辞退していた三宮に准ずる俸禄がもとのように給されることになった。この年に法名を行覚《ぎょうかく》と改名。寛仁四年三月二十二日には新しく造営した無量寿院《むりょうじゅいん》（のちの法成寺《ほうじょうじ》）の落成の供養を行なう。治安三年（一〇二三）十月十七日、紀伊国の金剛峯寺《こんごうぶじ》参詣と、七大寺（東大・興福・元興・大安・薬師・西大・法隆の南都七大寺）の巡礼に出発。同年十月十三日には比叡山延暦寺において菩薩戒（大乗の修行者が受持する戒律）を受けた。万寿四年（一〇二七）十二月四日、六十二歳で死去。

摂政左大臣頼通《よりみち》。のちに関白になる。寛仁元年三月四日、二十六歳で内大臣となり、同月十六日に摂政となった。さらに二十二日、大将を辞任し、身辺警備の武官を賜わり、また牛車に乗って宮門を出入りすることを許された。寛仁三年十二月二十二日、摂政を辞任して関白に任ぜられた。治安元年に左大臣となる。

太政大臣には公季《きみすえ》。長元二年（一〇二九）十月十七日、七十三歳で死去。正一位を贈られ、仁義公《じんぎこう》とおくり名された。

左大臣に顕光《あきみつ》。治安元年五月二十五日、七十八歳で死去。死に先立って出家した。

右大臣に実資《さねすけ》。右大将。清慎公《せいしんこう》（実頼）の三男となったが、実は参議斉敏《ただとし》の三男である。治安元年七月二十五日、右大臣に任ぜられた。

内大臣に教通《のりみち》。左大将。実資任命の日と同じ治安元年七月二十五日、内大臣となる。

寛仁は丁巳《ひのとみ》の年（一〇一七）四月二十三日に改元されて四年まで。寛仁元年五月九日、三条院は御年四十二で崩御された。

治安は辛酉《かのととり》の年（一〇二一）二月二日に改められて三年まで。万寿は甲子《きのえね》の年（一〇二四）七月十三日の改元で四年まで。長元は戊辰《つちのえたつ》の年（一〇二八）七月二十五日に改元されて九年までであった。

後一条天皇は長元九年四月十七日、崩御。御年二十九であった。

山の座主には僧正明救《みょうぐ》。浄土寺座主とよばれた。寛仁三年十月二十日、天台座主に任ぜられた。時に七十四歳。治山一年。翌四年七月五日、七十五歳で没した。同じく法印院源《いんげん》。西塔の西方院に住した。法務大僧正。寛仁四年七月十七日、座主に任ぜられた。時に七十歳。治山八年で、万寿五年五月二十四日、七十八歳で入滅。同じく権僧正慶命《きょうみょう》。無動寺《むどうじ》座主と呼ばれた。万寿五年六月十九日、六十四歳で座主となり、治山十一年。長暦二年（一〇三八）九月七日、七十五歳で没した。

この御代は長元九年四月十七日乙丑《きのとうし》、後一条天皇の崩御で終わった。時に御年二十九。后は一人で、女御子二人があった。

小一条院《こいちじょういん》（三条天皇の第一子）はこの御代のはじめ東宮に立てられたのであるが、翌年、東宮を辞退された。

第六十九　後朱雀天皇　在位九年。

御名を敦良《あつよし》という。長元九年四月十七日、御年二十八で皇位を継承。東宮に立てられたのは寛仁元年、九歳の時であった。一条天皇の第三子。寛仁三年八月二十八日、十一歳で御元服。母は上東門院（彰子）である。

関白左大臣には頼通。

右大臣は藤実資。右大将。内大臣は藤教通。左大将。

長暦は丁丑《ひのとうし》の年（一〇三七）四月二十一日に改元されて三年まで。長久は庚辰《かのえたつ》の年（一〇四〇）十一月十日の改元で四年まで。寛徳は甲申《きのえさる》の年（一〇四四）十一月二十四日に改められて二年までである。

寛徳二年正月十八日、後朱雀天皇崩御。御年三十七であった。

山の座主には大僧都教円《きょうえん》。東尾房と号した。長暦三年三月十二日、六十一歳で天台座主に任ぜられ、治山九年。永承二年（一〇四七）六月十日、七十歳で入滅した。

後朱雀天皇は寛徳二年正月十六日に退位。后は五人、御子は七人であった。

第七十　後冷泉天皇　在位二十三年。

御名を親仁《ちかひと》という。寛徳二年正月十六日、御年二十一で皇位を継ぐ。東宮に立てられたのは長暦元年八月十七日、十三歳の時であった。後朱雀天皇の第一子。御元服は東宮に立たれた年の七月二日に行なわれた。母は内侍督《ないしのかみ》嬉子《きし》。御堂（道長）の四女である。

后は三人であったが、御子はなかった。

関白太政大臣頼通。康平五年（一〇六二）九月二日、太政大臣を辞任した。同七年十二月十三日には、藤原氏の氏長者《うじのちょうじゃ》（氏《うじ》の上《かみ》）を左大臣（教通）に譲ったが、なお関白の地位にとどまった。治暦三年（一〇六七）十月七日、三宮に准ずる俸禄を賜わる。同年十二月五日、関白を辞任。延久四年（一〇七二）正月二十九日、宇治の別荘で出家し、法名を寂覚《じゃくかく》と号した。八十一歳の時のことである。また寛仁元年、内大臣となって以来、出家の年まで、朝廷に重きをなすこと五十六年の長きにわたったのである。延久六年二月二日、死去。時に八十三歳。

関白左大臣教通。康平三年（一〇六〇）七月、左大臣に任ぜられ、同七年十二月十三日、藤原氏の氏長者となった。治暦四年四月十七日、関白となる。

右大臣に実資。永承元年正月十八日、九十歳で死去。同じく頼宗《よりむね》。右大将。康平三年七月十七日、右大臣となる。治暦元年正月五日、病気によって出家し、同年二月三日、七十三歳で没した。同じく師実《もろざね》。左大将。康平三年七月十七日、十九歳で内大臣となる。治暦元年六月三日、右大臣に昇進。

内大臣に師房《もろふさ》。右大将。具平《ともひら》親王の三男で源氏。治暦三年六月三日、内大臣に任ぜられた。五十八歳の時である。同月六日、右大将の兼任を命ぜられた。

永承は丙戌《ひのえいぬ》の年（一〇四六）四月十四日に改元されて七年まで。天喜は癸巳《みずのとみ》の年（一〇五三）正月十一日に改められて五年まで。康平は 戊戌《つちのえいぬ》の年（一〇五八）八月二十九日に改元されて七年まで。治暦は乙巳《きのとみ》の年（一〇六五）八月二日の改元で四年までである。

治暦四年四月十九日、後冷泉天皇崩御。御年は四十四であった。

山の座主には法務大僧正明尊《みょうそん》。滋賀大僧正と号した。三井寺の門流を受ける。永承三年八月十一日、天台座主に任ぜられたが三日で辞退した。時に七十八歳。同じく権少僧都源心《げんしん》。西明房《さいみょうぼう》と号した。権大僧都。永承三年八月二十一日、七十八歳で天台座主となり、治山五年。天喜元年十月十一日、八十三歳で没した。同じく権僧正源泉《げんせん》。三井寺の門流を継ぐ。天喜元年十月二十六日、天台座主に任ぜられたが三日で辞退した。時に七十八歳であった。同じく権大僧都明快《みょうかい》。梨本《なしもと》流。大僧正。天喜元年十月二十九日、六十七歳で天台座主となり、治山十七年。

第七十一　後三条天皇　在位四年。

御名を尊仁《たかひと》という。治暦四年四月十九日、三十五歳で皇位を継承。東宮に立てられたのは寛徳二年で十二歳の時であった。後朱雀天皇の第二子で、御元服は十三歳の永承元年十二月十九日である。母は陽明門院禎子《ようめいもんいんていし》。三条天皇の第三女であった。

関白太政大臣には教通。

左大臣は藤師実。

延久は己酉《つちのととり》の年（一〇六九）四月十三日に改元されて五年までである。

山の座主には権大僧都勝範《しょうはん》。蓮実房と号した。僧正。延久二年五月九日、七十五歳で天台座主に任ぜられた。治山七年。承保四年（一〇七七）正月二十七日、八十二歳で没した。

石清水八幡宮の放生会《ほうじょうえ》（八月十五日に行なわれる八幡宮の神事で、功徳のために魚鳥を放ちやる法会）はこの御代にはじまった。また日吉《ひえ》（滋賀県大津市にある日吉大社で比叡山の地主神）・稲荷《いなり》（京都市伏見区にある稲荷神社で農業神）への天皇の行幸もこの御代にはじまったのである。

延久四年十二月八日、後三条天皇退位。同五年四月二十一日に出家され、法名を金剛行《こんごうぎょう》と号された。同年五月七日、御年四十で崩御。

后は三人、男女の御子は七人であった。

第七十二　白河天皇　在位十四年。

御名を貞仁《さだひと》という。延久四年十二月八日、御年二十で皇位を継承。東宮に立てられたのは、延久元年、十七歳の時であった。後三条天皇の第一子。治暦元年十二月九日、御元服。時に十三歳。母は贈皇太后藤原茂子。権大納言能信《よしのぶ》の娘であるが、実父は中納言公成《きみなり》である。

関白に教通。承保二年九月二十五日、八十歳で没した。

関白左大臣には師実。承保二年九月二十六日に内覧となり、同年十月三日、藤原氏の氏長者を継いだ。さらに同月十五日、関白に任ぜられた。永保三年（一〇八三）正月十九日、左大臣の辞表を出して許された。

内大臣には師通《もろみち》。左大将。永保三年正月二十六日、内大臣に任ぜられた。時に二十二歳。

承保は甲寅《きのえとら》の年（一〇七四）八月二十三日に改元されて三年まで。

承保元年十月三日、上東門院（彰子）が御年八十七で崩御された。

承暦は丁巳《ひのとみ》の年（一〇七七）十一月十七日に改められて四年まで。永保は辛酉《かのととり》の年（一〇八一）二月十日の改元で三年まで。応徳は甲子《きのえね》（一〇八四）の年二月七日に改元されて三年までである。

山の座主には法務大僧正覚円《かくえん》。宇治僧正と号した。三井寺の門流を継ぐ。承保四年二月五日、天台座主に任ぜられたが三日で辞退。五十七歳の時であった。同じく権大僧都覚尋《かくじん》。金剛寿院と号した。権僧正。承保四年二月七日、六十六歳で天台座主に任ぜられ、治山四年。永保元年十月一日、七十歳で没した。

永保元年、比叡山延暦寺の大衆《だいしゅ》が三井寺（園城寺）を焼討ちするという事件が起こった。そして六月四日には、天台座主覚尋が大衆によって延暦寺から追い払われてしまったのである。山の座主が追い払われたのはこれがはじめてであった。しかしのちには別に珍しいことではないようである。この事件のくわしいことは、別の巻に述べることとしたい。永保元年四月十五日に三井寺を焼いたともいう。

また山の座主には権大僧都良真。大僧正。永保元年十月二十五日、天台座主に任ぜられ、嘉保三年（一〇九六）五月十三日、七十六歳で没した。

白河天皇は応徳三年（一〇八六）十一月二十六日に退位され、嘉保三年八月九日、四十四歳で出家をとげられた。大治四年（一一二九）七月七日、御年七十七で崩御。実際に世をお治めになったのは五十年を越えたのであった。

后・女御は二人、男女の御子は九人であった。

後三条天皇は御退位ののち、政治の実権をとろうとされたが、まもなくおかくれになってしまった。そこで白河天皇が太上天皇として政務をとることをおはじめになり、それ以来、院政が行なわれるようになってすでに久しいのである。

白河天皇は法勝寺《ほつしようじ》を建立なさり、大乗会《だいじようえ》をはじめとする数々の仏事を行なうこととされた。法勝寺は国王の氏寺《うじでら》として今でも尊崇されている。また大乗会（毎年十月に行なわれるもので、法華会《ほつけえ》・最勝会《さいしようえ》とともに天台の三会とされる）の講師《こうじ》（経の講釈をする僧）は、慈覚（円仁）・智証（円珍）の両門流（延暦寺と園城寺）から隔年に出ることになっている。さらに御斎会《ごさいえ》（毎年一月に宮中で金光明最勝王経を講じ国家の安泰を祈る法会）・維摩会《ゆいまえ》（毎年十月に興福寺で維摩経を講ずる法会）の講師は南都の僧の中から選ばれることになっていたのである。

康和四年、白河法皇の御年五十を慶賀する行事が催された。

また白河院政がはじまると、上皇の御所を警備するために北面《ほくめん》の武士がおかれることになった。北面の武士は上下に分かれ、上北面《じようほくめん》には四位・五位で、大納言・中納言にまで昇進することができる家柄の者が任ぜられ、下北面《げほくめん》には衛府や諸司の判官で家筋や人物のしっかりした者があつめられていた。そして上皇の行幸の時には下北面が矢を背に負って御供をつとめた。その後はそれが通例になっているのである。

第七十三　堀河天皇　在位二十一年。

御名を善仁《よしひと》という。応徳三年十一月二十六日に皇位を継がれたが、同日にまず東宮に立てられたのであった。嘉承二年（一一〇七）七月十九日、御年二十九で崩御。后は二人、御子は三人であった。白河天皇の第二子。御元服は寛治三年正月五日、御年十一の時である。母は皇后宮賢子《けんし》。京極大殿師実《もろざね》の養女で、六条右大臣（源）顕房《あきふさ》の娘であった。

摂政太政大臣に師実。のち関白となる。寛治二年十二月十四日、太政大臣に任ぜられた。嘉保元年（一〇九四）三月八日、関白を辞任。康和三年（一一〇一）正月二十九日、出家し、同年二月十三日に没した。

関白内大臣に師通《もろみち》。嘉保元年三月九日、関白となる。時に三十三歳。同月十一日、藤原氏の氏長者を継ぎ、同月二十二日には身辺警備の武官を賜わった。嘉保三年正月五日、従一位に進む。康和元年六月二十八日、三十八歳で没した。

右大臣には忠実《ただざね》。康和元年八月二十八日、大納言として内覧の地位につく。ついで藤原氏の氏長者となった。二十二歳の時である。翌康和二年七月十七日、右大臣に任ぜられ、長治二年十二月二十五日、二十八歳で関白となった。

寛治は丁卯《ひのとう》の年（一〇八七）四月七日に改元されて七年まで。嘉保は甲戌《きのえいぬ》の年（一〇九四）十二月十五日に改められて二年まで。永長は丙子《ひのえね》の年（一〇九六）十二月十七日の改元で一年。承徳は丁丑《ひのとうし》の年（一〇九七）十一月二十一日に改元されて二年まで。康和は己卯《つちのとう》の年（一〇九九）八月二十八日の改元で五年まで。長治は甲申《きのえさる》の年（一一〇四）二月十日に改められて二年まで。嘉承は丙戌《ひのえいぬ》の年（一一〇六）四月九日に改元されて二年までであった。

堀河天皇は嘉承二年七月十九日、御年二十九で崩御された。

山の座主には僧正仁覚《にんかく》。一乗房と号した。大僧正。寛治七年九月十一日、五十歳で天台座主となり、治山九年。康和四年三月二十八日、六十歳で没した。同じく法印権大僧都慶朝。寂場房と号す。康和四年五月十三日、七十六歳で天台座主に任ぜられ、治山三年。嘉承二年九月二十四日、八十一歳で没した。同じく僧正増誉《ぞうよ》。一乗房と号した。三井の門流である。長治二年閏《うるう》二月十四日、七十四歳で天台座主に任ぜられたが二日で辞退した。同じく法印仁《にん》源《げん》。理智房と号す。権僧正。長治二年閏二月十七日、四十八歳で天台座主となる。治山四年。天仁二年（一一〇九）三月九日、五十二歳で死去。

堀河天皇は尊勝寺を建立された。また灌頂堂《かんじようどう》（真言宗で、受戒・結縁などの時に頭頂に香水をそそぐ儀式を灌頂といい、それを行なう堂）が建てられ、胎蔵界《たいぞうかい》（大日如来の慈悲を説く法門）・金剛界《こんごうかい》（大日如来の智徳を説く法門）の両部の灌頂がそれぞれ隔年に行なわれた。その灌頂を授ける師の僧は慈覚・智証の両門流から選ばれたのである。弘法大師の門流の行なう灌頂は仁和寺（京都市右京区にある）の観音院で行なわれることとされた。このことに関しては合議のうえで以上のようにきめられたのである。

長治二年十月三十日、比叡山の衆徒が日吉《ひえ》神社のみこしをかついで山を下り、朝廷に強訴した。山門衆徒の強訴のはじめである。事件は大宰帥藤原季仲《すえなか》と石清水八幡宮別当の光清とが一味になって竈門《かまど》神社（福岡県太宰府市にある）のみこしに矢を放ったが、その際、日吉神社の下級僧であった円徳《えんとく》法師が殺されたことを訴えたものであった。衆徒はまず京極寺に集結して内裏の待賢門《たいけんもん》で示威行動をとったという。季仲は流罪にされ、光清も同じく十一月一日に現職を解かれる結果となった。しかし、光清は石清水八幡宮からの訴えによって同月三日に復職を認められたのである。さかのぼって寛治六年にはじめて山門衆徒強訴の噂が立ったのであるが、その時には実際には事件は起こらなかった。また嘉保二年十二月には山上の根本中堂まで日吉のみこしをかつぎ上げて示威を行なったというが京都には下りて来なかった。寛治の時は藤原為房《ためふさ》、嘉保の折には源義綱《よしつな》を訴えたのである。

第七十四 **鳥羽天皇** 在位十六年。

御名を宗仁《むねひと》という。嘉承二年七月十九日、皇位を継承。時に御年五。東宮となったのは康和五年八月で一歳の時であった。保安四年（一一二三）正月二十八日、御年二十一で退位。保元元年（一一五六）七月二日、崩御。御年五十四。堀河天皇の第一子。天永四年（一一一三）正月一日、十一歳で御元服。后は三人、御子は十四人であった。母は贈皇后藤原苡子《しし》。大納言実季《さねすえ》の娘である。

摂政太政大臣に忠実。嘉承二年七月十九日、摂政に任ぜられ、天永三年十二月十四日、太政大臣となった。永久元年（一一一三）四月十四日、太政大臣を辞任。同年十二月二十六日には摂政を辞して関白となる。保安二年二月二十三日、関白を辞退。

関白左大臣に忠通《ただみち》。保安二年三月五日、二十四歳で関白となり、牛車に乗って宮門を出入りすることを許された。同三年十二月十七日、内大臣から左大臣に昇進した。

天仁は戊子《つちのえね》の年（一一〇八）八月三日に改元されて二年まで。天永は庚寅《かのえとら》の年（一一一〇）七月十六日（十三日の誤りか）に改められて三年まで。永久は癸巳《みずのとみ》の年（一一一三）七月十三日に改元されて五年まで。元永は戊戌《つちのえいぬ》の年（一一一八）四月三日に改められて二年まで。保安は庚子《かのえね》の年（一一二〇）四月十日に改元されて四年までである。

山の座主には法印賢暹《けんぜん》。教王房と号す。天仁二年三月二十日、天台座主となる。時に八十一歳。治山一年。天永三年十二月二十三日、八十五歳（八十四歳の誤り）で没した。同じく権大僧都仁豪《にんごう》。南勝房と号した。権僧正。天仁三年五月十二日、六十歳で天台座主に任ぜられ、治山十一年。保安二年十月四日、七十二歳（七十一歳の誤り）で没した。保安元年六月、叡山の衆徒が三井寺を焼いたが、それは二度目のことであった。同じく権僧正寛慶《かんけい》。大乗房と号した。保安二年十月六日、七十八歳で天台座主となった。治山二年。

鳥羽天皇は最勝寺を建立された。またはじめて両部灌頂などを尊勝寺で行なわれたという。

仁平二年（一一五二）、鳥羽法皇の御年五十を慶賀する行事が行なわれた。熊野もうでに中院右大臣（源雅定《まささだ》）、花園左大臣（源有仁《ありひと》）を御供として行幸され、右大臣に胡飲酒《こんじゅ》（雅楽の曲名で胡人が酒を飲む姿をうつした舞曲）を舞わせ、鳥羽上皇御自身は笛をなさり、左大臣が笙《しょう》を吹いたのはなんともいえないすばらしさであったという。かの（源）資賢《すけかた》はその時、太鼓をつとめたのであった。

第七十五　崇徳天皇　在位十八年。

御名を顕仁《あきひと》という。保安四年正月二十八日、御年五歳で皇位を継ぐ。東宮にはお立ちにならないままであった。永治元年（一一四一）十二月七日、退位。鳥羽天皇の第一子。大治四年（一一二九）正月一日、十一歳で元服された。母は待賢門院璋子《たいけんもんいんしょうし》。白河法皇の養女で、大納言公実《きみざね》の娘であった。

前関白に忠実。保延六年（一一四〇）二月、輦車《てぐるま》に乗って内裏の中重《なかのえ》（外郭の門に対していう）を出入りすることを許され、六月五日には三宮に准ずる俸禄を賜わった。同年十月二日、出家して法名を円理《えんり》と号した。時に六十三歳。応保二年（一一六二）六月十八日、八十五歳で没した。

摂政太政大臣に忠通。のちに関白になる。大治三年十二月、太政大臣に任ぜられ、翌四年四月十日、その任を辞した。

内大臣には藤頼長《よりなが》。左大将。保延二年十二月、十七歳で内大臣となる。

天治は甲辰《きのえたつ》の年（一一二四）四月三日に改元されて二年まで。大治は丙午《ひのえうま》の年（一一二六）正月二十二日に改められて五年までである。

大治四年七月七日、白河法皇崩御。時に御年七十七。

天承は辛亥《かのとい》の年（一一三一）正月二十九日に改元されて一年。長承は壬子《みずのえね》の年（一一三二）八月十一日に改められて三年まで。保延は乙卯《きのとう》の年（一一三五）四月二十七日の改元で六年まで。永治は辛酉《かのととり》の年（一一四一）七月十日に改元されて一年であった。
山の座主には僧正行尊《ぎようそん》。三井寺の門流をうけ、同寺の平等院に住した。保安四年十二月十八日、六十九歳で天台座主に任ぜられた。同月二十三日、任命の御礼のために京都に赴きその日に座主を辞退した。同じく法印仁実《にんじつ》。二位とよばれた。僧正。保安四年十二月三十日、三十三歳で天台座主となる。治山七年。天承元年六月八日、四十歳で没した。同じく法印権大僧都忠尋《ちゆうじん》。法務大僧正。大治五年十二月二十九日、六十六歳で天台座主に任ぜられた。治山八年。保延四年十月十四日、七十四歳で入滅した。同じく大僧正覚猷《かくゆう》。鳥羽僧正と号した。三井の門流を継ぐ。法務。保延四年十月二十八日、天台座主に任ぜられた。時に八十六歳であった。同月二十九日、辞任。同じく法務権僧正行玄《ぎようげん》。大僧正。保延四年十月二十九日、四十二歳で天台座主となる。治山十七年。久寿二年（一一五五）十一月五日、五十九歳で入滅。

保延六年四月十四日の殺人事件が発端となって、延暦寺衆徒の三井寺焼討ち事件が起こった。第三回目のことである。

永治元年十二月七日、崇徳天皇退位ののちは、すべてのことが院政をとられた鳥羽法皇の御心のままになったかというと、そうではなかったようである。白河法皇崩御ののちのことなどは、後の巻にこまかに述べてある。

また崇徳天皇は御在位の間に成勝寺を建立された。

第七十六　近衛天皇　在位十四年。

御名を体仁《なりひと》という。永治元年十二月七日、三歳で皇位を継承。東宮に立てられたのは保延五年八月十七日で、時に御年は一歳であった。鳥羽天皇の第八子。御元服は久安六年（一一五〇）正月四日、御年十二歳の時に行なわれ、冠を加える役は法性寺殿《ほつしようじどの》（忠通）、加冠の前に髪を結ぶ役は宇治左府（頼長）、はじめに髪を櫛でととのえる役は光頼《みつより》権右中弁がそれぞれつとめたという。母は美福門院得子《とくし》。贈左大臣、中納言長実《ながざね》の娘である。久寿二年（一一五五）七月二十三日、近衛天皇は御年十七で崩御。

摂政に忠通。のちに関白となる。久安六年九月二十六日に藤原氏の氏長者をやめさせられた。同年十二月九日、関白となる。

太政大臣に実行《さねゆき》。公実の二男で、久安五年八月二十七日に右大臣に任ぜられた。時に七十歳。翌六年八月二十一日、太政大臣に昇進した。

左大臣に頼長。久安五年七月二十八日、三十歳で左大臣となった。翌六年九月二十六日、藤原氏の氏長者のしるしを与えられ、同七年正月十日には内覧の地位についた。

左大臣に源有仁《ありひと》。輔仁《すけひと》親王（後三条天皇の皇子）の息男。右大将。のちに左大将となる。保安三年十二月十七日、内大臣に任ぜられ、天承元年十二月二十二日、右大臣に昇進した。保延二年十二月九日、左大臣に任ぜられた。久安三年二月三日、四十五歳で出家し、同月十三日に没した。

康治は壬戌《みずのえいぬ》の年（一一四二）四月二十八日の改元で二年まで。天養は甲子《きのえね》の年（一一四四）二月二十二日に改元されて一年。久安は乙丑《きのとうし》の年（一一四五）七月二十二日に改められて六年まで。仁平は辛未《かのとひつじ》の年（一一五一）正月二十六日に改元されて三年まで。久寿は甲戌《きのえいぬ》の年（一一五四）十月二十八日の改元で二年までである。

久寿二年七月二十三日、近衛天皇崩御。

近衛天皇は延勝寺を建立された。この後の天皇でこうした大伽藍をもつ勅願寺を建立されたということを聞かない。白河・堀河・鳥羽・崇徳・近衛の五代の天皇が、いずれも勝の字のつく法勝寺・尊勝寺・最勝寺・成勝寺・延勝寺を建立されたのであるが、それに待賢門女院（璋子）建立の円勝寺を加えて六勝寺というのである。

この御代は鳥羽法皇が政務をとり行なわれたが、その間に宇治左大臣頼長公が内覧の地位につくなど藤原氏の内紛があらわれはじめ、大きな内乱の兆候が見えはじめたのである。その後の経過は後の巻にこまかに述べるところである。

第七十七　後白河天皇　在位三年。

御名を雅仁《まさひと》という。久寿二年七月二十四日己巳《つちのとみ》に御年二十九で皇位を継承。東宮に立てられることはないままであった。保元三年（一一五八）八月十一日、三十二歳で退位。鳥羽天皇の第四子。御元服は保延五年十二月二十七日、十三歳の時に行なわれた。母は崇徳天皇と同じである。

関白に忠通。保元元年七月十一日ふたたび藤原氏の氏長者に復帰した。応保二年（一一六二）六月八日、六十六歳で出家し、長寛二年（一一六四）二月十九日、六十八歳で没した。

太政大臣に実行。保元二年八月九日、辞表を出して太政大臣を退いた。

左大臣には頼長。内覧。藤原氏の氏長者。保元元年七月十一日に官軍と合戦し、同月十六日に没した。時に三十七歳であった。

保元は丙子《ひのえね》の年（一一五六）四月二十四日（二十七日の誤り）に改元されて三年までである。

保元元年七月二日、鳥羽法皇崩御。御年は五十四であった。

山の座主に権僧正最雲。堀河天皇の皇子。無品《むほん》（親王の位は品といい、一品から四品まであった）の親王である。もと法印。久寿三年三月三十日、五十三歳で天台座主に任ぜられて治山六年。応保二年二月十六日、入滅。

後白河上皇は嘉応元年（一一六九）六月、四十二歳で御出家され、法名を行真と称された。建久三年（一一九二）三月十三日、崩御。御年は六十六であった。

後白河上皇は法住寺に千手観音の像千体を安置しようと発願なさり、御願寺として蓮華王院《れんげおういん》とよばれる御堂（京都市東山区にあり三十三間堂の名で知られている）を建立された。そうすると蓮華王院の地から閼伽水《あかみず》（仏に供える清らかな水）が湧き出るという霊験があらわれたという。しかし、この御代はまったく乱世の連続であった。そのことについては後の巻にくわしく述べてある。

またこの法皇は一身阿闍梨《いっしんあじゃり》（阿闍梨は高僧に与えられる称号で規範と訳す。高貴の人を特にこの位に推薦した場合に一身阿闍梨という）となられ、さらに登壇して灌頂をお受けになった。その時の師は公顕《こうけん》大僧正であったが、公顕は智証大師の門流を継ぐ三井寺の僧であった。

第七十八　二条天皇　在位七年。

御名を守仁《もりひと》という。保元三年八月十一日、御年十六で皇位を継承。東宮に立てられたのは久寿二年九月二十三日、御年十三の時である。後白河天皇の第一子。久寿二年十二月九日に御元服。母は女御懿子《いし》。大納言経実《つねざね》の娘であった。

関白左大臣に基実《もとざね》。後白河天皇譲位の日に十六歳で関白に任ぜられた。平治二年八月十一日、左大臣となり、長寛二年（一一六四）閏《うるう》十月十七日に左大臣を辞した。

平治は己卯《つちのとう》の年（一一五九）四月二十日に改元されて一年。永暦は庚辰《かのえたつ》の年（一一六〇）正月十日に改められて一年。応保は辛巳《かのとみ》の年（一一六一）九月四日に改元されて二年までである。

応保二年六月十八日、知足院殿《ちそくいんどの》（忠実）が没した。

長寛は癸未《みずのとひつじ》の年（一一六三）三月二十九日の改元で二年まで。

長寛二年二月十九日、法性寺入道殿下《ほっしょうじにゅうどうでんか》（忠通）が六十八歳で没した。

崇徳法皇は同年八月二十六日に崩御。御年は四十六であった。

永万は乙酉《きのととり》の年（一一六五）六月五日に改元されて一年である。

永万元年七月二十八日、二条天皇崩御。時に御年二十三。御退位は六月に行なわれた。

山の座主に権僧正覚忠。三井寺の門流。長谷。法務大僧正。応保二年二月三十日、四十五歳で天台座主に任ぜられたが、三日で辞退。同じく権僧正重輸《じゅうゆ》。禅智房と号す。応保二年閏二月三日、六十八歳で天台座主に任ぜられた。治山四ヵ月。長寛二年正月十二日に入滅した。同じく権僧正快修《かいしゅう》。後本覚院と号す。法務大僧正。応保二年五月二十九日、六十五歳で天台座主となった。治山二年。応保三年九月二日、延暦寺の衆徒は三井寺を焼討ちしたが、それは第四度目の焼討ち事件である。同じく権僧正俊円。長寛二年閏十月十三日、五十六歳で天台座主に任ぜられ、治山二年。仁安元年（一一六六）八月二十八日に没した。

第七十九　六条天皇　在位三年。

御名を順仁《のぶひと》という。永万元年六月二十五日に皇位を継ぎ、仁安三年、御年四歳で退位。安元二年（一一七六）七月十九日、崩御。時に御年十三。御元服はついに行なわれなかった。

二条天皇の御子であるが、母は明らかではない。中宮育子《いくし》であるといい、また右大臣藤原公《きみ》能《よし》の娘であったともいう。表向きは皇后・中宮の御子だということで位につかれたのであるが、内密のこととしては母は大蔵大輔伊岐宗遠《いきのむねとお》の娘であるといわれている。

摂政には基実。永万二年七月二十六日、二十四歳で没した。

摂政には基房《もとふさ》。永万二年七月二十八日に摂政となった。同年十一月四日、左大臣を辞任。

太政大臣に伊通《これみち》。長寛三年二月、病気のために太政大臣を辞退し、二月十一日に出家し、七十三歳で同月十五日に没した。

同じく太政大臣に平清盛。刑部卿《ぎょうぶ》（平）忠盛の長男。永万二年十一月十一日、内大臣に任ぜられ、仁安二年二月十一日に太政大臣となった。同年辞退。

左大臣に経宗《つねむね》。永万二年十一月十一日に任ぜられた。

右大臣に兼実《かねざね》。護衛の武官を賜わる。永万二年十一月十一日、右大臣に任命された。

内大臣に藤忠雅《ただまさ》。右大将。家忠の孫。中納言忠宗の息男。仁安二年二月十一日に内大臣となった。

仁安は丙戌《ひのえいぬ》の年（一一六六）八月二十七日に改元されて三年までである。

山の座主に僧正快修。一度座主を退いたのをふたたび座主に任じた最初の例である。仁安元年九月二日に任命されて、治山一年。座主を辞して六年ののち、承安二年六月十二日に入滅した。同じく法印明雲《みょううん》。法務大僧正。仁安二年二月十五日、五十二歳で天台座主となった。治山十年。安元三年（一一七七）五月、流罪に処せられ、配流の地へ赴く途中、延暦寺の衆徒は勢多《せた》（大津市）で座主を奪いかえして比叡山につれもどしてしまった。

第八十　高倉天皇　在位十二年。

御名を憲仁《のりひと》という。仁安三年二月十九日、御年八歳で皇位を継ぐ。東宮に立てられたのは仁安二年（元年の誤り）十月十日、七歳（六歳の誤り）の時であった。後白河天皇の第五子。嘉応三年正月三日、御年十一で元服。治承四年（一一八〇）二月二十一日に退位された。母は建春門院《けんしゅんもんいん》（平）滋子《しげこ》である。

摂政には基房。のちに関白。承安二年（一一七二）十二月二十七日、摂政を辞任して関白となった。治承三年十一月十六日、関白および藤原氏の氏長者をやめさせられ、同月十八日には大宰権帥《だざいのごんのそつ》に左遷されることになった。同日、九州に向かう途中、川尻《かわじり》の辺（尼崎市の近く）で出家した。時に三十五歳。その後は備前国（岡山県）にとどまり、治承五年に都に帰ることを許された。

関白内大臣に基通《もとみち》。治承三年十一月十四日、内大臣に任ぜられた。もとは二位の中将。同月十六日、関白・藤原氏の氏長者となった。時に二十歳。

太政大臣に忠雅。仁安三年八月十日、太政大臣となり、嘉応二年六月に辞任した。

同じく太政大臣に師長《もろなが》。承安五年十一月十日、内大臣に任ぜられ、安元三年三月五日、太政大臣に昇進した。治承三年十一月十七日、退任。この時の事件に関連して尾張国（愛知県）に流され、出家の身となった。

左大臣に経宗。

右大臣に兼実。護衛の武官を賜わる。

内大臣に源雅通《まさみち》。右大将。大納言（源）顕通の長男であるが、（源）雅定の養子となった。仁安三年八月十日、内大臣に任ぜられ、承安五年二月二十七日、五十八歳で没した。

同じく内大臣に平重盛《しげもり》。左大将。安元三年三月五日、内大臣に任ぜられ、同年六月五日、大将を辞任。治承三年三月十一日、内大臣を辞退した。同年五月二十五日、出家。八月一日に没した。

嘉応は己丑《つちのとうし》の年（一一六九）四月八日に改元されて二年まで。承安は辛卯《かのとう》の年（一一七一）四月二十一日の改元で四年まで。安元は乙未《きのとひつじ》の年（一一七五）七月二十八日に改元されて二年まで。治承は丁酉《ひのととり》の年（一一七七）八月四日に改元されて四年までである。

山の座主に阿闍梨覚快《かくかい》親王。安元三年五月十一日、四十四歳で天台座主となる。治山二年。治承三年十一月十七日、辞任。ただし任命の時の事情についてはわからないことがある。養和元年（一一八一）十一月六日に入滅。座主を辞退して三年後のことであった。同じく僧正明雲。治承三年十一月十六日、ふたたび天台座主となる。時に六十五歳。治山四年。寿永二年（一一八三）十一月十九日、六十九歳で没した。非業の死をとげたことについてはまったくいいようがない。

承安元年（三年の誤り）、高倉天皇母后建春門院の御願寺である最勝光院《さいしょうこういん》が完成し、供養の大法会が行なわれた。法会の導師は覚珍《かくちん》がつとめ、呪願師《じゅがんし》（祈りの法文を読む役）は明雲がつとめた。

安元三年、大極殿《だいごくでん》（大内裏の正殿）が焼失した。この大極殿は後三条聖主が造営なさって以来、保元年間に修理を加えたが、この年に焼けてしまったのである。火もとは樋口《ひぐち》京極あたりであったが、思いがけず飛火して焼けたのであった。火もとと内裏の間はかえって焼けなかった。

またこの天皇は退位ののち、安芸国（広島県）厳島《いつくしま》に行幸された。平相国《へいしょうこく》入道《にゅうどう》（清盛）が政権を握り、福原（神戸市兵庫区）に遷都しようとした時、上皇もいっしょに行幸された。そしてさらに厳島に行幸され、御直筆の願文をお作りになって仏前の法要を行なわれたのである。

この天皇は漢詩文にすぐれ、御学問も広く、漢詩を作り、雑録をしるすことなどを愛好された。「女房の申し文」（女官の奏請文）などと称されてお書きになった雑筆の類は数多くあった。

第八十一　安徳天皇　在位三年。

御名を言仁《ときひと》という。治承四年二月二十一日、御年三歳で皇位を継承。東宮に立てられたのは治承二年十二月であった。高倉天皇の長子。母は中宮（平）徳子《とくこ》。入道太政大臣平清盛の娘である。

摂政には基通。

内大臣には平宗盛《むねもり》。

養和は辛丑《かのとうし》の年（一一八一）七月十四日に改元されて一年。寿永は壬寅《みずのえとら》の年（一一八二）五月二十七日に改められて二年までである。

この御代に遷都が行なわれた。くわしいことは後の巻に述べてある。

この天皇は寿永二年七月二十五日に、外祖父の清盛入道殿が反逆者の立場になってから、源氏の武士が東国・北陸などから都に攻めのぼってきたので、伯父にあたる内大臣（平）宗盛につき添われて西国をさして都落ちをされた。その後、ついに元暦二年（一一八五）三月二十四日、長門国（山口県）門司の関、壇《だん》の浦で海に入ってお亡くなりになった。時に御年七歳。この時、三種の神器の一つである宝剣は海に沈んでしまった。また神璽《しんじ》（いわゆる八《や》尺瓊曲玉《さかにのまがたま》）は箱が波に浮かんで戻ってきた。そして内侍所《ないしどころ》（いわゆる八咫鏡《やたのかがみ》）は（平）時忠《ときただ》がとりあげ申し上げて無事であった。これらの思いがけない神秘のことについては後の巻にこまかに書いてある。

第八十二　後鳥羽天皇　在位十五年。

御名を尊成《たかなり》という。寿永二年八月二十日、御年四歳で皇位を継承。建久九年（一一九八）正月十一日に退位された。高倉天皇の第四子。御元服は十一歳の文治六年正月三日に行なわれ、冠を加える役は摂政太政大臣兼実、加冠の前に髪を結ぶ役は左大臣実定《さねさだ》、はじめに髪を櫛でととのえる役は内蔵頭範能《くらのかみのりよし》がつとめた。

摂政に基通。寿永二年十一月二十一日、摂政と藤原氏の氏長者をやめた。時に二十四歳であった。

摂政内大臣に師家《もろいえ》。寿永二年十一月二十一日、十二歳で内大臣に任ぜられ摂政となった。もとは大納言。翌寿永三年正月二十二日には摂政および氏長者を辞した。

内大臣に実定。親の喪に服して、いったん内大臣の任を解かれたが、その後もとにかえった。

摂政に内大臣基通。寿永三年正月二十二日、二十五歳でふたたび摂政に任ぜられ、文治二年（一一八六）三月十二日、摂政および氏長者を辞した。

摂政太政大臣に兼実。文治元年十二月二十八日、右大臣で内覧の任を命ぜられた。しかしその時は摂政（基通）が内覧に当たっていたようである。同二年三月十二日、摂政となる。同五年十二月十四日、太政大臣に昇進。建久二年十二月十七日には関白に任ぜられた。同七年十一月二十五日、関白および藤原氏の氏長者をやめた。建仁二年（一二〇二）正月二十八日、五十四歳で出家。建永二年（一二〇七）四月五日、五十九歳で没した。

関白に基通。建久七年十一月二十五日、関白および氏長者となる。時に三十七歳。

太政大臣に兼房。文治六年七月十七日、内大臣に任ぜられる。建久二年三月二十八日、太政大臣に昇進。同七年、太政大臣を辞した。

左大臣に経宗。寿永三年十一月十七日、輦車《てぐるま》に乗って宮門を出入りすることを許され、翌十八日には牛車を許された。はじめから牛車を許すことは先例が明らかでなかったので、まず輦車を許されたのである。これは経宗が宿老で歩行に堪えなかったので、大嘗会《だいじょうえ》（天皇が即位ののちはじめて行なう新嘗祭《にいなめのまつり》で、神事の中で最大のもの）出席のためにとりはからわれたことであった。

左大臣に実定。文治二年、右大臣に任ぜられ、同五年七月十日、左大臣に進んだ。同六年、左大臣を辞任した。

左大臣に実房《さねふさ》。公教《きみのり》の息男。文治五年七月十日、右大臣となり、同六年七月十七日、左大臣に任ぜられた。建久七年三月二十三日、五十歳で左大臣を辞任し、同年四月十六日に出家した。

左大臣に兼雅《かねまさ》。忠雅の長男。文治五年七月十日、内大臣に任ぜられ、同六年七月十七日、右大臣に進み、建久九年十一月十四日に左大臣となった。

右大臣に頼実《よりざね》。右大将。経宗の息男である。建久九年十一月十四日、内大臣であった後京極殿（良経《よしつね》）を追い越して右大臣となった。

内大臣に良通《よしみち》。左大将。もと右大将。文治二年十月二十九日、二十歳で内大臣となる。同四年二月二十日、急死した。

内大臣に忠親《ただちか》。忠雅の弟。建久二年三月二十八日、内大臣に任ぜられた。同五年十二月十五日に出家し、翌六年三月十二日、死去。

内大臣に良経。左大将。建久六年十一月十日、二十七歳で内大臣となる。同九年正月十九日、大将を辞任した。

前右大将頼朝。左馬頭《さまのかみ》（源）義朝の息男。文治元年四月二十七日、前内大臣（平宗盛）を捕虜とした戦功を賞して従二位に叙せられた。それまでは前兵衛佐《さきのひょうえのすけ》正四位下であった。文治六年十一月九日、権大納言に任ぜられる。それまでは散位《さんい》（位のみあって官職のないもの）であった。さらに同月二十四日には右大将の兼任を命ぜられた。同年十二月三日、権大納言・右大将の両職を辞退。

元暦は甲辰《きのえたつ》の年（一一八四）四月十六日に改元されて一年。

安徳天皇は元暦二年三月二十四日に崩御された。

文治は乙巳《きのとみ》の年（一一八五）八月十四日に改元されて五年まで。建久は庚戌《かのえいぬ》の年（一一九〇）四月十一日に改められて九年までである。

後白河法皇は建久三年三月十三日、御年六十六で崩御された。

山の座主に権僧正俊堯《しゅんぎょう》。五智院と号した。寿永二年十一月二十三日、天台座主に任ぜられた。治山二ヵ月。翌三年正月二十日、比叡山から追放された。同じく前権僧正全玄。桂林院と号した。法務大僧正。寿永三年二月三日、七十二歳で天台座主となり、治山六年。同じく前大僧正公顕。三井寺の門流を継ぐ。法務。文治六年三月四日、天台座主となったが四日で辞退した。同じく法印顕真。大原に隠棲していた。権僧正。文治六年三月七日、六十歳で天台座主に任ぜられて治山二年。建久三年十一月、六十二歳で没した。同じく権僧正慈円《じえん》。法務大僧正。建久三年十一月二十九日、天台座主に任ぜられた。時に三十八歳。治山四年。

同七年十一月に辞任した。同じく阿闍梨承仁《しょうにん》親王。加治井（梶井）の門流。建久七年十一月三十日に天台座主となった。時に二十八歳。治山一年。ただし実際は五ヵ月。翌八年四月二十七日に入滅。同じく法印弁雅《べんが》。建久八年五月二十一日、六十三歳で天台座主に任ぜられた。治山四年。建仁元年（一二〇一）二月十七日、六十七歳で没した。

後鳥羽天皇は先帝安徳天皇が西海へ落ちていかれたあとで、後白河法皇の御はからいで皇位につかれたのである。鳥羽天皇即位の時にも先帝の堀河天皇は何の御意志も示されなかったようで、当時、院政をとっておいでになった白河法皇の宣命《せんみょう》によったといわれている。このののちもこれらの例に見られるように院政によって事が進められていくのであろう。御退位ののち、承元元年（一二〇七）に御願寺を建立してその供養を行なわれ、最勝四天王院と号された。また後鳥羽院の院政時代に北面の武士のほかに西面（院の御所の西面にひかえていた）の武士というものが創設され、武士の子弟などが多数召し集められたのである。またこの天皇は武芸を愛好され、中古以来絶えてなかったことを数々おはじめになった。

第八十三　土御門天皇　在位十二年。

御名を為仁《ためひと》という。建久九年正月十一日、御年四歳で皇位を継承。東宮に立てられるということはないままであった。承元四年（一二一〇）十一月、退位。後鳥羽天皇の第一子。元久二年（一二〇五）正月三日に御元服。母は承明門院《しょうめいもんいん》。内大臣（源）通親《みちちか》の娘であるが、実は能円《のうえん》法印の娘である。

摂政に基通。前代に同じ。建仁二年十二月二十五日、摂政および藤原氏の氏長者を退く。時に四十三歳。承元二年十月五日、四十九歳で出家し、貞永二年（一二三三）五月二十九日、七十四歳で没した。

摂政太政大臣に良経。建仁二年十二月二十五日、三十四歳で摂政に任ぜられた。それに先立って、同年十一月二十七日に内覧となり、藤原氏の氏長者をみとめられていた。元久三年（一二〇六）三月七日、三十八歳で没した。

正治は己未《つちのとひつじ》の年（一一九九）四月二十七日に改元されて二年まで。建仁は辛酉《かのととり》の年（一二〇一）二月十三日の改元で三年まで。元久は甲子《きのえね》の年（一二〇四）二月二十日に改められて二年まで。建永は丙寅《ひのえとら》の年（一二〇六）四月二十七日に改元されて一年。承元は丁卯《ひのとう》の年（一二〇七）十月二十五日に改元されて四年までである。

山の座主に前権僧正慈円。二度目の任命。建仁元年二月十九日、四十七歳で天台座主となり治山一年。同二年七月七日に辞退した。同じく法印実全《じつぜん》。権僧正。建仁二年七月十三日、六十三歳で天台座主に任ぜられて治山一年。翌三年八月、比叡山内の学徒（上級の僧侶）と堂衆《どうしゅう》（雑役に従事する下級僧侶）とが対立し、合戦にまで及んだため座主は交代した。同じく僧正真性《しんせい》。大僧正。建仁三年八月二十八日、三十七歳で天台座主となる。治山二年。元久二年十二月に辞退した。延暦寺の大講堂をはじめ諸堂が焼失したための辞任であろうか。同じく法印承円。法務僧正。元久二年十二月十三日に天台座主に任ぜられた。時に二十六歳。

治山七年。建暦元年（一二一一）十二月に辞退。惣持院《そうじいん》を焼失し、また日吉社の周辺では八王子宮《はちおうじのみや》以下の諸殿が地を払って焼けてしまった。そのために辞任したのであろうか。

土御門天皇の御代、久しく絶えてあらわれなかった彗星が出現して数夜かがやき、いったん消えたのち、またあらわれた。天皇は神仏にさまざまな祈りをなされて皇位を退かれたのであった。世間では天皇の御母方の人々はすべて死に絶えたとか、公然とした僧侶の孫にあたる皇子が皇位についた例はないなどとうわさしあった。しかしながら在位の長さは十年をこえたのである。

第八十四　順徳天皇　在位十一年。

御名を守成《もりなり》という。承元四年十一月二十五日、御年十四で皇位を継承。東宮に立てられたのは正治二年四月十五日、御年四歳の時であった。後鳥羽天皇の第三子。御元服は承元二年十二月二十五日、十二歳の時に行なわれた。母は修明門院。贈左大臣範季《のりすえ》の娘で、範季の生存中の位階は従二位であった。

関白には家実《いえざね》。承久三年（一二二一）四月二十日、摂政（関白の誤り）および藤原氏の氏長者を辞退した。四十三歳の年である。

建暦は辛未《かのとひつじ》の年（一二一一）三月九日に改元されて二年まで。建保は癸酉《みずのととり》の年（一二一三）十二月六日に改められて六年まで。承久は己卯《つちのとう》の年（一二一九）四月十二日の改元で三年までである。

山の座主に前大僧正慈円。三度目の任命である。建暦二年正月十六日、五十八歳で天台座主となり治山一年。同三年正月十一日、公円《こうえん》法印に座主を譲って引退した。公円はその日に権僧正に任ぜられ、ついで天台座主に任命されたのであった。同じく権僧正公円。建暦三年正月十一日、四十六歳で天台座主となる。治山十ヵ月。同年十一月に南都興福寺の衆徒と延暦寺の衆徒が清水寺の帰属をめぐって争いを起こしたために座主を辞任した。同じく前大僧正慈円。四度目の座主任命である。建暦三年十一月十九日、五十九歳で天台座主となる。治山一年。建保二年六月十日に辞任した。その年の四月十三日（十六日の誤り）三井寺が焼けたが、それは第五回目の延暦寺衆徒による焼討ちであった。同前権僧正承円。二度目の任命で、建保二年六月十二日の就任である。

さて以上、代々の摂政・関白以外の大臣については、重要であると思われる者のみを書いてきたので、全部を書き並べることはしなかった。その点は理解してほしい。

また代々の天台座主の中に、前大僧正慈円が四回も任ぜられては辞任しているのを発見するのであるが、何とも理解できないあきれるようなことである。これほど辞退する人を天皇や法皇はどうして座主にしようとなさったのであろうか。また任命された方でもそれほど辞退するのならば、どうして何回も座主に就任したのであろうか。きっとそれにはわけがあるのであろう。つまりそこには、延暦寺が伝えている仏法が、この日本国の王法に対してもっている本当の意味があらわれているのである。都が平安京に移ったはじめに、この延暦寺が建立されて以来、山門の仏法と王法の間にはどんな点から考えても深いわけがあったのだということがはっきりとわかるので、延暦寺のことについてはこの書の奥の方に一巻を立ててある。(9) いまここではっきりと書いていないことを、そこでは詳細に解明しようとしているのである（この部分についてはさまざまな解釈があるが、ここでは山門のことを書いた巻は現在散逸してしまったと考えておきたい）。

承久元年七月十三日、大内裏が焼失してしまった。これで大内裏の炎上は合計十五回を数える。このたびは大内裏の警固役を代々つとめてきた右馬権頭（源）頼茂《よりもち》が謀反の風評をたてられて召し出されるうちに、合戦を起こして放火したもので、頼茂が焼いたのであった。頼茂はそのため殺されたのである。ついで大内裏の造営について特に指示が出され、工事がはじまった。考えてみると白河・鳥羽の二代の院政のもとでは大内裏の造営は放置されたままであった。この間のことについてはよくわからないことがある。

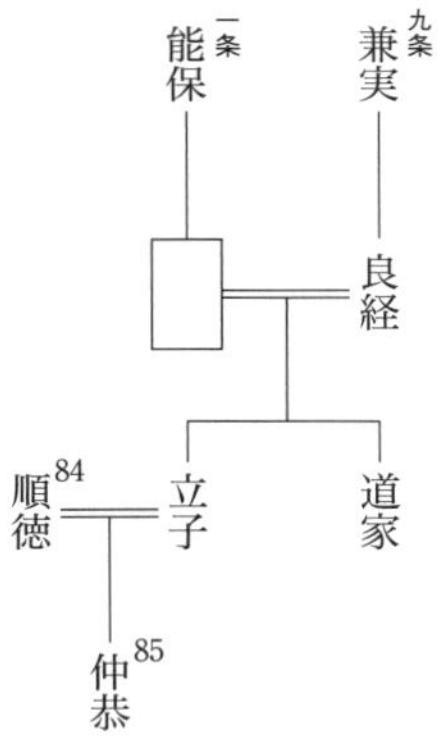

数字は天皇の通例の代数。後出の系図でも同じ

建保六年に比叡山の衆徒が日吉社の神輿をかついで都に乱入した。同様の事件は代々にわたって実に多く一つ一つ記録することはできないほどである。この書は省略に省略を加えたもの

であるからすべて略してある。

承久二年十月のころ、以上の皇帝年代記を書き終えた。のちにこの書を見る人は本書の趣旨をついで書き継ぐべきものである。その場合には省略して要をしるすことがもっとも大切なことであろう。ただし別巻[10]は特に許された者以外に見せてはならない（別巻は山門のことを書いた巻をさすと思われるが、現在の巻第七のこととする説もある）。

（第一次追記）**今上天皇**（仲恭天皇）　在位三ヵ月。

御名を懐成《かねなり》という。承久三年辛巳《かのとみ》四月二十日、甲戌《きのえいぬ》に御年四歳で即位。東宮になられたのは建保六年十一月二十六日、御年一歳の時で、同年十月十日寅《とら》の刻（午前四時）の御誕生であった。母は中宮立子。順徳天皇の御子。

摂政左大臣に道家。天皇即位の日に二十九歳で摂政となる。後京極殿良経の長男。天皇の母方の祖父あるいは母の兄弟が大臣である時に摂政の任につかない例はない。当然の道理であると先帝の譲位の宣命に書かれていたという。同月二十六日、藤原氏の氏長者を継ぐ。身辺警固の武官を賜わり、参内の時に帯剣を許され、宮中で第一の上席を認められ、牛車に乗って宮門を出入りすることを許されるなど先例にまかせてはからわれた。そして同日、任官叙位の御礼を申し上げることが行なわれた。

同じ承久三年四月二十六日、新院順徳上皇は一院《いちのいん》後鳥羽上皇の御所である賀陽院《かやのいん》に行幸された。それより先の四月二十三日、順徳院は太上天皇の尊号をお受けになった。そこでそれまで新院といわれていた上皇は土御門院ということになった。出家して法皇となられた上皇もいれて、二人以上の上皇がおいでになった例は多いが、太上天皇が三人というのははじめてのことである。

（第二次追記）**今上天皇**（後堀河天皇）　在位十一年。

御名を茂仁《もちひと》という。承久三年辛巳《かのとみ》七月九日辛卯《かのとう》、御年十歳で皇位を継承。同年十二月一日庚辰《かのえたつ》（庚戌《かのえいぬ》の誤り）、太政官庁で即位の儀が行なわれた。天皇の孫にあたる王が即位されたことは光仁天皇の時以来例のないことである。高倉天皇の御孫。入道守貞親王の御子。守貞親王はのちに太上天皇の尊号をお受けになった。母は北白河院。中納言基家の娘である。同四年正月三日に御元服。

摂政に家実。後堀河天皇に譲位される前日、承久三年七月八日に、先帝の詔によってふたたび摂政に任ぜられた。新帝の御代になってから改めて任命されることはなくてその任にある。

譲位の当日、節会《せちえ》（節日その他公事のある日に群臣に酒食を賜わる宴会のこと）も行なわれず、譲位の宣命も出されなかった。さらに警固・固関《こげん》（譲位の前後は都城の警固を厳重にし、逢坂・鈴鹿・不破などの関に固関使《こげんし》を派遣して関所を固めることが、なかば儀式化して行なわれた）のこともなかったので、世上では奇異のこととうわさしたであろう。また八月、九月ごろになって、先帝の出された摂政の任命を実施しようとなさり、その指示をうけた外記《げき》（太政官の書記官）がびっくり仰天したという。かつて花山天皇が退位された夜のことは、これにも増して異例のことであったが、その時には翌日には大入道殿（兼家）が摂政に任ぜられている。また節会はなかったが固関のことなどは行なわれたのであった。今度のことはまったくひどいことだと世間では評判になっている。

左大臣に家通《いえみち》。摂政家実の嫡男。左大将。

右大臣に藤原公継《きみつぐ》。元大臣がいったん退いたのちにまた大臣に復した最初の例である。実《さね》定《さだ》公の例はこれに似ているが同列には論じられない。大将を兼任したが、右大臣に任ぜられたのは承久三年閏十月十日であった。

内大臣に藤原公経《きみつね》。右大将。承久三年閏十月十日内大臣となる。その日、大臣に任ぜられた夜の通例にならって大饗（大臣となった時に大臣以下殿上人を招いて大いに饗宴することと）を行なった。

貞応は壬午《みずのえうま》の年（一二二二）四月十三日に改元されて二年までである。

山の座主に権僧正円基《えんき》。承久三年八月二十七日に天台座主に任ぜられた。

承久三年四月、十八歳の入道親王尊快《そんかい》を天台座主に決定したということが伝えられた。しかしながら、新しく位につかれた天皇がまだ大嘗祭《だいじょうさい》を行なわないうちに座主の任命をなさったという例はない。木曾義仲が都に入った時には、新帝後鳥羽天皇によって俊堯《しゅんぎょう》座主の任命が行なわれたが、それは悪例であって先例とすることはできないというわけで、正式の任命が行なわれない間に、五月十五日に戦乱が起こってしまった。六月には武士が乱入し、この座主や弟子らはあわてふためいて逃げたりしたので、十八歳の天台座主のもとで仏法と王法のあり方はこんなざまになってしまったと世間では評したのであった。そうするうちに円基僧正が摂政家実の弟ということで天台座主に任命された。そのため尊快親王は歴代座主の中に書き入れないようである。

ともかくこの承久三年は天下に内乱が起こり、それによって天皇は退位され、摂政は更迭され、世人の困惑はこの上なかった。

一院（後鳥羽上皇）は隠岐国（島根県隠岐島）に遠流《おんる》（流刑の中でもっとも重いもの）ときめられた。承久三年七月八日、鳥羽殿で出家なさり、十三日に隠岐へ向かわれた。御出発には御幸の威儀は何もなく、御供は俄《にわか》入道となった清範《きよのり》ただ一人、それに女房が二、三人だけであった。清範はまもなく呼び戻されて途中から帰京したので、ただちに義茂法師が代わって随行したという。土御門院・新院（順徳院）・六条宮（後鳥羽天皇皇子雅成親王）・冷泉宮（後鳥羽天皇皇子頼仁親王）はみな流刑となった。新院は七月二十一日に佐渡国（新潟県佐渡）へ、冷泉宮は同月二十五日に備前国（岡山県）小島へ、六条宮は同月二十四日に但馬国（兵庫県）へ、土御門院はおくれて同年閏十月に土佐国（高知県）へそれぞれ配流されたのである。その後、承久四年四月に改元のことがあったが、五月のころに土御門院は阿波国（徳島県）へお移りになったと聞いている。三上皇と二人の宮がみな遠い国へ向かわれたが、その御出発には立派な儀式が行なわれなかったなどと世上では語りあった。

承久三年（一二二一）八月十六日、後堀河天皇の父入道守貞親王に太上天皇の尊号が奉られた。出家した親王が太上天皇の尊号を受けたことは、いまだかつて日本国の例にはないことである。漢の高祖が父を太公として尊んだ例を引いて今度のことはそれに似ているなどと世上では評した。天皇の御母については、貞応元年四月十三日従三位に叙せられ、三宮に准ずる待遇が定められた。御名は陳子といい、その前の年に出家されていたので、御出家の身でこうしたことが行なわれたのも、また先例のないことではあろう。ただし鎌倉の二位の政子、つまり右大将頼朝卿の未亡人が三位に叙せられた時には出家の身であったという。その時にはいったいどこの例を先例としたのであろうか。このようなことは、末世であるから何でもないこととして行なわれてしまったのであろうが、世も末になるとまことに悲しく情けないことである。貞応と改元されたのはほかならぬこの四月十三日のことであった。同年七月十一日、准后《じゆごう》（准三后の略）陳子に奉る院号が定められ、北白河院とされた。同二年五月十四日には太上法皇（後高倉院。後堀河天皇の父）が崩御された。思うにすべては夢のようである。天下は喪に入る。同三年六月十三日、関東武士の将軍にたびたび後見の役をつとめた（北条）義時《よしとき》朝臣が死去した。同月十七日の夕、義時の息男武蔵守泰時《やすとき》は京都を出発して関東に向かった。また十九日には同じく京都にいた義時の弟相模守時房《ときふさ》も関東に向けて出発した。

（第一次追記）（この部分がいつ追記されたかについては諸説がある。補注（11）参照。ここでは第一次追記の続きとしておく）

さてわたくしは以上の皇帝年代記のほかに、神武から一昨年（承久元年）まで[11]を通観し、世の中が移り変わっていくその推移の仕方の根本を考え、ここにいう道理の流れとして書いてみた。そのことをよくよく理解して、あとの巻々を読む人は読んでもらいたい。それはもっぱら仮名文字で書いてあるが、それもわたくしが理解した道理に従って書いたからである。というのは、まずこの書をこのように書こうと思い立ったのは、物事を知らない人のためであった。いま末の世の有様を見ると、文筆にたずさわる人は貴賤・僧俗を問わず何といってもまれには学問をするようで、かろうじて漢字を読むことはできるが、その正しい意味を理解している人はといえばいないのである。在俗の男子には、紀伝道（『史記』『漢書』など中国の史書を中心に学ぶ学問）・明経道（『周易』『論語』など儒教の経書を学ぶ学問）をはじめ学ぶべき書は多いのに、まるで見知らないようである。また僧侶には経（釈迦の教えを書き集めたもの）・論（釈迦以後の聖賢がその思想を述べたもの）・章疏（経論の解釈や注釈の書）が学ぶべきものとしてあるが、それらを学ぼうとする人はめったにいない。『日本書紀』にはじまる六国史や律令はわが国のことを書いたものであるのに、今は少しでも読解できる人はまれなのである。

そこで仮名ばかりで書くと、日本語の本来の性格から漢字とその表現にはかかわりがなくなるであろう。ところが世間の人は、仮名で書いてもなお読みにくいようなことばをとりあげてどうしようもない低俗なものとして嘲笑するのである。たとえば、ハタト、ムズト、シャクト、ドウトなどのことばがその例であるが、わたくしはこれらのことばこそ日本語の本来の姿を示すものと思う。これらのことばの意味はどんな人でもみな知っている。卑しい人夫や宿直の番人までも、これらのことばのような表現で多くのことを人に伝えまた理解することができるのである。それなのに、こうしたことばは滑稽であるといって書く時に使わないとすれば、結局は漢字ばかりを用いることになってしまうであろう。そうすれば漢字の読める人は少ないのであるから、この間の道理を考えた末に、以下のような書き方で書くことにしたのである。なんといっても、この国に生まれた以上、せめてこれくらいは日本の風習が形づくられてきた有様や世の中が移り変わってきたそのあり方をわきまえ知っていなければ、この国の人としてふさわしくないと思うのである。

書きもらしたことや書きたいと思うことは多い。書く者の心の中にさえ残ることは多く、実際に書きあらわせたことは少ないのであるから、まして少しでももっともらしい学才のある人の目には、書くべきことがつくされていないと見えるであろう。しかし、それだからといって思うだけのことを全部書くと、全体の文面が仰々しく長大になって、読む人もなくなるであろう。読む人に退屈されそうなので、よけいなところはみな省略したのである。また無益のことを書きそえていると思われそうなところもあるかも知れないが、それもみな思うところがあって書いたことである。心ある人が目をとどめる時は、注意をひきつける糸口となり、やがて道理を理解する道になるようなことだけを書いたものなのである。学問的な方面はそうしたことから興味をおこし、自分であらためて学問をなさるのがよかろう。また人々が語り伝えていることはみな確かではない。何でもない語り口で、真実の意味をとり落としてしまったようなものも多いことであるから、その疑いのあるものは書きしるすことはできないのである。[12]このような本書の趣旨を理解して、以下つぎつぎの巻などを、現在の時代に照らし合わせて見ていただきたい。

この年代記の終りのところは、まだ四、五代ばかりは書くためにと思って、用紙を設けておいた。そこに右のようなことを書いたのであるが、もう見るべきものもないだろうと思って、気がつかずに見落としてしまう人もあろう。書物の巻の終りの部分に、こういう大切なことが書きつけられていることがあるかもしれないなどと思って、書物をくり返しひらいて読むほどの心は、今の世にはあるべくもないのである。今は物の道理を理解する心はひどく少なくなってしまっているので、ここにこんな書き方をしているのも、また道理であろうかと考えていただきたいのである。

巻第三

はじめに

年のたつにつけ、日のたつにつけて物の道理(13)ばかりを考えつづけ、年老いてふと目ざめがちな夜半のなぐさめにもしているうちに、いよいよわたくしの生涯も終りに近づこうとしている。世の中を久しい間見てきたのであるから、世の中が昔から移り変わってきた道理というものも、わたくしにはしみじみと思いあわされてくるのである。

神々の時代のことはわからないが、人間の天皇の御代となった神武《じんむ》天皇以後、王は百代(14)といわれているのに、すでに残りは少なく八十四代にもなっている中で、保元の乱が起こって以後のこと、また『世継《よつぎ》の物語』(『大鏡』)のあとのことを書きついだ人はいない。少しはあると聞いているが、まだ読む機会を得ない。それというのもみないいことだけを書きしるそうとするため、保元の乱以後のことはすべて乱世のことであるから、何かといえば悪いことばかりになるのを気にやんで人々も語り伝えないのであろうか。しかしそれはいうにたりないことと思われるので、一途に世の中が推移し衰退してきた道理をひたすら述べてみたいと思って考えつづけていると、本当にすべてのことには道理があることがわかってくるのでである。ところが世間の人々はそうは考えないで、道理というものに反する心ばかりがあるので、そのためにいよいよ世の中も乱れ、穏やかならぬことばかりになってしまうのである。この乱世のことを案じてばかりいる自分の心を安らかにしたいと思って、この書物を書きしるすのである。皇帝年代記（本書の巻第一・巻第二をさす）があるので、それと照合しながら読み、わたくしの意図するところをよく理解してほしい。

神武から成務まで

神武天皇から成務《せいむ》天皇まで十三代の間は、それぞれの天皇の御子が皇位をお継ぎになった。ところが第十四代の仲哀《ちゅうあい》天皇は、第十二代景行《けいこう》天皇の御孫で位を継がれたのである。それというのも、成務天皇には御子がなかったので、成務四十八年に仲哀天皇を東宮にお立てになったのであった。景行天皇には双生の御子があり、ふたごの弟君としてお生まれになった御子を日本　武　尊《やまとたけるのみこと》といった。日本武尊は御年三十で白鳥となって空に昇ってしまわれた御方で、仲哀天皇はその御子である。この仲哀天皇はかの神功《じんぐう》皇后を后となさった。この皇后は開化天皇五世の子孫である息長宿禰《おきながのすくね》の娘であった。応神《おうじん》天皇を胎内に宿しておいでの時、仲哀天皇に下った神の託宣のことによって天皇が崩御されると、「しばらくの間御出生なさるな」といって、女の身でありながら男の姿につくり、新羅《しらぎ》・高麗《こま》・百済《くだら》の三国を討ち平らげてのち、九州に帰還なさり、ウミの宮（福岡県粕屋郡宇美町という）で槐《えんじゅ》の木にとりすがって応神天皇を御出産なさった。

　さて神功皇后は、仲哀天皇崩御ののちは応神天皇を東宮に立て、六十九年の間摂政として世を治めたのちに崩御された。そこで応神天皇が即位されて在位四十一年、御年百十歳までも在世なさったのである。仲哀天皇は神のお告げによって新羅などの国を討ち従えようとなさり、九州においでになってにわかにおかくれになった。

　そこでまずここまでの経過を考えてみると、道理そのものがあらわれているのは、十三代の成務天皇までといえよう。そこでは皇位継承が正道のとおりに行なわれており、国王はただひたすらに一人で世を治め、補佐の臣がなくても何の差支えもなかったのであろう。ところが、仲哀天皇の御代に、国王に御子がない場合には、孫にあたる御子を皇位につけてもよいという道理があらわれた。その仲哀天皇は神の託宣を受けながら、その節義を全うしないで急におかくれになったのであるが、それはこの間に神の教えをお信じにならないことが多かったので、早く亡くなられたのであると思われる。ところで神功皇后は、女の身でしかも御子を宿しておいでの御体で、戦いの大将軍をなさったのはどうであろうか。また御子がお生まれになったのちも、六十年もの間、皇后が国主の座におられたというのはどういうことであろうか。このことは、何ごとにも特別のきまりはないという道理を、だんだんと明らかにされたものであろう。つまり、男女の性別よりも天性の才能を第一に考えるべきであるという道理や、母后が御在世の間はすべて母后のおはからいにまかせて、御子は孝行をすべきであるという道理もあるわけで、これらの道理を末の世の人々に理解させるために、天皇がにわかに崩御なさり、才能のある皇后や孝行につとめる御子があらわれるなど、新しい道理をみちびき出すための内的、外的さまざまな原因が集まっているのである。ここに見られる道理というものの諸関係を理解している人はいない。また成務天皇の一代前である景行天皇の御代に、はじめて大臣がおかれ、武内宿禰《たけのうちのすくね》が任ぜられた。このこともまたのちに臣下というものができてくる道理をあらわすものである。武内宿禰は第八代孝元《こうげん》天皇の孫の孫にあたる人であった。

皇位の譲りあい

さて応神天皇から清寧《せいねい》天皇までの八代の間は、天皇の御子たちの中で皇位が継承されていった。中でも仁徳《にんとく》天皇の御子は三人までも即位なさったのである。しかし、清寧天皇のつぎの顕宗《けんぞう》天皇は、履中《りちゆう》天皇の孫であった。まず仁徳天皇御即位のことから見ていくと、応神天皇崩御ののちは、すでに応神天皇御在世の時に皇太子に立てられていたのは宇治《うじ》皇太子（菟《う》道稚郎子《じのわきいらつこ》）であったから、宇治皇太子がすぐに即位なさるべきであった。ところが仁徳天皇が兄にあたられたからであろうか、弟の宇治皇太子は仁徳天皇に「位におつきになってください」と申し出られたのである。すると仁徳天皇は「あなたが皇太子に立っておいでになる以上、どうしてわたくしが即位できましょう」とお答えになり、お互いに位につこうとして争うことならともかく、これはまた、自分はつかない、自分はつかないという争いで三年間も空位のままで過ぎてしまったのである。そこで宇治太子は、このように譲りあってばかりいて国王がいないままで年月を経るのは人民にとっては嘆きのもとである。わたくしが身を殺して退こうといって、死んでしまわれた。仁徳天皇はこのことを聞いて、驚き心を乱しておいでになったが、三日ののちに思いがけず宇治太子が生きかえってこられ、お二人で相語られてからとうとうお亡くなりになったのであった。こうしたことがあってのち、仁徳天皇は即位なさり、八十七年もの間皇位を保たれたのである。

この出来事はまったくわれわれの想像を絶することで、ことばであらわすこともできないほどである。人間というものは、自己のことを忘れて他の人のことを考えるところに真実の道を見いだすべきだといわれている。宇治太子のこうしたお心持を示して知らせるために、歴史は宇治の御子を皇太子にお立てしたのであろうかと推察されるのである。応神天皇などは御自分ののちのことを、きっと道理にもとづいて深く考えておいでになっていたのであろう。それはまさしく日本国の正法⑮の時代ではあった。

天皇殺害

その後、仁徳天皇の御子たちは三人とも皇位におつきになった。大臣の武内宿禰は仁徳天皇の御代まで仕え二百八十四歳で没したが、没したところは伝えられていない。仁徳天皇の三人の御子は履中天皇・反正《はんぜい》天皇・允恭《いんぎょう》天皇と兄から弟へ順々に即位なさったのである。ところがつぎの安康《あんこう》天皇は允恭天皇の第二皇子でありながら、兄の第一皇子を殺して位におつきになった。あのたいへんすぐれておいでになった仁徳天皇の御孫でありながら、似てもつかない御方であるとあきれて情けなく思われるのであるが、まったくそのとおりで、即位ののち三年たって、継子の眉輪《まよわの》王に殺されておしまいになったのである。眉輪王はその時七歳であったといい伝えられているが、ただちに大臣《おおおみ》（葛城《かずらき》）円《つぶら》の邸宅に逃げ込み、円もともに殺されてしまった。それはわずか二、三年の間の乱逆であったが、これも世の末にあらわれることをまず歴史のはじめに示しておかれたものであろうか。

眉輪王の父は大草香《おおくさか》皇子といって安康天皇の弟（叔父の誤り）であった。安康天皇は叔父の大草香皇子を殺してその妻を奪って后とされたのであるが、高楼に登って后とむつまじく語りあっておいでの時に、継子の眉輪王はやがて成人すれば父を殺した自分に対して恨みを抱くのではあるまいかという天皇のことばを、高楼の下にいた眉輪王が聞いてしまったのである。そこで眉輪王は、高楼に駆けのぼっていくなり、そこにあった太刀をとりあげ、母の膝を枕にして酔い臥しておられた継父の天皇の首を切り、大臣の円の邸宅に逃げ込んだと伝えられている。この事件はくり返しくり返しその意味を考えてみる必要があると思うのである。

皇位の運命

さてそのつぎに、安康天皇の弟である雄略《ゆうりゃく》天皇が位におつきになり、世を治められた。つぎの清寧天皇は雄略天皇の御子で位をお継ぎになったのであるが、御子がなかったので、履中天皇の御孫を二人養子に迎えて、兄の仁賢《にんけん》天皇を東宮とし、弟の顕宗天皇は皇子とされたのであった。この二人の御子は、安康天皇の時に世の中が乱れていたのをおそれて、播磨国（兵庫県）と丹波国（京都府）に逃げかくれておいでになったのを探し出しておつれしたのである。清寧天皇が崩御なさったのち、兄の東宮が即位なさるのが当然であるのに、固く辞退して弟の顕宗天皇を立てようとされ、両者互いに折れることなく譲りあって決まらなかった。そこでお二人の姉を女帝として、清寧天皇崩御の翌二月に位におつけしたのであった。

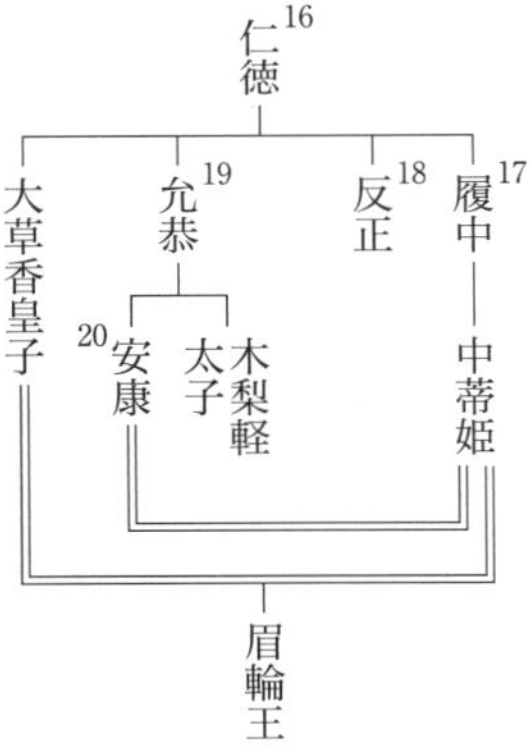

この女帝はその年の十二月（十一月の誤り）におかくれになってしまったからであろうか、一般の皇代記（歴代天皇の事績をしるした年代記）には書かれていないし、多くの人も知らないようである。飯豊《いいとよ》天皇と申し上げる。これは甲子《きのえね》の年のことであった。

さて翌年乙丑《きのとうし》の年の正月一日に顕宗天皇が即位された。東宮である兄をさしおいて弟のただの皇子が立たれたのは、群臣たちにそのように互いに譲りあわれるのもどうでしょうかと強く即位を勧められたので、兄の御命令と臣下のはからいに従って、ついに即位されたのであった。しかしながらこの顕宗天皇はわずか三年で崩御なさったので、つぎには皇太子であった仁賢天皇が位をお継ぎになり、十一年の間在位されてお亡くなりになった。この間のことを考えてみると、それぞれの天皇にはかならず皇位についての運命というものがあり、この場合に弟は短命で兄は長命であるから、その運命の力によって弟から兄へと皇位が受けつがれるというように歴史が動いたのであろうと思われる。人間の命の長短はその人のもっている前世の報いとはかならずしも合致するものではないと思う。この道理は末世の時代になると皇位より下のいろいろな官職・位階についてもあらわれてくるのである。

悪王出現

さて、仁賢天皇の皇太子に武烈《ぶれつ》天皇という、ことばではいいあらわすことのできない悪王があらわれた。十歳で即位し十八歳まで在位されたので、その間、群臣はただ悲嘆にくれるばかりであった。さらに御子もないままに亡くなられたので、国王の血筋が絶えてしまい世の嘆きとなったのである。そこで臣下が集まって相談し、応神天皇の五世の子孫として越前国(福井県)においでになった御子を探し求めて皇位におつけしたのであった。この天皇は継体《けいたい》天皇といって、その前の諸天皇よりも永い二十五年の間位を保たれた。年来地方におられて人民の生活もよくよく知っておいでになったので、この御代は国中特によく治まり、三人の御子はみな順々に皇位にのぼられた。安閑《あんかん》天皇・宣化《せんか》天皇・欽明《きんめい》天皇がそれである。兄二人の天皇は在位の期間は短かったが、欽明天皇の御代にはじめて仏教がこの国に渡来し、聖徳《しょうとく》太子がこの天皇の治世の末に天皇の御孫としてお生まれになって以来、この国は仏法に守られて現在まで保たれてきたのであると思われる。

仁徳天皇は八十七年の永きにわたって位を保たれたのであったが、その後、履中天皇から宣化天皇まで十二代の間は、御治世はまったく短かった。ただ允恭天皇だけが在位四十二年の久しきにわたったのである。そしてこの十二代の間には安康天皇・武烈天皇というひととおりでない悪政の時代もあった。顕宗・仁賢の両天皇は、仁徳天皇と宇治太子が位を譲りあわれた例をお考えになって、その治世もよく治まり立派であったが、治世は短期間の例にもれなかった。このことを考えてみると、この時代は一つの期間、一つの段階をなして世が衰えていく継ぎ目なのであると思われる。人代のはじめ神武天皇から成務天皇までは、すらすらと皇子から皇子へ位が伝えられる正法の世であった。仲哀天皇に至ってはじめて国王の孫が位を継ぐということが起こったのである。そしてまた神功皇后は開化天皇五世の子孫であるばかりでなく、女帝というもののはじめであった。応神天皇は位におつきになった時、今やわが国は神々の時代の気風を失ってしまい、今後は人の心は悪くなるばかりで、世の中はひたすら衰えていくであろうとお思いになり、仏法が伝わってくるまでこの国を守っていこうとつとめられたのであった。しかし、その後、代々の天皇の御命は短く、允恭天皇や雄略天皇などの血筋も絶えてしまったので、天皇の子孫を探し求めたりする有様であった。その後、仏法が伝わってくると、国王の力だけで天下を治めていくことは困難になったのである。崇峻《すしゅん》天皇殺害という事件のあとを受けついだ女帝の推古《すいこ》天皇は、聖徳太子を摂政にお立てになって三十六年の治世を保たれたのであったが、その聖徳太子は、それよりさきの十六歳の時に、蘇我大臣（馬子）と力を合わせて、仏法を受け容れることを喜ばなかった（物部）守屋《もりや》を攻め滅ぼし、仏法興隆のはじめをなした人であった。そして仏法はそれ以来今日まで隆昌をなしているのである。

王法と仏法

ところで、この崇峻天皇が馬子大臣に殺されておしまいになった事件で、馬子大臣に何の罪科も行なわれず、あたかも善いことをしたかのように沙汰やみになってしまったのは、どうしたわけであろうかと、昔の人もあやしんであれこれといっているようである。今の人もこのことについては理解しておかなければならない。日本の国では、今まで国王を殺すということはほとんどないことであった。また、そんなことがあってはならないと、かたく定められた国なのである。それなのに、この崇峻天皇と安康天皇だけは殺害された。そのうち安康天皇は、七歳になる継子の眉輪王に殺され、まもなく眉輪王も殺されてしまったのであるからいたしかたない。その眉輪王も七歳の若さであり、継子として親の仇を討ったのであるから道理は明白である。また安康天皇は、位を継ぐことにきまっていた兄の東宮を殺して即位し、わずか一年ばかりでつぎには眉輪王の父を殺し、眉輪王の母を奪い取るなどの悪行をしちらしたが、それらはあきらかに内輪同士の争いであって、そんな普通の思慮をこえたこともあったのであるから、安康天皇殺害は道理がわからなくはないのである。ところが、この崇峻天皇殺害の事情はというと、天皇が時の大臣（馬子）を殺そうとお考えになっているのを察知した馬子が、逆に天皇を殺してしまったというものであった。それなのに、大臣は何の罪科もなしに平気でいられるものであろうか。特にそのころは聖徳太子がおいでになった時であり、何ゆえに聖徳太子はそのまま何の処置もなさらず、ほかでもない馬子と同じ味方になっておられたのであろうかと思うと、まったく理解に苦しむことなのである。それで、このような国王殺害の例があるからといって、後世にそれをあってもよい先例だと考えることは決してないのである。

このことを深く考えてみると、その意味はつまるところつぎの二点にあると思われる。まずそれは、仏法によって王法を守ろうとすることのあらわれであり、仏法が日本に伝来したからには、仏法なしでは王法はありえないという道理を明らかにするものであった。つぎに、ものごとの道理というものには、きまった軽重というものがあって、重い道理を立てて軽い方を捨てるのだということ。この二つの道理をしっかりと表示したのがこの事件なのであった。そしてこのことを歴史の中であきらかに示したのは誰であろうかというと、観音の化身である聖徳太子（聖徳太子が観音の化身であったという信仰は早くからあらわれている）がお示しになったことであるから、このような意味であったとたしかに納得できるのである。その点についてさらにいえば、仏・菩薩が仮に人の姿をとってこの世にあらわれたありがたい御方というものは、その人が亡くなられたあとで思い合わされるものであって、聖徳太子がいかにすぐれた人であったといっても、生きておられた時はやはりただの人間だと思われておいでになったのである。幼い時はなんといっても子供らしい御様子を見せておられたが、わずか十六歳の御時には、まさしく仏法を滅ぼそうとした（物部）守屋を討たれたのであった。それも、当時大きな権勢をもっていた年長の大臣（蘇我）馬子が、太子の味方として心を合わせて事を行なったために、結局は太子のお力によってできたことであった。この馬子大臣が、仏法に帰依した大臣の模範であったことはあきらかである。ところが、そのような大臣を、少しも徳がないのにただ欽明天皇の御子だというだけで位におつきになった崇峻天皇が殺そうとなさったので、馬子大臣は仏法を信じた者の力によって、自分が殺される前に天皇を殺してしまったのである。それはまさしく、仏法伝来のうえは仏法を離れて王法はありえないという道理のあらわれであった。そう考えるならば、われわれはつぎに、守屋は日本の国の仏法を滅ぼそうとしたのであるから殺されるのが当然だというように考えてはならない。仏法と王法とを敵対的なもののように見なして、守屋を殺して仏法が勝ったというのは、かえって仏法にとって迷惑なことである。守屋などを滅ぼしたのは、仏法がしたことではない。王法自体が、王法にとって宝であるべき仏法を滅ぼすような悪い臣下を殺したということなのであった。物事についてきちんと筋道を立てて説明できるような、その筋道こそが本当の道理というものなのである。

そこでつぎに、世間の道理について、その軽重を考えてみたい。崇峻天皇のつぎの推古天皇は、同じ欽明天皇の御子で兄にあたる敏達《びだつ》天皇の皇后であった。どうして妹を妻になさったのかと思うが、そのころはそうしたことはいけないこととされてはいなかったのであろう。こうした道徳は、のちの時代になって、特に仏法などの影響によって定められていったものである。そのうえ、神功皇后が政治を行なわれた例もあるので、推古天皇が崇峻天皇殺害のあと、ただちに即位されるのは当然のことであった。ここで少し前にさかのぼってみると、敏達天皇のつぎの用明《ようめい》天皇は、聖徳太子の御父君であるからもっとも適任であろうというわけで位を継がれたが、その御治世は二年の短さに終わった。太子はその短いことを予見しておられたようである。そうして、つぎにはおさえとどめることができないで崇峻天皇が皇位を継承されると、太子は天皇の人相を占われて、「やはり御在位は短い間に終わるでしょう。また戦いの災いが御身にふりかかるでしょう。お眼にしかじかの相があらわれておりますす」などといわれたのであった。しかし、天皇は太子のことばを信じることをなさらず、猪を殺して、「あのようにして、わたくしの憎い奴をいつかは殺してやろう」といわれた。

このような天皇がお亡くなりになれば、推古天皇が即位なさり、聖徳太子が摂政におなりになって、仏法が王法を守るという重い道理が、その時の歴史を動かさざるをえない筋道になっていたのであった。そこで、馬子大臣が崇峻天皇を殺害したことは、正しいことであったと世の人も思ったのであろう。確かなことはわからないが、それには推古天皇の御意向も加わっていたであろうと推測することにも、理由があるのである。このように仏法の方からと王法の方からと、両方の道理が固くしっかりと一致したので、太子はこれこそあるべきことだとお思いになり、黙って馬子が天皇を殺害したことを見ておいでになった。そうすると、はたしてこの道理に落ち着いたのであるから、仏法と王法との間のあるべき姿があらわされたのであると、確かに理解されるのである。このような筋道のうえのことであるから、そののち仏法と王法との関係がうまく行かないということは露ほどもない。そしてこのような事件があったからといって、国王を害しようと考えた人もないのである。また、この事件はいまわしいことであるから、人々もその噂をしない。もし、この事件について論じようとすれば、ここに述べたような道理が明白になっていることが理解されるのである。さて、この事件について、馬子に対して処罰が行なわれたとすると、それはこの不祥事件を世間なみの事件として処理したことになり、たいへん不本意なことになるであろう。ひたすらその意味を考えてみなければならない。聖徳太子ほどの人が、御父用明天皇が崩御されたのを放置して、その御処置もなさらずに、守屋の首を切り、多くの戦闘を行なって人を殺してから、そののちにようやく御葬送を行なわれるであろうか。そうではなくて、仏法がこのように妨害されているので、妨害する者を払いのけてから、御葬送のことを行なおうとお考えになったのであって、その道理はまことに立派なことである。仏・菩薩の化身としてあらわれた御方のなさったことが、悪い例になることがいったいあるだろうか。末の世になって、またこの事件と同じようなことが起こったならば、悪い例になるであろう。しかし、太子がおられる時に起こったことが悪例になるはずがないのである。太子がおいでになっていて、あのように事が運ばれたからこそ、それがのちの世のために悪例とはならないのであって、この点を以上述べてきたように理解すべきである。だいたいこれほどのことに処罰などを行なったならば、それはそういうことでよかろうと、世間の普通の因果の道理をあてはめて理解されることになってしまい、本当の道理にかなった理解ができなくなってしまう。かえって、崇峻天皇のような国王はこのように殺されておしまいになるのが道理であるということなのであるからこそ、今の時代まで問題としてとりあげられなかったのである。真実の道理がこれほどぎりぎりのところまで迫っていくときは、重大な時なのであり、今の世でも万事につけ、その重大さを深く考えなければならないのである。末の世の国王が、御自分の身体に限って病弱であるのは、よくよく配慮された太神宮（天照大神。皇室の祖神）の御はからいによって、罪科が国王にかかることがないようにされたためであって、そのためにここで見てきた事件のようなことは、もう起こらないと考えられるのである。

臣家の役割

さてこののち、臣家というものがあらわれて世を治める時代になるのであるが、そうなる前に、天照大神が天児屋根命《あめのこやねのみこと》（藤原氏の祖神。春日神社に祭られている）である春日大明神に対して、「同じ殿の内にいて、よく警備につとめよ」（『日本書紀』神代紀下の天孫降臨の条にあることば）と、ひとたび御承認をなさったのであるから、臣家の力によって天皇をおたすけ申し上げなければならない時代が来ると、聖徳太子のあとにつづいて、春日大明神の末に大織冠《たいしょくかん》（藤原鎌足《かまたり》）がお生まれになったのである。そして女帝である皇極《こうぎょく》天皇の御代に、東宮にお立ちになった天智《てんち》天皇と鎌足の二人は心を合わせて、当時勝手に政治をとっていた（蘇我）入鹿《いるか》の首を朝廷の儀式の場で切ってしまわれたのであった。この出来事が示しているのは、日本の国はただ国王の権威と力だけでは保てなくなったのであって、国王の力だけで治めようとすれば乱れに乱れるばかりであろう。国王の力に臣下のはからいと仏法の力とを合わせていくのが道理であるということであって、そういう神の思し召しが明らかに知られるはじめての出来事なのであった。それゆえに、日本の国を治めていくためのそういう方法が今日まで続いているのである。

ところで、皇極天皇は敏達天皇の曾孫で、舒明《じょめい》天皇の皇后となられ、天智天皇をお生みになった。その天智天皇を東宮に立てて、舒明天皇崩御のあとを継いで即位なさったのは、あきらかに神功皇后の例にならわれたものと思われる。皇極天皇のつぎには、天智天皇が位におつきになるのが当然であったが、天智天皇の叔父で、皇極天皇の弟にあたる孝徳《こうとく》天皇が、皇位につくべき御運を受け、天皇としての徳もそなえておいでになったからであろうか、皇位を継承された。天智天皇は、孝徳天皇を先に立てて十年、さらにその後、御母皇極天皇がふたたび即位なさって斉明《さいめい》天皇となられて七年、その間皇位につかずに過ごされた。重祚《ちょうそ》（一度退位してのちふたたび皇位につくこと）ということはこの女帝の時にはじめて行なわれた。天智天皇は御孝心が深くて、御母斉明天皇崩御ののち、またも七年の間位につくことをなさらなかった。その御治世の間、大織冠はしっかりと政治を補佐し申し上げ、天皇から藤原という姓をはじめて賜わって、この時にはじまった内大臣という任についたのであった。天智天皇の治世は十年であったが、その八年目に大織冠が亡くなった時には、天皇は大織冠の邸にお出ましになり、泣いて永別を惜しまれ、たいへんありがたくかたじけない御配慮を示されたのである。さて天智天皇のつぎは、同じく斉明天皇を御母とする弟の天武《てんむ》天皇が東宮に立っておられたのであるから、位をお継ぎになるのが当然のことであった。ところが、天武

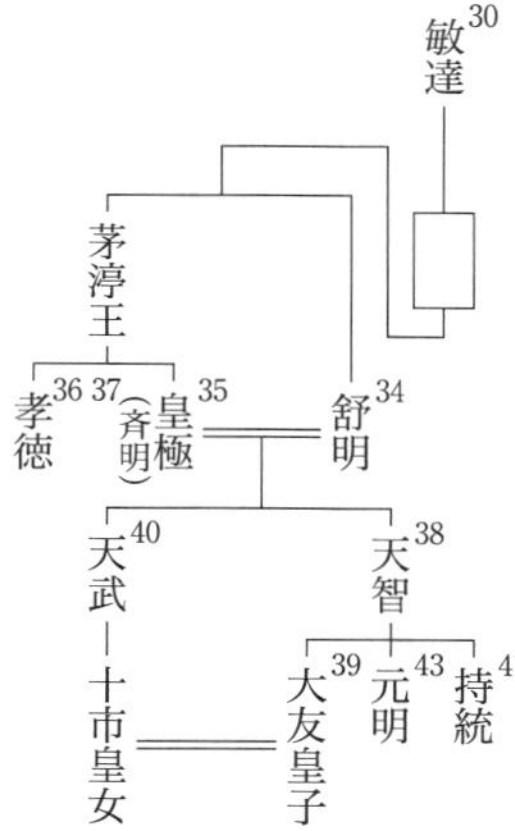

天皇は、天智天皇の御子で太政大臣の任についておいでになる大友《おおとも》皇子の御心が立派でないのを見ておられたのであろうか、皇位につくことを辞退して出家なさり、吉野山にこもっておしまいになったのである。そこで天智天皇が深く嘆き憂いながら崩御なさると、大友皇子は吉野山を攻める戦いを起こそうとされたのである。その時、大友皇子の妃には、ほかでもない天武天皇の御娘がなっておいでになったので、御父の天武天皇がただちに殺害されようとしておられるのを悲しく思われたのであろう、ひそかに吉野山に内通されたといい伝えられている。さて、それをお聞きになった天武天皇は、「これはいったいどうしたことか、わたくしは仕方もないと思って自分から進んで出家し、隠遁しているのに、それをこのようにして攻めようとするのならば」といって吉野山をお出になり、出家の姿をもとの俗人になおして、伊勢太神宮を礼拝されたのであった。そして美濃《みの》国（岐阜県）・尾張《おわり》国（愛知県）の軍勢を呼び集めて立ちあがらせ、近江《おうみ》国（滋賀県）に大友皇子が戦陣を張っておられたところへ攻め寄せて戦い、天武天皇の御勝利とはなったのである。勝者の天武天皇は、大友皇子の首を切り、大友皇子に味方した時の左右大臣も、首を切り、あるいは流刑に処するなどしてから、時を移さず皇位について世をお治めになり、御在位は十五年に及んだのであった。この間、大織冠の御子孫たちはひたすら補佐の任を果たされたであろう。ただ淡海公《たんかい》（藤原不比等《ふひと》。鎌足の子）はまだまったく若く、補佐の任にはついておられなかったようである。このように歴史が推移していく過程をたどりながら、歴史の正道が何であるかを明らかにしていこうとしているのであるから、広く歴史を知ろうとする人は、よく考えてこの書を読み進んでほしい。

奈良の都

この天武天皇という御方は、何としてもすぐれた御心の持主であった。御自分の皇位継承は無益のことであるとお考えになったことは、宇治太子にも等しい。しかし、そういう謙虚な態度をとっても、なお心が通じないような人にお会いになった時は、こういう人が世を治めるようでは日本の国が滅びてしまうと、はっきりとお考えになって、正しい道理を用いようとしないような人をうち滅ぼされたのである。そのなされ方はまた、唐の太宗（唐の第二代の帝王。高祖の第二子。皇太子であった兄を討って、世を治め唐朝を確立した）の場合と異なることのないほどであった。それほどの御方であったからであろう。天智天皇も御自分の御子の大友皇子をさしおいて、天武天皇をつぎの天皇にとお考えになったのであった。天智天皇が天武天皇に、後事を託すといいのこされたおことばには、本当に一貫した道理が通っていたので、その後、天智天皇の御子は女帝として二人も皇位におつきになることができたのであろう。持統《じとう》・元明《げんめい》の両天皇がそれである。

天武天皇のつぎには持統天皇が位におつきになった。女帝で、天智天皇の第二皇女である。ほかならぬ天武天皇の皇后であり、草壁皇子《くさかべのみこ》という皇子をお生みになった。草壁皇子は天武天皇の時、東宮に立てられたが、天武天皇崩御ののちは、先例のようにまず母君が即位されたのである。ところが持統天皇即位後ほどなく、東宮の草壁皇子はお亡くなりになってしまったので、持統天皇は悲しみのうちに草壁皇子の御子をまた東宮にお立てになった。これが文武《もんむ》天皇である。

この文武天皇の時に大宝《たいほう》という年号が定められ、それ以来、年号を定めることは現代まで絶えることなく続けられている。文武天皇は即位ののち、御祖母の持統天皇に対して太上天皇という尊号をたてまつられたが、持統天皇が太上天皇というものの最初の御方である。さて、文武天皇の御子に聖武《しょうむ》天皇がお生まれになったのであるが、聖武天皇の御即位までに、二人の女帝が位におつきになった。元明・元正《げんしょう》の両天皇がそれである。元明天皇は天智天皇の皇女で、文武天皇の御母君であった。元正天皇は、文武天皇の姉にあたられるから、つまり御母は元明天皇なのである。聖武天皇はその間東宮でおられたが、その御母は大織冠の孫で、不比等大臣の娘（藤原宮子）なのである。そしてこの時以来、大織冠の子孫がすべての国王の御母となることになったのであった。もちろん多くの后妃の中には、藤原氏以外の人がまじることもあるが、今日まで藤原の一門から出た后妃だけが、天皇の御母におなりになってきたのである。聖武天皇は東宮の身で世をお治めになった。元明天皇の御代にはまだお若かったが、のちには政務をおとりになった。そして元正天皇の時には、もっぱら東宮のままで政務にたずさわられた。この御代に、もろもろの官吏に笏《しゃく》（文武官が正装した時右手に持つ。長さ三六センチ、幅六センチほどの板で、木や象牙で作る。もとは執務のメモをしるすものであったという）を持たせることや、婦人の衣服のきまりが定められた。また、正式の得度を受けた者であることを示す証明書を授けた僧尼[16]を、諸宗諸大寺に配することも、この御代に定められた。さて聖武天皇は、御年二十五歳の時、養老《ようろう》八年甲子《きのえね》（七二四）二月四日甲午《きのえうま》に大極殿《だいごくでん》（大内裏の正殿）で御即位の儀を行なわれた。御在位は二十五年。その御代は仏法がたいへんさかんであった。吉備《きび》（真備《まきび》）大臣・玄昉《げんぼう》僧正などが唐に渡り、五千巻に及ぶ一切経《いっさいきょう》（仏教の聖典の総称）を日本に持ち帰り、東大寺が建立され、行基《ぎょうき》菩薩が諸国に国分寺を建てた（国分寺の建立は行基ではない。慈円の誤解である）ことなどによっても、この御代に仏法が隆昌を極めたことがわかるのである。ところで聖武天皇には皇子がなかったので、天平勝宝《てんぴょうしょうほう》元年（七四九）、皇女に位をお譲りになり、その後八年の間在世された。その皇女が孝謙《こうけん》天皇である。孝謙天皇の御代に、八幡大菩薩[17]の託宣が下り、東大

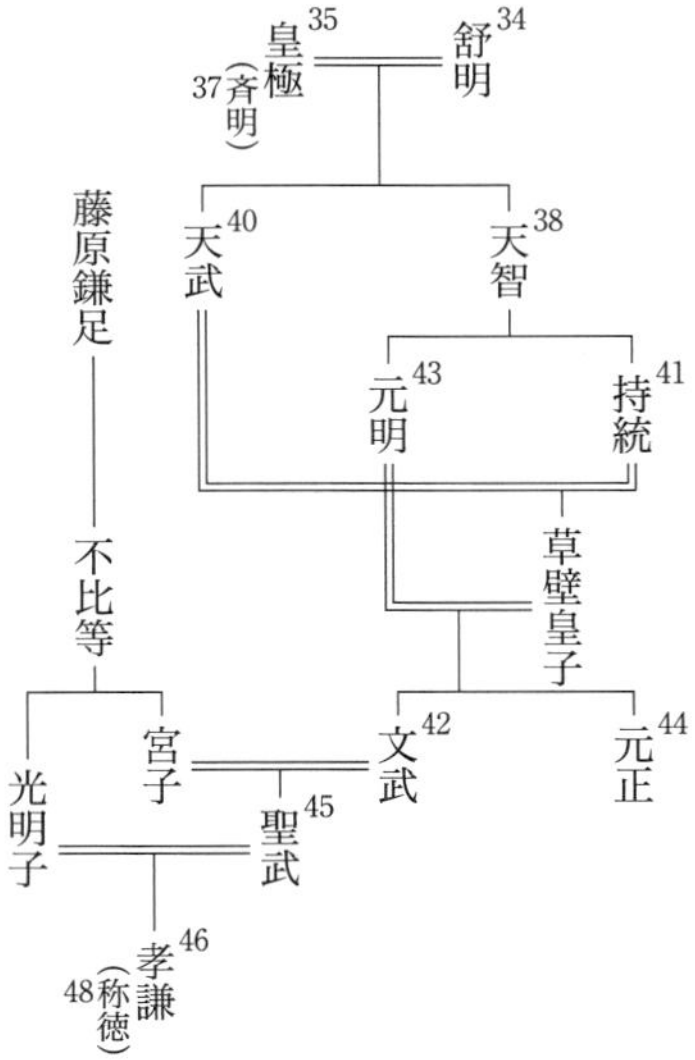

寺を礼拝なさるために宇佐《うさ》（諸国の八幡宮の根本の地で、大分県宇佐市）から平城京《へいじょうきょう》にお出ましになったと告げられた。この時には、太上天皇（聖武天皇）・孝謙天皇・皇后（光明皇后）がみな東大寺礼拝のためにお出ましになったのであった。また、内裏に天下太平という文字が、思いがけずあらわれでるという不思議なこともあった。

　聖武天皇は御退位ののち、八年の間太上天皇として在世された。孝謙天皇は聖武天皇がお亡くなりになったのち、その御遺言に従って、天武天皇の孫にあたる御子で、一品新田部《にいたべ》親王の御子の式部卿道祖《ふなどの》王という御方を東宮にお立てになった。ところが、その道祖王はいったいどうなさったのであろうか、聖武天皇の御冥福を祈ることなどを大切にお考えになることはまったくなく、孝謙天皇の誡めのおことばにも背くようなことをなさった。そこで、孝謙天皇は道祖王の東宮をやめて、別の人を東宮にしようとお考えになり、公卿たちに相談なさったのである。やがて天皇は、大炊《おおいの》王という御方を東宮に立てて、位を譲られた。ところがまた、その大炊王（淳仁《じゅんにん》天皇）は悪心を起こして、恵美《えみ》大臣（藤原仲麻呂。恵美押勝《えみのおしかつ》と称した）と心を合わせ、孝謙天皇に対して謀反を起こすということをなさったのである。そこで、孝謙天皇は大炊王の皇位を取り返して淡路国（兵庫県）に配流され、御自分がふたたび即位なさり、皇位に戻られたのであった。この大炊王が世にいう淡路廃帝《あわじのはいてい》である。

　ふたたび皇位におつきになった孝謙天皇は、今度は称徳《しょうとく》天皇といった。この女帝は、道鏡《どうきょう》という僧を寵愛なさり、法王という位を授けたり、僧侶たちを世俗の官職につけるなど、見苦しいことが多かった。恵美大臣も天皇の寵愛を道鏡に奪われて、悪心を起こすようになったのであろうか。しかし、この天皇はただの人ではなかった。その証拠に、西大寺の不空羂《ふくうけん》索《じゃく》観音の造像の時に起こった不思議な物語もある。それらはみないいふるされたことではあるが、これほどのことはのちの世にはないことである。本当に仏が仮に人間の姿をとってあらわれた御方のなさったことであると、このあたりの経緯を理解すべきである。この女帝は、二度目の御在位五年で、御年五十三の年に崩御された。

最澄と空海

称徳天皇の後、皇位につくべき人がなく、群臣たちもさまざまに評定したが、群臣の中で一段とぬきんでていたのは、房前《ふささき》・宇合《うまかい》の子の永手《ながた》・百川《ももかわ》であった。そして、この二人のはからいによって、天智天皇の御孫にあたり、施基皇子《しきのみこ》の御子である王《おうのだいなごん》大納言という御方を位におつけしたのであった。この天皇を光仁《こうにん》天皇という。先帝の高野天皇（称徳天皇）の遺詔に、「よろしく大納言白壁王《しらかべのおう》（王大納言）をもって、皇太子に立つべし云々」とあったのであるが、これは百川がたくらんだことである。すぐに即位されて御在位は十二年。光仁天皇は御子を東宮にお立てになった。その東宮の桓武《かんむ》天皇が位をお継ぎになると、平城京から はじめて平安京に都をお移しになった。この桓武天皇以後、平安京を都としてからは、女帝というものもお立ちにならず、また天皇の孫へ位が受けつがれるということもなく、父から

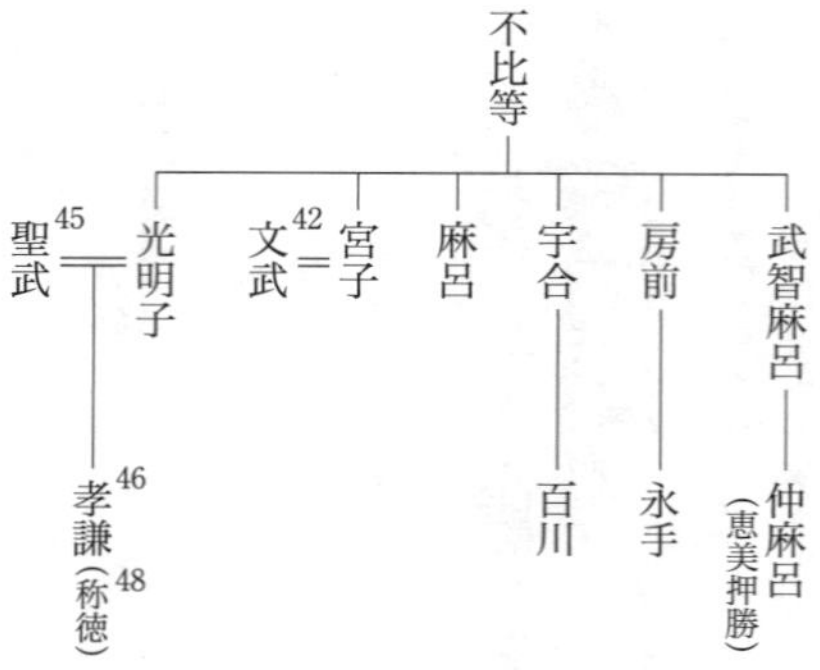

子へ、兄から弟へとつづいて絶えることなく皇位が継承される一方、天皇の御母はまたすべて大織冠の末孫の大臣たちの娘で、国はしっかりと治まり、民にとってもたいへんめでたいことであった。そして、それは今日までそのまま変わることのないあり方となっているのである。そこで、どうしてこのようにめでたい世となったかというと、桓武天皇の延暦《えんりやく》年中に、伝教《でんぎよう》（最澄《さいちよう》）・弘法《こうぼう》（空海《くうかい》）という二人の大師が唐に渡って、深遠広大な仏法を伝えたその効験によるものであると考えられる。まず伝教大師は、天台《てんだい》宗という、成仏のための唯一無二の道であり、教主釈迦如来がその一代の間に説かれた御教えのなかでも一番の本意とされた、他にくらべるもののない教えをもたらし、つぎに弘法大師は、真言《しんごん》宗といって、絶対的な真理と世間的な真理の一切をそのまま一つに包摂し、過去・現在・未来のすべての仏の心の内の悟りを示した教えを伝えたのである。そして両大師は、灌頂《かんじよう》（密教で仏道に入る時、法門を授けられる時に行なう儀式で、香水を頭にそそぐ）道場をおこし、天台宗の人が受戒すべき菩薩戒（大乗戒をいい、梵網経《ぼんもうきよう》などに説かれている）をひろめ、後七日法《ごしちにちのほう》（毎年正月八日から七日間、宮中で

行なわれる鎮護国家の修法《しゅほう》をはじめ、それを行なう真言院を大内裏に建てるなどのことを行なわれた。ひとえにこれらのことの効験によって、国が治まり、民の生活も安らかなのである。さらに両大師につづいて、慈覚《じかく》大師（円仁《えんにん》）・智証《ちしょう》大師（円珍《えんちん》）が唐に渡り、熾盛光《しじょうこう》法（熾盛光仏頂如来《しじょうこうぶっちょうにょらい》に天変地異などの災害の消除を祈る修法）や尊星王法《そんしょうおうほう》（北斗七星をまつり、太平無事を祈る修法）をわが国に伝えて天皇を守護し、国はさらによく治まったのであった。

世界の盛衰の理法

その後、さまざまな違乱は少なくないけれども、王法と仏法は互いに守りあい、また天皇と臣下の家との間の、魚と水のような緊密な関係もかわることなく、たいへんめでたい国として続いてきた。しかるにそれもしだいに衰えはじめ、今や王法も仏法もないような有様になってきたので、その経緯をさらにくわしく述べてみたいと思うのである。だいたい、日本国のあり方はどういうものかと考えることは、よくよく注意して仏法の中の深い意味をもつ大切なことを悟り、求道の心を起こして仏道に入るのと、少しも違わないのであって、世間のことについても仏法そのままと同じに理解すべきであるのに、こういう境地に入って理解しようとする人は、いっこうにいないのである。したがって、また誰も日本国のあり方を理解することができないでいるために、正しい道理が失われ、しだいに世の中も衰えて行くのである。これも自然のなりゆきであるから、人の力ではなんともしがたいのであるが、仏法というものはすべて、人間の煩悩を断って人々を正しい道に入らせるための法を説くものなのである。

また六十年を一蔀《ぼう》といって、同じ干支《えと》が回ってくる期間をさすのであるが、世間というものはこの六十年という区切りを案配して、しだいに衰えたりもちなおしたりし、上昇する時には衰えた分を少しでも持ち上げようとしてきたからこそ、今日まで世も保たれ、人もありえたのである。仮に、天皇は百代までしか続かないといわれていることについて、それを知らない人に理解してもらうために、たとえていえばつぎのようなことになろう。いまここに百帖の紙を用意しておいて、しだいに使っていくうちに、残りがあと一、二帖になったとする。そこで紙を加える時に、九十帖を補充して使っていき、またそれが一、二帖になった時には八十帖を足すという具合にしていくとしよう。あるいはあまりに衰えてしまったあとで、またおこすという場合には、たとえば一帖だけになってしまって、その一帖もあと十枚ばかりというところで、九十四、五帖を補充するとすれば、それは行くところまで衰えてしまったあと、特によく復興したというようなことにたとえられるであろう。また、補充して七、八十帖になったのちに使っていって、まだみんなは使わず、六、七十帖なくなって、あと十帖、二十帖も残っている時に、四、五十帖を補充したとすれば、それは、ひどく衰えてしまわないうちに、格別立派にというわけには行かないが、かなりの程度に立て直したということにたとえられるであろう。

けっきょく、中国でもインドでも同様で、インド・中国・日本の様子、要するにこの人間世界の盛衰の理法というものは、衰えてはおこり、おこっては衰え、そのように移り変わって、果ては人間の寿命は十年に縮まってしまい、劫末《こうまつ》[18]になると、またしだいに持ち直して、人間の寿命が八万年というところまで上昇するのである（最初人間の寿命は八万四千年を最長としていたが、百年たつごとに一年ずつ減り、十歳になった時が最低で、つぎには百年ごとに一歳ずつ増して八万四千歳になる。その増減の一サイクルを一劫という）。この巨視的な推移の中にある天皇百代の間の盛衰というものも、その目ざすところの道理というものは、この大きな流れの理法に従っているのである。これを昼夜・毎月というもので示そうとして、月の光はかけてはみち、みちてはかけることになっているのである。この道理をしっかりと理解したならば、いっさいの物事のよりどころはすべてここにあることがわかるであろう。「盛んなる者はかならず衰え、会う者はかならず別れる」という道理はこのことである。この道理を理解して、すべて仏道の法門にいれて理解できるようになるまで悟り明らかに見きわめるべきであり、そういう立場に立って以下ののちの歴史も見ていかれるべきではないかと思うのである。

　神武天皇から成務天皇までの十三代の間は、正法によってしっかりと皇位継承が行なわれた時代であった。そしてつぎの、仲哀天皇から光仁天皇までの三十六代は、いろいろと移り変わりながら、さまざまな道理が示される時代であったのである。この間に女帝があらわれ、また重祚《ちょうそ》といって、いったん退位された天皇がふたたび位につかれることも、皇極天皇と孝謙天皇という女帝によってなされたのである。「女人が日本の国を完成する」といい伝えられているのはこのことである。なぜそのようなことがいわれるのかを仏法によって考えてみると、つぎのようなことになろう。人として生を受けるには、母の胎内に宿ってからこの世にあらわれ出るのであるが、この母親の苦痛というものは、ことばではいいあらわせないものである。母は苦しみを受けて、人を生み出す。こうして生まれてくる人の中には、善悪の因果がまじりあって、悪人や善人となるのであって、小乗仏教の聖者や大乗仏教の修行者もあれば、また調達《じょうだつ》（提婆達多《だいばだった》のこと。釈迦の弟子であったが、釈迦をねたみ殺害しようと企てた）や瞿伽離《くがり》（提婆達多の弟子）のような外道《げどう》（仏教以外の異端邪説とそれを修める者をいう）も生まれてくるのである。このように人が生まれ出るのは、すべて女人である母の恩を受けているのである。したがって、ここから、母を敬い孝養をつくさねばならぬという道理が出てくるであろう。天皇の后と天皇の母とを兼ねておいでになったことによって、神功皇后も皇極天皇も皇位におつきになったのであった。またそのような女帝も、政治をとることのできる立派な臣家がいる時には、形式的に位についておいでになったのである。神功皇后には武内宿禰《たけのうちのすくね》、推古天皇には聖徳《しょうとく》太子、皇極天皇には大織冠というように、それぞれ生まれあわせておいでになるのである。

さて、桓武天皇以後は、大織冠の御子孫が臣下として、しっかりと天皇につき添っておられるが、それは、すべて皇后・母后というものがこの大臣の家から出るようになり、その方々をさしおいて、天皇の御子孫から本当の女帝を立てることは末の世には好ましくないので、その后の父を内覧（太政官から天皇に奏上する公文書を、前もって見ること）に任じて、政治をとるようにさせられたならば、女人によって日本の国が完成されるということと、母に対して孝養報恩につとめるべきであるということの両者が兼ねあわせられることになって、よいことだということなのであり、そうすることによって末の世のこの国をなんとか守り保ってきているのだと、しっかり理解すべきことなのである。さてまた、正法にもとづいた皇位のあり方が、末の世になるにつれてしだいに失われて、国王御自身の行動だけでは、政務のすべてをとり行なっていくことができなくなった時に、退位された天皇が太上天皇として、つぎの天皇を御子として扱われ、形にとらわれずはばかるところなく世を治めようという政治の仕方があらわれた。後三条《ごさんじょう》天皇がそれをはじめられたのである。こうしたことはすべて、王法が衰えていく時に、それを立てなおそうとする継目ごとにあらわれる様子の変わっためずらしいやり方であり、そこに少しの間世を治めていく道理が示されているのである。

薬子の乱と良房の登場

ところで、桓武天皇の御子三人のうち、平城《へいぜい》天皇と嵯峨《さが》天皇の間柄は、はじめからうまく行っていなかった。遷都のことが行なわれ、世の中がまだしっかりと落ち着かない間に、お二人の心が離ればなれになって、御仲が悪くなったのである。それも実は平城天皇が寵愛された内侍督薬子《ないしのかみくすこ》のせいだといわれている。この国では悪いことについてもまた女人によって完成されるのである。平城天皇が位についておいでになり、嵯峨天皇が東宮であった時、東宮をやめさせようという動きがあったと、後中書王《のちのちゅうしょおう》（村上《むらかみ》天皇の皇子具平《ともひら》親王のこと。中書王は親王で中務卿となった人のこと。醍醐天皇の皇子兼明《かねあきら》親王を前中書王というのに対して後中書王といわれた）が書いておられる。それによると、傅《ふ》大臣冬嗣《ふゆつぎ》（傅は東宮の補佐をする役。冬嗣は東宮大進から東宮亮になったが傅ではない。また当時は大臣ではない）が東宮に、「事は切迫しており、急を要します。すぐに宗廟に御報告なさるべきです」とすすめ、東宮が桓武天皇の陵を拝して事を訴えられたために、天地に異変があらわれ、平城天皇はその道にはずれたくわだてを思いとどまられたということである。

これらのことは、みな一番に末の世の姿をあらわしているのである。

つぎの淳和《じゅんな》天皇と嵯峨天皇とは、案に相違して御仲がよく、お二人とも退位されたのちは行き来なさり、神泉苑《しんせんえん》（平安京につくられた天皇遊覧の庭園）で遊楽の時を過ごされた。さてそのつぎに、嵯峨天皇の御子が即位して仁明《にんめい》天皇となられ、東宮には淳和天皇の御子が立

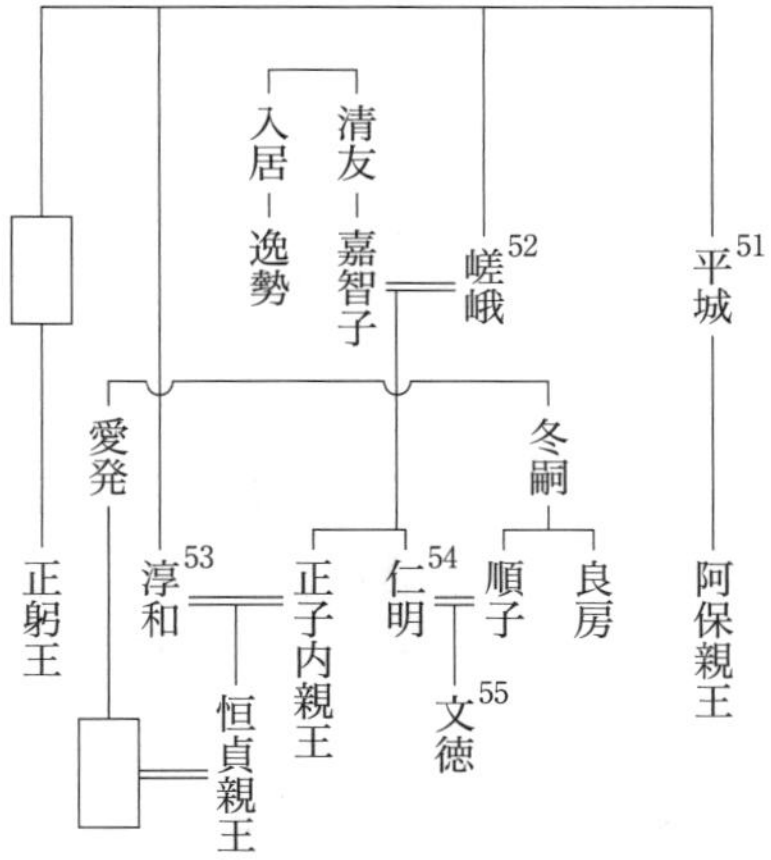

てられたのであったが、承和七年（八四〇）五月八日に淳和上皇がお亡くなりになり、嵯峨上皇も同九年七月十五日に崩御されてしまったのである。この二人の太上天皇がお亡くなりになるのを待っていたかのように、東宮の後押しをしていた人々の陰謀が発覚するという事件が起こった。事件は早くも、嵯峨上皇崩御から中一日を経た七月十七日に、阿保《あほ》親王が時の天皇である仁明天皇の御母（橘嘉智子《かちこ》）に密告したことから始まった。東宮帯刀《たちはき》（東宮の身辺警固の官）の（伴）健岑《こわみね》という者が、阿保親王を味方と思ったのであろうか、親王のところへ行って事を洩らしたのであるが、それは但馬権守橘逸勢《はやなり》、大納言藤原愛発《よしちか》、中納言藤原吉野などの人々が陰謀を企てて、東宮を早く位につけようとしたというものであった。密告を受けた太皇太后宮（嵯峨天皇皇后橘嘉智子）は、すぐに中納言良房《よしふさ》を呼び出して事の次第を告げて相談なさり、陰謀に加担した人々をみな流罪に処せられた。橘逸勢は伊《い》豆《ず》国（静岡県）の島に流されることになり、愛発が解任されたあとの大納言には良房が任ぜられたのである。その時、東宮はもう

十六歳になっておいでになったのであるから、御自分でそのようなことをお考えになったとは思えない。この東宮は恒貞《つねさだ》親王といい、事件が起こった時には冷泉《れいぜい》院におられたのであるが、事件の知らせが来た時に「わたくしは何も知らない」といわれたという。しかし、この恒貞親王のために、さきにあげた人々が陰謀を企てたことは明らかであったから、参議正躬《まさみ》王を遣わして、東宮を廃し、冷泉院から淳和院へお移しする旨の勅が伝えられたのであった。そして八月四日には、道康《みちやす》親王、つまり文徳《もんとく》天皇が東宮に立てられたのである。仁徳天皇がおいでになった時代ほどのことは決して望まなくても、――仁徳天皇は平野大明神なのである――仁賢天皇と顕宗天皇が位を譲りあわれた御心づかいが、この時もあったならばとたいへん悲しく、また残念に思うのである。嵯峨天皇と淳和天皇とは、互いに相手の御子を東宮に立てようとして譲りあわれ、たいへんよくそうした御心づかいをなさったといい伝えられている。

摂政出現

さて、この文徳天皇の御子に、清和《せいわ》天皇がお生まれになった。そして、比叡山の恵亮《えりょう》和尚が、この御子が兄の惟喬《これたか》親王を押しのけて東宮に立たれるように御祈禱をして、自分の脳髄を護摩《ごま》（密教で火炉を設け、木を焚いて仏に祈る修法）の火に投げ入れたなどといい伝えられている。一歳で東宮にお立ちになり、九歳で即位されたのであるが、幼少の天皇を補佐する摂政というものはそれまで日本の国にはなかったので、中国の周の成王《せい》の御代に、周公旦《たん》（成王の叔父）が幼少の帝を補佐した例にならい、清和天皇の母后の父である忠仁公良房が、はじめての幼主の摂政となった。そしてそののちには、摂政関白が常に任ぜられるということになったのである。それも、日記体の記録を見ると、はじめはただ内覧の臣ということであったのが、七年を経た貞観八年（八六六）八月十九日になって詔が下り、正式に摂政に任ぜられたと書いてある。この清和天皇の御代に、伴大納言善男《よしお》が応天門《おうてんもん》（大内裏八省院の正門。朱雀門の北にある）を焼いた。善男は左大臣（源）信《まこと》（嵯峨天皇の御子）に罪を負わせたために、源信はあやうく流罪に処せられるところであった。この時、良房は弟の良相《よしみ》という右大臣に天下の政務を譲って隠退していたのであるが、清和天皇は伴大納言のいうことを本当とお思いになって、これこれしかじかと仰せになるのを、良相がまた何の疑念も持たずにうけたまわって事を処理し、たいへんな失策をしたのであった。しかし、蔵人頭《くろうどのとう》であった昭宣公《しょうせんこう》（基《もと》経《つね》。良房の養子）がそのことを聞いて驚き、白川殿《しらかわどの》（良房は白川の別荘に隠退していた）に駆けつけて、良房に報告して事を処理したからこそ、善男の陰謀が明るみに出たのである。これらのことは、世間ではすでに周知のことであるからこまかなことは書かない。

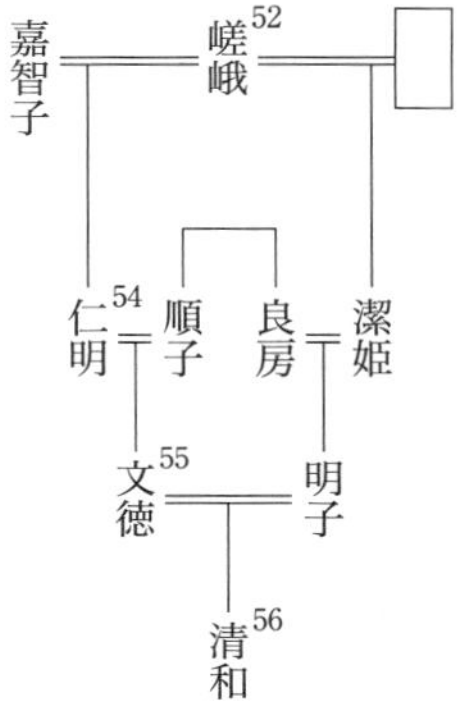

昭宣公基経

さて清和天皇は、御在位十八年、御年二十六の時に、九歳になられた御子の陽成《ようぜい》天皇に譲位なさり、二十九歳で出家の身となられ、御年三十一でお亡くなりになった。この陽成天皇は九歳で位におつきになって、十六歳の御年まで八年の間、昔の武烈《ぶれつ》天皇のように並たいていでない、あきれた御方であった。それで、天皇の伯父にあたる昭宣公基経は、摂政として諸卿を集めて評議し、「これは御物怪《もののけ》によってこのように荒れておいでになるのであるから、国主として国をお治めになるのはいかがなものでしょうか」というわけであろう、皇位からおおろししようとさまざまな評定があってのち、仁明天皇の御子に式部卿をつとめた時《とき》康《やす》親王という御方がおいでになったのを迎えとって位におつけしたのであった。これが光孝《こうこう》天皇である。御年五十五で即位され、在位三年。五十八歳でお亡くなりになった。

さて、光孝天皇の御子で寛平《かんぴょう》法皇として知られる宇多《うだ》天皇は、御年二十一で即位されたのである。この小松御門《こまつのみかど》（光孝天皇）は、御病気がいよいよ重くなった時、御子は数多くおいでになったのであるが、崩御ののちはどの御子に位を継がせようとはっきりいい出しかねておいでになった。いま自分がこのように天皇として仰がれているのも、この基経のおかげなのであるから、また今度も基経のはからいによるのがよいとお考えになっていたのであろう。御病床に昭宣公がうかがって、「位はどなたにお譲りになりますか」とお尋ねすると、

「そのことであるが、ただそなたのお考えによるのみである」とのおことばであった。そこで基経は、当時、寛平法皇は王侍従と呼ばれておいでになり、光孝天皇の第三の御子であったが、「そのことならば、王侍従こそ位をお継ぎになるべき御方と存じます。たいへんよい御方です」と申し上げたところ、天皇は限りなくお喜びになり、さっそく王侍従をおよびになって、その旨をお聞かせになった。寛平法皇の御日記には、「左の手には基経の手を、右の手にはわたくしの手をおとりになって、涙ながらに『基経の恩はまことに深いものである。このことをよくよく心に銘じておいでなさい』と仰せられた」とお書きになっているということである。こういうことは、その御日記を見ていない人が、そのうわさを洩れ聞いて、その一端をこのように書きつけたのであるが、本当にその御日記を見た人がこれを読んだ時には、自分のことのように感銘深く感じられるのである。

時平と道真

さて、寛平法皇は即位されたはじめから、「自分はまったく帝王の器量がない」といわれ、「早く位をおりたいものだ」といつも昭宣公にお会いになるたびに仰せられるので、昭宣公は「どうしてそんなことがありましょう」とばかりお答えしていたところ、「それならば、もっぱら政治のことはそちらでやってもらいたい」と、政務をすべて基経にまかせておいでになった。そうするうちに、御在位十年の第六年目（第四年目の誤り）に、昭宣公が没したので、その長男の時平《ときひら》と菅丞《かんしょうじょう》相（菅原道真《すがわらみちざね》。丞相は大臣の中国風の呼び方）とを内覧の臣に任ずることをきめ、『寛平御遺誡《かんぴょうのごゆいかい》』をお書きになって、三十一歳で、延喜御門《えんぎのみかど》、すなわち醍醐天皇に位をお譲りになった。そのとき醍醐天皇は十三歳で、まだ御元服の儀も行なわれていなかったが、今日すぐに元服をすませて位につけようというわけで、急に御元服の儀が行なわれ、摂政を任命せずに、この天皇の御代がはじまったのである。天皇は寛平法皇の御遺誡のとおりに、時平と天神《てんじん》（菅原道真のこと）に政治のことを御相談になっていたのであるが、御年十七の延喜元年に、北野《きたの》の御事（菅原道真が大宰府に左遷された事件）が起こったのである。この事件について、天皇は御自分が重大な間違いを犯してたいへんなことになってしまったとお思いになったのであろう。北野の御事について書かれたすべての記録、諸家や官外記《かんげき》（太政官の書記官。外記は大外記・少外記があり少納言局に属していた）の日記を全部焼却せよと命ぜられ、それらが焼かれてしまったので、この事件のことを正確に知っている人はいないのである。しかし、焼かれなかったものの中に、この事件の内容を知らせるものが少々まじっているところもあるし、またこれほどの事件であれば、人々の口伝えによっていい伝え、いい伝えしてきたことでもあるから、事の真相はみなわかっているのである。神や仏が仮に人間の姿となって生まれてきて、このようなことが起こったのであろうか。しかしながら、他の何でもない人間を化現の者ということはない。天神は疑いもなく観音の化現であって、末の世の衰えた王法を身をもって守ろうとお考えになったために、このような事件が起こることになったのであると、はっきり理解できるのである。時平が道真を讒言したということは、たしかで間違いのないことである。浄蔵法師《じょうぞう》（三善清行《みよしきよゆき》の八男。験者として名高い）の伝記にもそのことは書かれている。それにもかかわらず、天神は死後八年（七年の誤り）までの間は、時平をとり殺すことができなかったのであろうか。天神の怨霊が時平にとりつかれたのを、浄蔵が加持を行なって徹底的に調伏しようとしたところ、天神の霊も仏法の効験の威力には勝てなかった。当時、浄蔵の父善宰相《ぜんさいしょう》清行（参議三善清行）が在世であったので、天神が善相公《ぜんしょうこう》に「汝の子の僧を呼び出して、加持をやめさせよ」とていねいに託宣のことばを告げられたところ、浄蔵も天神の霊をおそれて時平のもとを去ったのち、ついに時平は死去されたとある書物に書いてある。天神の御心がこのようであったとすれば、すべて内覧の臣・摂籙《せつろく》（摂政の異称）の家は、天神の仇敵であって、滅ぼされてしかるべきであるのに、ほかならぬ時平の弟の貞信公《ていしんこう》（忠平）が、藤原の家を受けつぎ、憎らしいと思われるほどその家は内覧摂政の家として繁盛し、子孫は絶えることなく今までめでたく過ぎてきたことの意味を深く考えてみると、つぎのようなことが考えられるのである。

日本国は小国である。こんな国に内覧の臣が二人並び立てば、きっと悪いことが起こるであろう。その中で、太神宮（皇室の祖神）と鹿島（茨城県にある鹿島神社。藤原氏の祖神天児屋根命《あめのこやねのみこと》を祭神に加え、藤原氏の氏神としてさかえた）とが誓いをかわされ、うけあわれたこと（一三〇ページ参照）は、世の末までたがえられてよいようなことではない。したがってそのように大切な役割を負っている大織冠の御子孫を深く守ろうとして、天神は時平の讒言にわざわざおちいって御自身を亡ぼされ、そのうえ摂籙の家をお守りになるのである。時平こそあざやかに、このような悪い心の持主であったが、貞信公はその弟であって、菅丞相が九州の大宰府においでになった時にも、内々に貞信公の御便りが届けられ、御消息の往来があったのである。したがって菅丞相がこのような貞信公をどうして憎まれることがあろうか、というわけなのである。これこそ、事の真実をそのままいうのである。ことわざにも、「賢者の子賢者ならず」というではないか。内覧の臣、摂籙の家一般を敵にまわすなどということは、世間の愚者のやることである。天神が日本国の真実の道理を通そうとお考えになって、物事に筋道を立てられたのに、それを天神の御本意に即して理解する人はいない。そこで、この一連の出来事の意味を真実の道理の中でくり返しくり返し考えて、今ここで述べてきたように理解すべきである。そして、そういう意味であるから、大内裏に間近な北辺の野（北野）に、一夜のうちに松が生え出てくるという不思議を現じ、北野の神は天皇が行幸なさる神となって、人の無実をただしておいでになるのである。またとりわけ摂籙の臣が深く敬い、深く頼りにすべき神であると、明らかに知られるのである。このように仏が仮に神の姿をとってこの世にあらわれて人々を導くというやり方がなかったならば、人々はただ劫初から劫末へと循環していく理法の中にいることになり、この世界に生きている人々の果報がすぐれているか劣っているかということや、その人々が与えられている寿命が長いか短いかということもよくわからないであろう。このように北野天神があらわれて、世の中のあり方を示してくださるからこそ、人々は神を敬い仏に帰依することの深い縁に導かれていき、この迷いの世界から離れて仏の悟りの境地にまで到達することもできるのである。それはともかく、こういうことがわかってきて、そのうえで物事をながめるようになると、いちいちの事柄はすべて道理にかなっていることがよく理解できるのである。

上皇は執政せず

さて、寛平（宇多天皇）は御年三十一（三十三歳の誤り。五七ページ参照）で御出家をとげられ、弘法大師門流の真言の道をおきわめになって、承平九年（元年の誤り）に御年六十五歳でお亡くなりになったと伝えられている。北野の事件がおこった時、宇多上皇は道真の流罪を救おうとして、内裏においでになり、「どういうわけでこのようなことをなさるのか」と醍醐天皇にお尋ねになったが、天皇は「国の政治をお譲りになったのち、上皇は政治をおとりにならないのが定めです」と仰せられ、父である上皇の申し入れをおとりあげにならなかったといい伝えているようである。宇多上皇はついに天皇にお会いになることもできず、またとりつぐ臣下もいなかったという。そして道真が流されてしまったのであるが、それも実はこうした天皇の御心で行なわれたことなのであった。昔から退位された上皇が政治をおとりになるということは例のないことである。したがって醍醐天皇も、末の世になると上皇が政治を行なわれる院政がはじまるであろうなどとは、まだ思いも及ばれなかったのであろう。天皇は臣下を疑い、臣下は天皇にへつらうような世の中になって、そのような世を治めるために太上天皇による政治がはじまるのである。それはたいへんみごとな歴史の推移であるといえよう。この北野天神の御事については日蔵《にちぞう》の『夢記《ゆめのき》』（日蔵が冥土へ行き、道真左遷事件の報いとして地獄の責苦を受けている醍醐天皇とその臣下に会ってきたという蘇生談。かなり流布したものらしい。日蔵は三善清行の子である）にも書かれており、あまり世間ではとりあげないようであるが、そこに書いてあることもまた間違いではないであろう。醍醐天皇の御在位は三十三年も続いた。こののちは、在位三十年にも及ぶ御治世の永い天皇はおいでにならない。

小野宮殿と九条殿

ところで、この貞信公（忠平）の御子には小野宮《おののみや》（実頼《さねより》）と九条殿（師輔《もろすけ》）という御方がおいでになった。このお二人のことについては、世継《よつぎ》の鏡の巻（『大鏡』のこと）にこまごまと書いてあることなので、いまさらここでいう必要もないが、やはり要所要所は述べておく方がいいであろう。

弟の九条右丞相（右大臣）は、きっと兄の小野宮殿に先立って死ぬであろうと悟られて、

「わが身は短命に終わるつたない運命であるが、わたくしの子孫に摂政を伝えたい。そしてまたわたくしの子孫を天皇の外戚にしたい」という誓願を立て、観音の化身である叡山の慈恵大師（良源）に対して師檀（師僧と檀越《だんおつ》。檀越は檀那《だんな》と同じで、財物を施し与える信者を僧が呼ぶことば）の契りを固く結び、横川《よかわ》（比叡山の三塔の一つ。円仁の時に開かれ、その後荒廃していたが、良源が復興につとめ、師輔はそれを援助した）の峰に楞厳三昧院《りようごんさんまいいん》という寺をお建てになり、九条殿の在世中にはまず法華堂だけが造営されたのである。九条殿はその堂にのぼって衆徒の見守る中で火うち石を手にとって、「このわが願いがかなえられるものならば、三度打つうちにつけ」といって火を出されると、最初のひとうちで火がつき、その火で法華堂の常燈がともされたのであった。この時の火はいまも消えずに燃えつづけているといい伝えられている。それゆえに、九条殿の御息女の腹にお生まれになった冷泉《れいぜい》・円融《えんゆう》両天皇にはじまって、後冷泉《ごれいぜい》天皇に至るまで、皇位を継承し先帝の法度を守っていかれる天皇はみな九条殿の御子孫を母としてお生まれになり、内覧・摂籙の位に昇る臣下もその子孫がきわだって栄えたのである。後冷泉天皇ののちは、閑院《かんいん》の大臣（師輔の子、公季《きみすえ》）の系統に移って、またその中で白河《しらかわ》・鳥羽《とば》・後白河《ごしらかわ》天皇は太上天皇のままで政治をおとりになったのである。後白河院のつぎは当代の院（後鳥羽上皇）が院政を継いでおいでになるが、この院もまた師輔の子孫である中関白道隆《なかのかんぱくみちたか》の血筋にあたられるのである。この日本国において、観音が衆生に利益《りやく》を与えるためにとられた巧みな手だては、仮に人間の姿をとり、聖徳太子にはじまって大織冠・菅丞相・慈恵大僧正となってあらわれ、さまざまにこの国を守ってこられたことなのであると深く考え理解している人はいない。ああ、本当に帝王も臣下もみな、こうしたことを深く信じて少しもゆがんだ道をとらず、正しい道理にもとづいて政治のことを考えたならば、劫初・劫末の理法によって定められている時のめぐりあわせはどうすることもできないが、その中での不運とか不慮の災難は避けることもできるものを。そしてそれゆえに、よく治まった世においては、すべて災難は徳に勝てないものなのである。

さて、その九条右丞相は、世間の声望もならぶ人がないほどであったからであろうか、延喜（醍醐天皇）の皇女で、村上天皇の内裏に住んでおられた御方のもとへ通われたのであった。それもはじめはしのびやかになさっていたが、のちにはひろく知られてしまったのである。この御方は内親王として弘徽殿《こきでん》（清涼殿《せいりようでん》の北にある建物で、皇后・中宮などの居所）に起居しておいでになった。閑院《かんいんの》太政大臣公季という人は、この御方を母としてお生まれになったので、そのために世間では閑院流の血筋の人々を特別に華族《かしよく》の人というのだといわれている。

摂政関白のあり方

さて、この九条右丞相師輔という御方の家に摂籙の臣がまわってきたことについていうと、小野宮殿（実頼）が亡くなって、九条殿の嫡子である一条摂政伊尹《これただ》が摂政になったのであるが、この人は円融天皇の母方の伯父にあたり、当時右大臣であった。九条殿は摂籙の任につかずに亡くなっていたので、肩を並べる者は誰もなくて摂政となり、その後、九条殿の家が栄えることになったのである。元来、藤原氏の氏長者というものは、朝廷から任命されるというものではなかった。藤原氏の中で首長となるべき人に、つぎつぎと朱器《しゆき》台盤《だいばん》（藤原氏の氏長者が代々伝えた宝器で、大饗に用いる朱器つまり朱塗りの器と、節供《せつく》に用いる朱器と台盤つまり食物をのせる膳がそれであった）と氏長者の印などを伝え伝えしていくものなのである。そして氏長者となった人が内覧の臣となるのが例であった。関白・摂政というものは、いつもかならずいるわけには行かないもので、摂政は幼主の時だけのものである。忠仁公（良房）以後は、もっぱら藤原氏の氏長者で内覧の臣となった人を、一の人（宮中の席次で第一席につく人をいう）というのである。内覧もかならずあるというものではない。また関白というものは、昭宣公（基経）が摂政をなさったのちに関白の詔を下されてはじまったのである。それは漢の宣帝の時代に、もろもろのことはまず霍光《かくこう》（武帝の遺詔を守り、幼い昭帝を補佐し、昭帝の死後また宣帝をたすけた）に相談し、そののちに帝のもとに奏上せよとの詔が下されたという例にならったものであろう。小野宮殿は摂政を経ないで関白に任ずる詔を賜わったことをおそれ多いことと述べておいでになる。それゆえに延喜（醍醐天皇）の御代に時平が亡くなったのちと、天暦《てんりやく》（村上天皇）の御代には、内覧の臣さえもなかったのである。まして摂政関白という官職も任命されず、ただ藤原氏の氏長者が左大臣としているだけであった。延喜の御代の貞信公（忠平）がそうであった。ただし貞信公はのちに朱雀天皇が御年八歳で即位なさったので、摂政におなりになったのである。村上天皇の場合は、はじめは貞信公に前代と同様に関白をつとめよと詔を下されたが、貞信公が亡くなられたのちは、左大臣の小野宮殿がただの左大臣として政治のことをとり行なわれ、冷泉天皇が即位なさるとただちに関白の詔が下ったのであった。このように、その時の天皇の御器量によって、任命のことがあったり、欠けたままにしたりなさるのである。世の末になると、天皇も昔の天皇には似るべくもない天皇ばかりになってしまわれ、本当の聖主というような天皇は希有となるので、いまではきまったこととして摂政関白の名が絶えることはない。それでも、御堂《みどう》（道長）のはじめ、一条天皇から三条天皇へかけての時期と、知足院殿《ちそくいんどの》（忠実《ただざね》）のはじめ、堀河天皇の時とのこの二度の場合は、内覧だけで二人とも関白には任ぜられなかった。殊勝なことである。

さて貞信公という御方は、とてもとてもただの平凡な人ではなかった。（平）将門《まさかど》が謀反をおこした時、宮中で仁王会《にんのうえ》（国家鎮護のために、仁王護国般若波羅蜜多経《にんのうごこくはんにゃはらみった》を講讃する法《ほう》会《え》）が行なわれたが、法会が行なわれている時に、貞信公の声ばかりが聞こえて、お姿は人には見えなかった。隠形《おんぎょう》の法（姿を隠す術、摩利支天《まりしてん》の隠形の印を結んでその陀羅尼《だらに》真言を修すると身を隠すことができるという）などを会得している人はこうもあろうかと思われたとたしかにいい伝えているのである。また小野宮殿が亡くなられた時、弔問のために門前に多くの人が集まってきた。昔は徳のある人が死んだ時には、挙哀《こあい》（葬式や納棺の時に泣く礼）といって参集した人が声をあげて哀傷することが行なわれたが、近ごろはそんなことをする人もないのに、この時、門外に集まった貴賤・上下の人々の間には、自然に挙哀の声がおこり、人々は悲嘆にくれたのであった。「世の中で嘆くべきことはここにきわまった」と人々はいったという。こうしたことの意味については、よく考え理解しなければならない。

兄弟の争い

九条殿（師輔）の御子には、堀河関白兼通《かねみち》と法興院殿兼家《ほこいんどのかねいえ》とがあったが、この二人は、官位昇進の順序が違ったりしたことなどから、仲が悪かった。兼通は兄でありながら弟の兼家に官位を追い越され、弟の後を追って昇進していくというようになったのには、きっとわけがあったのであろう。おぼろげに人々が推測していることによると、冷泉・円融両天皇はこの兄弟の甥にあたられるから、二人は伯父として、天皇がまだ東宮でおられた時に、東宮坊（東宮に仕え、その内政をつかさどる官司）の官職につかれたのであった。兼通は兄であったから、まず冷泉天皇が東宮でおいでになった東宮坊の亮《すけ》（次官）になったのであるが、どんなことがあったのであろうか、御機嫌を損じて東宮亮をやめさせられてしまったのである。そして、そのあとに法興院殿が任ぜられ、やがて東宮が位を継がれて冷泉天皇となられた時、蔵人頭となって兄を追い越してしまったのだということである。だいたい兼家という

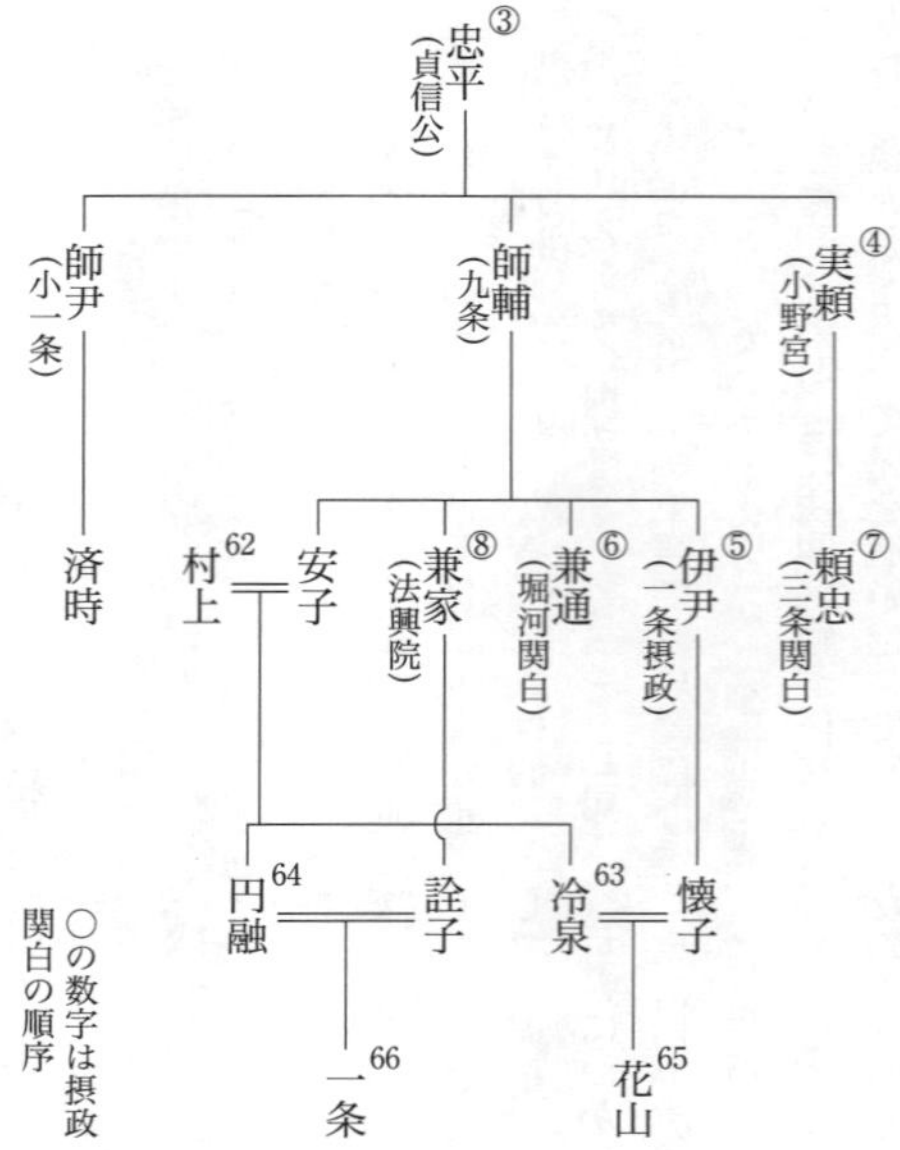

人は万事につけて押しの強い、強気の人で、蔵人頭の職を中納言になってもまだ手放さずに兼ねておいでになった。

さて、円融天皇の御代のこと、兼家は大納言で右大将、兼通は中納言であったが、一条摂政（伊尹）の病気が危険な状態になったことを聞いた兼通は、仮名書きの手紙を持って内裏に参上し、天皇が鬼の間（清涼殿の西廂の南端にある部屋で、壁に白沢《はくた》王《おう》が五鬼を斬る図が描かれていた）においでになる時をのがさずに、手紙をさし出したのである。天皇が手紙を引きひろげてごらんになると、そこには「摂籙になるのは兄弟の順序によるべきです」と書いてあり、それは天皇の御母の中宮（安子《あんし》）の筆になるものであった。お亡くなりになった御母を思い出されながら、なつかしく思っておいでになったちょうどその時に、兼通はこのような手紙を御母の皇后にお書かせして持っていたのをさし出したのであるから、「実に賢い人であるよ」と世間でも噂したのであった。天皇はこの手紙をごらんになって、一条摂政の病気もこれまでとなったので、あれこれとためらうことなく、中納言であった人（兼通）に内覧を命ぜられ、兼通は中納言から大納言を経ずに、弟の大納言右大将をとびこえて内大臣となり、さらに天延二年（九七四）に関白の詔が下されたのである。

法興院殿はこのことを心やすからぬことに思っておられたが、貞元《じょうげん》二年（九七七）に関白（兼通）が病気になってすでに危篤と伝えられると、そのとき大納言右大将であった法興院大入道殿は内裏に参上なさったのである。ところが、兼家が出かけるところを見た人が、「関白殿の御病気の見舞においでになるのだろうか」というのをお聞きになった関白は、もしやと思って部屋をとりかたづけて待っておいでになった。そこへ、兼家はとっくに参内してしまったということが伝えられるや、関白はにわかに病床から起きて内裏に参上しようとなさった。供の者まで「これはどうしたことか」とただならぬことに思ったが、四人に抱きかかえられるようにして、ただひたすらに参上なさったのであった。内裏で「関白殿がおいでになります」と声高く騒いでいるのを聞いた弟の大将は、「もうすでに死んでしまったと聞いた人がただいま参上などというのは、嘘であろう」と思っておられると、本当に参内されたので、あわてふためいて退出してしまわれたのである。

関白は参内なさって、天皇の御前に伺候され、「最後に除目《じもく》（大臣以外の諸官職を任命する儀式）をとり行なおうと思いまして、参内いたしました。これこれ人は集まれ。近くにいる公卿を召集せよ。さあ除目が行なわれるぞ」といわれたので、人々がいぶかしく思って参内してくると、関白は少々何ごとかを述べたあと、「右大将はけしからぬ奴であります。したがって官位をとりあげておしまいになるべきでございます。大将になりたい人はいるか。遠慮なく申し出よ」と声高くいわれたのであった。しかし、誰がためらうことなく申し出られようか。みな恐れて申し出ることができなかった。ところが、九条殿の御弟の小一条大臣師尹《もろただ》の子に済時《なりとき》といって、中納言になっている人があった。この人が考えるには、「この機会をのがしては、自分はいつ大将になれるだろうか。申し出てみよう」というわけで、かさねて関白が「どうした。大将になりたい者はいないのか。ただ申し出よ」といわれた時、「済時」と声高く名のり出たのである。そうすると「おお、結構、結構。早く、早く」といわれて、右大将に済時と書きつけさせたのであった。書記の役は誰であったのだろうか。そんなことまでを書いた日記はないものであろうか。ただし、正式の除目は、直盧《じきろ》（宮中における大臣や納言の詰所）で行なわれたのであろうか。

さてつぎには、「関白には頼忠《よりただ》がその人柄からいってももっともふさわしい大臣です。まさか異議はありますまい。関白は頼忠に譲ることに決めましょう」といって、ただちに関白の詔を下すようにとり行なわれたので、天皇は「これはまあなんとしたことか」と、かさねがさね恐ろしくお思いになり、それにまた関白のいわれることも特にひどく間違ってはいないとお考えになったのであろう、兼通のいうように事を行なわれたのであった。故皇后の御手紙には「兄弟の順序に」とあったのであるから、それには反してしまうが、頼忠のつぎに兼家がなれば同じことであるなどとお考えになったのでもあろう。この冷泉・円融両天皇の御母は、安子中宮といって九条殿の御娘であった。一般には、一条摂政（伊尹）の病気の時に、この二人の兄弟は天皇の御前に伺候して、このつぎの摂籙のことについてあからさまなことばに出していい争ったといわれている。また、済時大将の日記には、二人とも罵詈雑言《ばりぞうごん》に及んだなどと書いてあるという。兼通の最後の除目の話は、はっきりしないところもあるが、行なわれたことは疑いない。こんな怨恨が横行したことは、世のためにも人のためにも、国が衰えて正しい道理が通らなくなったことを示すものである。しかし、この頼忠三条関白は世に認められた立派な人であり、こうして小野宮殿（実頼）の子に関白となるべき運があったのは、そういうようにさせずにはおかない数々の因縁がより集まったのであって、数々の因縁が結合する筋道の中にもまた道理とよぶべきものがあったのであろう。さて三条関白頼忠は、貞元二年十一月（十月の誤り）十一日に関白の詔が下されてから、一条天皇の御即位まで十年ばかり関白の座においでになったが、一条天皇の即位とともについに大入道殿（兼家）が文句のない道理によって摂政におなりになったので、そののちは何ともいたし方なくしておいでになった。

ここで、円融天皇が花山《かざん》天皇に位をお譲りになった時のことになるのであるが、そもそも皇位を継ぐべき御方は、一般にこの藤原氏から出た摂籙の臣の孫にあたる御方であり、兄から弟へと位が継がれる時も、同じようにみな摂関家の孫にあたる御方ばかりであった。そして、兄から弟へ皇位が譲られる時には、ほかならぬ兄の皇子を太子に立て、東宮とすることがのちの世にも多いようである。冷泉天皇が退位なさって円融天皇が即位されると、円融天皇はただちに冷泉天皇の御子の花山天皇を東宮にお立てになり、花山天皇に位が譲られると、円融天皇の太子であった一条天皇を東宮に立てられるという具合であった。ところでこの大入道殿は、兄の堀河殿（兼通）のために圧迫されてからのちは、治部卿に下げられておいでになった。そして、新帝の花山天皇という御方の御母は、冷泉天皇の后、一条摂政（伊尹）の娘だったのである。花山天皇即位の時、法興院殿（大入道兼家）はすぐに摂政になろうと思われたのであるが、依然として関白は元どおり頼忠にという仰せであった。法興院殿は当時、右大臣であったが、即位の前日に固関《こげん》のこと（譲位と天皇崩御の時に逢坂《おうさか》・不破《ふわ》・鈴鹿《すずか》の三関に使を遣わして関所を固めることで、ほとんど儀礼化していた）を指示しておいでになる時、関白は元どおりということが聞こえてくるや、ただちに出仕をやめてしまい、節会《せちえ》（大嘗会《だいじようえ》と豊明《とよのあかり》の節日に催される宴）の内弁《ないべん》（節会の時、承明門の内で諸事の用意をつかさどる公卿）も行なおうとなさらなかった。それならば、つぎの人がつとめるべきであったのに、左大臣とその弟の大納言、つまり（源）雅信《まさのぶ》・重信《しげのぶ》の二人は、服喪中で出仕しなかった。そしてさらに、為光《ためみつ》・朝光《あさみつ》という二人の大納言も、故障をいいたてて宮中から退出してしまったので、済時だけがそれでも、第四席の大納言としてとり行なったのであった。この済時は大入道殿に対してはまったく遠慮をしない人であったのである。それも道理の通ることとなのであるから、済時を憎く思うべきではない。

忠仁公（良房）が、日本国の幼主のはじめである清和《せいわ》天皇の御代に、外祖父としてはじめて摂政となられて以来、この摂政の家に天皇の母方の祖父や伯父である大臣があれば、その人がかならずかならず執政の臣となるべきであるという道理がしっかりと厳重に定められているのであって、そうでなかったことは一度もないのである。この花山天皇にとっては、義《よし》懐《ちか》中納言こそ天皇の母方の叔父にあたられたから、執政の臣になられるべきであったが、天皇が位におつきになった時には蔵人頭でしかなかった。しかし、花山天皇の御代になると、はじめ四位侍従に任ぜられ、まもなく異例の早さで中納言に昇進したのであった。当時、三条関白（頼忠）は元どおりにおいでになったけれども、国の政治は義懐がおさえてとり行なっているうちに、わずか中一年して、あの思いもかけない事件が起こったのであるから、まったく何ともいいようがないことである。

花山天皇の出家

大入道殿はこの円融天皇から花山天皇へのつぎ目に、日ごろの恨みを晴らして望みを達したいと思われたのであるが、天皇の祖父でも伯父でもなかった。しかし、小野宮殿の子（頼忠）も、九条殿の子（兼家）も、その点ではまったく同じであったから、もともと宿老となるべきで、関白になろうとして請うべき法がないとお考えになったのも、道理に合っていて、この時はそのままになさったのであった。ところが、そのうち、花山天皇の御年十九歳の時に、天皇は為光の娘で最愛に思っておいでになった后（忯子《しし》）に先立たれておしまいになり、果てしなく仏の道を求める心をおこされ、出家してしまいたいとお考えになって、物思いにふけっておいでになった。そこへ、大入道殿に運がまわってくるのが遅いとつねづね嘆いておられた大入道殿の二男の粟田殿《あわたどの》七日関白といわれる人（道兼《みちかね》）が、その当時、五位蔵人左少弁で、時の職事《しきじ》（蔵人で弁官を兼ねた者をいう）であって、天皇の側近くにお仕えしておられたので、天皇が「世の中のすべては味気なく思われる。出家して仏道に入りたいものだ」とばかり仰せになるのを聞いて、絶好の機会を得たと思われたのであろう。昔も今も心が利いて智謀にたけた人は、自分自身でさえも不可思議に思うようなことを思いついて、はかりごとを行なうのである。これは天皇がそれほどまで思いつめておいでになる御様子なので、互いに若気にはやって、青道心《あおどうしん》をおこしたもので、そのころから今の時代まで人の心のありようはただ同じことなのであろう。それも、ちょうどこのような時にふっとそんな心になるもののようである。しかし、このごろはめったにそんなこともなくなった。

ところで宇多天皇のころまでは、上古正法の時代の末であると考えられる。延喜（醍醐天皇）・天暦（村上天皇）の時代は、そのまた末で、中古のはじめにあたり、立派であってしかもまた身近な時代になったのである。そして、冷泉・円融天皇から白河・鳥羽院までは、人の心はほとんど同じように見えるのである。後白河の御末からあとは極端におち下って、ここ十年、二十年は少しも正常なところはないようなことになってしまった。そう思ってみれば、花山天皇が青道心をおこされたことも、その御心はみな推測できるし、粟田殿が同じ心になって出家をおすすめしたのもその意図は明白である。たしかに粟田殿がこう申し上げたとは聞いていないが、出家をすすめるというようなことは、道理のある限りをつくしてそのことばをつくりあげるものであって、天竺（インド）や唐土で起こったことをこの日本でいう場合、口のうまい説経師（経文の意味をやさしく説き聞かせて民衆を教化する僧）の弁舌にかかると、もとの国のことばでいうのではないのに、道理の肝心なところさえ間違っていなければ、すべてなるほどまことにそのとおりだと思ってしまうようなのを正しい説だというのであるから、粟田殿もきっとそんなふうにして、花山天皇を籠絡したのであろう。ちょうどそのころは恵心《えしん》僧都（源信《げんしん》。『往生要集』の著者）が道心を説かれたころで、厳久《げんきゅう》僧都（源信の弟子）という人があった。花山天皇はその人などをお呼びになって、道心をおこす心のあり方などをお尋ねになったが、厳久僧都はこんなふうに申されたであろう。「経文には、妻子と珍宝と及び王位と、命終わるの時に臨んで随《したが》う者なし（大集経《だいじっきょう》十六にあることば）と説いてあります。法華経の序品にも、悉《ことごと》く王位を捨て、また随《したが》って出家して大乗の意《こころ》を発《おこ》し、常に梵行を修す(19)、と説いているではありませんか。さらに、提婆《だいば》品（法華経の提婆達多品）には、時に阿私仙《あしせん》（インドの聖仙の名）あり、来《きた》りて大王に白《もう》さく、われ微妙の法を有《たも》てり、世間に希有《けう》なる所なり、……即便《すなわち》仙人に随って、須《もと》むる所を供給す、と説かれております。釈迦仏も、われ少《わか》くして出家し阿耨菩提《あのくぼだい》（完全な悟り）を得《う》、と御自身のことを説いておいでになります。このような御心がおこってまいりました時、入りがたい仏道にはいられるべきなのです。あとで思いかえされたとしても、一度仏の道を求めようとなさった御心が消えてしまうものではありません。この世に妙法蓮華経にまさる教えはないのです。常不軽《じょうふきょう》菩薩は人々を見るとすぐ礼拝しましたが、その縁だけでもついに成仏したのです。また大乗の修行者が受持する菩薩戒こそ肝要のものといえましょう。菩薩戒はそれを破ってもなお保つことになるのです。それゆえにこそ、法を受けることはあっても法を捨てるということはありえないことになります。ですから、ただ本当に道心をおこされたのならば、早く早く御出家をおとげになりますように」
などと、朝に夕に申されたのであろう。

そのうえで粟田殿が、「天皇がたしかに御出家なさったならば、ただちに道兼も出家して仏法修行の御同行となって御供いたしましょう。縁が深くておいでになるのですから、忠臣が自分の身を捨てて君のためにつくすように、今日は天皇にお仕えしているのです」などと申し上げられたので、いよいよ出家しようという御心もたかまって、ついに時至って寛和二年（九八六）六月二十二日庚申《かのえさる》の夜半に、蔵人左少弁道兼と厳久法師の二人を御車のうしろの方にのせて大内裏をぬけ出されたのであった。御車は縫殿陣《ぬいどののじん》（朔平門《さくへいもん》）から外へ出たといい伝えている。物語（『大鏡』をさす）によると、天皇がすでに何とか殿のあたりで、「これはあまりにも急である。なおしばらく考えてみるべきではなかったろうか」と仰せになると、道兼は「璽剣《じけん》（八坂瓊曲玉《やさかにのまがたま》と草薙剣《くさなぎのつるぎ》。皇位のしるし）はもう東宮の方へお渡しになったのではありませんか。今となってはもうかなわぬことです」と申されたので、「本当にそうだ」と仰せられて出ていかれたと伝えている。もはやこれまでとお思いになった時、宮中には兼家が道隆《みちたか》・道綱《みちつな》という人たちを待機させていて、「さあ、もう璽剣をお移ししてもよいのではないか」といって、道隆と道綱で二つの神器を持ち、東宮つまり一条天皇がおいでになった凝花舎《ぎょうかしゃ》（梅壺ともいう）へ移されたところへ、右大臣（兼家）があらわれ、内裏の諸門を締めさせ、その時兵衛佐《ひょうえのすけ》であった御堂《みどう》（道長）を頼忠のところへ遣わして、これこれの大変なことがおこりましたと報告されたのであった。

さて、つぎの天皇をお立てすることになるのであるが、その間のことはあれこれとことばにはつくせない。一条天皇は御年七歳であったから、今度こそこの右大臣兼家は外祖父として摂政となり、頼忠が思いがけないできごとで地位を失ってしまったあと、しっかりと世の中が落ちついたのである。

ところで、花山天皇の方はといえば、元慶寺《がんぎょうじ》（花山寺ともいい京都市山科区にあった）で御髪を剃り落とされたが、すぐに道兼も出家するであろうと思っておいでになると、道兼は泣く泣く「いま一度親に会いとうございます。髪を落とす前のわたくしの姿をもう一度見せたいのです。もしそうしないで、不孝の身となってしまいましたならば、仏もけしからぬこととお思いになるに違いありません。親も天皇が御出家なさったと聞きましたならば、この道兼を引きとめることはありますまい。すぐに戻ってまいりますから」といって出かけようとするので、「何とするぞ、わたくしをだましたのだな」と仰せられたが、「どうしてそんなことがありましょう」というと、鞭をあげて馬を急がせて帰ってしまったのである。その後、どうしてまた元慶寺に参上することがあろうか。このことを聞いた中納言義懐《よしちか》と左中弁惟成《これしげ》は、すぐに元慶寺に行ってただちに出家し、二人とも心に何のくもりもなく仏道に入って志を貫いたのであった。義懐は飯室《いいむろ》（比叡山横川《よかわ》の飯室谷）におかれていた安楽五僧となり、惟成は聖《ひじり》となって、賀茂祭に鹿の角をつけた杖を持って随行するほどになったといわれている。花山法皇は、のちには出家でありながら俗世に近づくような見苦しいことをなさったこともあったが、しかし、はじめものちになってからも立派に仏の道を行なわれたことも多かったので、きっと仏道にお入りになったことと思われるのである。

摂関政治の頂点

こうして一条天皇が位におつきになったのち、この大入道殿がしっかりと世を治められてから以後、宇治殿（頼通《よりみち》）までのことを見ると、もうまったくことばにはつくせないほど、摂政関白の家が栄え、世も穏やかに治まり、人の心も解放されてのびやかになり、悪いことも起こらない時代であった。世は正道に従って治められ、摂関家一門の人々もことさらにそうしたかのようにそれぞれ立派な人ばかりであり、四納言（四人の大納言。公任《きんとう》・斉信《ただのぶ》・行《ゆき》成《なり》・源俊賢《としかた》の四人で、一条天皇の時に四賢といわれた）といわれた人たちも三人は一門の人なのであった。かくして世はまったくよく治まったと思われたのである。

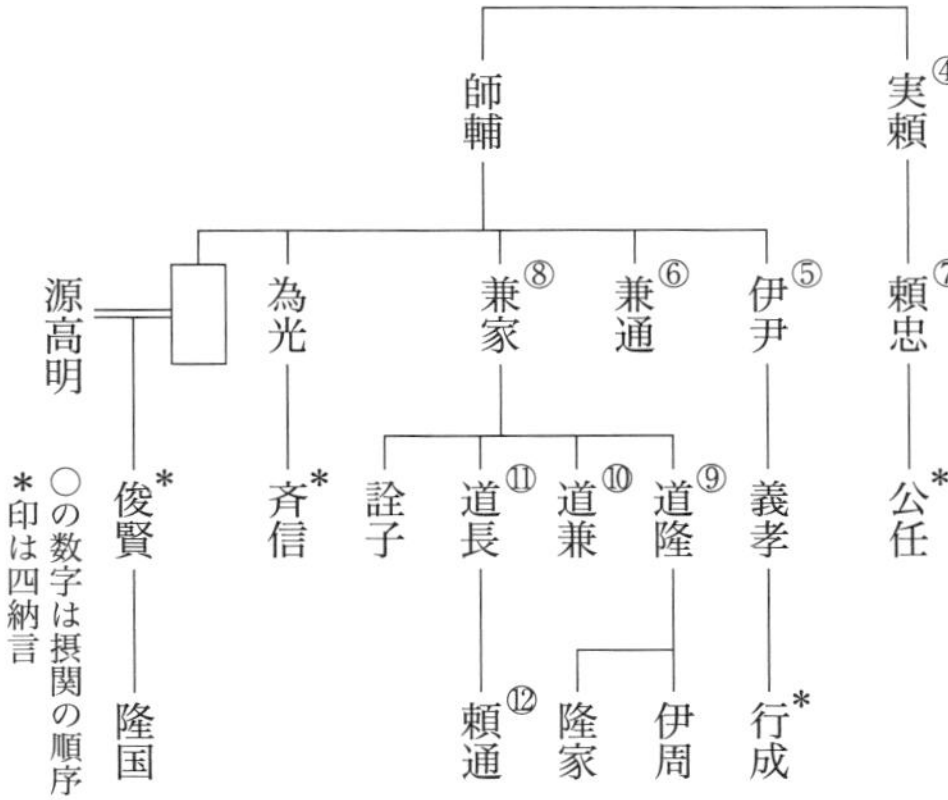

　さて大入道殿は、永祚《えいそ》二年（九九〇）五月四日（八日の誤り）に出家して、嫡子の内大臣道隆に関白を譲ったのち、同じ年の七月二日に亡くなった。道隆は中関白《なかのかんぱく》といわれている人である。その子の伊周《これちか》は帥《そちの》内大臣（帥は大宰権帥《だざいのごんのそつ》のこと）といわれ、九州へ大宰権帥として流され、赦されて帰ってからは、儀同三司《ぎどうさんじ》（准大臣。三司は三公のことで太政大臣・左大臣・右大臣をいう）と称した。道隆はこの伊周に内覧の宣旨を下されるようにとりはからったが、道隆の弟の道兼は右大臣、

この伊周はその下で内大臣であった。また一条天皇の御母は、東三条院（詮子）と申し上げたが——女院というものはこの御方がはじめである——兼家の娘であり、円融天皇の后であった。そして当時の世の中は、この女院の御指示のままに動いていたと伝えられている。道兼は道隆と同じくこの女院の兄であり、花山法皇の事件も、すべてにわたって道兼自身の計画であったのではないが、父兼家のためにたいへん時宜を得たことであった。

内大臣伊周の人柄は、大和心《やまとごころ》（漢才《からざえ》に対して、日本の現実に即した知恵・才能・胆力をいった）の面では劣っていたが、唐才《からざえ》（大和心に対して、漢詩文についての学識をさしていった）はたいへんすぐれておられ、漢詩などはたいへん上手にお作りになるという具合であった。しかし、右大臣道兼は伊周よりも上位であったから、それをとびこえるわけには行かず、関白には道兼がなったのである。ところが、道兼は長徳元年（九九五）四月二十七日に関白になったのに、五月八日には亡くなってしまわれたので、世の人はこの道兼のことを七日関白といった。

道長の登場

七日関白のつぎは、内大臣である伊周がもと内覧の宣旨をお受けになった人であったから有力であったが、他方、道兼・道隆の弟にあたる御堂《みどう》（道長）が大納言になっておいでになった。伊周の叔父であるこの大納言は、その器量抜群で世も人も認めるところであった。この時にあたって、御堂御自身も「伊周が執政の臣になれば世の中は乱れて亡びるようになるでしょう。しかし、このわたくしを摂籙の臣になさったならば世の中は穏やかに治まることでしょう」とはっきりと述べられた。姉の女院は時の一条天皇の御母であったが、心中しっかりと弟の道長を摂政にするのがよいと思っておいでになった。しかし、天皇は女院のお考えのようにとりはからうことをお許しにならず、女院がそのことを何度も何度も仰せになるのをうるさいとお思いになったのであろう、朝餉《あさがれい》の間（清涼殿の西廂にあり天皇が朝の食事をとるところ）を出て、昼御座《ひのおまし》（清涼殿にある天皇の日中の御座所）の方へおいでになり、蔵人頭（源）俊賢を御前に召し出されて、いろいろとお話をなさっていた。すると、そこへ夜御殿《よるのおとど》（昼御座の北にある天皇の御寝所）の開き戸をあけて、御目のあたりもただならぬ御様子の女院が入っておいでになり、「世のため君のためによいことをこうして申し上げておりますのに、どうしてお聞き入れにならないのでしょうか。このようなおあつかいをなさるのなら、もう今後は永久にこんなことは申しますまい。なさけなく残念でなりません」と仰せになった。天皇は居ずまいを正されて、「これほどまでに仰せになることをどうしておことわりすることができましょうか。早く命令を出すことにしましょう」と、まじめな御顔色でお答えになった。先ほど御前にいた俊賢は女院がおいでになったと心得て退いていたが、女院が「それならば、ほかでもない蔵人頭俊賢が伺候していたようですね。すぐにお呼びなさいませ。このことを申し伝えましょう」と仰せになり、天皇が「や、俊賢、ここへ参れ」

とお呼びになるので、ふたたび御前に出た。すると女院が「太政官の文書は大納言道長の手を経て奏上せよという内覧の命令を早く出すようにとりはからいなさい」といわれるので、俊賢は大きな声で「はあっ」と平伏して御前を退き、ただちに命令を出したのであった。女院は朝餉の間へお帰りになり、この結果を聞こうと待ち構えていた大納言左大将の御堂に対して、まず御袖で涙をぬぐって、目は泣きながら口では笑って「もうとっくに内覧の命令が出ましたぞ」と仰せになると、御堂はかしこまって退出された。そして、しばらくの間は大納言のままで内覧をつとめられたが、まもなくその年に右大臣に昇進された。御堂は内覧の臣におなりになったのであるから、内大臣（伊周）を追い越してしまわれたのである。

長徳二年四月、伊周内大臣と弟の隆家《たかいえ》は左遷され、内大臣は大宰権帥（大宰府の長官を帥《そつ》といい、帥のない場合、帥が名目だけの時は権帥が府政を総管した。また大臣が罪をうけた時は、権帥として大宰府に流すのが例であった）、中納言隆家は出雲権守《いずものごんのかみ》として、それぞれ流されることになったが、それはこの二人が花山法皇に矢を放ったからである。その事件の起りはこうであった。法住寺《ほうじゅうじ》太政大臣為光《ためみつ》は恒徳公《こうとくこう》といって、この人に三人の娘があった。一の姫君は花山法皇に道心をおこさせた人で、この姫君がお亡くなりになってのちに、法皇は道心がさめてしまわれ、今度は中の姫君のところへ通われたのであった。そしてまた三の姫君には伊周の大臣が通っていた。ところが「あの法皇はほかでもないこの三の君のところへも通っておいでになる」という噂が立ったので、伊周は心おだやかでなく、十六歳であった弟の隆家の帥（のちに隆家は大宰権帥となった）に、「どうしてくれよう。がまんならない」といった。隆家は若くてひどく乱暴な人であったから、弓矢を持って機会をねらい、法皇を射たところ、御衣の袖を築地《ついじ》に射つけてしまった。法皇はかろうじて逃げ帰られ、このことを固く隠しておいでになったが、いつの間にかひろまってしまい、これほどのことをどうして不問に付しておいてよかろうかと審理などが行なわれ、左遷のことになったといい伝えている。しかし、小野宮の日記（実資の日記『小右記』をさすか）によると、事件の夜からすぐに事は伝えられ、正月十三日の除目《じもく》では内大臣（伊周）の円座（公卿のすわる座）はとりあげられた。そして、それをもっともしかるべき処置だと時の人々はいったという。その日記にはことこまかにしるしてあるので、それを見るべきである。この流罪のことについては、世間では御堂の一党がやったことと思われたので、一条天皇はひどく心をいたませられた。二人とものちには許されて都に帰り、内大臣は儀同三司という位を賜わり、隆家は大宰権帥を望んで九州に下ったりした。隆家は九州でいいあらわせないほどの財産を作って都に上り、富をたくわえた人といわれた。ある時、御堂の邸へ参上なさって面会された(20)が、特に話すこともないので自分の姓名を書いた札をふところからとり出してさし出して退出された。たいへん賢い心の持主であったと伝えられている。

こうするうちに、一条天皇がお亡くなりになったのち、御堂が御遺愛の品々の整理をしておいでになると、御手箱があった。開いてごらんになると、御自筆で宣命《せんみょう》（天皇の命令を伝える文書の一形式）めいたものをお書きになった紙があり、そのはじめに「三光欲明覆重雲大精暗」（「三光明ならんと欲するに重雲を覆いて大精暗し」、つまり日・月・星の光を天子に、雲を臣にたとえて、天の徳が暗くされていることをいったもの）と書いておいでになるのが目にとまった。御堂はそのつぎを先まで読むことをなさらず、そのまま巻き込んで、焼却してしまわれたという。この話は宇治殿（頼通）が宇治大納言（源）隆国《たかくに》に語られたもので、隆国が書いたものに見えている。

道長の人柄

おおよそ御堂という御方は、たとえば唐の太宗（李世民。第二代の皇帝）が世をさかんにして、自分は堯《ぎょう》・舜《しゅん》（理想的な聖王として並び称される中国古代の伝説的な帝王）にも等しいとまで思われたというように、昭宣公（基経）や大織冠（鎌足）にくらべても劣らないくらい、正道にもとづいて事を行なわれ、理にはずれた御心の少しもない御方であったと思われる。御堂の威光威勢というのは、すべてそのまま天皇の御威光なのである。天皇の御威光の末をうけているからこそ、自分はこうしていられるのであると、私心なくお思いになっていた。御堂がこのように特にすぐれた御方であった証拠は、万寿四年（一〇二七）十二月四日にお亡くなりになったその御臨終に明らかであろう。御堂は思いどおりに出家をとげられ、かねてから多くの年月をかけて、丈六（一丈六尺）の阿弥陀像九体とそれを安置する堂を造っておいでになったが、その法成寺《ほうじょうじ》の無量寿院の中尊の御前を臨終のところときめ、屏風をたてて脇息によりかかり、法衣の乱れをただしてから、座したままで御閉眼なさったのである。昔も今も、いったいこのような臨終の例があるであろうか。

ちょうどそれは十二月四日であったが、十二月は神今食《じんこんじき》（六月・十二月の十一日の月次《つきなみの》祭《まつり》の夜天照大神を神嘉殿に勧請して、天皇がみずから火を新たにして飯を炊き、神に供し自身も食する祭）の神事といってきびしい禁忌があり、閏月や一日には特にその食事の物忌みが厳重であった。それは摂政・関白をはじめ公家みな同じであったが、その時期に法成寺の御八講という法会がはじめられ、南北二京（奈良と京都、具体的には興福寺と延暦寺）の僧による法華経の論義を行なわれたので、法成寺の大伽藍の仏前で行なわれたこの法会には、藤原氏の氏長者である摂政や関白といった人が、かならず公卿を引率して参詣され、論義や例講・御聴聞などすべて他にはばかることがなかった。伊勢太神宮はこのことを認めて許しておいでになるのであろう。御堂こそは人間界の中で人の徳というものを考える時の手本ともいうべき御方であろう。このような徳の持主である御堂が、少しでも私心にけがされ、朝家のために不忠となるような人でありえようか。実に実に貴いことである。

それなのに、一条天皇はこの御堂の本当の姿をごらんになることも、理解されることもなく、あのような宣命めいたものをお書きになったので、早々にお亡くなりになったのである。それに反して、御堂はその後も永く栄華をたもたれ、子孫も繁盛し、御臨終の時に極楽往生の信念に少しのゆらぎもなかったことなど、他にくらべるものがないようであった。そして御堂は御心の中に、こうした御自分の将来のことを深く見通されたので、「どうです。わたくしは悪心をおこしませんでしたからね。わたくしはあとにとどまってこうして御冥福を祈っていますよ。人間の心がいいか悪いかということは、身分が高貴であるか賤しいかということとは別のことです。それにまたどうでしょう。わたくしが誓ったことはすべて違うことなく思いどおりになりました」と、一条天皇の御霊前でいえるであろうとお考えになって、あの御手箱の宣命めいた御書蹟をまるめて焼いてしまわれたのであろう。伊勢太神宮も八幡大菩薩も深いしみじみとした御心で、御堂を守ってやろうとなさったのだと明らかに知られるのである。それであるからこそ、その後万寿四年まで長寿を保たれ、あのような立派な御臨終を人々にお示しになったのである。

巻第四

三条天皇の悲運

一条天皇は七歳で即位され、二十五年の間位においでになったのち、御年三十二の寛弘八年（一〇一一）六月二十二日におかくれになった。六月十三日に御譲位のことが行なわれ、十九日に御出家なさったが、その折の御戒師は慶円《きようえん》座主であった。つぎの三条天皇は、三十六歳で位につかれた。この天皇の御母（超子《ちようし》）は、大入道殿（兼家）の御息女であるから、御堂（道長）はまちがいなく、天皇の母方の叔父にあたるのである。ところで、一条天皇が位におつきになってから三条天皇を東宮にお立てになったのは、いったいどういう事情があったのであろうか。当の一条天皇は七歳で、まだ御元服もすませておられないまま、寛和二年（九八六）六月二十二日（二十三日の誤り）に位をお継ぎになったが、その東宮は十一歳で、すぐつぎの七月十六日(21)には御元服なさって、東宮にお立ちになったのである。そうして、三条天皇は二十五年間東宮のままでおられ、一条天皇が在位二十五年ののち、三十二歳でお亡くなりになった時、三条天皇はようやく三十六歳で待ちに待たれた皇位におつきになったのであった。それなのに、三条天皇は在位わずかに五年の短さで御目の病気のために位を退かれ、そのつぎの年には出家をなさったのである。

このように、この間の次第にはなかなか納得できないことがある。しかし、世の人がいつものような考え方で推測したことはつぎのとおりである。

大入道殿が少しの私心もなく、堂々と事をとりはからわれたからであろうか、九条殿（師輔）のあの大切な誓願（一五四ページ参照）にこたえて、冷泉天皇がお生まれになった。他方、天暦（村上天皇）の第一皇子広平親王の外祖父に元方大納言という人があった。ところが、広平親王は九条殿の娘であった安子中宮に圧倒されてしまい、冷泉・円融天皇などが出てこられたために、親王の期待も空しく、皇位につくことはできなかったのである。元方大納言はそのことに恨みを抱いて死に、悪霊となったのであろう。冷泉天皇は御物怪《もののけ》に悩まされて、中一年で位を退かれた。さてつぎの円融天皇は事もなく平穏であったが、冷泉天皇の皇子である花山天皇は、あのあさましいといってもいいきれないような事件を起こされたのであった。その花山天皇の御弟が三条天皇なのである。したがって、元方の怨霊が三条天皇を空しくむだにしてしまおうとして、永い間東宮のままにしておくというようなことを起こしたのではないだろうか。

御堂の栄華

さて冷泉・花山両上皇はあいにく御命だけは長々としておいでになった。三条天皇の御代、御年六十二歳の冷泉上皇が御危篤の状態になられたので、天皇がお見舞に行こうとなさったところ、御堂が、「まずわたくしが参りまして御様子を見てまいりましょう」といって、冷泉上皇のところへ行ってごらんになると、上皇はもう意識も不明で、誰が来たかもおわかりにならないほどであった。そこで、御堂は帰って、「今はもう、何ともいたし方もない御様子でございました。それに元方の怨霊のゆくえも案じられて恐ろしゅうございます」と申し上げ、天皇がお出かけになるのをおとめしたのであった。しかしながら三条天皇も、弟が在位の短かった兄（花山天皇）にならうかのように、天道（天地の神、天帝）の御はからいに少しの間違いもなく、在位五年で位を退かれたのである。代わって後一条天皇の御即位が行なわれたが、天皇は九歳で皇位を継がれたので、長和六年（一〇一七）に御堂の嫡子であった宇治殿（頼通）が摂政におなりになった。この後一条天皇の御母は上東門院《じょうとうもんいん》（彰子）といい、また御堂の御息女であった。そして後一条天皇御即位ののち、万寿四年（一〇二七）まで、御堂は出家の姿で、何かにつけて天皇につきそっておいでになった。このめでたさはことばにはつくせない。

　御堂が法成寺を建立し、その落慶供養を行なわれた時のことは、あまりにも何もかも栄華の極に達して、もう興趣もなくなるほどであった。供養には九条殿の御子の閑院《かんいんの》太政大臣公《きみ》季《すえ》が白髪をいただく長老として残っておいでになったのをお招きした。御堂は御出家の身で法服に威儀をただして一の座におつきになったが、そのつぎは公季が太政大臣であるから、関白であっても左大臣である宇治殿よりも上座におつきになり、相国《しょうこく》（太政大臣の唐名）にとっては面目この上ないことであった。太政大臣が入道殿に背中を向けて端然と着座され、堂々と臆する気色《けしき》もなく宇治殿に向かい合っておいでになった御様子を時の人は実に立派なことだと噂したという。

源高明の失脚

一条天皇の御代に四納言ともてはやされたいずれ優劣のつけがたい四人は、斉信《ただのぶ》・公任《きんとう》・（源）俊賢《としかた》・行成《ゆきなり》という人たちであったが、四人とも大納言どまりでついに大臣には昇進できなかった。俊賢については、その父西宮《にしのみや》左大臣（源高明《たかあきら》）が延喜（醍醐天皇）の御子で、一世《いっせい》の源氏（天皇の子で源姓を賜わった人をいう。親王の子の場合には二世の源氏という）として臣下の身分となったが、朝廷で重きをなした人であったし、またその西宮左大臣が流罪に処せられたことも大切なことであるから、少しわきにそれるが述べておきたい。

村上天皇の皇子は、安子中宮の御腹に、第一に冷泉天皇、第二には為平《ためひら》親王、第三が円融天皇という三人があった。西宮左大臣は延喜の御子で、北の方はほかでもない九条殿の娘である。このような関係で、この高明左大臣は自分の娘を為平親王にさしあげ、親王を婿としておられた。ところが、冷泉天皇は即位なさるとただちに、すぐつぎの弟である為平親王をさしおいて下の弟の円融天皇を東宮にお立てになった。これは康保四年（九六七）九月一日のことであったといわれている。そして安和二年（九六九）三月のころ、この左大臣高明は謀反の心を起こし、婿の為平を東宮に立てようと思ったようである。冷泉天皇は御即位ののちまもなく、御物怪につかれて健康がすぐれず、御薬の絶え間がなかったので、世の中も何となく動揺していたのであろうか。左《さ》馬助《まのすけ》源満仲《みつなか》、武蔵介藤善時《よしとき》などという、そのころの武士が密告するということが起こり、三月二十六日に左大臣は大宰権帥に左遷されることとなり、流罪の直前に出家してしまった。僧連茂《れんも》・中務少輔 橘 敏延《たちばなのとしのぶ》・左近衛大尉源 連《つらなる》・前相模介藤千晴《ちはる》などの人々が全部遠流《おんる》に処せられたとしるされているが、この人たちから満仲なども話をもちかけられたのであろうか、そうして武士としての縁故から、形勢を察知して告げ知らせたのであろうか、ともかく密告に端を発してこのような事件が起こったのである。しかし高明は、天禄三年（九七二）五月（四月の誤り）、許されて京に帰った。そこで世間の人々は、とりわけ小一条左大臣師尹《もろただ》、九条殿の子息三人（伊尹・兼家・兼通）、小野宮の子息たち（頼忠・斉敏）といった人たちが、高明に対してこのような事件をしくんだのであろうなどと噂しあい、またそう思ったようである。それでも、どうして罪がないのにあのように流罪になったりするだろうか。そうだから、御自分でもすぐ出家をなさったのである。心の奥では謀反の考えがあったとしても、はっきりした証拠がなければ処罰を強行するわけにはいかないので、世間の人々が噂していることなども配慮されて、高明を都に呼び戻すことにされたのであろう。

四納言の活躍

いまはその子俊賢がとりわけ御堂に親しくしていて、少しも恨む心を持っていない。立派な人というものは、間違ったことを心の中で思うことがあってもすぐに反省し、また何のためにもならない悪い意図などを心に深く抱いたりはしない。それでこそ、自分も他の人も穏やかな正道に従っているというのである。「過ちを改める善ほど大きな善はない」という古典の名言は、こういうことをいうのであろう。だいたい御堂がおいでになった時代には、すべての人々の心の持ち方が実直で私心がなく、その時の世の中がひたすらよく治まるようにということ以外には何の意図もなくて、世の中のことをはからい定めておいでになったが、行なわれたことはすべて効果があり、人々もなびき従ったということがはっきりとわかる。しかし、今は摂関になることのできるような人もいないであろう。またこの人はこうだと理解して登用するような臣家もいないであろう。こんなに器量のある人たちがたくさん出合わした世にどうして会えなかったのだろうかとばかりその世のことを想像するのであるが、今はまったくどうすることもできない末の世であるから心を慰める術《すべ》もない。

斉信は為光《ためみつ》太政大臣の子、公任は三条関白（頼忠）の子、行成は一条摂政（伊尹）の孫で義孝《のりたか》少将の子であった。みな和漢の才にひいでており、そのほかの芸能もとりどりに人にすぐれていた。けれども宇治殿（頼通）左大臣・小野宮実資右大臣・大二条殿（教通）内大臣というような人々が大臣で、みなたいそう長寿であったから、大臣になろうにも四納言の人々の力ではどうすることもできないことであったろう。

四納言がさかんに活躍していたころ、テル中将、ヒカル少将という殿上人《てんじょうびと》（昇殿を許された者。四位・五位、および六位の蔵人をいう）があった。中将は、父が兵部卿宮《ひょうぶきょうのみや》（致平《むねひら》親王）、母は鷹司殿《たかつかさ》（道長の妻倫子《りんし》）の姉であったので、御堂の養子になって名を成信《なりのぶ》といった。少将は顕光《あきみつ》左大臣の子で、重家《しげいえ》といったのである。この二人は朝廷の政治を決する会議が行なわれているのを立聞きして、四納言がわれもわれもと才能・学問をかたむけて論じているのを聞き、「われわれも昇進したのちには、あの人たちのようでありたいが、四納言よりも才学が劣っていては世間にいても役に立つまい。さあ、世間の外に仏道という道があるというから、そこへ入ろう」といって、受戒し、二人とも長保三年（一〇〇一）二月三日に出家した。少将入道は大原の少将入道寂源《じゃくげん》といい、池上《いけのうえ》の阿闍梨（皇慶《こうけい》）の弟子として名高い人である（寂源は実は重家とは別人であるが、慈円は誤って同一人と考えていたらしい）。中将入道は三井寺に入り、御堂がお亡くなりになった

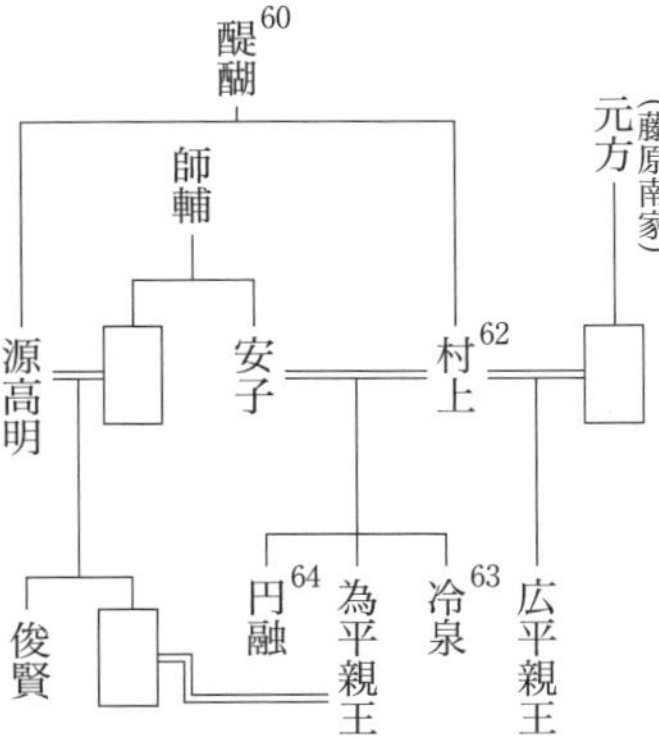

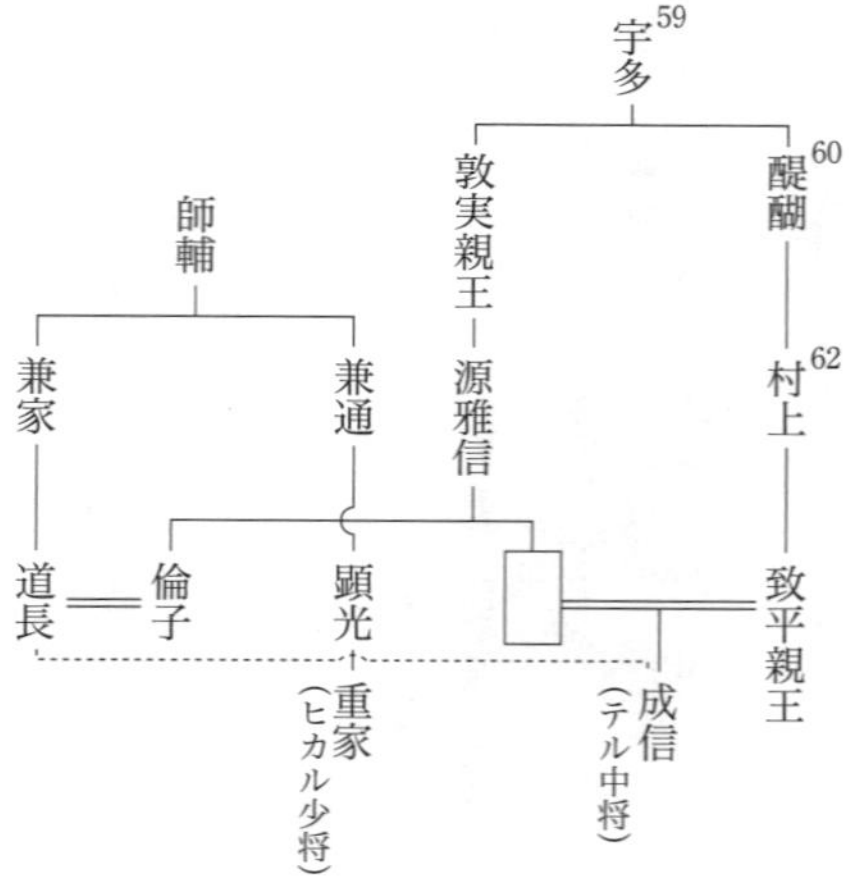

時にも御堂を導く高僧の一人であったといい伝えられている。とにもかくにも立派でよいことばかりの時代ではあった。

一条天皇は伊周《これちか》の妹（定子《ていし》）をはじめの后となさり、この女御をこの上なく愛しておいでになったが、いつの間にか長保元年となり、天皇の御年二十歳の時であろうか、皇子がお生まれになったのが敦康《あつやす》親王である。三条天皇は老東宮であったから、一条天皇の御病気が重くなり、三十二歳で今にも亡くなられようとした時、東宮は三十六歳であった。こんな年齢がさかさまの皇太子が、現天皇が御病気でお亡くなりになるのを待っておいでになるのであるから、つぎの天皇についてはとやかく異議のあるはずがない。そこで一条天皇は、三条天皇が即位された時には御自分の皇子を東宮に立てるべきだとお考えになり、くりかえして一宮《いちのみや》である敦康親王をとお思いになったのであった。しかし、一条天皇は御堂の御娘の上東門院（彰子）への御配慮も大切になさり、上東門院がすでに皇子を二人も——のちの後一条・後朱雀天皇である——お生みになっていたので、東宮のことをきめかねて思い迷っておいでになった。ちょうどそのころ、行成は中納言で、この一宮敦康親王のお世話をする事務所の長官に勅命によって任ぜられていた。天皇は行成を御病床近くにお呼びになり、「東宮には誰をと遺言したらいいであろうか」と、深く思いわずらっておいでになる御様子でお尋ねになった。ところが行成は、「なんの、少しもお迷いになることはございません。二宮《にのみや》を東宮になさるべきでしょう。もしそうなさらなかったら、のちのちのためによくないことで、きっと皇室のため天皇のためにも悪いことになりましょう」とうまくとりつくろって申し上げたのであった。この二宮という御方が後一条天皇である。この時のことはのちの世にももれ伝えられて、人々は行成を心ある立派な人と評しているのである。

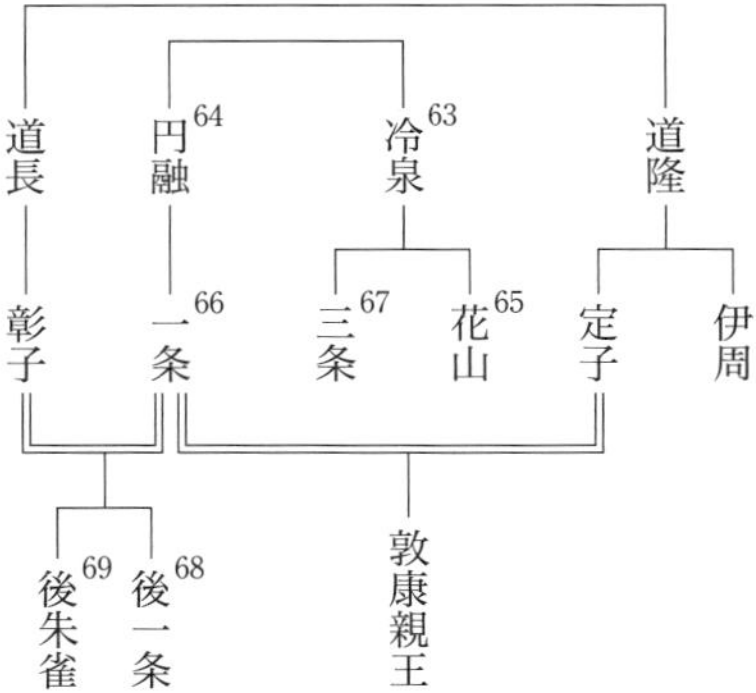

何としても敦康親王を位につけたいということが一条天皇の御心の底に深く流れていて、御堂があんなにして内覧の宣旨をお受けになった時なども（一七三ページ参照）、そのままに見のがしておいでになったが、伊周が流されるなどのことが起こり、それは罪を犯したのでどうにも仕方のないことではあったが、悪

いことばかり重なって天皇の御堂に対する悪感情は解けなかったのである。そのためにあの宣命めかした御告文《こくぶん》(神仏に対して志を述べる文書)をお書きになったのであろうか(一七五ページ参照)。御堂という本当の賢臣がその時代においでにならなかったならば、あぶないことになってしまうような世の中であったのではないだろうか。

時代変動のきざし

だいたいこの一条天皇の時代は世の中の一つの変り目で、一蔀《ぼう》(一蔀は讖緯《しんい》思想による暦の一期間で七十六年であるが、慈円は六十年を一蔀としている。一四〇ページ参照)の切れ目としていろいろなめぐりあわせがあるべき時であったのであろう。寛和《かんな》二年(九八六)に御年七歳で即位ののち、つぎの年号の永延《えいえん》三年(九八九)六月下旬に彗星《ははきぼし》が東西の天にあらわれたため、八月に改元が行なわれた。ところが改元されて永祚《えいそ》となった年に起こった、永祚の風といわれる大暴風は、とてもくらべるものがない天災であった。永祚は一年だけで、つぎの年には正暦《しょうりゃく》と改められたが、比叡山で智証(円珍)と慈覚(円仁)それぞれの法流を伝える門徒たちが大変な争いを起こし、智証の門徒はみな千光院を引きはらってしまった。正暦五年(九九四)・長徳元年(九九五)とつづいて疱瘡が大流行し、都鄙を問わず多くの人々が死んでいった。中でも長徳元年に公卿が八人までも没したということは、昔も今もその例がないことであるから、はっきりとしるしておきたい。

大納言朝光《あさみつ》　前左大将。三月二十八日（二十日の誤り）、四十五歳で死去。

関白道隆　四月十日。四十三歳。

大納言左大将済時《なりとき》　四月二十三日。五十五歳。

関白右大臣道兼　右大将。五月八日。三十四歳。まだ大将を退いていなかったという（五月五日、三十五歳の誤り）。

左大臣源重信《しげのぶ》　同日。七十四歳。

中納言（源）保光《やすみつ》　同日。七十三歳。桃園中納言と号し、中務の代明親王の子である。

大納言道頼　六月十一日。二十歳。道隆関白の二男で山井大納言という。

中納言右衛門督源伊渉《これたか》　十一月。五十九歳（五月二十二日、五十八歳の誤り）。

このような人々がこの年のうちに亡くなったのである。さて、つぎに年号は長保と改められた。またそのつぎの寛弘とこの長保の間は、上東門院が入内《じゅだい》されたり、寛弘年間に最勝講《さいしょうこう》（金光明《こんこうみょう》　最勝《さいしょう》　王経《おうきょう》　の講釈論義を行ない、天下太平を祈る法会）などが行なわれはじめたりして、御堂が余人の介入もなしに世をお治めになった時期であり、そのために世の中はしっかりと落ちついたと考えられる。この八人の亡くなった人々は、みなその時代にとって好ましくない人であった。重信公などは七十をいくつも過ぎた人であるから論外である。中関白（道隆）は朝光・済時の二人の左右大将と明け暮れ酒盛りよりほかにすることもなく過ごしておられた。ある時、僧が極楽浄土のすばらしさを説くのを聞いて、「極楽がいくら結構なところでもまさか朝光や済時がいるわけではあるまい。この酒盛りがなかったら淋しくてたまらなくなるだろう」といわれたなどと語り伝えられている。だいたい彗星があらわれるという異変は、世の中がよくなろうとする場合に、よくなるために起こる災いがかならずあるので、それを知らせる天変であろうかと考えられる。天変も何も知恵の深い人はよく思いあわせるべきである。道隆の話のようなことが、人の話やうまく作ったそらごとでないことは折々につけていくらもないのである。四納言が官位の昇進を競いあった様子などもいい話の種であるが、そんなことばかりは書ききれないし、また必要もないことである。ただ世の移り変りのところどころについてまじめになって考え、その真実を聞けば、このうえにいっそう悟りを開く縁になるというようなことどもを書きつけているのである。

顕光大臣の怨霊

後一条天皇は在位二十年、後朱雀天皇は九年の在位で、この御二方は上東門院の御腹であるからとやかくいう必要はない。さて、一条天皇の后に顕光《あきみつ》大臣の娘（元子《げんし》）がおいでになったが、この御方には皇子がおできにならなかった。また三条天皇の御子で後一条天皇の東宮となった御方に小一条院（敦明親王《あつあきら》）があった。この東宮の女御に、また顕光大臣が娘をさしあげたが、敦明親王は一条天皇の御子に後一条・後朱雀天皇などがおいでになる以上、御自分は厄介者にされるであろうとお考えになって、東宮を辞退なさり、院号を賜わって小一条院と称しておいでになった。小一条院はたいへんよく物の情を解する御方であったから、御堂もこの御方を気の毒に思って手厚い処遇をなさっていたことからやがて御堂の婿になさったのである。そのため、小一条院はもとの女御である顕光大臣の娘のところへは絶えておいでにならないようになってしまった。女御はつらく思われ悲しみに沈んでおられたが、顕光大臣は娘をなぐさめようとして、「これも世間の常のことなのだから、嘆くのはおやめなさい」などといわれたのである。女御はものもいわずに火桶に向かっておいでになったが、灰に埋もれていた火桶の火がじゅっ、じゅっと音をたてた。流された涙が落ちて火にかかり、音をたてるのを見た顕光大臣は、「ああ、何とつらいことよ」とますます悲しみを深くし、そのまま悪霊となったと世間では語っているようである。たしかにありそうなことではある。そのため御堂の周辺にはこの怨霊がさまざまなことを起こしたけれども、それほどの大事には至らなかったのであろう。こうしたことは御堂のとがということもできようが、この程度のことならばちっとも御自身の過ちではない。ただ世間のなりゆきがこうなるのがよかろうというわけで、おのずからこのように事が運ばれていくのであると御堂はうららかにお考えになっていたであろうのに、それをあさはかに考えて悪霊も出てくるのであろう。

こうして後朱雀天皇が小一条院に代わって東宮となられたが、その御子の後冷泉天皇はまた御堂の年下の娘（嬉子《きし》）が内侍督《ないしのかみ》となって東宮のもとへ上がられてお生みになった御方であったから、後朱雀天皇のつぎはとやかくいうこともなく、すぐに後冷泉天皇が位におつきになったのである。顕光は「悪霊《あくりょう》の大臣《おとど》」といわれ、手ごわい御物怪《もののけ》であった。ところで、後冷泉天皇は二十三年の間位についておいでになったから、宇治殿（頼通）は後一条・後朱雀・後冷泉の三代の天皇の母方の伯父として、五十余年も執政の臣をつとめられたのである。後冷泉天皇の末年に、摂籙を大二条殿にお譲りになったが、この大二条殿は教通《のりみち》という御方で宇治殿の弟であった。父の御堂も大二条殿をよくできた子だとお思いになり、宇治殿にまさるとも劣ることのないように優遇しておられたが、左大臣に昇進された時は七十歳であった。宇治殿は御自分の御子に、通房《みちふさ》大将と呼ばれてこの上ない美貌の持主で、人にも用いられた御方があったのに、二十歳で亡くなってしまったあとは、京極大殿師実《もろざね》という御子に期待をかけておいでになった。しかし宇治殿は、大二条殿の器量がたいへんすぐれていて、御自分の御子ではあるがまだまったく若い京極大殿師実が大二条殿を追い越して昇進するのをつらく思われるほどであったので、大二条殿に関白をお譲りになったのである。このことを世の人々は、宇治殿の名声と善政の真の姿と思ったであろう。

後三条天皇の時代

さて、つぎの後三条天皇は後冷泉天皇の御弟であったが、御母は陽明門院（禎子《ていし》）であった。この女院は三条天皇の皇女で、御母は御堂の二女（妍子《けんし》）であったが、藤原氏からみれば少し血筋が遠かったのである。後冷泉天皇の后として、宇治殿の御息女で四条宮（寛子《かんし》）という御方が入内しておいでになったが、ついに皇子の御誕生を見ることができなかった。それで、そののちも摂政関白の娘が后に立ちながら、みな皇子をお生みになることがなく、

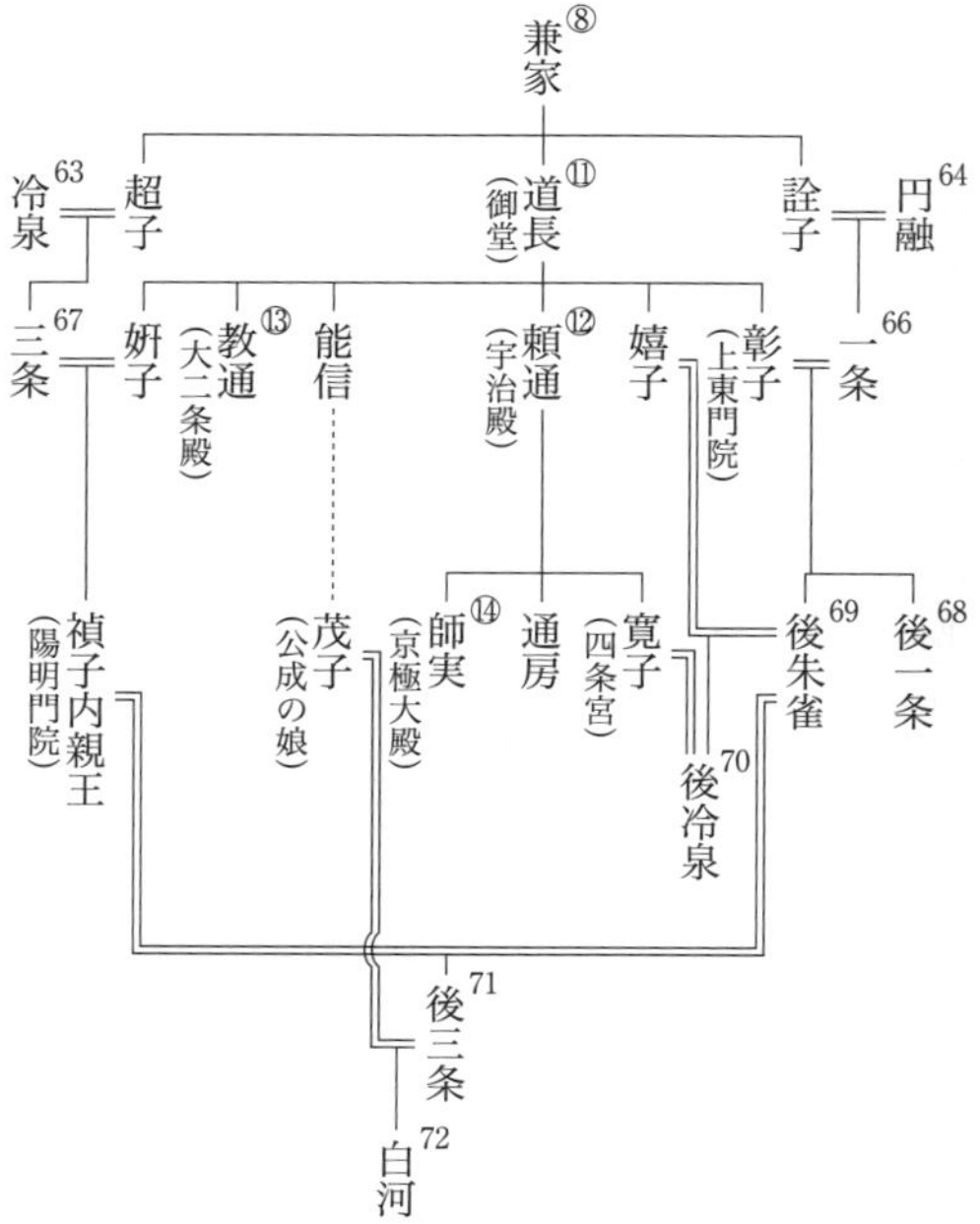

摂関家の外戚としての地位は久しく絶えてしまったのである。さて、後朱雀天皇の御病気が重くなって、後冷泉天皇に御譲位が行なわれたのであるが、それは宇治殿が参内してすべてをとりはからわれたのであった。ところが宇治殿が退出してしまわれたのに、後冷泉天皇の東宮に後三条天皇を立てることについては後朱雀天皇からは何の御指示もなかったのである。その

ころ、御堂の御子息の中に能信《よしのぶ》大納言という人があった。能信は閑院公成中納言の娘（茂子）を養女にしていたのを、後三条天皇の后に差し上げていた人であったから、宇治殿が退出なさったあとに参内して、後朱雀天皇に「二宮（後三条）が御出家なさっておつきになる師の僧のことですが、このついでに仰せおかれるのがよろしいと存じます」と申し上げたのである。すると「いったい何をいうか。二宮は東宮に立とうとしている人ではないか」と天皇がお答えになったので、それを聞くや、「それならば、今日その御指示がなかったならば、いつありえましょう」と申し上げたところ、「本当にそうだ。忘れていた。病気が重いので」と仰せになって、宇治殿を呼び戻して、譲位の宣命に二宮を東宮にするということを書くように命ぜられたのであった。この能信のことを世に閑院東宮大夫という。しかし、能信は閑院家の出ではないので、納得の行かない呼び方だと思う人もいるのである（閑院家と公成の娘茂子については、二一七ページの系図参照）。白河天皇は、いつも能信の話になると、「故東宮大夫殿がおいでにならなかったら、わが身にこのような運がめぐってくることもなかっただろう」と仰せになり、かならず東宮大夫殿と殿の字をつけることをお忘れにならなかった。おそれ多いことである。

院政のはじまり

さて世が末になって行くうえで、大きな変り目となったのは後三条天皇の時代であった。

それまでは政務はひたすら臣下にまかされて摂籙の臣が政治を行ない、天皇は宮中に奥深くあるかなきかにしておいでになるというようであったが、世も末になるとそんなことでは人々の心を穏やかに治めることはできないのである。そこで後三条天皇は、退位ののちに太上天皇として政治をとることをしないそれまでの慣行はよくないことだとお考えになった。一方では道理からいってもそうするのが当然とお思いになったのであろう。くわしいことは知るよしもないが、まさか道理というものの至りつくところと、後三条天皇のお考えになったことが、違っていたというようなことはなかったであろう。昔は天皇となる御方は政治を行なううえで聡明であり、摂籙というものはひたすら私心を捨てて事に当たったではないか。しかし世も末になると、天皇は年が若く、幼少の天皇ばかりが目につくようになって、四十歳を越えられた天皇は聞いたことがないし、その御政治についてもいうほどのことは何もない。そしてまた宇治殿などは私心の多い人である。後三条天皇はこんなようにお考えになったのであろう。そこで太上天皇として世を治めよう、当代の天皇はわが子が継ぐはずであるからとお思いになり、在位わずか四年で退位なさって、延久四年（一〇七二）十二月八日に御譲位のことが行なわれたのであった。翌五年二月二十日には住吉神社（大阪市住吉区にある。海上の守護神、また和歌の神として尊崇された）参詣にお出かけになったが、それには陽明門院（禎子）も同行され、関白（教通）も御供に加わって、天王寺（四天王寺の略称。大阪市天王寺区）・八幡（石清水八幡宮。京都府八幡市）などを巡拝されたのである。

住吉では和歌の会が催され、後三条上皇は、

いかばかり神もうれしと思ふらん
むなしき船をさしてきたれば

（位を退いて空《から》になった船も同様のわが身に棹さして住吉に来たのであるから、神も御心のままに漂う船が来たことをさぞおよろこびになるであろう）

という御歌をおよみになった。また、秀歌として知られている（源）経信《つねのぶ》の

おきつ風ふきにけらしな住吉の
松のしづえをあらふしら浪

（沖合いの風は強く吹いたのだろうか、住吉の岸に生い立つ松の下枝を洗うかのように白波が寄せている）

という歌は、この時によまれたものである。さて、後三条上皇はその年の四月二十一日から重い病気にかかられ、五月七日、御年四十でお亡くなりになった。太上天皇として政治をとろうとお考えになったということは、天皇の御私心が多かったということなのであろうか。けっきょく御自身は御退位ののちいくらも政治をおとりになれなかったのである。太上天皇が世をお治めになるという道理は末の世になってもっとも適合することであるから、白河天皇が後をお継ぎになって太上天皇となられてからは、御年七十七までも世をお治めになったのである。

後三条天皇の過ち

後三条天皇が位についておいでになった時、伊勢太神宮に公卿の勅使をお立てになったことがあった。天皇は御自筆で神宮にたてまつる文章をお書きになり、その時に御侍読（天皇に儒学や史書を講ずる役）であった匡房江中納言《まさふさごうの》（江は大江氏のこと）にお見せになった。ところが匡房はそれを読みながら、天皇御自身は間違ったことはなさらなかったということが書いてあるところまできて読むのをやめてしまった。天皇は「どうした。どうした。正しくないことをしたことがあるとでもいうのか」と仰せになるのに、匡房は遠慮して黙っていたが、ひたすら「いえ、いえ」と責められるので、「官位の昇進で実政《さねまさ》をとり立てて隆方《たかかた》を追い越させになったことがありましたが、あれはどうなのでしょうか。もうお忘れになったのでしょうか」と申し上げた。すると天皇は顔を赤くなさり、神にたてまつる御自筆の文書を持って内に入っておしまいになったのであった。これはどういうことかというと、事は後三条天皇が東宮であった時、実政が東宮学士（東宮の学問の師）であったことにはじまる。その実政が賀茂の祭の使をつとめて都の大路を通って行くのを桟敷を構えて見物をしていた隆方が見つけて、声も高らかに「年とった東宮の即位を待って自分の出世を夢みているが、すでに白髪が目立っているよ。おお見苦しい」といって嘲笑した。それを聞いた実政は、祭が終わるやただちに東宮のところへ参上し、「たしかに隆方がこういうざれごとをはいてい

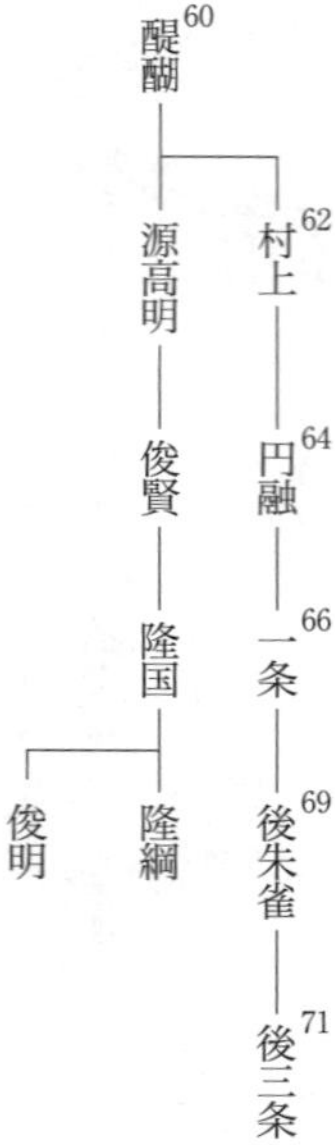

るのを聞きました」と申し上げたところ、東宮はその訴えをとくとお聞きになり、やがて即位なさってから、政治を行なわれる時に、隆方が右中弁（弁官は太政官の庶務を処理し、文書の起草・保管などに当たった）で、その上の左中弁が空席であったので、実政を右中弁をとびこえさせて左中弁に上げられたのである。このことを世間の人々は、実政が何とかして隆方を追い越そうと思ってあんなことを東宮に申し上げたのだと噂した。

　また、御自身で仰せになったところによると、（源）隆国の二男の隆綱《たかつな》はまだ年が若いのに、ほとんど親ほどの年齢の人々を追い越して宰相（参議の唐名）中将になっていたので、天皇は宇治殿の政治の大変な不正によることと思っておいでになった。ところがある時、伊勢太神宮から神宮の神域で狐を射た者があるという訴えが出され、公卿が集まって処置を議することになった。そして、評定の末席に加わっていた隆綱が裁定文を書くことになったが、人々が「射たのは本当だとしても、射殺してしまったかどうかはわからない。この罪はどんなものだろうか」などといいあっているのを聞いて即座に、「羽を飲ましむるのよしを聞くといえども、いまだつかを枕にするの実を知らず」（羽を飲ましむるというのは矢が羽に達するくらい深くささること。またつかを枕にするというのは狐が死ぬ時は自分の穴のある丘の方に首を向けて死ぬという意味で、ともに中国の古典にある辞句によったもの。矢は当たったが死んだかどうかはわからないという意味）という文章を書いたのである。天皇はこの裁定文をごらんになって、この上なく感嘆され、「隆綱の早い昇進は過分のことであると思っていたが、誤解であった。これほどすぐれた人材であるとは知らなかった。昇進は当然あってしかるべき道理である」と仰せになった。だいたい物事が道理にかなっているか、そうでないかがはっきりわかる天皇は、このように宇治殿の不正と考えておいでになっても、その誤りを反省し訂正されて、こういうように仰せられるのである。『礼記《らいき》』（中国古代の礼制に関する説を集大成した儒教の経典）に、「狐死ぬる時は、つかを枕にす」とあり、また古典に「将軍羽を飲ましむる威」などとあることを文章に練達している人は思い出して、やすやすと書きあらわしたことなのであるが、世間の人々はめったにできることではないと思ったと語り伝えているようである。

宇治殿のあとつぎ

だいたい、後三条天皇は宇治殿に対して深く御心に含まれるところがあったようであると世間の人々は思いこんでいる。そこで、そのわけを述べておきたい。後朱雀天皇の后として陽明門院（禎子）がおいでになったが、陽明門院は三条天皇の皇女で、御母は御堂の二女

（妍子）であった。それに加えて、のちに後朱雀天皇の后として、一条天皇の御子式部卿宮敦康親王の御娘で、御母は具平《ともひら》親王の御娘という御方（嫄子《げんし》）が入内されたのである。宇治殿は具平親王の婿となって、その御娘（隆姫）を北政所《きたのまんどころ》（摂政関白の正妻の敬称）となさったが、この御方は最後までうまず女《め》で御子ができなかった。そこで宇治殿は進命婦《しんのみょうぶ》（祇《ぎ》子《し》）といわれていた女房に心をかけられ、多くの御子が生まれたのである。北政所は進命婦をたいへん憎らしいとお思いになり、はじめの御子三人を別の人の子にしてしまわれた。第一の定綱《さだつな》は経家《つねいえ》の子になさった。大播磨守《おおはりまのかみ》といわれる人がこの定綱である。第二の忠綱《ただつな》を大納言信家《のぶいえ》の子になさり、忠綱は中宮亮《ちゅうぐうのすけ》となった。第三の俊綱《としつな》は讃岐守橘俊遠《としとお》の子になさった。伏見修理《ふしみのしゅり》大夫《だいぶ》俊綱という名高い人がこの俊綱である。大播磨定綱の婿に花山院家忠大臣《かざんいんいえただのおとど》がなって、花山院（もと清和天皇の御子貞保《さだやす》親王の邸宅。いまの京都御苑の西南の部分にあたる）を伝えられることになった。花山院は京極大殿（師実）の家であったのを、定綱が御所を造進した代りに賜わったのである。その時は花山院といっても古い建物がただ一つ残っているだけであった。またこの邸宅は、大原の長宴《ちょうえん》僧都が葉衣鎮《ようえのちん》（葉衣観音を本尊として、大臣などの家屋を守るために行なう修法。安鎮法、鎮宅法ともいう）を行なった家である。

　さて、宇治殿の長男通房大将が死んだ時、進命婦が生んだ御子である京極大殿はまだ小童であった。宇治殿は北政所が「そういう子供がいると聞いています。その子を引きとりましょう」といわれたので、北政所のお許しが得られたのを喜ばれ、京極大殿を引きとって表向

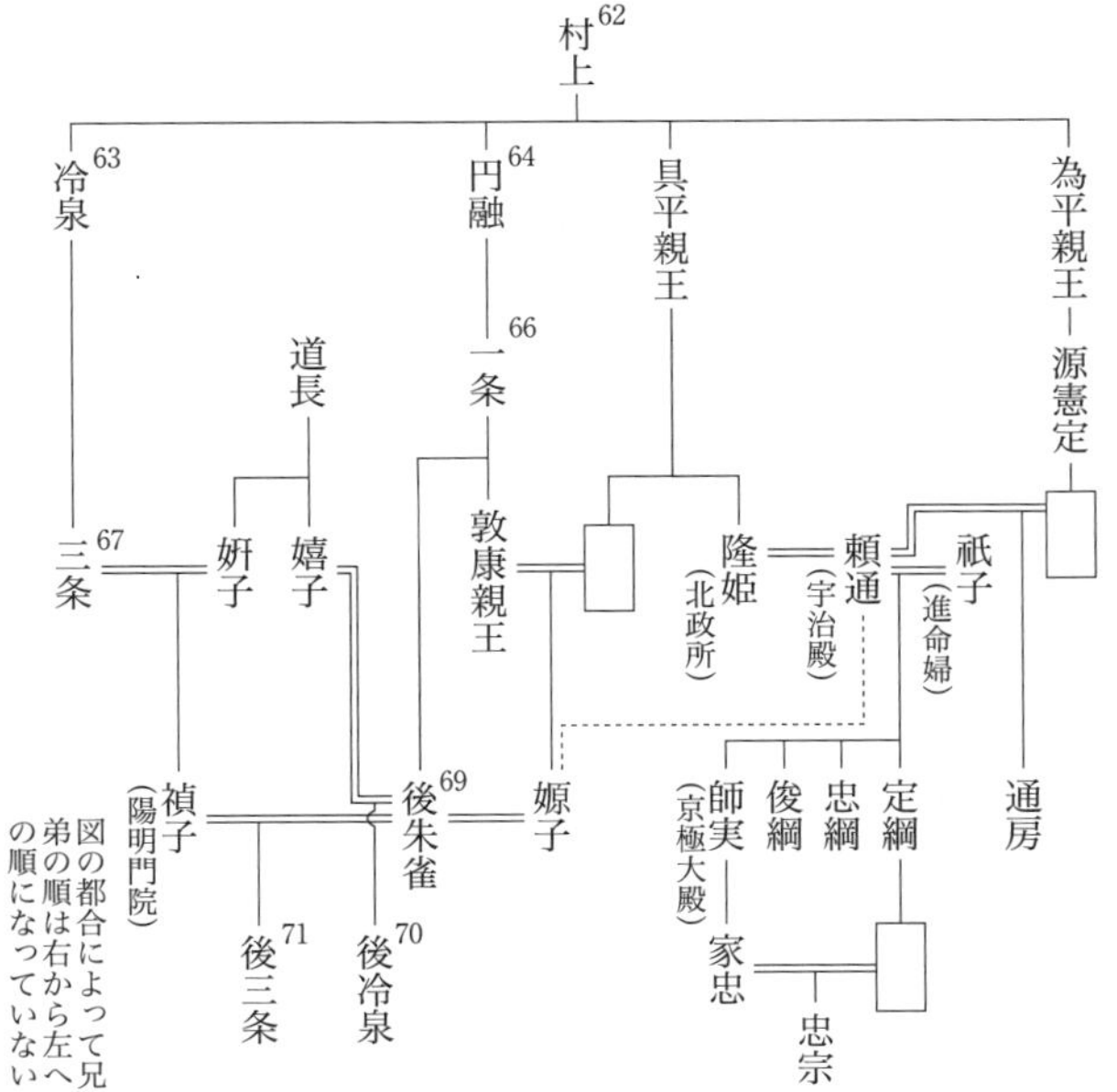

きもわが子としてはっきりさせ、家をお継がせになった。通房の母は、為平親王の子に三位であった右兵衛督（源）憲定《のりさだ》という人があって、その人の娘であった。そして、北政所も本当に御子がなかったので、通房を宇治殿の長男として認め、この上なく容姿の美しい人でもあったから、丁重に扱っておいでになった。ところが、その通房が死んでしまい、代わってあらわれたのは京極の大殿という運の強い人であった。この人もまたたいへんすぐれた才能の持主で、白河天皇が退位なさった

のちに上皇としてはじめて政治をおとりになった時に生まれあわせ、上皇に協力して大変立派に世をお治めになったのである。

皇后の系譜

さて、話題をもとにもどして、敦康親王の御息女についていうと、御堂の四番目の御息女(嬉子《きし》)は、後朱雀天皇が東宮の時に妃となり、御堂の御生前に十九歳で後冷泉天皇をお生みになってのち、お亡くなりになった。後朱雀天皇はそのあとすぐに、中宮としておいでになった陽明門院を皇后にお上げになったが、他方では敦康親王の御息女の嫄子《げんし》を中宮として入内させ、陽明門院の方は内裏にもお入れにならなかった。この中宮嫄子は、天皇の寵愛をうけて皇女二人をお生みになったが、わずか中一年でお亡くなりになった。そして、そののちに、この陽明門院——禎子という御方である——がふたたび内裏に帰っておいでになったのである。こうしたことのわけはこの敦康親王は母が道隆関白の娘(定子)であったから、ただ普通の親王であって皇位につくことなどは思いもよらなかった。しかし、敦康親王の妃はまた具平親王の御娘であったので、宇治殿の北政所——高倉の北政所と呼ばれる御方であろうか、興ざめなほど長寿で、際限もなく生きておいでになった——の妹にあたる御方であった。嫄子中宮は、この妃がお生みになった御娘であったから、宇治殿の養女として姓も源氏を改めて藤原氏の中宮として入内され、皇后にもなられたのである。

このようであったからか、陽明門院を御母となさる後三条天皇には、後朱雀天皇が後冷泉天皇に譲位された折に何の沙汰もなかった。その時、能信がふと参内して「二宮（後三条天皇）の御出家の御師には……」と申し上げたのであるが、それは、御堂が御自分の子の中で

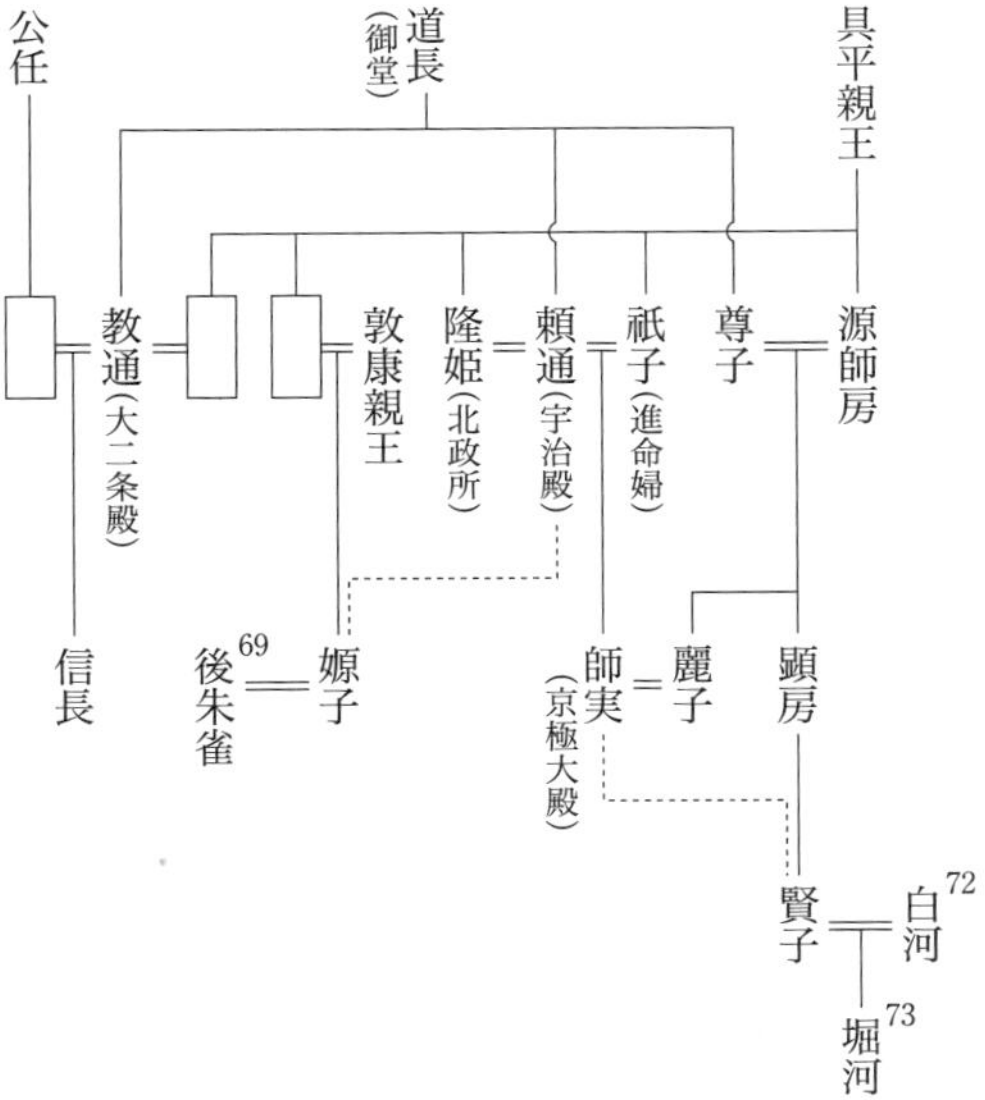

この能信を陽明門院の後見役としてつけておいでになったからであった。陽明門院の御母はまた、御堂の御息女（妍子）であるから、能信は陽明門院が皇后であった時に皇后宮大夫（皇后づきの役所の長官）となり、同時に陽明門院がお生みになった皇子（後三条天皇）のうしろだてでもあった。その皇子が東宮となられ御元服なさった時に、世間には後援する人もいなかったので能信は後見をつとめ、自分の娘（実は閑院家の公成の娘）を女御に差し上げたのであ

った。天皇が九条殿（師輔）の子孫の中でも嫡流である摂籙の家を離れて、閑院の流れから世継ぎの君をお出しするようになるはじめがここに見えるのである。こういうような関係になっていたから、能信があのように後朱雀天皇に申し上げて、後三条天皇を東宮にお立てすることができたのである。こんなことで、父の御堂が数々の褒賞を行なわれた時などには能信もいろいろと賜わったが、能信が少々昇進がむつかしくなるようなことを起こした時に、宇治殿は父の御堂に向かって、弟の能信が同席して聞いているのも構わずに、「いくら自分の子供だからといっても、ずっと末の弟たちにまで褒賞をおやりになるから、こんな困ったことも起こるのです」といわれた。それをお聞きになった御堂はものもいわずに黙っておいでになったといい伝えられているから、こういういきさつが重なって、能信は心の底に強く含むところがあり、後三条天皇をお立てするように動いたのである。しかし、そうだからといって、愚かなことにもならず、また悪いこともなかった。そしてまた、後三条天皇もよく人々の人格才能を見きわめる御方であったから、京極大殿にその娘を白河天皇の后として宮中に入れさせて、京極大殿との間柄をなごやかになさったのである。この京極大殿の娘の賢子《けんし》中宮（実は源顕房の娘で、師実の養女）は、白河天皇が東宮の時から寵愛しておいでになり、その御寵愛ぶりは他にくらべるものもなく、無二無三の御有様で、人々がとかくいうこともできないくらい結構なことであったから、はじめ人々は二条殿（教通）のつぎの摂籙は、二条殿の子の信長《のぶなが》太政大臣などの系統へ受けつがれていくであろうと思っていたのであるが、そんなこともなくてすんでしまったのである。

後三条天皇の新政

この後三条天皇が位についておいでになった時、延久《えんきゅう》の宣旨《せんじ》枡《ます》（延久四年、後三条天皇の宣旨によって制定された公定枡。一升が約一リットルにあたる）というものが定められ、現在までそれを基準として用いている枡についてまで御指示があった。枡を用意して御前にたてまつったところ、天皇は清涼殿の庭で実際に砂を入れてお試しになったりした。そのために、「これはえらいことだ」と賞賛して天皇を尊敬する人もあった。また一方では、「こんなくだらないことをなさるとは。何か目の前が暗くなるような気がする」などという人もあったが、それは天皇というものは、宮中の奥深くあるかなきかに上品にしておいでになるべきだとばかり思いこんでいる人がいったことであろう。

ところで後三条天皇が延久の記録所（正式には記録荘園券契所《きろくしょうえんけんけいしょ》といい、荘園の文書を記録し、審査する役所のこと）というものをはじめて設置されたのは、日本全国にある荘園が、宣旨や官符《かんぷ》（宣旨は天皇の命令を伝える文書。官符は太政官から下の諸機関に出される正式の公文書）もないのに、国家の土地をかすめとっているのは、日本の国にとってこの上ない害悪であるとかねて考えておいでになったからであった。とくに宇治殿の時になって、「摂関家の御領だ、摂関家の御領だ」とばかり称している荘園が諸国に充満し、国司の任務を遂行することはできなくなってしまったなどといわれていたのを御耳にとめておいでになったのである。さて後三条天皇が荘園領主にそれぞれがもっている荘園の文書を提出させる命令を出されたところ、宇治殿からの御返事は、「わたくしのところは皆がそういうように了解していたのではないでしょうか。五十余年も天皇の御後見役をつとめてまいりました間に、あちこちの領主たちがわたくしと縁故を作ろうと思って荘園を寄進してくれたものですから、わたくしの方は『そうか』などというだけで、受けとって過ごしてきました。そんなところに、どうして証拠の文書なんかがありましょうか。ただわたくしの領地だと称している荘園で、不当なものや不明確なものだとお思いになるところがありましたら、少しも御遠慮なさることはありません。だいたい、このように荘園を整理するということは、関白であるわたくしが進んで処置しなければならない身なのですから、一つ残らず廃止なさるべきでございます」というものであった。宇治殿がこのようにきっぱりと返答をなさったので、後三条天皇の御計画は齟齬《そご》し、無駄に終わってしまった。天皇は長い間思案なさった末に、とうとう別に命令を下され、この記録所に文書を提出させることについては、前大相国（頼通）の荘園を除外することになさって、かえってまったく御指示がなくなったのである。この後三条天皇の御処置をたいへん結構なことであると世の人々は噂した。

さて、またそのころは大二条殿（教通）が氏長者になっておられたが、延久年間に氏寺《うじでら》（藤原氏の氏寺は興福寺）の所領をめぐって国司との間に争論が起こった。争いが大きくなり、天皇の御前で評定が行なわれることになったが、その結果、国司の言い分を許可する裁定が下されようとしたのである。ところがその時、大二条殿は「これでは氏長者としてのわたくしの面目はつぶれ、氏神がどのようにお思いになるかわからない。ただただ天皇の裁決を仰ぐべきである。わたくしは伏して神のお告げを待つばかりです」といって、そのまま退席してしまわれたのである。その時、藤原氏の公卿たちは驚き恐れ口を閉じているばかりであった。その後、山階寺《やましなでら》（興福寺はもと京都市山科《やましな》区にあり山階寺と呼ばれたが、不比等の時奈良に移された）の主張どおりの裁定が下ったので、興福寺の衆徒はまたさらに長期間にわたる法華経講讃の法会を開いて国家安穏の祈願を行なった、と親経《ちかつね》（慈円と同時代の学者。文章博士）という中納言で、儒学に通じ、才知にめぐまれた人が語るのを聞いたことがある。のちになって、解脱房《げだつぼう》（貞慶《じょうけい》。鎌倉時代初期の法相宗《ほっそうしゅう》の中興と称される高僧）という聖僧も、この時に始まる法会で経を説いたという。この法会は興福寺が宇治殿から所領を譲られたので、特に聞いてもらおうなどと考えて始められたものであろうか。

師実の養女の入内

またある日記には、「延久二年正月、除目《じもく》が終わるころ、関白（教通）は怒って座をたち、殿上に出た。この間除目の議事が停止すること数時間。天皇がしきりにお呼びになるので、ようやく戻ってきた」と書いてある。特にどうという理由はないのであるが、季綱が靫《ゆげ》負佐《いのすけ》（衛門佐《えもんのすけ》の別名）になったことがもとであったのだろうか。それはともかくとして、八十歳になった宇治殿は、このような世間の噂を聞きながら、宇治の別荘に隠退しておいでになったが、左大臣になっておられた御子の京極大殿（師実）に「内裏には日参しなさい。特別のことがなくても毎日欠かさず伺候して、奉公を積むべきものです」とお教えになっていた。左大臣は教えに従って内裏に参上なさり、殿上に伺候しておいでになったところ、後三条天皇はいつも蔵人（天皇の側近に侍して諸事をつかさどる官人）をお呼びになって、「殿上には誰々が来ているか」と一日に二、三回もお尋ねになるので、そのたびに「左大臣がおいでになっております」と答えて日が重なり月がたった。ある日の夕方またお尋ねがあったので、また「左大臣が来ておられます」と申し上げたところ「ここに来るようにいいなさい」と仰せられた。蔵人が左大臣のところへ行って「御前にお呼びでございます」と伝えると、左大臣は「めずらしいこともあるものだ。何ごとを仰せになるのだろうか」と思い、緊張して気を配り、御装束をただして参上なさったのである。天皇は「近くへ寄れ」と仰せになり、とりとめもない世間ばなしなどをなさるうちに夜もしだいにふけていったが、いよいよ終りのころになって「娘をもっておいでになるか」と仰せ出されたので「特別に大切にしております女童《めのわらわ》がおります」と御返事を申し上げた。左大臣は自分の娘がなかったので、（源）師房《もろふさ》大臣の子である顕房《あきふさ》の娘をまだ乳のころから引きとって、養女となさりかしずいておいでになったのである。宇治殿は後中書王《のちのちゅうしょおう》（中書王は親王で中務卿《なかつかさきょう》となった人。醍醐天皇の皇子兼明親王を前中書王、村上天皇の皇子具平親王のことを後中書王と呼んだ）具平親王の婿となって、親王の御子土御門《つちみかどの》右府（右大臣）師房を養子にしておられた。この縁によって宇治殿は、御子となさった師房とその子の仁覚《にんかく》僧正という天台座主となった人のことを何かとお世話なさり、仁覚僧正を一身阿《いっしんあ》闍梨《じゃり》にしたりなどなさっていた。また特にほかでもない京極殿（師実）は、土御門右府師房の三女（麗子《れいし》）を北政所にしておられたので、顕房の娘（賢子《けんし》）はこの北政所の姪《めい》にあたるから、引きとって養女とし育てかしずいておいでになった。こういう縁のつながりで、京極大殿は（村上）源氏の人々と親密にしておいでになったために、その娘をまったく御自分の子として大切にしておいでになったのである。

村上源氏の進出

さて、このことをお聞きになった天皇が「そういう娘を持っているのならば、さっそく東宮（白河天皇）に差し出すべきである」と仰せになったので、左大臣はかしこまってうけたまわり、すぐに御前を立たれた。そして、今までは世の中のことも心もとなく、先が案じられていたのに、今や世の中はしっかりと藤原氏の手に落ちついたことを一刻も早く宇治殿にお聞かせしようとお考えになり、夜がふけているのも構わず内裏からそのまま宇治へ向かわれた。「人を走らせて、宇治へ行く路の牛のかけ替えの所々に、引き替えの牛を用意させよ」といって、出かけられたのである。左大臣は道すがら、宇治殿がよくこの年まで身体も堪え、心もしっかりしてこられたことよと思いをはせておいでになったが、一方その時宇治では、入道殿（頼通《よりみち》）が宇治の別荘の中の小松殿という建物においでになったが、なんとなく眠りからさめて目がさえ、「胸さわぎがするようだ」といわれ、御前に燈火をともして「京の方で何か起こったのだろうか」などと仰せになった。そのころはまだ宇治のあたりは人々の集まり住んでいる様子もなく、木幡《こはた》・岡屋《おかのや》（京都府宇治市。宇治路の途中の地名）まではるばると見わたしても人家の火などは見えなかったのに、人がやってきて「京の方から火が数多く見えます」というので、いぶかしくお思いになり、「よく見ろ」と仰せになったところ、「ますます多くなって、宇治の方へやって来るようであります」と報告した。入道殿は「左府などが来るのであろうか。夜中なのに解せぬことだ」といわれて「よく耳をすまして聞いてこい。もっとよく見ろ」などと命ぜられているうちに、護衛の武人の先払いの声がかすかに聞こえたので、「こうこうでございます」と申し上げると、やはりそうであったかとお思いになって、「燈火を明るくかかげよ」などと仰せになっておられた。

　先頭を行く御供の武官はみな馬に乗って、このような時にはいつも先払いをするのである。こうすれば悪魔も恐れるといい伝えられている。さてお着きになったのをごらんになると束帯《そくたい》に身をただして御前に出ておいでになったので、きっと重大なことがあるのだと思われ、「どうしたというのか、いったい何ごとが起こったのか」と仰せになると、左大臣は、「日ごろおことばのとおりに毎日欠かすことなく参内をしておりました。ところが、今日の夕方『天皇がお呼びになっておられます』と蔵人が来て申しますので参上いたしましたところ、こまやかに御物語などがありまして、『娘があるならばさっそく東宮に差し出すように』という勅命をまのあたりにうけたまわりましたから、急いで参りまして申し上げるのでございます」と申し上げたのであった。これをお聞きになった宇治殿は、一も二もなくはらはらと涙を落として、「世の中の行く末も心もとなく案じられていたのに、ああ、やはりこの天皇は御立派な天皇であるよ。さあ早く支度をして差し上げるように」といわれ、少しの手落ちもなく指示をなさって、東宮――白河天皇のことである――の女御に差し上げられたのであった。東宮が位におつきになってからは中宮となられ、やがて皇后にお立ちになって、今も賢子中宮と申し上げる堀河天皇の御母はこの御方である。それまではひたすら摂政関白の御子が后となるのが例であり、今日まで続いているのであるが、この時はまた源氏の娘であり、堀河天皇の御代には（村上）源氏の一族の人々が数多く天皇の側近にお仕えしていた。

後三条天皇ほどの聖主であられる天皇は、すべて物事の行きつくところについてしっかりとその結果を見とおして世をお治めになるのであるから、摂籙の家や摂政関白を何の理由もなく憎み棄てようなどとどうしてお思いになることがあろうか。ただ人の人格才能の浅さ深さや、道理の軽重によって世を治めようとお考えになりながら御処置をおとりになっているのに、末世になると天皇と臣下の仲が悪いようにばかり愚かな近臣が扱って、世は衰え亡びていくのである。近臣、世にときめいている僧俗男女は、この点をよく心得ておかねばならない。内々に下々の人が家を治める場合にも、その方法はまったく同じことで、人の才能と道理の軽重をもととして、それぞれ分相応の方法があるのである。そのようにしてきたから、今日まで大筋は誤らないできたのである。そして、その大筋の中でいちいちの細かなことはすべて人の心によってきまることであるのに、末代にはその人の心がものの道理というものを理解できなくなり、疎《うと》くなるばかりで、上《かみ》は下《しも》をあわれまず、下は上を敬うことをしないのであるから、聖徳太子が立派に書きおかれた『十七条の憲法』も甲斐がない。それをもとにして昔から定められてきた律令格式にも背いて、ひたすら世の中が衰え亡びていくことこそ、これはどうしたことかとたいへん悲しいことであるが、それでも天皇は百代までといわれているので、それまでの間頼みとするところは皇祖の神や国家で祭る神々（伊勢・春日・八幡などの神々）の御恵み、また仏や天上の神々（梵天・帝釈天など）の御利益《ごりやく》なのである。これらの神仏の利益も、またなかばは人の心にその力がのり移ってこそ、人間の機根と因縁とがうまく結び合わされて、事をなしとげるのであろう。しかし、それもなかなか理解しにくい、不可思議のことばかりであるように思う。

頼豪阿闍梨

そうした中に、この白河天皇が位におつきになったあとで、賢子中宮に何とかして皇子を生ませたいと深くお考えになり、御祈禱をなさったことがある。そのころ、三井寺（園城寺。円珍の法流を伝えて寺門と称し、円仁の法流を伝える延暦寺つまり山門と争った）の門徒の中に頼豪《らいごう》阿闍梨という効験あらたかな僧があったので、白河天皇は頼豪にこの祈禱を仰せつけられ、「願いがかなったならば、褒美は申し出のとおりに」といわれたのであった。そこで、頼豪が心をつくして祈禱を行なったところ天皇のお望みどおりに皇子がお生まれになった。頼豪は喜んで、「この賞として三井寺に戒壇（受戒の儀式を行なう道場。当時天台宗では延暦寺にしかなかった）を建てていただき、年来の宿願を達成しとうございます」と申し上げた。しかし天皇は「これは何ということか。こんな褒美を申し出るとは思いもよらなかった。一度に僧正になりたいというようなことならともかく、これを許したら山門の衆徒が反対を訴え出て、山門・寺門両門徒の間に争いが起こり、仏法が滅びてしまうしるしになるようなことをどうして行なうことができよう」と仰せになって、頼豪の願いは聞きいれられなかった。頼豪は「これを思えばこそ御祈禱をいたしました。わたくしの願いがかなわないのであれば今はもう恨みの思いがつのって死ぬばかりでございます。死にましたならば、わたくしの祈禱で生み出し申し上げた皇子は命をとって差し上げましょう」といって三井寺に帰り、持仏堂にとじこもってしまった。天皇はこれをお聞きになって、「(大江）匡房は頼豪の檀家として深い関係があるという。匡房になだめさせよう」と仰せられ、匡房をよび出して使に立てられた。匡房は急いで三井寺の房舎に赴いて、「匡房が天皇のお使としてまいりました」といって持仏堂の縁に腰かけていると、持仏堂の明り障子は護摩《ごま》（密教の修法。ヌルデの木などを燃やして祈願をこらすもの）の煙にくすべられて、何となく身の毛のよだつような気がした。しばらくして荒々しく明り障子をあけて出てきたのを見れば、目は落ちくぼんで顔の正体も見分けられないほどであった。白髪を長くのびるままにした頼豪は、「何としてまだ仰せになることがあるだろうか。こちらからいうべきことはすべて申し上げた。どうしてこんなになさけないことになったのだろうか」といって引きこもってしまったので、匡房も力およばず、帰参してこの旨を申し上げたのであった。そうするうちについに頼豪は死に、それからまもなく三歳になっておられた皇子もお亡くなりになったのである（実際は、皇子は四歳で亡くなり、頼豪はその後七年たって没した）。白河天皇はこうなったうえはと、天台座主良真《りようしん》——西京座主といわれていた——をお呼びになり、「こうこういうことになってしまった。どうしたらよかろうか。またたしかに皇子を祈禱によって生み出してくれるように」と命ぜられたところ、良真は「おひきうけいたします。わが比叡山の仏法と比叡山の守り神である山王権現《さんのうごんげん》の御力が、どうしてこの御願いをたすけずにおかれるでしょうか」と申し上げ、皇子の御誕生となったのであった。この皇子は位におつきになって堀河天皇となられ、その御子にまた鳥羽天皇がお生まれになって、皇位の継承をなさる皇子は絶えることなくおいでになるのである。このことは少しも修飾しない事実であるから、比叡山の法師がかならず王法をお守りしようと思うその心は実に深いものなのであろう。

俊明の気転

鳥羽天皇が位におつきになった時、鳥羽天皇の御母は実季《さねすえ》の娘であったから、その兄の東宮大夫公実《きみざね》は天皇の母方の伯父として摂政になりたいと思った。そこで「わたくしの家は現に九条右丞相《うじょうしょう》（師輔）の家系でございます。そしてわたくし自身は大納言をつとめております。いまだかつて天皇の外祖父でも母方の伯父でもない人が、天皇の御即位に際して摂政となったことはありません。摂政が置かれなかった何度かの場合は、大臣や大納言に該当する人がいなかったのです」と、白河法皇に陳情したのであった。白河法皇は御自身も公成《きみなり》の娘（茂子）を母となさっていたのであるから、いとこにあたる公実をひいきになさる御心が深かったのであろうか、思い迷われ、なおよく考えようとお思いになったのであろう。御前へ人が来る通路の戸を三重にかけておやすみになった。そのつぎの日はいよいよ事が決められる日であった。それなのに、まだ会議などが召集される様子もない。その時の御後見役で、くらべる者もないように立派な院別当《いんのべっとう》（上皇御所の長官）であった（源）俊明《としあき》大納言は、これはどうしたことかと驚いて、衣冠束帯をつけて正装に身をかため、御前に参上しようとした。ところが御前へ行く通路はみなとざされているので、いったいどうしたのだと戸を荒々しく引こうとなさるのを聞いて、戸締りをした人が出てきて「法皇の御命令で」というと、「世の中の重大なことを申し上げようとして俊明が参上しているのに、それでもなお戸をかけよという仰せのあるはずはない。開けよ、開けよ」といったので、全部開けてしまった。俊明はお側近くに行ってわざと咳ばらいをすると「誰か」とお尋ねになるので、「俊明でございます」と名のったところ、「何ごとか」と仰せられたから、「鳥羽天皇御即位のことなどにつきましていかがいたしましょうか。日も高くなっておりますので御指図をうけたまわりたく参上いたしました。いかがなさいますか」と申し上げた。法皇は「そのことである。摂政はそれならばどうすべきであろうか」と仰せになってから「あれこれとためらうことなく、関白の忠実がこれまでのようにつとめるべきである」といわれた。俊明は異議もなく声も高々と「はっ」とうけたまわり、時を移さず束帯の衣《きぬ》ずれの音もさやさやと座を立ったので、法皇はもうそのうえにとやかく仰せになることはできなかったのである。俊明はそのまま殿下《でんか》（殿下は摂政・関白・将軍の敬称。ここは忠実のこと）のところへ参上して「これまでの例のとおりに早くとり行なうようにという御指示がありました」といって、てきぱきと事を進めていった。これまでどおり忠実にというのが当然であるが、「公実の言い分は」などと仰せになろうと思っておいでになるので、予想に反してこれは何としたことか、とんでもないことだと気付いて、「どうして公実を摂政にすることがありえようか」と思われたのであろう。公季《きみすえ》は九条右丞相の子ではあるが、摂政関白になどとは思いもよらない人物であったし、その子孫は実成・公成・実季と五代目まで摂政関白になるような人は絶えてあらわれず、まったく平凡なただの公卿として振舞って公実まで代を重ねてきたのであるから、摂政というのはそんな家の人がなれるような官職であろうか、とんでもないことである。そんなことは昔も今もあるべきことではないと、親疎・遠近・老少中年・貴賤・上下のあらゆる人々が思っているのに、白河法皇がわずかでも思いわずらっておいでになるのはあきれたことだと俊明大納言は思われたのであろう。そうはいっても、また公実の人柄が和漢の学才に富んでいて、北野天神（菅原道真）の御あとをつぐようであったり、また知足院殿《ちそくいんどの》（忠実）とくらべて、人柄や大和魂（漢才《からざえ》に対して、現実に対処する知恵・才能・胆力などをいう）がすぐれていたり、さらに識者から実資《さねすけ》（賢人右府といわれた）などのように思われるような人であったりしたならば、摂政になることもあったかもしれない。ところが、由緒正しい摂籙の子や孫であっても、ただ天皇の母方の伯父になったというだけでは、執政の臣に一度もならない人は多いのである。どうして公実も摂政になろうなどと思いこんだのであ

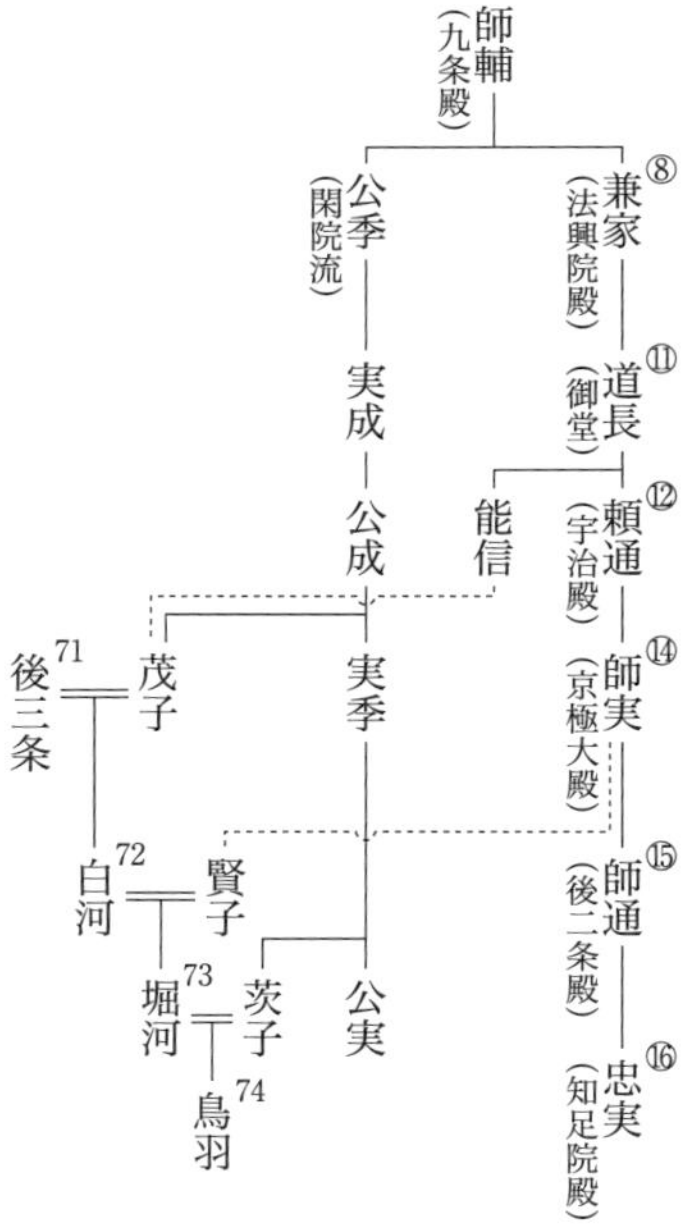

ろうか。また白河法皇も思いわずらったりなさるほどのことであろうか。したがって、この物語は内緒事であって、世間にひろまり人々が噂するにまかせておくようなことではないようである。けれども公実がせめてひとかどのことをと考え、家を興そうと思ったのも、当人の身になってみれば実際に大臣や大納言という高い身分になっていて、天皇の外祖父や母方の伯父であり、しかも摂関の子孫にあたっていながら執政の臣に任ぜられなかったことは一度もないのであるから、あれほどにも思いこんだのであろうか。ひろく口に出して噂することではないが、このようにいい伝えているのである。

天皇・貴族に奉仕する武士

さて白河天皇は堀河天皇に御譲位なさり、京極大殿（師実《もろざね》）もまた後二条殿（師通《もろみち》）に関白をお譲りになった。そうする間に堀河天皇も御成人なさったが、この後二条殿はことのほか理詰めの四角張った人で、世の政治をおとりになる時には、太上天皇（白河）にも大殿（師実）にもあまり相談なさらずに御処置をとられることもあったようだといわれているらしい。白河上皇の御娘に郁芳門院《ゆうほうもんいん》（媞子《ていし》）という女院がおいでになったが、上皇はその女院をこの上なく可愛がっておられた。ところが、三井寺の頼豪の怨霊が今度は女院にとりついて、御物怪《もののけ》が起こったので、三井寺の増誉《ぞうよ》・隆明《りゅうめい》などが祈禱を行なったが効験がなかった。そこで比叡山の良真をお呼びになると、良真は根本中堂《こんぽんちゅうどう》（延暦寺の本堂）の久住者《くじゅうしゃ》（十二年の籠山修行を終わった僧で根本中堂にいた）二十人を率いて参上し、効験もあらたかに御物怪をとりしずめたので、上皇はたいへんお喜びになった。ところがその後、御容態が急変して、女院は亡くなってしまわれたのである。驚き悲しまれる上皇は、まもなく御出家なさった。その後、堀河天皇がお亡くなりになった時にはふたたび皇位につこうという御意志もあったようであるが、すでに御出家の身であったから、鳥羽天皇を位におつけして、内裏の中の近衛の詰所に太上天皇の御座所をおとりになり、そこで世をお治めになったのである。また、（源）光信・（源）為義《ためよし》・（源）保清という三人の検非違使《けびいし》に朝夕の内裏の宿直《とのい》をつとめさせられたという。そのことについては、たいへん興味深い物語などもあるが、大切なことではないので省略する。

白河天皇は御在位の時、三宮輔仁《すけひと》親王（後三条天皇の第三皇子。白河天皇の異母弟）をおそれておいでになったなどといい伝えている。行幸なさる折には、（源）義家《よしいえ》・（源）義綱《よしつな》などをひそかにお呼びになり、御輿《みこし》のあたり、うしろなどに侍して警固に当たるように命ぜられた。義家は端然と鎧をきてお仕えしていたなどと伝えているようである。

六勝寺の建立

さて堀河天皇の御代に、比叡山の大衆が強訴を起こし、日吉《ひえ》神社（滋賀県大津市の比叡山の東麓にあり、比叡山の守護神として尊崇された。俗称山王権現《さんのうごんげん》）の神輿をかついで山を下ってきた。後二条殿はそれをかさねがさね不都合なことだと思われ、指示を下して矢を射させたので、そのために神輿に矢が立ったりしたのである。またその時に、友実という禰宜《ねぎ》(神主《かんぬし》につぐ神官の位)が傷を負うなどのことがあったので、その祟りのために後二条殿は早死にをなさったのである。仁源は理智房座主《りちぼうのざす》といわれ、後二条殿の兄弟であった。大峯《おおみね》(奈良県吉野郡にある山で修験者の根本霊場)などを踏破して非常に験力ある人であったから、後二条殿の御病気が重くなった時に祈禱をなさったところ、神がかりした巫女《みこ》が「さあ、さあ、矢傷を見せてやろう」と口走り、そのふところから黒ずんだ血をぽたぽたと流した。この霊威のあらたかなために理智房の座主もおそれをなして祈禱をやめてしまったので、とうとう後二条殿は亡くなってしまわれたと申し伝えている。そこで、京極大殿がふたたび関白に復帰されるべきところであったが、当時大納言であった後二条殿の子の知足院殿に内覧の宣旨を下されて、藤原氏の氏長者とされた。堀河天皇の時代は関白も置かれずに過ぎていき、末年の長治二年(一一〇五)になって関白の詔が下ったのである。

さて白河院政の末のこと、鳥羽天皇は在位十六年ののちに崇徳天皇に御譲位なさったが、白河法皇は曾孫を位につけて政務をごらんになるまで長寿を保たれ、大治四年(一一二九)に御年七十七でおかくれになった。白河天皇が法勝寺《ほっしょうじ》をお建てになり、その寺を国王の氏寺として大切に扱われてから、代々の天皇はみなこうした御願寺を建立なさったので、合わせて六勝寺というのである。それは白河天皇の法勝寺の御堂・大伽藍にはじまって、堀河天皇は尊勝寺、鳥羽天皇は最勝寺、崇徳天皇は成勝寺《じょうしょうじ》、近衛天皇は延勝寺とつづいて、そののちの天皇には御建立のことはない。それに、崇徳天皇の母后である待賢門院（璋子《しょうし》）の円勝寺を加えて六勝寺というのである。

武者の世

さて、大治から久寿までの間はまた鳥羽法皇が白河法皇のあとをついで世をお治めになったが、保元元年（一一五六）七月二日、鳥羽法皇がお亡くなりになってのち、日本国はじまって以来の反乱ともいうべき事件が起こって、それ以後は武者《むさ》(22)の世になってしまったのである。今書いているこの書物はこのことが起こるに至った経過とその理由を明らかにすることを第一の眼目としている。都城の外での反乱や合戦はこれまでに多かった。日本国の反乱といえば、まず大友皇子・安康天皇などの時代のことがあるが、それは日記も何も記録がなく、取沙汰する人もいない。大体は大宝（文武天皇の時の年号）以後のこと、またこの平安京に都が移って以後のことを取沙汰するのであるが、朱雀天皇の天慶年間の（平）将門《まさかど》の合戦も、（源）頼義《よりよし》が（安倍《あべ》）貞任《さだとう》を攻めた十二年の戦い（いわゆる前九年の役のこと。古くは十二年合戦といっていた）などというのも、また隆家《たかいえ》の帥《そつ》（大宰権帥）が刀伊《とい》国を討ち従えたことも、それらはすべて関東や九州で起こったことであり、まさしく王臣入り乱れて都の内で戦うなどという乱は鳥羽法皇の御代まではないことであった。大変おそれ多く、また感慨深いことである。この乱の事の起りはまず、後三条天皇が宇治殿を気心の知れない人だとお思いになったことに根ざしているのである。けれども、そうだからといって天皇と臣下がともに離反していたというわけではなく、天皇も臣下も立派に協力して政治を行なおうと考えてはおいでになった。ところで白河法皇は、鳥羽天皇が位におつきになってまもなく立后のことを行なわれねばならない時に、知足院殿に娘（泰子《たいし》）を差し上げるようにと仰せになったのを、知足院殿は固く辞退して差し上げなかったのである。世の人々はこれを納得の行かないことだと思った。このことを推察するに、鳥羽天皇はまだ御幼少の時、御振舞に危険なことがあって、滝口（蔵人所に所属して宮中の警衛に当たる武士）の顔に小弓の矢を射立てたりなさったと思われておいでになったので、それを恐れて辞退なさったのであろうと人々は語りあった。また、白河法皇は公実の娘（璋子）を養女としておられたので、法性寺《ほっしょうじ》殿（忠通）を婿にとろうとお考えになり、すでに御指示が下って婚儀の日取りなどを決めようという段になっていた。ところが、しかるべき理由があって、つぎつぎに障害が出てきてなかなか実現しないままであったから、知足院殿が「娘を差し上げることはできません」といわれた時に、立腹なさってふっとお考えを変えられ、待賢門院を法性寺殿に嫁がせることをやめてすぐに入内させてしまわれたということである。ところが、鳥羽天皇は予想に反して温和になられて特に立派な御性格の天皇に成長なさったのであった。こうして、白河法皇は引きとって養女にしておいでになったあの公実の娘を鳥羽天皇のもとへ入内させ、后にお立てになった。待賢門院というのはこの御方である。この御方がお生みになった皇子はいくらもない。第一が崇徳天皇であるが、つぎの二人は萎宮《なえみや》（この皇子は足が立たなかった）・目《め》宮《みや》（この皇子は目が見えなかった）といって、御成長もなさらずに亡くなってしまった。

こういう中で崇徳天皇が即位なさった。四宮（後白河天皇）・五宮（本仁親王。のち出家して覚性法親王）とみな待賢門院の御腹である。さて、白河天皇の御代に御《み》熊野詣《くまのもうで》（和歌山県田辺市の熊野本宮、新宮市の熊野新宮、東牟《む》婁《ろ》郡那智勝浦町の熊野那智の三社に参詣すること）ということがはじまり、たびたび参詣なさったが、いつのことであったか、法皇が信心をおこして神前においでになると、神殿の簾の下から美しい手をさしのべて二、三回ばかりうち返しうち返しして引っこめたのである。夢などにはこういうことがあろうが、あざやかな現実として

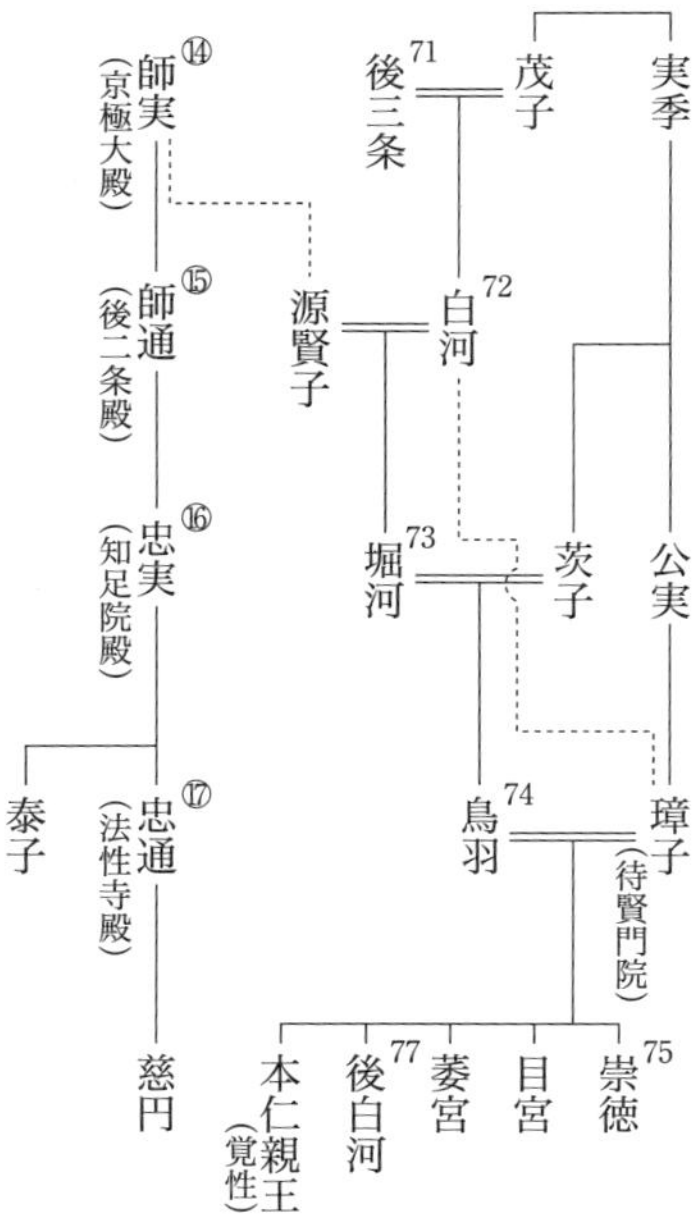

こういうことをごらんになったので、不思議にお思いになり、数多くいた巫女たちにそれとなくお尋ねになったところ、真実らしいことはいっこうにいわなかった。そこにヨカのイタという、熊野の巫女の中では名を知られた者がいた。きけば美作《みまさか》の国（岡山県）の者で七歳であったが、その巫女がはたと神がかりの状態になった。そして「御代の末にはすべてが手のひらを返すようになるであろう。そのことをお見せしたのである」といったが、白河法皇はこういう不思議なことをごらんになった御方であった。そのうえ、保安元年（一一二〇）十月に白河法皇が御熊野詣に行っておられる時、御在位も末近くの鳥羽天皇が御自身の意志によって、当時関白であった知足院殿の娘（泰子）をなおも入内させよと仰せられたところ、知足院殿は喜んで内々に入内の支度をなさるということが起こったのである。ところが、このことを熊野の白河法皇に悪意をもって伝えた人があった。白河法皇はそれをお聞きになるやかっと立腹なさって、「自分がよこせといった時には肩をすぼめてことわっておきながら、留守の間にこんなことをするのか」とお思いになった。そして、白河法皇は都へお帰りになるとただちに当時関白であった知足院殿をばっさりと勘当なさって、十一月十三日に内覧をやめさせ、閉門の処置をおとりになった。

忠通、関白となる

さて摂籙の臣を替えようとお考えになったが、おしなべて任にたえる人がいない。花山院左府家忠《いえただ》は京極殿（師実）の子で、その時大納言の大将であったから、家忠はどうであろうかとお考えになって、顕隆《あきたか》（白河法皇の寵臣で夜の関白といわれた）に相談なさったところ、「稲荷祭（京都市伏見区にある稲荷神社の祭。四月の初めの卯《う》の日に行なわれる）を見物する桟敷で談合したあのことはどうでしょうか」と申し上げたなどといわれている。家忠の子忠宗《ただむね》中納言は、顕季《あきすえ》卿の子である宰相（家保《いえやす》。宰相は参議のこと）の婿であった。こういう縁故のつながりで、稲荷神社の祭の時に顕季・家保などが集まり、桟敷で酒盛りをして心を通わせていたのだなどと人々が非難したことであった。このことはわたくしもたしかには知らないが、そういわれているようである。この摂政関白というものの任命のことは、そういう人たちが少しでも介入すべきことではない。

さて、法性寺殿が内大臣でおられたほかには、この人ならばという人は誰もいなかったので、白河法皇も力及ばず、「親は親、子は子と、下々の諺《ことわざ》にもいうようであるから、執政として事を行なえ」と仰せられた。法性寺殿は「この職を継ぐだけでございましたらお願いがあります。この忠通《ただみち》に免ぜられまして一日だけでも父の勘当を許され、門を開かせていただきとうございます。代々の例によれば、この職は父から譲り受けて、受けとりましたその夜にただちに御礼のために参内するのがふつうでございますから、それをたがえずにいたしたいのでございます。ただ職についておりますだけで父の勘当を許していただくようお願いすることもできないような不孝の身になりましたならば、神仏の御とがめもありはせぬかと存じます」と申し上げられたところ、法皇もこの申し分はかえすがえすもっともであると感動なさり、法性寺殿の願いのとおり少しもたがえずに行なわれ、法性寺殿は関白をお受けとりになった。

法性寺殿は、白河法皇が近衛の詰所といういわば他人の室の中に御座所をおいておられたので、かならず参内の時にはまず法皇のところへ参上なさった。(23) 法皇は法性寺殿に世間のことや先例について相談なさったが、一度も滞ることなく鏡に向かうように明確に事をとり行なわれるので、これほどの人はまたとないと思っておいでになった。そうするうちに、鳥羽天皇は崇徳天皇が五歳におなりになった年に位をお譲りになった。それは保安四年（一一二三）正月のことで、白河法皇は曾孫を位につけて、政務をごらんになることになったのである。大治四年（一一二九）正月九日、摂政（忠通）の娘（聖子《せいし》）が入内し、同月十六日に女御となった。これが皇嘉門院《こうかもんいん》である。そして、その年の七月七日に白河法皇が崩御された。御年七十七までの長寿を保たれたのである。さらに、天承元年（一一三一）二月九日（その前年、大治五年二月二十一日の誤り）、皇嘉門院は后にお立ちになった。

忠実出仕の日のこと

さて、鳥羽上皇の院政の御代となり、知足院殿は特に忠勤を励んで上皇にとりいろうとなさったので、鳥羽上皇のかねての御希望をかなえて差し上げようとお考えになり、位を退かれたあとになって娘の賀陽院《かやのいん》（高陽院《かやのいん》のあて字。泰子《たいし》）を上皇のもとにおあげになった。賀陽院は長承二年（一一三三）六月二十九日、上皇の宮にお入りになり、同三年三月十九日に立后のことが行なわれた。白河法皇がお亡くなりになってから五年後のことである。しかし、この賀陽院も皇子をお生みになることができなかった。他方、待賢門院は久安元年（一一四五）八月二十六日（二十二日の誤り）にお亡くなりになった。天永三年（一一一二）三月十六日に行なわれた白河法皇御年六十の祝賀の有様はごらんになったことであろう。そのころはまだ幼くておいでになったのであるが、仁平二年（一一五二）三月七日に行なわれた鳥羽法皇の御年五十の祝賀はごらんにならずにお亡くなりになったのであった。この女院のあと、その余勢で閑院流の人々は家をおこしたのである。この女院は永久五年（一一一七）十二月十三日に入内なさり、同月十七日に女御となられ、同六年正月二十六日に后にお立ちになったのであった。

こうするうちに、知足院殿がいわれるには、「鳥羽上皇のせいで思いがけなく閉門していたけれども、摂籙は息子に譲りわたしたのだからうれしく思っている。いま一度出仕し、元日の拝礼に参上しよう。そしてその時はわが子の関白（忠通）の上座につこう」というわけで、天承二年（一一三二）正月三日にただ一度だけ出仕なさったのである。その日は二男の宇治左府頼長《よりなが》が中将でありながら父の下襲《したがさね》（束帯の時、袍《ほう》・半臂《はんぴ》の下に着る服）の長く引いた裾をとって従ったなどと人々の語りぐさになっている。この日参上した人々は、摂政太政

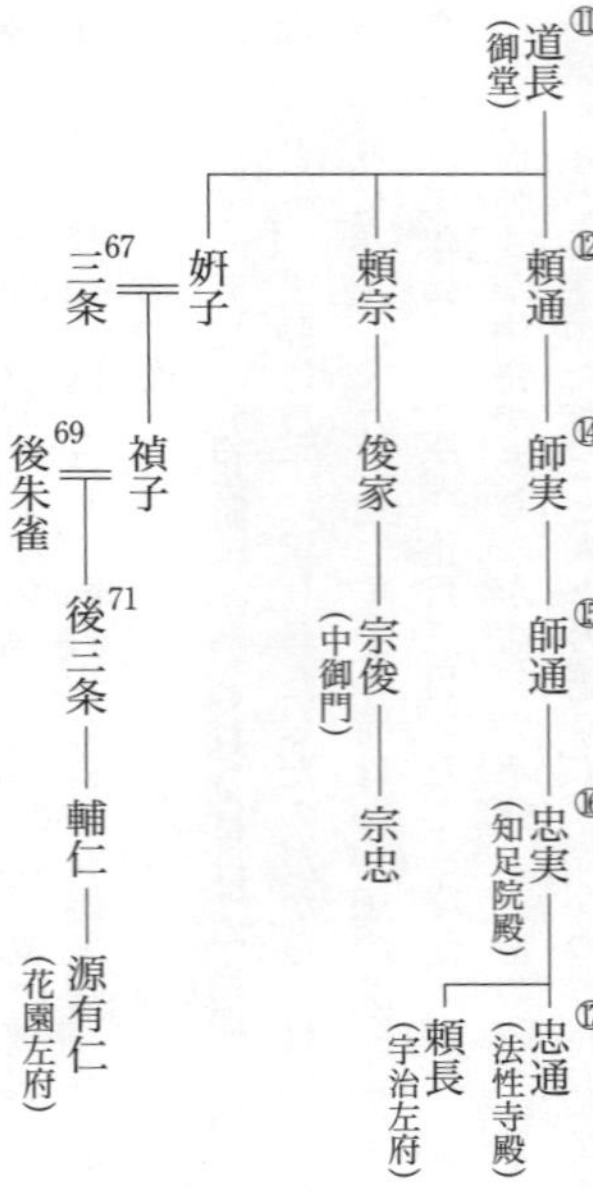

大臣忠通、つぎに右大臣であった花園左府有仁《ありひと》——これは三宮《さんのみや》（輔仁親王。後三条天皇の第三子）の御子である——、つぎに内大臣宗忠《むねただ》——これは知足院殿の一族の人である——、そのつぎもまたそのつぎの公卿もすべて知足院殿に対しては家格を重んじて礼をとられたが、花園《はなぞの》大臣一人だけは微笑して会釈しただけで立っておいでになった。その御振舞は大したものであったという。この知足院殿は何につけても執着心の深い人であったのだろうか。この拝礼に参内して、年をとっているうえに病気であるという理由で、まだ公卿たちが拝礼のためにならぶ列も整わないさきに「脚気のために長い間立っているのは我慢ができません」といい、「ともかく何とか拝礼をしましょう」と、自分だけさっさと拝礼をされた。ところが立ち上がるのがむつかしい御様子なので、摂政太政大臣がよりそっておたすけし、諸卿の拝賀がはじまる前に退出された。人々は知足院殿が内大臣以下摂関家出入りの公卿たちがたくさんいることを人に見せつけようとしてこんなことをなさったのであろう

と噂した。拝礼というものは当時としては大変なことなので、威儀をつくろって仰せになったのである。こんな御性格であるから、その怨霊も恐ろしいことである。

悪左府頼長

さて、こんなことがあった中に、この頼長という人は、日本一の大学者で和漢の才に富み、怒りっぽく万事につけて極端な人であったが、父の知足院殿にはもっとも可愛がられていたのである。その頼長が「一日だけでも摂政・内覧の任を経たい。そうなりたい」とあまりにいうので、知足院殿は、一日だけでもそうさせてやりたいと思われて、子の法性寺殿に、「そうしてくれないか。頼長のあとはきっとお前の子孫に返すであろうから」と、何度も懇切にたのまれたのである。ところが法性寺殿はいいとも悪いともその返事をなさらないので、知足院殿はとうとう心おだやかならずお思いになり、鳥羽法皇にこのことを申し上げ、「頼長の願いをかなえてくれるかくれないかは二のつぎで、とにかく忠通が何を考えているか返事を聞きとうございます。それで、法皇から仰せいただきまして言い分をお聞きいただきたいのです」と訴えられたのであった。鳥羽法皇がそのことをお伝えになると、法性寺殿の御返事は、自分の考えていることはつぎのとおりでありますといって、「政治的な手腕や頼長の性格はかくかくしかじかでございます。あの頼長が天皇の御後見役になりましたならば、天下の平安は失われるでありましょう。こういうことを申しましたならば父はますます腹を立てるでしょうから、不孝の振舞となることと存じます。しかし、父がそう申しましたからといってすぐに承諾しましたならば、天皇のために不忠となりましょう。天を仰いで嘆息するばかりでございます」などというものであった。鳥羽法皇がこの返事を知足院殿にお知らせになると「こんなことを返事しおった。何でこのわしがいうことには返事すらよこさないのか」といってますます憎悪の念を深め、藤原氏の氏長者の授受は天皇の関知なさることではないというわけで、久安六年（一一五〇）九月二十五日、法性寺殿から氏長者をとり返して、東三条（東三条邸は藤原氏の氏長者が代々伝えた公邸で、氏長者の印もここに保管されていた）に入り、左府（頼長）に朱器台盤（一五七ページ参照）をお渡しになったのであった。そして鳥羽法皇の御機嫌をとり、あれこれとなだめすかしている間に、知足院殿はひそかに公事を行なう上位の公卿などを集め、内覧はこれまでにも二人並んだ例もあるからといって、久安七年正月、頼長を内覧だけに任命する宣旨が下された。驚きあきれるばかりだと天下ことごとくただならぬことに思ったのである。

さて、高貴の方々の御仲がよくないことについていえば、崇徳天皇が位についておいでになった時、鳥羽上皇は長実中納言の娘（美福門院得子《びふくもんいんとくし》）をこよなく寵愛なさり、はじめは従三位の位を与えておいでになったが、やがてその御方がお生みになった皇子を崇徳天皇の東宮にお立てになった。崇徳天皇の后には法性寺殿の娘（聖子）が入内しておいでになった。皇嘉門院がそれである。そこで鳥羽上皇は、美福門院がお生みになった皇子を皇嘉門院の御子ということにして、そうすれば法性寺殿は東宮の外祖父ということになるから、よくよく東宮のお世話をするようにと仰せになった。法性寺殿は特にそのことを念頭において、本当の外祖父の地位ほしさにお世話なさっていたから、崇徳天皇に「こういうようにきまっておりますから、御譲位なさいませ」と申し上げると、天皇は「そうするのがよかろう」と仰せになり、永治元年（一一四一）十二月に位をお譲りになった。近衛天皇はすでに保延五年（一一三九）八月に東宮となっておられた。その御譲位の宣命に、崇徳天皇は近衛天皇のことを皇太子と書いてあるものと思っておいでになったのに、皇太弟と書いてあったので、これはどうしたことか、これでは近衛天皇の父として院政を行なうことができないではないかと、鳥羽上皇に対して恨みを抱かれたのであった。

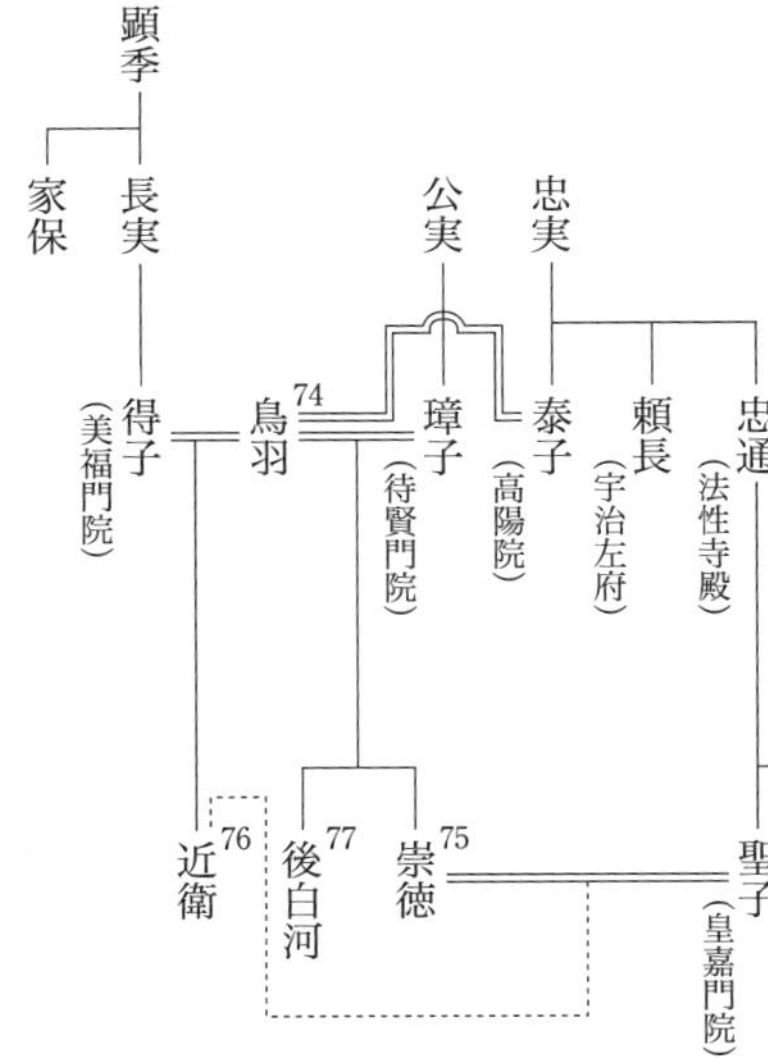

こうして近衛天皇が位におつきになったが、しだいに成長なさり、頼長公が内覧の臣として諸事を行ない、左大臣で第一の大臣であったから、節会《せちえ》（節日その他公事のある日に天皇が出御して臣下に酒食を賜わる宴会）の内弁《ないべん》（節会のとき承明門の内で諸事の用意をつかさどる公卿）を立派につとめて、御堂（道長）の昔もこのましくしのばれるようであった。しかし、近衛天皇は節会のたびごとに御帳にお出ましになることもなく、引きこもっておやすみになってばかりおられ、一途に御病気になってしまわれたのである。鳥羽法皇から何と仰せになってもお聞きにならず、また関白（忠通）が「そんなに引きこもってばかりおられるようでは、わたくしのとがになってしまいます」と、かさねがさね申し上げてもお聞きいれにならなかった程のことで、鳥羽法皇は「やはりこれは関白のさしがねである」とお思いになり、御機嫌がわるかった。しかしながら、法性寺殿はそんなことは少しも気にとめる御様子もなく、備前国のこと（備前国鹿田荘のことで、古来殿下渡《でんかのわたり》領《りよう》といわれる藤原氏の根本所領の一つである。備前国は岡山県）ばかり処理しておいでになった。それでも関白・内覧をやめさせる人もいなかったので、出仕をつづけておられたのである。その後、内裏で法性寺殿は折悪しく二度も知足院殿や宇治左府と行きあわれた。左府にとって法性寺殿は、昔は親に仕えるように礼をつくして育ててもらった兄であるから、やはり会釈をなさった。昔は法性寺殿の養子になっておられたので、そういうことを思い出されたのである。左府の気持はよくわかると人々も評した。父の知足院殿はその時、「なぜ会釈などするのか」といわれたが、左府が「礼はとりかえさず（礼というものはこちらからつくしても、相手に強要するものではない）と『礼記』に出ております（この出典は不明）。仲が悪いからといってどうして会釈しないでいられましょうか」と答えたので、当時の人々の間で評判が高かったという。

こうして時が過ぎていくうちに、この左府に世の人々は悪左府という名をつけたのであるが、その名の証拠は明け暮れのできごとで明らかにされるのであった。鳥羽法皇が法勝寺にお出ましになった時、左府は実衡《さねひら》中納言の車を破り、また、鳥羽法皇の第一の寵臣であった家成《いえなり》中納言の邸に左府の従者が乱入するなどのことがあったので、法皇は御心のうちで左府をうとましく思っておいでになった。そして「いつか兄の忠通が頼長を評していたが、実にうまくいい当てたものだ」とお思いになりながらそのままに時を送っておいでになったのである。人々の語るところによれば、高松中納言実衡の車を破ったことについて父の知足院殿は左府に「何でそんなことをするのか」といわれた。そしてそのついでに「お前がいくら猛々しい者だとしても、院の寵臣家成などに対しては、そんなことはようすることができないであろうが」と腹立ちまぎれにいわれたのである。左府はそのことばを小耳にはさんで、「親からこんなに思われていては、心がおさまらない」といって、無二のお気に入りであった身辺警備の武官の（秦《はた》）公春《きみはる》と心を合わせて事を構え、家成の邸の門前を下人たちを先に立てて通られたところ、家成の邸の者が下人が高足駄を履いているのは無礼であるといって邸内に追い入れたという理由で、左府の従者が乱入をしたのだということである。この左府は猛々しく気負っていながら、このように自分の立場をなくすほどの悪事をしてしまう人でもあった。さて、久寿二年（一一五五）七月、近衛天皇が御年十七でお亡くなりになったが、それはひたすらこの左府の呪詛のためであると世間では噂したし、鳥羽法皇もそう思っておいでになったのである。何か呪詛の証拠などでもあったのであろうか。左府は天皇がお亡くなりになったのであるから「今度は自分が摂政関白になることになろう」と思われたので、先例に従って大臣・内覧の辞表を出したところ常の例に反して辞表は戻されず、翌年の正月になって左大臣だけはこれまでどおりにということが決められたのであった。

鳥羽法皇の失政

鳥羽法皇は、近衛天皇のあとは誰を位につけるべきであるかと思いわずらっておいでになった。四宮《しのみや》として、待賢門院（璋子）の御腹にお生まれになった後白河天皇がおいでになり、新院（崇徳）といっしょに住んでおられたが、ひどく評判になるほど遊芸などにふけっておられるので、即位させるような器量ではないとお考えになったのである。そこで、近衛天皇の姉にあたる八条院内親王（暲子《しょうし》）を女帝に立てるか、新院の一宮《いちのみや》（重仁《しげひと》）にするか、それともこの四宮の御子二条天皇が幼少でいるのはどうであろうかなどとさまざまに思い悩まれ、そのことを知足院殿・左府には何もいわれず、すべて法性寺殿に御相談なさったのであった。しかし、法性寺殿の御返事はいつも「何といたしましても、天皇の御事は人臣がとりきめることではありません。ただ法皇のお考えによるべきでございましょう」というばかりであった。そして第四回目に、「とにかく決めてもらいたい。この御返事を伊勢太神宮の仰せとも考えようと思っている」と強制するように仰せになったので、法性寺殿は「こう仰せになったうえは仕方がありません。四宮が親王として二十九歳になっておられます。この御方がおいでになる以上は、まずこの四宮を位におつけになり、そのうえでまたお考えになりましたらよろしいかと存じます」と申されたところ、「そのとおりで文句はない。そうとりはからってもらいたい」と仰せになったのである。そこで、お亡くなりになった近衛天皇のことを悲しみながら、先例に従って新院の御所においでになった雅仁《まさひと》親王（後白河）をお迎えして、東三条《とうさんじょう》南の町にあった高松殿で御譲位の儀がめでたく行なわれたのであった。

こういうわけで、世を治める鳥羽法皇は新院の一宮を立てずに後白河天皇をお立てになり、摂籙の臣の親である前関白殿（忠実）は、法性寺殿を押えて左府を可愛がるというように、ともに御子のうちで兄の方を憎み、弟をひいきするということをなさって、世の中のこんなもっとも大切なことを処理していかれたのである。それも末の世にはこうなるべき時の運が定められていたから、鳥羽法皇と知足院殿がともに心を合わせて世をお治めになったことが少しの間はあったのであるが、結局はこの保元《ほげん》の乱という巨大な害悪がこの世を現在のようにしてしまったのである。しかしながら、鳥羽法皇の御在世の間には、目の前に内乱・

合戦を見ることはなくてすんだのである。

鳥羽法皇の崩御

こうして鳥羽法皇は久寿三年四月二十四日（二十七日の誤り。九〇ページも誤っている）に改元をなさり保元となったのである。この年七月二日、鳥羽法皇がお亡くなりになった。御病気の間、「この法皇がおいでにならなくなるとどんなことが起こるだろうか」と貴賤老少を問わず人々がささやきあった。そのころ大納言か何かで宗能《むねよし》内大臣という人があった。特に法皇に親しく仕える側近の者というわけでもなかったが、思いあまって書状を書き、「法皇は御自分が御眼を閉じておしまいになったあと、世の中はどうなっていくと思っておられるのでしょうか。今まさにこの世は乱れ亡びようとしております。よくよくのちのことを御指図なさっておかれるべきであろうと存じます」というようなことなどを申し上げたとかいわれている。また、そういうことがなくても法皇も同様のことをお考えになったのであろうか。そこで、院の北面においては、武士の（源）為義《ためよし》・（平）清盛《きよもり》ら十人とかに誓いの文を書かせ、美福門院のもとに差し出すように命ぜられた。後白河天皇が位におつきになったころ、少納言入道信西《しんぜい》という抜群の学者がいたが、後白河天皇の御乳母として年来お仕えしていた紀二位《きのにい》（従二位朝子。父は紀伊守兼永《かねなが》）はその妻であった。世間ではこの信西をたのもしい人物だと思っていたのに、鳥羽法皇は美福門院をひたすら母后としてお立てになり、摂籙の法性寺殿をはじめとして大臣諸卿は心をあわせて世を治めるようにと仰せおかれたのであった。

さて鳥羽法皇は、鳥羽離宮に安楽寿院という御堂を建ててそこを御臨終の場所ときめておいでになったが、保元元年（一一五六）七月二日、かねて御用意なさっておられたように安楽寿院でお亡くなりになった。いまわの際《きわ》に新院（崇徳）が参上なさったけれども、中に御案内する人すらなかったので、立腹されて鳥羽離宮の南殿の人影もないところに乗ってこられた車をとめておいでになった。ちょうどそのころ法皇はいよいよ御閉眼の時であったから、馬や牛車《ぎつしや》の行き来で混雑していたが、（平）親範《ちかのり》——（平）範家《のりいえ》の子でそのとき十七、八歳ばかりであったが、勘解由次官《かげゆのすけ》として法皇にお仕えしていた——が勝光明院《しようこうみよういん》（鳥羽離宮の一部）の前あたりを通っていると、新院の従者が出合いがしらに打ちかかり、親範は目をつぶされてしまったと大声にののしるのが聞こえてきた。その時、法皇はもう御臨終も間近に迫っておいでになったが、その御側近くに法皇の最後の寵姫であった土佐殿《とさどの》という女房——光安《みつやす》（源光保《みつやす》のこと）の娘であった——が参上して、「新院が親範の目を打ってつぶしておしまいになったと者どもがいいあっております」と申し上げるのをお聞きになるや、御目をきらりと見上げられたのが本当の最期となって、そのまま息を引きとられたと、ある人が語るのを聞いたことがある。親範はその後、民部卿入道といわれて生きながらえ、現在は八十を越える年齢になっているが、「こういうように人が語っているようですが、どうだったのでしょうか」とたずねてみたところ、「目がつぶれたのではありません。御承知のとおり、そこへ行き合わせておりました。上皇のお出ましになる気配があれば、車は脇によせたのですが、取次の者の投げたつぶてがわたくしの乗っていた牛車ののぞき窓にあたり、ばたんと音がして、『新院のお出ましであるぞ』といいますので、わたくしはすぐに『車をとめよ』と大声に命じて、車からとび降りました時に、どうしたことでしょうか、車のすだれの竹が抜けていましたのが目の下の皮の薄いところに当たりまして縫うようにつきささりました。血がとび散り、紋織りの紗《うすぎぬ》の白青色の衣を着ておりましたので、狩衣《かりぎぬ》（公家の常用の官服）の前の方が血に染まりましたのを取次の者どもが見て、つぶてを投げるのをやめたのでした。もしそんなことがなかったら、もっと打ちふせられていたかもしれません。あの血のかかりようは、かえって神仏の加護と思われたことです」と語ったのである。

保元の乱

さて、新院は田中殿《たなかどの》（鳥羽離宮の一部）においでになったが、宇治の左府と連絡があったのであろうか、七月九日ににわかに鳥羽をたって、白河の中御門河原に千体の阿弥陀堂として知られた御所に移られ、桟敷殿《さじきどの》という御殿にお入りになった。それも崇徳院は御自分の御所でもないのに、押しあけて入られたのである。やはり想像していたとおりだと、もう京の方では関白（忠通）・徳大寺左府（実能《さねよし》）などという人々が内裏にぎっしりとつめかけ、さきに誓いの文を書いて差し出していた武士どもが警固にあたっていた。さて、悪左府は宇治におられたが、内裏では宇治からのぼってくるだろうというわけで、（平）信兼《のぶかね》という武士に「櫃河《ひつがわ》（現在の山科川《やましながわ》）のあたりに迎えて討ち取ってこい」という命令が出されたのである。ところがあまりに急のことであったから、出撃が遅くなる間に、悪左府は夜半に宇治から中御門御所の新院のもとに入られたのであった。

ところで、新院は年来近習として仕えていた宰相中将教長《のりなが》を使者として（源）為義を何度もお呼び出しになったので、為義は「すぐにお味方に参上します」と申し上げ、四郎左衛門頼賢《よりかた》・源八為朝《ためとも》という二人の子息をつれて出頭した。ところが為義の嫡子義朝《よしとも》は内裏方にしっかりと加わっていたのである。年来この父子は仲が悪く、それにはまた語れば長いわけがある。

さて十一日のこと、会議が行なわれて当面の状勢にいかに対処するかの意見がたたかわされたが、為義が新院に申し上げたのはつぎのようなことであった。

「こちらは何とも無勢であります。郎従はみんな義朝について内裏方に行ってしまいました。わずかに愚息二人というこの有様で何ができましょう。この御所で敵を待っておりましたならば、とてもかないません。ともかく、急いで宇治においでになり、宇治橋を引き落とされたならばしばらくはささえられましょう。そうでなければ、近江国（滋賀県）に下向なさり、甲賀《こうが》山を背にして守られる時は坂東《ばんどう》武士が参上いたしましょう。もし、坂東武士が参りますのがおくれましたならば、関東へお出ましになり、足柄山《あしがら》を固めて防げば、だんだんと京都の方では堪えられなくなることと存じます。東国は（源）頼義《よりよし》・義家《よしいえ》の時以来のつながりで、為義に従わない者はおりません。京都の方では誰もみな事態の推移をうかがっていることでありましょう。できることならば内裏に参りまして一合戦をいたし、成るにまかせとうございます」

こう為義が申し述べたのを新院の御前で悪左府が、

「そう事をせかれるな。現に今、何ごとが起こっているというのか。たしかに今わが味方は無勢のようではある。しかし、大和国（奈良県）に檜垣《ひがきの》冠者という者がおり、新院も『吉野の軍勢を集めて、急ぎただちに参上せよ』との命を下しておられる。やがて参るであろう。しばらく待て」

と制されたので、為義は「これはもってのほかのおことば」といって庭に控えていた。為義のほかには、（平）正弘《まさひろ》・（平）家弘《いえひろ》・（平）忠正《ただまさ》・（源）頼憲《よりのり》などが伺候していた。いずれも小勢の者どもであったのである。

ところで、内裏では義朝がつぎのように申し述べていた。

「いったいどうして、このようにいつまでともなくじっと守っているのでしょうか。作戦はお立てになっているのですか。戦いというものはこんなものではありません。とにかくまず押し寄せて敵を蹴散らしたうえで事が始まるものでございます。為義は頼賢・為朝を引きつれてすでに行動を起こしております。わたくしにとっては親でございますが、このわたくしがこうして味方に参上しておりますからは、攻めていきましたならば彼らは退却するでありましょう。ただもう討って出るのみでございます」

義朝がいらいらして頭を掻きながらこう主張するのに、十日のうちには評定は結論に達しなかった。通憲《みちのり》法師（信西）が庭にいて「さあ、どうした、どうした」というのに、法性寺殿（忠通）は御前にきちんとすわって、目をぱちぱちさせて天皇を見上げるばかりで一言も発しない。そして実能・公能《きみよし》以下の公卿もそれを見守るばかりであった。十一日の明け方になって、ようやく法性寺殿が「それでは、すみやかに敵を追い散らすように」といわれた。それを聞くや、下野守《しもつけのかみ》義朝はよろこんで紅もあざやかな日の丸の扇をはたはたと使いながら、「この義朝、戦いにあうことが何度にもなりますが、いつも朝廷の御威をおそれ、いかなる罪科に処せられるかということがまず胸にわだかまり心の重荷となっておりました。ところが今日は追討の宣旨をいただいて今敵に向かおうとしております。この晴れやかな心はたとえようもありません」といい、安芸守《あきのかみ》（平）清盛と二手に分かれて三条内裏《よりまさ》（高松殿の誤り）から中御門へと攻め寄せていったのであった。そのほかには、源頼政・（源）重成《しげなり》・（源）光康《みつやす》（光保・光安）なども加わっていた。

こうなればもう一刻の猶予も許されようか。ほのぼのと明けゆく中を押し寄せたところ、頼賢・為朝は少ない手勢で防ぎ戦い、義朝の第一の郎等鎌田次郎正清《まさきよ》が馬を駆けさせて攻め入っては押し返されること何度にもおよんだ。しかし、味方の軍勢は数えきれないほどであるから、敵陣をとり巻いて火を放ったのである。こうして、新院（崇徳）は直衣《のうし》（公卿らの平常用の上着）をおつけになった平服姿のまま、御馬にお乗せし、その御馬の尻には右馬助（平）信実《のぶざね》という者が乗って、仁和寺《にんなじ》の御室《おむろ》の宮（覚性《かくしょう》法親王。崇徳の弟にあたる）のもとへ落ちのびていかれた。左大臣（頼長）は衣の下に鎧腹巻を着て落ちていかれたが、何者の射た矢であろうか顔にあたり、頬を鋭く射ぬかれて落馬なさった。従者が近くの賤しい者の家にかつぎこんだが、この日、ただちに天皇は藤原氏の氏長者はもとのとおりにするという命を下され、氏長者は法性寺殿に返されたのであった。天皇の御命令によって氏長者が任命される例はこの時に始まる。

ところで土佐源太重実《しげざね》（土佐は佐渡の誤り）の子に筑後前司（源）重定《しげさだ》という武士がいる。わたくしが重定に会った時には、もう入道して年も八十であったが、「命中した矢はまさしくこのわたくしが射た矢でした」といい、腕をまくって「ほくろがこういうように北斗七星の形をしておりますが、そのおかげで弓矢の道にも神仏の御守りをいただき、一度も不覚をとったことがございませんでした」（七星は魔除けの力があるとする信仰があった）と語ったのである。

頼長敗死の実見談

さて、悪左府は経憲《つねのり》などに護られて桂川の梅津《うめづ》（京都市右京区）というところから小船に乗って川を下り、宇治で入道殿（忠実）に会おうとされたが、入道殿はついに「今一度会いたい」ともいわれなかった。そこで、従者たちはさらに下って大和の般若道《はんにゃ》（奈良市の北、般若寺の近く）の方へとおつれしたが、つぎの日とか息を引きとってしまわれたのであった。わたくしがもっとくわしく仲行《なかゆき》の子に尋ねたところ、

「宇治の左府は馬に乗ってはおいでになりませんでした。戦場の大炊御門《おおいみかど》の御所（白河殿のこと）に御堂があったようですが、そこの開き戸の蔭に立って何か指示をなさっておいでした。そこへ矢が飛んできて耳の下にあたりましたので、その近くにいた蔵人大夫経憲という者がいっしょに馬に乗って御供をし、桂川に行ってそこから鵜飼の船にお乗せして木津《こつ》川へと落ちのびたのです。すると左府は、事の次第を聞いて南都へ難を避けておいでになった知足院殿（忠実）に会いたいといわれ、人を遣わして『お目にかかりたい』とお伝えになりました。けれども、知足院殿の御返事は『もうわかっている。今会うこともなかろう』というものでした。左府は船の中でそれをお聞きになって最期の息を引きとられましたので、あの経憲・図書允利成《ずしよのじようとしなり》・監物信頼《のぶより》などの二、三人で、般若寺の大道から三段（三十メートル余）ばかり上がったところになきがらをお運びし、火葬を行なったと聞いております」

と語ったのである。こういうことについては、世間の人が話していることと正しく真相を尋ねて聞くこととは違っている場合が多い。かれこれの伝聞をとり合わせながら考えてみる

と、たしかにそうであったと思われる事実がすべてわかってくるものである。

さて、敗れた為義は義朝のところへ逃げてきたが、義朝の報告によって朝議が行なわれ、早く首を斬るべきであると天皇の決裁が下された。そこで義朝はただちに為義を輿車《こしぐるま》に乗せて四塚《よつづか》（洛北船岡山辺）に運び、首を斬ってしまった。そのため「義朝は親の首を斬った」と、ごうごうたる世間の非難を受けたのであった。

また、新院については、讃岐国《さぬき》（香川県）にお流し申し上げた。そして、宇治の入道（忠実）は法性寺（忠通）の主張によって流罪を減じ、知足院《ちそくいん》（京都市北区紫野の雲林院《うりんいん》の近くにあった寺）に籠居させられることとなったのである。

この七月十一日の戦乱については、当時五位の蔵人であった（源）雅頼《まさより》中納言が蔵人の治部大輔をつとめていたので、担当して書いた日記があり、わたくしは思いがけなくそれを見ることができた。「明け方に攻め寄せてから、敵を討ち落として帰ってくるまでの間、時々刻々、『ただいまの状況はこうなっております。ああなっております』と、義朝の報告を伝える使が走り行きかい、記録をしておりましたわたくしにはいささかの不審もなく、目のあたりに見ているように思われたものです。義朝は大した男でした」と雅頼も語っている。

さてその後、新院の近臣教長《のりなが》が逮捕され、さまざまな尋問が行なわれた。それは、教長を太政官庁に召し出し、長者（太政官の事務長）・大夫史（太政官の文書係）・大外記（太政官の書記係）が控える中で、弁官（太政官の判官。庶政を統轄した）が尋問の担当官となって進められたのであった。その有様は、昔、太政官で政治が行なわれたころをしのばせ、なかなか立派なことであった。近ごろ、政治にそんな筋を立てようとしたことがあろうとは思えない。

巻第五

信西と信頼・義朝の対立

この内乱はたちまちの間に起こり、事もなく後白河天皇方の勝利に終わった。罪科を問われるべき者どもはみなそれぞれに処罰を受けたのである。死刑というものが中止されて以来(八一〇年の薬子の乱以後)すでに久しいが、これほどの内乱であれば死刑ももっともだと考えられたのであろうか、復活されたのであった。それには当時も反対し非難する人があったようである。

さて後白河天皇は仏道修行がことのほかお気に召して、御在位の間も大内裏の仁寿殿《じじゆうでん》(紫宸殿の北にある天皇の常御殿で、芸能などもここで行なわれることが多かった)で法華懺法《ほつけせんぼう》(法華経を読誦して罪障を懺悔する法会)を行なったりされた。その間政権を握っていたのは信西入道であったが、年来心に深く期していたことであったのか、大内裏の修造を実行したのであった。白河・鳥羽の二代の天皇の間は大内裏はなきに等しい有様であったから、朝廷の儀礼典故に通じた人々は、「朝廷の政務や儀礼は大内裏で行なわれるのが本来の姿であるのに、この二代の間、大内裏は捨てられ、忘れられたも同然です」と嘆いていた。そこで鳥羽天皇の御代のこと、法性寺殿《ほっしょうじどの》（忠通）が関白となり、「政務いっさいの処理をするように」という仰せを受けた手はじめに、大内裏造営のことを実行に移そうと企てられたのであった。ところが、白河法皇が「そんなことがこの末の世にできるはずがない。この関白はまったく昔かたぎの人でしょうがない」といって賛成なさらなかったので、法性寺殿は引きこもってしまわれたのである。その修造を信西はつぎつぎに機会をとらえては立派に事をとりはからい、日本全国に少しの負担もかけずにさらさらとわずか二年の間になしとげたのである。その間信西は終夜計算の道具を手ばなさず、夜半から明け方にかけては算盤《そろばん》の音が聞こえ、数をよみ上げる信西の声も澄んでいて尊いことと思われたなどと評判された。そうして綿密に工事の段取りを考え、諸国に課せられる負担は少なく少なくして、実にみごとに落成に漕ぎつけたのであった。その後、内宴（正月二十日、または二十日から二十三日の間に子《ね》の日があればその日に、天皇が仁寿殿で行なう内々の宴）が行なわれ、妓女《ぎじょ》（宮中の内教坊《ないきょうぼう》に所属していた舞姫）の舞が催されるなど、こんなにどうしてと思われるほど行きとどいた処置をしたのであった。

さて、大内裏は天皇がいつもお住まいになる所になったので、信西も「法華懺法を行なわれることなど悪かろうはずもございません」といって、法会が開かれるようとりはからったりしているうちに、保元三年（一一五八）八月十一日、後白河天皇は東宮（二条天皇）に位をお譲りになった。そして、白河・鳥羽両法皇の例のとおりに太上天皇として政務をおとりになることとなったのである。そして、忠隆《ただたか》卿の子に信頼《のぶより》という殿上人《てんじようびと》（四位・五位の人、および六位の蔵人で昇殿を許された者）がいたのをよそ目にもあきれるほどに信任されたのであった。

そうするうちに、また北面の下っぱどもの中では、（平）信成・（平）信忠、為行・為康（姓不明）といった者たちが兄弟で仕えて頭角をあらわしていた。信頼は中納言右衛門督にまで昇進していたが、信西の方は自分の息子を、俊憲《としのり》は大弁宰相に、貞憲《さだのり》は右中弁に、成憲《しげのり》は近衛府の役人というようにそれぞれ昇進させていたのである。俊憲らは、才智文章などを見ても本当に人に劣るようなところはなく、延久（後三条天皇の年号）の先例によって記録所を再興するなど、なかなかすぐれた人物であった。だいたい、信西の子息たちの中には法師も数を忘れるほどたくさんいたが、みなそれぞれに優秀な者であったから、信頼はこうした信西の力をねたむ心を持つようになったのである。当時、義朝・清盛は源氏・平氏の中心人物で、乱後の政治の中で互いに力を競っていたが、信頼はその義朝と肝胆相照らす仲となり、急速に謀反へと傾いていくのである。そうなるに至ったのは、義朝がかねて信西を深く恨んでいたからでもあった。信西は当時権勢並ぶ者もない人で武士の方では義朝・清盛の二人が並んでいたが、その息子に是憲《これのり》という者がいた。是憲はのちに信濃《しなの》入道といわれ、西山の吉峯《よしみね》（京都市西京区）の往生院で臨終の際阿弥陀如来の名号を立派に十回唱え、疑いなく極楽往生をとげた聖《ひじり》(24)として世に知られているが、そのころはまだ出家前で男盛りであった。

その是憲をつかまえて義朝が「わたくしの婿にしよう」といったことがある。ところが信西は「わが子は学問を修める道を進んでいる。そなたの婿などふさわしくない」と乱暴な返事をしてとり合わなかったうえに、その後まもなく、当時の妻紀二位《きのにい》（朝子）との間の息子である成範《しげのり》を清盛の婿にしたのであった。これでは義朝が深く信西を恨むようになったのも当然であろう。こういう油断を信西ほどの切れ者もしてしまうことがある。なかなか人間の力の及ばないことである。いずれにしても、物事にそなわっている道理の軽重をよくよくわきまえて、それに違背しないようにふるまうことなしには、何もできないであろう。それも、一通りのことならば、みなしばらくの間は思うとおりに過ごしていくことができるかもしれない。しかし、二つ三つの事柄が重なりあって悪いことが起こってくると、いいことも悪いことも、その時に運命は決定するのである。信西の行動、子息たちの昇進、天下の権勢を掌握したことと見てくると、これほど満ち足りた信西がなぜ義朝という程の力ある武士の恨みを買ってしまったのであろうか、まさに運命果報が尽きたというか、滅びる時が来たのだとしかいいようがない。また信西の第一の欠点は気が強く激しい性格であったことであるが、それが身を滅ぼすもとになったのである。よくよく心すなおでない人物だったのである。

信西の最期

さてそうこうするうちに、平治元年（一一五九）十二月九日の夜、信頼・義朝は後白河上皇の御所であった三条烏丸の内裏を包囲し、火を放ったのである。信西が息子たちを引きつれていつもここに伺候していたので、とり囲んでみな討ち殺そうという計画であった。

さて、信頼の一味の者であった師仲《もろなか》源中納言が御所の門中に御車を寄せて、後白河上皇と上西門院《じょうさいもんいん》（統子《とうし》）の御二方をお乗せした。その時、信西の妻で成範の母にあたる紀二位は小柄な女房であったから上西門院の御衣の裾にかくれて御車に乗ってしまったのを誰も気づかなかった。上西門院は御生母が後白河上皇と同じ待賢門院《たいけんもんいん》（璋子《しょうし》）であり、後白河天皇の准母（国母としての待遇を受ける）に立てられた御方であったという。そんなこともあってこの御二方は何かにつけて特に親密で、いつも同じ御所においでになった。ところでこの御車は、（源）重成《しげなり》・（源）光基《みつもと》・（源）季実《すえざね》などが警固して、一本御書所《いっぽんごしょどころ》（世間に流布している書物を各一部書写して内裏に保管していた所）にお移しした。この重成はのちに自害したが誰であるかを人に知られなかったので称賛された人物である。(25)

さて、御所にいた俊憲・貞憲はともに難をのがれた。俊憲はもう焼け死ぬ覚悟をして北の対の縁の下に入っていたが、あたりを見まわすとまだ逃げることができるようなので焔の燃えさかる中を走りぬけて逃げたのである。信西は不意をうたれた敗北を感じとり、左衛門尉師光《もろみつ》・右衛門尉成景《なりかげ》・田口四郎兼光《かねみつ》・斎藤右馬允清実《きよざね》をつれて人に感づかれないような輿《こし》かき人夫の輿に乗って、大和国の田原（京都府綴喜《つづき》郡宇治田原町。大和は誤り）というところへ行き、地面に穴を掘ってすっかり埋まって隠れていた。従った者どもは四人とも髻《もとどり》を切って法名をつけよといったので、西光《さいこう》・西景《さいけい》・西実《さいじつ》・西印《さいいん》と名づけたのであった。四人のうち西光・西景はのちに後白河上皇に仕えていた人物である。西光は「もうこうなったうえは中国に渡航なさる以外にありません。御供いたしましょう」といったが、信西は「行くとしても、星の方位を見るにもうどうしてみてものがれるすべはあるまい」と答えたという。

ところで、信頼はこのように勝手なことをして大内裏に二条天皇の行幸を仰ぎ、当時在位の天皇である二条天皇をとりこんで政務を掌握し、後白河上皇の方は内裏のうち御書所という所にお据えして、さっそく除目を行なった。この除目で義朝は四位に上って播磨守となり、義朝の子で十三歳であった頼朝は右兵衛佐《うひょうえのすけ》に任ぜられたりしたのであった。

信西は巧みに隠れたと思っていたのに、あの輿をかついだ人夫が他人に秘密を洩らし、(源)光康《みつやす》(光保・光安)という武士に聞きつけられた。光康は義朝方であったから信西を探して差し出そうと、田原に向かったのである。一方、田原では従者の師光が大きな木の上に登って夜明しの番をしていると、穴の中で声高く阿弥陀仏の名号を唱えるのがかすかに聞こえてきた。折しも遠くの方にあやしい火が数多く見えてきたので、木からおりて「あやしい火が見えております。御用心なさいませ」と、大きい声で穴の中にいいこんで、また木に登って見張りをしていると、多勢の武士どもが続々とあらわれ、あたりをあれこれと見まわしはじめた。信西が入っていた穴は、うまく埋めこんであると思っていたが、穴の口をふさいでいた板が見つけられてしまった。武士どもが掘ると、信西は持っていた腰の小刀をみずからの胸骨の上に強く突き立ててすでにことされていたのである。武士どもは掘り出した信西の首をとり、得意顔にそれを掲げて都大路を行進したりした。信西の息子たちは、法師になっていた者まですべて流刑に処せられ、諸国に送られたのであった。

清盛の帰京

この間、当時大宰大弐《だざいだいに》であった清盛は、京都をたって熊野詣の途上にあった。田辺の宿に近い二川《ふたがわ》の宿（和歌山県田辺市中辺路町）で、駆けつけた飛脚の使者が「都で大事件が起こりました」というのを聞いた清盛は、「これはいったいどうしたらよかろうか」と思いわずらうばかりであった。清盛に従っていたのは、子息の中では越前守基盛《もともり》と、十三歳の淡路守宗盛《むねもり》、そのほかは侍十五人であった。ここからまっすぐに九州の方へでも落ちのびて軍勢を集めるのがいいだろうなどと評定していると、紀伊国（和歌山県）に湯浅権守宗重《むねしげ》と称する武者がいたが、その時たしかに三十七騎の精鋭を従えてあらわれ、「まっすぐに京都においでなさい。京都に入るのに妨げがあればお力になりましょう」といった。また熊野の別当湛《たん》快《かい》は侍というわけではなかったが、鎧七組を弓矢その他に至るまで揃えてたのもしげにとり出し、ためらうことなく清盛に与えたのである。また宗重の十三歳になる息子が紫色の革で縅《おど》した小腹巻（鎧の一種）を持っていたのを宗盛に着せたのであった。その息子はのちに文《もん》覚《がく》（俗名遠藤盛遠《もりとお》。高雄神護寺の僧）につき従っていた上覚《じょうがく》という聖になったという。

清盛は熊野へは代理を立てて、みずからは参詣をとりやめて急ぎ引き返し、十二月十七日に入京した。当然、義朝は清盛を迎え撃つと思われたが、東国の軍勢がまだ都についていなかったからであろうか、清盛入京に対して何の手も打たなかったのである。そうするうちに、朝廷の中では三条内大臣公教《きみのり》、その背後の八条太政大臣（実行）以下のもっともらしい面々が、「こんな有様では、政治はどうすべきであろうか。信頼・義朝・師仲などの中に、正しく世を治めていくことのできる人物はない」と語りあっていた。また二条天皇の母方の伯父にあたる大納言経宗《つねむね》と検非違使の別当惟方《これかた》――この人は鳥羽法皇が特に二条天皇の御側に付き添わせておかれた人であった――の二人は、二条天皇にお仕えしていながら信頼に内通しているようによそおっていたが、この二人も公教などとひそかにささやきあって、「清盛朝臣はこともなく入京し、六波羅《ろくはら》（京都市東山区）の邸に入っている」ことなどを考え、あれこれ相談して、二条天皇が六波羅においでになるように申し合せをしたのであった。そしてその連絡係には尹明《これあき》が選ばれた。尹明は、近衛天皇の東宮の時の学士（東宮の教育係）であった知通《ともみち》という博士の子で、蔵人所の雑用をつとめる人物であった。また、惟方が知通の婿であったから、惟方と尹明とは一心同体だったのである。このたいへん賢明な尹明を使に立ててよく連絡をとったのであるが、ちょうどそのころ尹明は天皇の御咎めをうけ内裏に出仕することもできない時であったために、あまり人に知られていなかったのがかえってよかったのである。そして、十二月二十五日乙亥《きのとい》、丑《うし》の時（午前二時ごろ）に二条天皇の六波羅行幸が行なわれた。その手順は清盛が尹明にこまかに指図したのである。

「昼のうちから女官が出かけるための車と思われるように、牛飼童だけで簾の下から帳が外に垂れている車を用意させておこう。さて、夜も深くなったころに、二条大宮のあたりで火事を起こすことにする。そうすれば武士どもは何ごとかというわけでその火事の場所にみな参ってくるであろう。その機会をのがさずに用意の車にお乗りになって、行幸が行なわれるはずである」

と約束したのであった。

二条天皇の内裏脱出

さて内裏ではこの行幸についてしかるべき人々が相談して、「清盛は熊野から帰京して以来、何も動きを見せないでいるから、きっと義朝も信頼も今日こそはと警戒しているに違いない。行幸のことであまりに用心しすぎると、清盛邸がさわがしくなるのもかえって怪しまれることになろう。少し心をのびやかにすることが肝心ではないか」というわけで、「清盛の名札を信頼のところへ差し出して異心のないことを示してはどうか、もし支障があれば申し述べよ」と伝えたところ、清盛はただ「ごもっともでございます。こういうことは人々のおはからいのままにいたします」と答えた。そこで、内大臣公教の殿がまさしく清盛の名札を書いて、第一の家臣（平）家定《いえさだ》（家貞《いえさだ》）に持たせて、

「わたくし、清盛がこういうような態度をとっておりましたので、何かと御警戒なさっておられたかもしれません。名札を提出しないからといって決して粗略に思っていたわけではございませんし、とにもかくにもお考えにそむいたり、御機嫌をそこなったりすることがないようにと存じております。そのしるしとして、畏れながら名札を差し出させていただきとうございます」

といわせたのであった。これは行幸の日の早朝のことであったので、信頼の返事には、

「おことば、かえすがえす嬉しく承りました。そなたの服従のことを知り、何ごとも了承するでありましょう。願ってもないことです」

とあったから、公教以下の人々は「よしよし、うまくいった」といって、かねての計画のとおりに事を運んだのである。

夜に入って、小男の惟方は直衣をつけ、指貫《さしぬき》（袴の一種）の裾をくくり上げて、後白河上皇がおられた御書所に不意に参上し、何かひそひそと話して退出した。車は上皇御所用としても置いてあり、上皇の御事についてはとやかくいう人もなく、見とがめる人もなかったので心配はなかった。

二条天皇の方は、いつも伺候して馴れている尹明が筵を二枚用意して紫宸殿の廻廊に敷いて筵道とし、天皇が一枚の上を歩いておられる間にもう一枚の方を敷くというのをくりかえして、その上を天皇が進んでいかれた。内侍所の女官の中では伊予内侍《いよのないし》（源親弘の娘）・少《しよう》

輔《すけの》内侍の二人が計画を承知していた。こうしてまず神璽（三種の神器の一つ、八坂瓊曲玉《やさかにのまがたま》）の御箱と、宝剣（三種の神器の一つ、天叢雲剣《あめのむらくものつるぎ》）とを御車の中にお移しした。そして計画どおりに火の手が上がった時に、さりげない様子で門外に車を送り出したのであった。

さて火が消えてから信頼は「火事は大したこともなかったとお伝えいただきたい」と蔵人に命じて伊予内侍に伝えさせたところ、「そうお伝えいたしました」といいながらこの内侍たちは小袖を着て、髪は左右に分けて結ぶという姿で退出していった。尹明は静かに長櫃《ながびつ》を用意し、玄象《げんじょう》（仁明天皇の御代に唐から伝えられたという琵琶の名器）・鈴鹿《すずか》（宮中に代々伝えられた和琴《わごん》の名器）・御笛の箱・大刀契《だいとけい》（太刀と、魚の形をした鈴。ともに宮中伝来の秘宝）の入っている唐櫃《からびつ》・昼御座《ひのおまし》の御太刀（清涼殿にある天皇の昼間の御座所に置かれる剣）・殿上の御倚子《ごいし》（清涼殿南廂の間の奥に置かれる倚子で天皇の御座にあてられた。皇位の象徴の一つとして譲位の際に伝えられた）などを入れるよう手配して、追うようにして六波羅に赴いた。六波羅では武士どもが弓・長刀をさしちがえさしちがえして警固に当たっており、「どなたのおいでであるか」といって尹明を押しとどめたので、声高く「『進士《しんじ》（文章生）蔵人尹明が禁裏の宝物を持って参りました』とお伝えいただきたい」といったところ、すぐに奥に連絡し、「早く入れよ」とのおことばで中に入った。その時ちょうどほのぼのと夜の明けようとするころであった。まもなく後白河上皇の行幸もあり、つづいて、上西門院（統子）・美福門院（得子）もおいでになったのである。

大殿《おおとの》（忠通）・関白（基実）も手をたずさえて来られた。大殿とは法性寺殿のことで、関白はその子である。基実は十六歳で保元三年（一一五八）八月十一日、二条天皇即位の同じ日に、関白・藤原氏の氏長者などすべてを譲られていた。なんと年若い関白かと人々はみな思ったのであった。世間では中殿《なかのとの》と呼んでいるようである。また六条摂政、中院《なかのいん》ともいうらしい。この関白は信頼の妹婿となっていたので、公教などは法性寺殿に対して少々気をつけようと思ったのであろう。六波羅の邸で後白河上皇・二条天皇の御前に人々が控えていたが、三条内府（公教）は清盛の方を見やりながら「関白が来られたということだが、どうしたらよかろうか」といった。すると清盛は少しもためらうことなく、「摂籙の臣の御事など何も御相談なさるにはおよびません。もしおいでにならなかったならばことさらにおつれしなければならないかもしれませんが、御自分で来られたのですから殊勝なことでございます」と答えたので、聞いていた人はなかなか立派に意見を述べるものだと感心したという。

その夜のうちに清盛方は京都中に「天皇は六波羅へ行幸なさったぞ。六波羅にお移りになったぞ」とふれ歩かせ、騒がせた。鳥羽法皇の七宮《しちのみや》（覚快法親王）は比叡山延暦寺の青蓮院座主行玄《ぎょうげん》の弟子で、法印・法性寺座主の地位についておられたが、密教の修法に通暁した高僧であるとの評判が高かったからであろう、その時も仏眼法《ぶつげんほう》（仏眼尊を本尊として息災を祈る修法）を行なうよう命ぜられて、白河房《しらかわぼう》でとり行なっておられた。その白河房にも夜半に門を叩いて天皇の御使が訪れ、「天皇は六波羅に行幸なさいました。ついてはまたこのうえにもよく祈禱をこらしてほしいということばでございます」と伝えたという。

義朝方の敗戦

さてこうするうちに、内裏の方では信頼・義朝・師仲《もろなか》らが紫宸殿《ししんでん》で目を抜かれた虻《あぶ》のように度を失って右往左往していた。のちになって師仲中納言が語ったところによると、義朝はその時、信頼に向かって「日本第一のあさはかな人をたよりにして、こんなことをしでかしてしまった」といったが、信頼は返すことばもなかった。信頼は紫宸殿の大床《おおゆか》(母屋の前にある広廂)に立って鎧をとり出して着用しようとする時に、大刀契の唐櫃《からびつ》の小さな鍵を自分の守り刀につけようとしていた。師仲は神鏡をふところに持っていたが、「その鍵をお渡しなさい。この御神鏡といっしょに持っていましょう。そんな刀につけても何の役にも立ちません」といい、信頼が「なるほど」といって投げてよこしたのを受けとると、「どちらも決して手放してはならない」といいながら藍摺《あいずり》りの直垂《ひたたれ》(公家・武士の平常衣で、武士は鎧の下に着た)を着たのであった。まもなく義朝は冑《かぶと》の緒を締めて打って出ていった。郎等は義朝の馬のあとに続いたが、京の小路に入ってからは離ればなれになってしまった。

さて、六波羅の方からは時を移さず内裏に攻め寄せてきた。そして義朝もまた「何としても六波羅で戦って死にたい。ひと合戦しなければ……」といって攻めていったのである。平家の方には左衛門佐(平)重盛《しげもり》——清盛の嫡男——、三河守(平)頼盛《よりもり》——清盛の弟——がいたが、この二人はまことに総大将らしい戦いぶりを見せた。重盛は敵に馬を射られたが、臆せず堀河《ほりかわ》（京都の堀河通に沿った川で、そこには材木商人の木場があった）の材木の上に弓を杖にして立ち、代りの馬に乗っていたのも、なかなか堂々として見えた。平家の武将たちが鎧につき立った矢を折ったままにしたりなどして六波羅に戻ってきた姿も、勝ち戦であったから、見る者の心も落ちついており、たのもしく思われたことであった。義朝の方も一度は六波羅の板塀のところまで攻め寄せたのである。それで六波羅の邸内も一時騒然となったが、大将軍清盛は、濃紺の直垂の上に黒革縅《おどし》の鎧をつけ、柄のところを漆塗りした矢を背負い、黒い馬に乗るという黒ずくめのいでたちで、馬を仮の御所となった六波羅邸の中門の廊に寄せて大鍬形《おおくわがた》の冑をかぶるや緒をきりりと締めて打って出ようとした。馬のまわりには徒歩の兵二、三十人が走りながらしっかりと従っていた。その様子はきびしい緊張をただよわせていたが、「何か、ものさわがしいようであります。見てまいりましょう」と公卿たちにいった清盛の姿は、もうこの上もなくたのもしいものに思われたのであった。

信頼・義朝の最期

さて義朝の方は、郎等わずか十人たらずとなってしまい、もうどうすることもできなかった。そのまま逃げのびて何とかして東国に行き、もう一度雪辱をとげたいと思い、大原《おおはら》（京都市左京区）の千束《ちづか》ガ崖《がけ》を通って近江の方へと落ちていったのである。一の郎等であった正《まさ》清《きよ》（鎌田次郎。二四一ページ参照）は、なおも離れずに義朝に従っていた。

そのころ、内裏の護持僧（天皇の身体安全を祈禱するおつきの僧）であった比叡山の重輪《じゆうゆ》僧正は六波羅邸に参上して、丁子《ちようじ》の煮汁で染めた薄く赤みがかった黄色の衣をつけ、東北、叡山の方角に向かって「南無叡山三宝」と唱えながら規式にかなった作法で立ち、また額を低くして礼拝を行なっていた。その姿はたいへんたのもしく思われたのであった。こういう非常の時にはかならずすぐれた験力をもつ者が出てくるものである。

また清盛は、昨日信頼のところへ書いてやった自分の名札が大内裏にそのまま置いてあったので、もう今日は取り返したといって笑っていた。

信頼は仁和寺《にんなじ》（京都市右京区）におられた五宮（鳥羽天皇第五皇子、覚性法親王）の御住房に助けを乞うたが、つぎの日に五宮から六波羅に差し出されたのであった。その時、清盛は六波羅邸の後方の清水の湧くところに天井を平らに張った天幕を設け、一族の者どもを集めていっしょに控えていた。そこへ成親《なりちか》中将と信頼が引きつれてこられ、清盛の前にすわらされた。信頼は自分には過ちはなかったというばかりで、もういいようもないくらい醜悪な有様であった。これほどの大事件を起こしておきながら、そういう言い分で通ると思ったのであろうか。清盛が「いったいどうしてそんなことが」といって顔を横にふったので、部下の者どもは主人の心を察して信頼を六条河原に引ったてて、ただちに首を斬ったのである。成親は家成《いえなり》中納言（鳥羽法皇の寵臣。二三三ページ参照）の子で、何ということもない若い殿上人であったが、信頼につき従っていたのである。この事件と深い関係があるはずもなかったので重い罪に問われることもなかった。また信頼方の武士どもには、それぞれの所行に応じて刑罰が行なわれたのであった。

さて義朝は、馬に乗ることさえできず、徒歩で尾張国（愛知県）までたどりついた。内海《うつみの》荘《しょう》（愛知県知多郡）には、郎等鎌田次郎正清の妻の父で、大矢の左衛門致経《むねつね》の末孫という内海荘司平忠致《ただむね》がいた。義朝は足もはれ、疲れはてていたのでそういう縁をたのみ、忠致の家を頼っていったのである。忠致は喜んで待っていたといって義朝主従をたいへんいたわり、湯をわかして湯浴《ゆあ》みをすすめた。しかし、正清は事の気配を感じとり、ここで殺されるであろうと見てとったので、「もうこれから先へ脱出は不可能と思います。形勢は最悪です」というと、義朝も「そのとおりだ。みなわかっている。この首を打ち落としてくれ」といった。そこで正清は主君の首を打ち落として、ただちに自分もあとを追ったのであった。

さて、義朝の首は都に運ばれ、都大路を通っていき東の獄舎の門のあての木（樗《おうち》のことか、不詳）に懸けてさらしものにされた。その首の脇に何者かが歌を作って書きつけていたので見たところ、

下《しも》つけは木《き》の上《かみ》にこそなりにけれ
よしともみえぬかけづかさ哉《かな》

（下野守《しもつけのかみ》義朝は紀伊守《きのかみ》〈獄門の木《き》の上《かみ》に通ずる〉になった。このかけづかさ〈兼官、

下野守と紀伊守の兼任、かけは獄門に懸けるに通ずる〉は、よいこととも〈よしともは義朝に通ずる〉思われない）

としるしてあったという。こういう類の歌の中でこれほど一字のむだもなく巧みに作られた歌はあるまい、と人々は噂しあった。そのころ、九条大相国伊通公《だいしょうこくこれみち》がひそかにこういう歌を作っては巷間に伝えさせていると思われていたので、時の人はこの歌もきっとそうだと思ったのであった。

「中小別当」惟方

こうして当時御在位の二条天皇は、その年十二月二十九日に、美福門院の御所であった八条殿へお移りになった。後白河上皇の方はつづいて翌年正月六日に八条堀河の顕長《あきなが》卿の家においでになった。その家には見物のために作った桟敷《さじき》があったので、上皇はそこから八条大路をごらんになり、下衆どもを呼び寄せたりなさった。経宗《つねむね》・惟方《これかた》らはそれを妨げようと指令を出し、堀河の桟敷に板をびしびしと打ちつけさせて外が見えないようにしてしまったのである。こういうように、経宗・惟方の二人が画策して「政治の実権を後白河上皇に渡してはならない。政治は二条天皇がおとりになるべきだ」といっていたのであるが、それをお聞きになった上皇は、清盛を召し出して「わたくしの政治的生命はこの経宗・惟方の掌中に握られている。この二人を思う存分に縛ってひっぱって来てくれ」と涙ながらにいわれた。その時、御前には法性寺殿（忠通）も居合わせておられたということである。清盛にはまた清盛の考えなどもあったのであろう。（平）忠景《ただかげ》・為長《ためなが》という二人の郎等に命じて、この二人を捕えさせ、内裏警固の詰所の前まで上皇がお出ましになって、その御車の前に引きすえて二人の拷問を受けているわめき声を御耳に入れたなどと世間では噂したのである。その有様はいまわしいことであるから、わざわざ書きしるすようなものではないし、人々の間ではもうすでに知られていることであろう。そしてまもなく経宗は阿波国（徳島県）へ、惟方は長門国（山口県）へと流されることになった。

さて一方では信西の子息たちはすべて召し還された。経宗・惟方が捕えられたのは永暦元年（一一六〇）二月二十日のことであり、この二人を流罪にした時、同様に義朝の子頼朝《よりとも》を伊豆国（静岡県）に流したのであった。同年三月十一日のことである。惟方のことを世の人々は中小別当《なかのこ》（中は諸勢力のなかだちをしたため、小は小男であったため。別当は検非違使別当）というあだ名をつけて呼んだという。

ところで、この平治元年（一一五九）から応保二年（一一六二）までの三、四年間は、上皇と天皇が意見の交換をなさっては同じお考えで事に当たられ、たいへんなごやかに過ぎていった。ところが、上皇が天皇を呪詛しておられるという噂がひろまり、実長《さねなが》卿は上賀茂の宮（賀茂《かも》別雷《わけいかずち》社。京都市北区）で天皇の御姿を描いたものに呪いをこめているのを見たと申したてたのである。天皇の方では、神に仕える男を捕えて調べたところ、後白河上皇の近習（源）資賢《すけかた》卿などといった側近の人々のしわざであることが明らかになった。そこで、応保二年六月二日、資賢は修理大夫の官を解かれたのであった。また（平）時忠《ときただ》が高倉天皇の御誕生の時に、自分の妹の小弁《こべん》の殿（建春門院《けんしゅんもんいん》、滋子《しげこ》）がお生み申し上げたことから、つい重大な失言をしたということが露顕して、この前の年応保元年に官を解かれたことがあった。こうしたことなどが重なって、資賢・時忠は応保二年六月二十三日に流されることとなったのである。他方清盛は、長寛二年（一一六四）四月十日、関白中殿（基実）をまだ年も幼い娘（盛子《もりこ》）の婿とし、娘を関白の北政所《きたのまんどころ》（摂関などの正妻の敬称）にしたのであった。

さて、二条天皇は政務のすべてをごらんになり、押小路東洞院《おしのこうじひがしのとういん》（京都市中京区）に皇居を造営してそこへお移りになった。清盛の一門の者はことごとく新内裏のあたりに宿直所などを作り、朝に夕に伺候していた。清盛も誰も心の底ではどう考えても、この後白河上皇がおいでになるのに二条天皇が政治をおとりになることにすっきりしないものがあったが、清盛はよく慎重に考えてたいへんたくみにふるまい、上皇・天皇の双方にお仕えしていたのである。自分の妻の妹にあたる小弁の殿は、後白河上皇の寵愛を受けて皇子をお生み申し上げていたので、そのことも心の中では考えていたことであろう。

蓮華王院建立

さて、後白河上皇は、千手観音を千体安置する御堂を建立することを多年の宿願となさった。それを清盛がお引き受けし、備前国（岡山県）に費用を課して造って差し上げた。長寛二年（一一六四）十二月十七日、落慶の供養が催されたが、後白河上皇は二条天皇の行幸があれば嬉しいとお思いになったのに、天皇はまったく気にもおかけにならない御様子で、寺の諸役人の功労を賞して位や物を授けられるよう申請されたことに対しても音沙汰がなかった。（平）親範《ちかのり》が蔵人《くろうど》として天皇の命を受けて事を行なっていたが、それが天皇の御使として来ただけであった。この御堂は蓮華《れんげ》王院《おういん》と名づけられたのである（京都市東山区。俗称三十三間堂）。上皇は御所（法住寺《ほうじゅうじ》。蓮華王院はその一角に建てられた）で、親範を御前に召され、「どうであったか」とお尋ねになったが、親範が「勅許は下されません」と申し上げるや御目に涙をいっぱい浮かべて、「やや、何の憎さで、何の恨みで」といわれたという。「上皇は親範の過失とまで考えておいでになるようでした。わたくしはもう心配でひたすら恐れ入っておりました」と親範がのちに語っている。真言の御師であった狛《こまの》僧正行慶《ぎょうけい》は白河法皇の御子であった。三井寺の門流の中でも貴い人であったから、後白河上皇はひたすら頼りにしておいでになったのである。その行慶僧正が、この御堂の中央に安置された丈六（仏像の大きさで、身高一丈六尺、約四・八メートルの像）の尊像の御面相を特に指図してみずからなおされたのであった。万事よく心の行きとどいた人であると人々はほめそやしたという。またこの僧正は六宮《ろくのみや》（鳥羽法皇第六皇子道恵《どうえ》法親王）の御師であった。

二条天皇崩御

もともと二条天皇は御出家なさるおつもりで、仁和寺の五宮《ごのみや》（鳥羽法皇第五皇子覚性《かくしよう》法親王）のもとへお通いになりはじめたが、天皇の血統はなお大切だということで、出家をやめさせられ東宮に立てられたのであった。その折の御親密さで五宮は二条天皇在位の間、二条内裏（押小路東洞院の御所のこと）の近くの三条坊門鳥丸に修法を行なう壇所を自分で作り、朝に夕に天皇の側近くにおいでになることが多かった。したがって、いろいろと政治への御口出しも少なくなかったのである。そして、六宮から天王寺（大阪市天王寺区。四天王寺）の別当をとりあげて、五宮がその職に補せられたので、世の人々は非難したのであった。

さて、応保二年三月七日、さきに流されていた経宗大納言はまた呼び戻され、長寛二年正月二十二日には大納言に復職した。のちにはさらに左大臣となり、多年にわたり首席の大臣で故実に通じた人として重んぜられたのである。この経宗は京極大殿（師実《もろざね》）の正しい孫にあたる人で、人柄も品格があり、祖父（父の誤り）の経実《つねざね》に似ず朝廷の政務や儀礼などをよくつとめ、故実にも通じていた。そのため、知足院殿（忠実）が知足院に押しこめられ、じっとしておられた時に常に人を遣わしては政務のことを教わっておられたので、法性寺殿（忠通）の方ではますますあやしく思われたのであった。世間では「経宗卿は二条天皇の御母の兄にあたられる。摂籙を狙っておられるようだ」などと他の人々を刺激するような不利な噂をたてる者もあったが、そのことは科《とが》には至らなかった。だいたい世間の口さがない人々は、何か少しでも事が起こることを望んで噂をたてるものであり、聞き苦しいものである。このことはよくよく知っておかねばならない。また惟方の方は遅れて永万二年（一一六六）三月に呼び戻された。

こうして時がたつうちに、法性寺殿の末の娘（育子《いくし》）が入内し、二条天皇の后に立てられた。この御方は中宮としてなみなみならぬ御寵愛をお受けになったが、ついに御懐妊のことには至りえなかった。さて、二条天皇は永万元年六月に御病気が重くなり、その時二歳になっておられた皇子（六条天皇）――この皇子の御母が誰であるかはよくわからない――に位をお譲りになり、七月二十二日（二十八日の誤り）、御年二十三でお亡くなりになったのである。

邦綱の入知恵

永万元年八月十七日、清盛は大納言に昇進した。中殿（基実）を婿として政権を思うままにしようともくろんでいたので、まもなく仁安《にんあん》元年（一一六六）十一月十三日（十一日の誤り）に内大臣となり、翌二年二月十一日には太政大臣にのぼったのである。その間、永万二年七月二十六日、にわかにこの摂政（基実）が亡くなった時には、「これはなんとしたことか」と清盛公の嘆きはたとえようもないほどであった。そのころ法性寺殿の側近に邦綱《くにつな》という者があった。邦綱は、伊予守・播磨守・中宮亮《ちゅうぐうのすけ》などを歴任して頭角をあらわし、他にならぶ者もないほどに重用されていたのである。この邦綱が悲嘆にくれる清盛公のところへ行って、つぎのようにいった。

「この殿下（基実）のあとのことですが、藤原氏の家督その他のことはかならずしもすべて摂関になる人が受けつぐときまっているものでもありません。もとはあちこちに分かれて伝えられていたのですが、知足院殿の御時の末に一つにまとめられたのです。そのおかげで法性寺殿だけが全部を統轄しておられたというわけです。いま摂政殿はお亡くなりになりましたが、北政所殿（平盛子）はたしかにおいでになります。また、北政所がお生みになった御方ではありませんが、故摂政殿の若君（基通《もとみち》）もおいでになるのですから、北政所殿が藤原氏の財産を管理なさっても、それが筋道にはずれたことには決してならないと存じます」

　この邦綱のことばを聞いた清盛はともかくよろこび、悲嘆の中から目をさまして邦綱の意見をとり入れ、実行に移していった。まず左大臣であった松殿《まつどの》（基房《もとふさ》）を一も二もなく摂政にして、摂政関白が管理するものとはっきりきまっているものだけを松殿につけ与えたのである。興福寺（藤原氏の氏寺。奈良市）・法成寺《ほうじょうじ》（道長の創建。京都市上京区にあった）・平等院（頼通の創建。宇治市）・勧学院（藤原氏の学校。京都市中京区にあった）、さらに鹿田《しかだの》荘《しょう》（岡山市）・方上荘《かたがみのしょう》（福井県鯖江市）などといったところだけが摂籙につけられたものであった。そして、九州の島津荘《しまづのしょう》（鹿児島県・宮崎県にわたる）をはじめとする家領の大部分、鴨居殿《かもいどの》（陽明門院の旧宅。京都市中京区にあった）に伝えられた代々の日記や宝物、東三条の御所（藤原氏の邸宅の中で特に重んぜられていた。京都市中京区にあった）に至るまで、藤原氏の財産の主要なものは全部北政所の領有としたのである。邦綱は北政所殿の後見役となり、まだ幼い故摂政殿の若君の近衛殿（基通）のお世話をし、政治のことはすべて後白河上皇の御指図によることとしたのであった。建春門院（滋子）はそのころは小弁殿と呼ばれていたが、（平）時信《ときのぶ》の娘で、清盛の妻の妹にあたる人であったから、清盛はこの御方に接近して勢力の伸張をはかった。小弁殿が後白河上皇の皇子（高倉天皇）をお生みして守りかしずいていたのをそのまま東三条邸にお移しし、仁安二年（元年の誤り）十月十日、東宮にお立てしたのである。清盛は同三年、重い病気にかかったが、二月十一日に出家をとげてのち、病気は快方に向かった。

平家の繁栄

仁安三年、四歳の六条天皇は位からおろされ、八歳の高倉天皇が皇位におつきになった。この新しい上皇は六条院と申し上げたが、その後十三歳でまだ御元服なども行なわれないうちにおかくれになったのである。ところで邦綱は、正妻が生んだ長女（成子）を六条天皇の乳母にしていた。この人は大夫三位《たいふのさんみ》といわれた人で、成頼《なりより》の妻であった。成頼が出家した時のことについてはいろいろと話もあるが、ここには関係がない。邦綱はまた二女（邦子）を高倉天皇が東宮でおられた時に乳母としていた。この人は別当三位といわれた人である。このように邦綱は諸事を実にみごとにとりはからったため、法性寺殿は邦綱が三位以上に昇進することなど思いもよらないこととされていたのに、まもなく蔵人頭《くろうどのとう》に任じ、三位・宰相・東宮《とうぐう》権大夫《ごんのだいぶ》に進み、娘が高倉天皇の御乳母であったことも加わって、のちには正二位大納言にまで昇進したのであった。こういう中で、清盛の子息重盛・宗盛は左右の大将となった。清盛自身は太政大臣、重盛は内大臣左大将となり、後白河法皇はまた建春門院を寵愛なさるようになったので、日本国は女人が最後の仕上げをするということも、こういうことだけであれば本当のことであろうと考えられるのである。まずは皇后宮（皇太后宮の誤り）となられ、まもなく国母として建春門院の院号を定められた。そしてこの女院は宗盛を養子になさったのである。承安《しょうあん》元年（一一七一）十二月十四日、この平大相国入道（清盛）の娘（徳子《とくこ》）は高倉天皇の后として入内し、まもなく翌二年二月十日の立后を経て中宮となった。清盛も娘が皇子をお生み申し上げた時にはいよいよ天皇の外祖父となるのである。その暁には天下の政治を何もかも思いのままに動かそうと思ったのであろう、さまざまに祈禱などをこらしていた。まず、中宮の母である二位（清盛の妻時子）が日吉《ひえ》神社（滋賀県大津市）に百日の社参をして祈ったのに効きめがなかった。そこで、入道（清盛）が「おまえが祈っても効きめがない。さあ見ていなさい。祈って効験を引き出してみせよう」といって、かねて深く信仰していた安芸国厳島《いつくしま》神社（広島県廿日市市）に船足の速い船を仕立てて、福原（神戸市兵庫区）から毎月の参詣に出かけた。ところが、六十日ばかりして中宮の御懐妊が伝えられ、治承二年（一一七八）十一月十一日（十二日の誤り）六波羅邸で望みどおりに皇子（安徳天皇）がお生まれになり、入道は天皇の外祖父になるという思いをとげたのであった。

鹿谷密謀事件

さて、建春門院は瘡病にかかられ、安元二年（一一七六）七月八日にお亡くなりになった。その後、後白河法皇のまわりはしだいに荒れていくような感じで時が移っていったが、その中で成親《なりちか》が男としてなみなみならぬ法皇の寵愛を得るようになったのである。成親は、信頼が事件を起こした時にあやうく命を失いそうになった人であった。その成親は、流された師仲《もろなか》があの事件の時に神鏡を大切にし、信頼にたのんで渡してもらった小さな鍵なども持って来たように、実は忠誠の心を持っている人だと申し上げたので、師仲のような人々はみな許されて呼び戻されたのである。また、信西の最期の時まで従っていた師光・成景は出家して西光・西景となっていたが、法皇はこの二人を特に召し出して使っておられた。そのほか、（平）康頼《やすより》などという猿楽《さるがく》に熱中した男なども御側に仕えて騒々しいことであった。そしてまた法勝寺《ほつしようじ》の執行《しゅぎょう》（御願寺などにおかれる僧職で寺務をつかさどる）であった俊寛《しゅんかん》という僧を僧都《そうず》にしておやりになり、世の中があまりにも平家の思うままになっているのを羨むか憎むか、後白河法皇のお考えをどう見ているかによって、東山あたりの鹿谷《ししがたに》（京都市左京区）というところにいた静賢《じょうけん》法印を深く信任されていたのである。静賢法印は法勝寺の前の執行で信西の子であり、蓮華王院の執行をつとめていたが、あらゆることに理解を持っていながら出すぎたところがなく、真実の道を体得した人であったから、法皇からも平相国からもいろいろと意見を求められなどしていた。したがって、静賢が造って住んでいた鹿谷の山荘へは法皇は何度もお出かけになったのである。ところが、この静かな山荘で、法皇のお出ましのついでに成親・西光・俊寛などが集まり、さまざまな謀議を行なっているということが伝えられた。このことについて確実なことは知らないが、成親らが（源）満仲《みつなか》の子孫で多田蔵人（源）行綱《ゆきつな》という者を密議に誘ったことから露顕してしまったらしい。成親らは行綱に「旗挙げの用意をされよ」といって、白旗（源氏の白旗）の材料に宇治産の布三十段を与えたが、行綱はそれを持って福原に行った。当時、平相国はもう政治のこともなすべきことはすべてなしとげたと思って出家の身となり、いつもは摂津国（兵庫県）の福原という所に住んでいた。「こういうことが起こっております」と行綱が告げるのを聞いた清盛は、それに対しては一言の返事もせず、布だけをとりあげると、すぐに庭で焼き捨ててから京都に向かった。安元三年六月二日であったか、西光を呼び出して捕え、八条の堂で拷問にかけてきびしく問いつめたところ、すべてを白状したのである。そこで、自白したことを文書に書かせ、書き判を書かせてのち、すぐに朱雀大路に引き出して首を斬ってしまった。この日、比叡山では座主明雲《みょううん》に味方する衆徒が決起し、西坂本（京都市左京区）まで下ってきて、要求を掲げて山を下ってきたことを通告してきた。こうした中で世の人々は驚き、度を失うばかりであった。この西光が首を斬られる前日、成親を呼び出し、（平）盛国《もりくに》の子で盛俊《もりとし》という力の強い郎等に命じて、組みついて打ちふせ、縛り上げて部屋に押しこめてしまった。その日、公卿の座に（平）重盛と（平）頼盛が控えていたが、そこへやってきた成親が「何ごとでしょうか。呼び出しがありましたので参上いたしました」といったのである。宮中は高倉天皇の母后であった建春門院が亡くなられたのちの喪中であったから、成親も喪に服して鈍色《にびいろ》の直衣《のうし》を端然と着用していた。重盛は「また御退出の時にゆっくりお目にかかりましょう」と答えたのであったが、まもなくこのように捕えられてしまったので、重盛も思いもよらぬこととおどろき、成親が押しこめられている部屋の前に行って、「今回も御命だけは大丈夫であるよう口ぞえをします」と慰めたのであった。重盛の妻は成親の妹であったから、その親しさからそういったのであろう。しかし重盛の口ぞえは効果があったのであろうか、成親は肥前国（備前国＝岡山県の誤り）へ送られ、七日ほど物を食べさせないでおかれたのちに、むやみに強い酒を飲ませられたりしたので、まもなく死亡してしまった。俊寛と検非違使《けびいし》康頼とは硫黄島《いおうがしま》（鹿児島県鹿児島郡三島村の小島）というところへ流されたが、俊寛はその島で生涯を終えたのであった。

安元三年七月二十九日、さきに讃岐国（香川県）の配所で崩御された法皇に崇徳院という御名をたてまつった。不祥のことが続いたので怨霊をおそれたのである。続いて成勝寺《じょうしょうじ》(崇徳天皇の御願寺。京都市左京区にあった)で法華御八講が開かれ、頼長左府には正一位太政大臣を追贈するということが伝えられたりした。さてこの年にはまた、京都に大火が起こって、その飛び火によって大極殿も焼失してしまった。このために改元が行なわれ元号は治承《じしょう》となったのである。

無道な平家一門

入道は、こうしたことを勝手にやっておいて、西光の自白書を持って後白河法皇の御所に参上し、右兵衛督光能《みつよし》卿を呼び出して「こうこういう次第でありましたからこのような処置をとりました。これはひたすら世のため、君のためにと考えてやったことで、自分自身のためというのは二のつぎのことであります」と申し述べた。そうしてただちに福原へと下向していったが、法皇御所に参上した時の身なりも下向の途中の旅のいでたちであった。こんなことから、法皇も光能なども「世の中はどうなっていくというのだろうか」と案ずるうちに治承三年(一一七九)八月一日、小松内府重盛が没したのである。この小松内府は心ばえのたいへん正しい人で、父入道が謀反の心を持っているのを察知して、「早く死んでしまいたいものだ」などといったといわれている。しかしそんな人がどうしたことか、父入道に教唆《きょうさ》されたのでもないのに、考えられないようなことを一度だけしている。重盛には資盛《すけもり》という子があり、基家《もといえ》中納言の婿となっていた。それでこの資盛のことを持明院（基家の家の名）の三位《さんみ》中将というのであるが、それがたいへん若かったころのこと、忍び歩きをしていた折に、都合悪く松殿（基房）が摂籙の威儀を正して外出なさる行列にばったりと出合ってしまった。資盛は礼を失したということで松殿の従者に打たれ、車の簾《すだれ》を破られたりした。このことを深く根にもった重盛は、嘉応二年（一一七〇）十月二十一日、関白が高倉天皇御元服

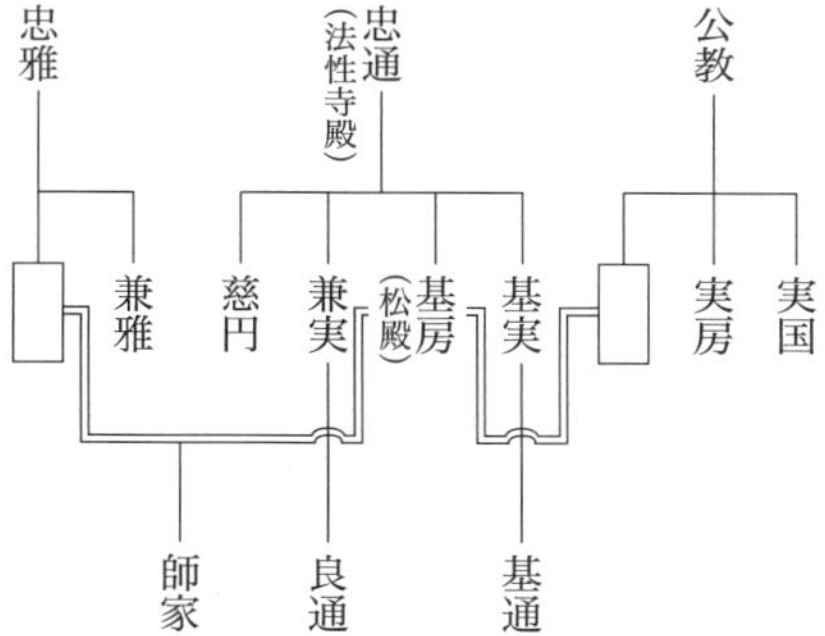

の準備に参内する途中を武士らに待ち伏せさせて襲わせ、騎馬で関白の行列の先導をつとめていた者をとらえて、髻《もとどり》を切り落とさせたのであった。この事件のために元服の評定は延期された。ところがこんな不都合なことが起こったのに、世間では重盛のことをとやかくいう者はいなかった。松殿もまたつぎの日からは平然と出仕をなさっていたのである。この納得の行かない出来事は、ついでおこってくる平家の悪行の数々のはじめをなすものであった。

基房の没落と基通の昇進

この松殿は、永年三条内大臣公教《きみのり》の娘を北の方として

おられたから、公教は子息の実房《さねふさ》・実国《さねくに》などにまで、松殿の靴を持ち車の簾をかかげさせるというように、法性寺殿（忠通）の御存生の時以来、たいへん大切にもてなしていた。ところが松殿が摂籙になられると、花山院相国忠雅《ただまさ》がその娘を摂籙の北政所にしたがって、とうとう松殿を婿にしてしまったのである。世上では大変なことだと噂されたが、忠雅の娘は松殿の最愛の妻となり、師家《もろいえ》という子が生まれ、その師家を八歳で中納言に昇進させるというようなことが起こったのであった。松殿が忠雅の婿となってからは、摂政殿下のお出かけという場合にも、公教の子息の実房は形ばかりに直衣の袖を中門の廊下の開き戸から差し出して、そこにいることを示すのみで無関心をよそおっていたから、人々はあれを見よとささやきあった。そのかわり忠雅の子息兼雅《かねまさ》が松殿にとり入り、その一党は特別の礼をとって従ったようである。松殿はこのようにしてもてなされたが、本当はその人の才能力量というものこそ第一に大切なものなのである。

さて白河殿といわれた基実の北政所（平盛子）も、延勝寺（京都市左京区にあった）の西にたいそうな邸宅をかまえていたが、治承三年六月十七日に亡くなった。あの成親の事件から中一年を経てこの年八月一日には小松内府も没したが、後白河法皇は小松内府が年来領有していた越前国（福井県）を入道には何の相談もなさらずにさっさととりあげてしまわれた。また白河殿が亡くなったので、松殿は摂関家領やその文書などを相続しようとして後白河法皇に対して運動をされた。

後白河法皇がさまざまな御指示をなさったと伝えられると、入道は武装して福原から急遽上京し、みずからも腹巻鎧を着てそれをはずさないでいるとの報せが来た。一昨年の成親の事件なども深く根ざしていたのであるから、なにかそれ以外に事情があったとも思われない。こうして同じ治承三年十一月十九日（十四日の誤り）に解官の除目、同月二十一日（十六日の誤り）に任官の除目を行ない、年齢二十であった近衛殿（基通）を二位中将から一度に内大臣にしたのであった。内大臣は重盛のあとまだ欠員のままになっていたのである。そして近衛殿はまもなく関白内覧の臣に昇進した。九条の右大臣兼実は法性寺殿の三男でそのとき右大臣の任にあり、何のさしさわりもなく天下の政治について諮問を受ける地位にあった。また大臣として警固の武官を賜わっていたのであるが、近衛殿はその右大臣をとびこえて昇進した。しかも清盛はこの右大臣に「近衛殿の昇進を特別に支援していただきたい」といって、そのかわりに右大臣の子息で二位の中将であった十二歳の良通をこの時の除目で一度に中納言の右大将にしたりしたのであった。そして前関白（基房）をはっきり流すというわけでもなく、邦綱のとりはからいで備前国に送ることにした。前関白は下向の途中、突然鳥羽で大原の本覚房（縁忍《えんにん》）を呼んで出家をとげられた。入道はまた後白河法皇の側近の者たちを諸地方へ散り散りに流してしまい、時を移さずこの月の二十日には法皇を鳥羽殿（京都市伏見区にあった）にお移しして、おつきの人は一人も許さず、わずかに琅慶《ろうけい》という僧一人が御側にお仕えしているという状態にしたのである。あとになって法皇の御思い人であった浄土寺二位《じようどじの》（丹後局、高階栄子《たかしなえいし》）――その時は丹後と呼ばれていた――だけは御側にいることを許された。

高倉宮追討

治承四年五月十五日、入道は高倉宮（以仁王《もちひと》）をうむをいわせず流そうとして、頼政《よりまさ》源三位の子で兼綱《かねつな》という検非違使を逮捕に向かわせた。この高倉宮は後白河法皇の皇子で、法皇の寵愛を受けた高倉三位という女房を母としてお生まれになった。もろもろの学問に精進され、やがて皇位につこうという御心を持っておいでだと人々は思っていたのである。兼綱が三条高倉の御所に行ってみると、すでに宮は難をのがれ三井寺に入られたあとであった。三井寺の法師どもは高倉宮を厚く支持し、追手が来る道をつぎつぎにふさいでしまった。頼政はすでに出家の身であったが、近衛河原の自邸に火を放って、子息の仲綱伊豆守・兼綱などを引きつれて宮方にはせ参じたのであった。頼政父子は一途に宮を逃がしてさしあげようとしたようだと世間の人々は思ったという。そしてこれはいったいどうしたことか、もう今にも世は滅びると人々は騒ぎたてたのである。さて高倉宮は座して空しく時を過ごされるわけには行かなかったので、ひそかに吉野へ逃げようとなさり、奈良をさして進んでいかれた。二十二日、頼政は三井寺にはせ参じ、三井寺から六波羅へ夜襲をかけようとしたのであるが、出陣が遅くなり、松坂（京都市東山区）で夜が明けてしまったので、六波羅夜討ちは果たされなかった。二十四日、宮は宇治にお着きになり、そこで一夜を過ごされた。そして二十五日、平家の軍勢が押し寄せてきて合戦となったが、宮方を支えるのは頼政だけで、その戦力はきわめて少数であった。平家は大勢で数多くの馬を川に乗り入れ、筏《いかだ》のようにして宇治川を渡ったのであるから、宮方は何をすることができたであろうか。まもなく仲綱は平等院の殿上の廊の上に上って自害をとげた。さらに平家方は贄野池《にえののいけ》を過ぎたところで、宮方に追いつき、宮を討ちとったのであった。さらに頼政も討たれた。宮の御事については確かでないともいうので、御首を多くの人に見せた。宮の御学問の師であった宗業《むねなり》を呼び出して見せたりしたが、宮の御首に間違いはないということになったのである。ところがそのうちに、宮はまだ生きておいでになるなどという噂が流れ、怪しげなことも起こったのであるが、結局は信じた人が愚かであったということで沙汰やみになった。また平家はすぐに三井寺に武士を送りこみ、堂舎を除いて法師どもの数多くの住房を焼きはらわせたのであった。

南都焼討ち

さて高倉宮が三井寺から奈良へ向かわれ、奈良・吉野の方では宮をお迎えしようと用意をしたというので、入道は深く心おだやかならず思い、奈良へ攻めていこうとして、公卿の会議を開いた。隆季《たかすえ》・(源)通親《みちちか》などという公卿は一途に平禅門側になりきっていたので、興福寺などへの報復は当然であると申し述べたが、多年左右の大臣として並んでいた経宗《つねむね》・兼《かね》実《ざね》はそれに反対した。まず右大臣（兼実）が思いきって「確かな謀反の証拠もなく、これほどの寺をたやすく討つなどということはとてもできません。中でも南都の春日大明神は日本国第一の守護神であります。王法と仏法とは牛の角のように互いに優劣のないものであります。その仏法を滅ぼすようなことをしてはなりません」と自分の立場を述べられたところ、左大臣経宗の方は前々からの習慣で平禅門を恐れて、とてもこの右大臣のことばに賛成はしないだろうとその場の人々は思ったのに、「右大臣のいわれたこと、一言のむだもありません。まったく同じ意見であります」と述べた。さすがに左右大臣の意見には理があるというわけで、南都への報復はこの時は行なわれなかったのである。

　ところが入道は、また治承四年六月二日、突然に遷都を行なって福原を都と定め、安徳天皇の福原行幸を仰ぐなど、もうとやかく口ではいいつくせないような事態になってしまった。しかしながらそのまま福原を都とするわけにも行かなかったから、また公卿たちが集まって評定を行ない、十一月二十三日、京都に帰還することになった。こうして人々の心も少し落ちついてきたのに、十二月二十八日にはとうとう南都へ押し寄せて、東大寺・興福寺を焼きはらったのである。南都焼討ちの大将軍は三位中将（平）重衡《しげひら》であった。それはもう、なさけないとかあきれはてたとかいうようなことばではいいつくせないことである。長方《ながかた》中納言が語ったところによると、「福原遷都以後、これはいったいどうなっていくのであろうかと思っていたところ、公卿の会議が開かれたので、清盛も京都に帰ろうと思っているらしいと察知した。それで会議の折に発言して、帰京するのがよいと述べたのであった」という。

頼朝の旗挙げ

さて、三条宮（高倉宮）は三井寺に七、八日御滞在されたのであったが、その間に宮の命令を伝えるものとして、武士の決起を促す文書を書いて全国各地にばらまかれた。その一つが持ち運ばれて、伊豆国（静岡県）にいた（源）頼朝のところへ届けられたのである。頼朝は（源）義朝の子であるが、これほどまでに乱れていく世の中をよく見、国内の政治情勢を深く読んでいた。平治の乱の時には十三歳で兵衛佐《ひょうえのすけ》であったが、あの乱は十二月のことで、翌年正月に永暦《えいりやく》と改元されて二月九日、（平）頼盛の郎等であった右兵衛尉平宗清《むねきよ》という者に探し出され、逮捕されたのである。この頼盛の母というのは修理権大夫宗兼《むねかね》の娘（池禅《いけのぜん》尼《に》）で、身分からすればいうにたりない女房ではあったが、夫の（平）忠盛をよくたすけたなかなかの人であった。保元の乱の時にも、頼盛の母は崇徳上皇の一宮（重仁《しげひと》親王）を乳母としてお育てしていたから、頼盛は崇徳上皇方にはせ参ずるのが当然であったのに、この母は「この事件ではきっと崇徳上皇方は負けるでしょう。勝てそうな理由がないのです」といい、さらに「ぴったりと兄の清盛についておいでなさい」と教えた。頼盛の母はそういう人であったが、頼盛が引ったてできた頼朝を見ると、まだたいへん幼くていじらしい様子をしていたので、「どうしてあんな若者の首が斬れましょう。わたくしに免じて許していただけないでしょうか」と泣く泣く助命を嘆願した。そのために頼朝は伊豆国に流されることになったのである。物事のなりゆきというものは、まったく人知を超えていて、見ていくと興味がつきない。頼朝が捕えられた時のことも、やがてまたうって変わって世の中を統治することになるように定められた者だったからであろうか、頼盛にも深くたよるような様子だったのである。さて、この頼朝は伊豆に持ってこられたあの高倉宮の宣旨というものを見ると、「そうであったか。近ごろの世間のことを見て思っていたとおりだ」といって、挙兵の心を起こしたという。また一説には、光能《みつよし》卿が後白河法皇の御意向を察して、ちょうどそのころ高雄の神護寺（京都市右京区）の再興のために力をいれすぎて伊豆に流された文覚という上人があったので、その文覚に命じて頼朝にいってやったとかいう。しかし、これは事実ではない。文覚は上覚（二五二ページ参照）・千覚《せんがく》（専覚）という弟子の聖《ひじり》とともに流され、四年の間同じ伊豆国で朝夕頼朝に馴れ親しんでいたのであり、その文覚が、後白河法皇の命令もないのに法皇や平家の心の内を探って、さしでがましいことをいったのである。

さて、治承四年に事を起こして打って出た頼朝は、梶原平三景時《かげとき》・土肥次郎実平《さねひら》、妻の父で伊豆の北条四郎時政《ときまさ》といった者どもを率いて東国を討ち従えようとした。しかし、平家が政権を握ってからかなりの年月が過ぎていたから、東国にも平家の郎等は多かった。その中に、畠山荘司（重能《しげよし》）、小山田別当（有重《ありしげ》）という兄弟があった。この二人は頼朝挙兵の時に京都にいたので、畠山荘司の息子の荘司次郎（重忠《しげただ》）などといった者どもが押し寄せて戦い、頼朝を箱根《はこね》（神奈川県）の山に追い込んだのであった。頼朝は鎧をぬいで自害しようとするほどになったが、実平は年功を積んだ者であったから「大将軍が鎧をおぬぎになる場合には、それなりのやり方があるのですぞ」といって、松葉を切って冑《かぶと》の下に敷かせ、鎧を取って上に置いたりなどして、たいへん立派に振舞ったとかいわれている。こうしたことを経てのち、頼朝は従う者どもとともに船に乗り、上総（千葉県）の介《すけの》八郎広経《ひろつね》（広常）の所へ行った。ここで軍勢を集めてからあとは、他の東国の者はみな頼朝に従うようになった。三浦党（神奈川県三浦にいた平家の一党）は、頼朝のもとに来る途中で畠山（重忠）と一戦交えて、一所に集まって来たのであった。

落日の平家

北陸道の国々では、帯刀先生《たちはきせんじょう》（源）義方《よしかた》（義賢）の子息で木曾冠者義仲《よしなか》という者などが呼応して立ちあがった。義仲のもとには、高倉宮の御子という方が都からのがれ、身を寄せておられたのである。清盛は高倉宮以仁王を討ち取ってますます増長し、福原に都を移したりしたのであるが、東国に源氏の勢力がおこり、国の大事になってきたので、小松内府（重盛）の嫡子である三位中将維盛を大将軍とし、頼朝を征伐せよという天皇の命令を得て、治承四年（一一八〇）九月二十一日、東国に向かわせた。人々は平家の軍勢が出発するのを見物したが、駿河国（静岡県）の浮島原《うきしまはら》（富士川沿いの静岡・山梨両県境あたりの広野）に陣をしいて、まだ合戦さえもしないうちに、配下の東国の武士がみなひそかに逃亡して敵方に行ってしまった。こうなっては戦うこともできず、帰ってきた者どもは逃げまどうような姿で入京したのであった。その後、平相国入道は疫病に倒れ、まもなく重体となって治承五年閏二月五日（四日の誤り）、かえらぬ人となったのである。入道の死後、国の政治の権は後白河法皇に戻り、平家は内大臣宗盛が継いでおさめていくことになった。

清盛の死に先立って、正月十四日、高倉上皇がお亡くなりになった。そうこうするうちに日増しに情勢は悪化し、東国・北陸地方と都の間の交通はみな絶えてしまった。この戦乱に平家が勝つように手がうたれたが、上下を問わず人心はみな源氏に傾いていったのである。源氏の軍勢がしだいに都に近づいてくるという噂の中で、入道が死んでから寿永二年（一一八三）七月まで、足かけ三年の時が過ぎたのであるが、その間、まず北陸地方の源氏が進出して近江国（滋賀県）にみちあふれるほどになった。それより前に、平家は越前国（福井県）の方面へ一門の軍勢を派遣したのであるが、さんざんに追い返されてしまった。その戦いを礪波山《となみやま》（富山県小矢部市）の戦いという。こうするうちに、七月二十四日の夜になって事態は急を告げ、安徳天皇を六波羅にお移しすることとなった。平家一門の者どもはそこに集まり、京都を守るために山科口（京都市山科区）を固めることにして、大納言頼盛を派遣することをきめたのであった。ところが頼盛は「治承三年の冬ごろ、松殿（基房）に同調したという疑いを受け、よくない噂を立てられましたので、故入道殿に今後永く軍事には携わらない覚悟でありますと申し上げました。そして福原遷都のころ、高倉上皇にもその旨をお伝えしたのです。今さらこういうことに従事するわけにはいきません」といって、再三辞退した。しかし、内大臣宗盛はそのいいわけを聞きいれなかった。頼盛は人々に説得されて、やむをえず山科へと向かったのであった。こうして京中の人々は、今日明日にも義仲や東国の武田（甲斐国＝山梨県武田にいた源氏）などという軍勢が都に攻め込んできそうな情勢であったから、そうなれば京中で大合戦が起こるであろうと恐れおののいていた。ところが、二十四日の夜半になって、後白河法皇はひそかに御所の法住寺殿を脱出なさり、鞍馬《くらま》（京都市左京区）の方をまわって比叡山の横川《よかわ》へお登りになり、近江国の源氏のもとへそのことを連絡なさったのである。北面の下級武士であった知康《ともやす》――この男は人々に鼓《つづみ》の兵衛と呼ばれていた――ばかりが御供をし、御輿をかついだりしたという。明け方になって六波羅では、法皇の動静を不審に思い出し、大騒ぎになった。そして辰巳午（午前八時から正午）の間に、ほかに方法もなかったので安徳天皇をおつれして、内大臣宗盛の一族はそっくり鳥羽の方へと落ちのび、船に乗って四国の方へと向かったのであった。六波羅の邸宅は火を放って焼いてしまったので、京都中の盗人が出てきて争って火の中に入り、物をとった。

平家都落ちと義仲の入京

宗盛は都を落ちていくに際して、そのことを山科にいる頼盛に知らせていなかった。平家の都落ちを聞いた頼盛は、まず子息の兵衛佐為盛《ためもり》を使者として連絡をとろうとした。為盛は鳥羽で宗盛に追いつき「これはいったいどうしたことですか」とただしたが、宗盛は返事をすることすらできず、魂もぬけた人のように見えたので、急いでかけもどり、そのことを報告した。それを聞いた頼盛はただちにあとを追って都を落ちていったが、心の内では都にとどまりたいと思うことしきりであった。さてこの騒ぎの中で、三位中将資盛は、そのころ後白河法皇にかわいがられて羽振りがよかったから、この際に法皇の御意向を伺ってみたいと思っていた。そこで、頼盛と資盛の二人は鳥羽からとって返し、法住寺殿に入って様子を見ることにした。京中は天地がひっくりかえったような騒ぎであったが、その中を二人とも後白河法皇がおいでになる比叡山に事の次第を申し上げたところ、頼盛だけに「法皇はたしかにお聞きとどけになりました。実は日ごろからそなたのことは気にかけておいでになったのです。人目につかぬようにして、八条院（鳥羽天皇皇女暲子内親王）のあたりに身を寄せておられるがよい」という御返事が伝えられた。元来八条院の乳母で御乳《おち》の宰相と呼ばれた寛《かん》雅《が》法印（俊寛の父）の妻は、頼盛の妻の母であったから、頼盛は八条院の後見役でもあった。それで頼盛はそのまま都にとどまることにしたのである。しかし資盛の方は後白河法皇に取りついでくれる者もなく、御返事さえもらえなかったので、ふたたび都から落ちのびて宗盛らに加わることとなった。

さて二十五日になって、後白河法皇は延暦寺東塔の円融房にお移りになったが、かねてから平家にぴったりとついて安徳天皇の祈禱僧をつとめていた天台座主明雲は、平家に同行せず京にとどまったのを人々に悪しざまにいわれていたので、比叡山に登ってはいながら法皇のもとに参上しなかった。また、京の人はみな摂籙の近衛殿（基通）はまちがいなく平家とともに西国へ落ちていったと思っていたが、案に相違して近衛殿は京都にとどまり、比叡山に登ってきた。松殿入道（基房）も九条右大臣（兼実）もみな比叡山の後白河法皇のところへ集まってきたのである。その時、京都の中は落ちていく平家と入ってくる源氏が略奪を行ない、物もなくなってしまいそうであったから、「平家は残りなく落ちていきました。もう恐れることはありますまい」というわけで、法皇は二十六日（二十七日の誤り）の早朝に山を下って京都にお帰りになった。するとまず、近江に入っていた武田勢が都に入り、つづいて二十六日（二十八日の誤り）に義仲が入京した。義仲は、六条堀河にあった八条院の女房伯耆尼《ほうきのあま》の家を賜わってそこを宿舎にあてたのである。

後鳥羽新帝の出現

こうして京都中がひしめきあっていたが、何としても、安徳天皇が神璽・宝剣・神鏡（三種の神器）とともに西国の方へ行ってしまわれたことは問題であった。この京都に天皇がおいでにならないようなことがあってもよいものであろうかということになり、「父（祖父の誤り）の後白河法皇がおいでになるのだから、新しい天皇は西国の安徳天皇の安否が判明したのちに」などとさまざまな意見が出された。この間、法皇は左右大臣（経宗と兼実）、松殿入道などといった人々に相談をなさったが、右大臣の意見が特にこまかくてしかも筋が通っているとお考えになり、その意見をお用いになったのである。そこで、何としても新しい天皇を位におつけしなければならないということになったが、候補となる高倉上皇の皇子は三人おいでになった。そのうち一人（守貞《もりさだ》親王）は、六波羅二位（清盛の妻時子）がお育てし、今は西海の船上におつれしていたが、あとの二人は京都においでになった。法皇がその三宮《さんのみや》（惟明《これあき》親王）と四宮（尊成《たかなり》親王）を呼び寄せてごらんになったところ、四宮の方が人見しりもせず、法皇の御顔を見てにっこりとなさった。また御占いの結果も四宮がよいと出たので、寿永二年八月二十日、この四宮（後鳥羽天皇）の即位のことが行なわれた。万事はじめてで異例のことばかりであったから、法皇も何かにつけて御相談をなさり、特に右大臣が事をとりしきって、ここに新しい天皇の御出現となったのである。

無能な関白近衛殿

本来こういうことは摂籙の臣が処置することなのであるが、世の中はいったいどのようになっていくのであろうか、日本国のあり方は今はこうなる以外にないというように考えて、実際に事を運んだのは右大臣であった。近衛殿（基通）はさきに、法皇が比叡山から下山なさるとすぐに、摂籙をもとのとおり続けるようにということばを受けていたのである。近衛殿はきっと平家について落ちていくに違いないと思われたのに、京にとどまったからであろうか、また何かほかに理由があったのかもしれない。しかしながら、近衛殿という人はこういう問題を処理していけるような人ではなかった。少しでもはっきりしないところがあると、右大臣に尋ねながら事を行なっておられたのであるから、摂籙とはいっても名ばかりで、荘園文書を自分よりも年下の義母（平盛子）の手から受けつぎ、清盛に摂籙にしてもらったのである。それがこうして表にあらわれ、何としても世間の人にはわからなかった近衛殿の才能の劣

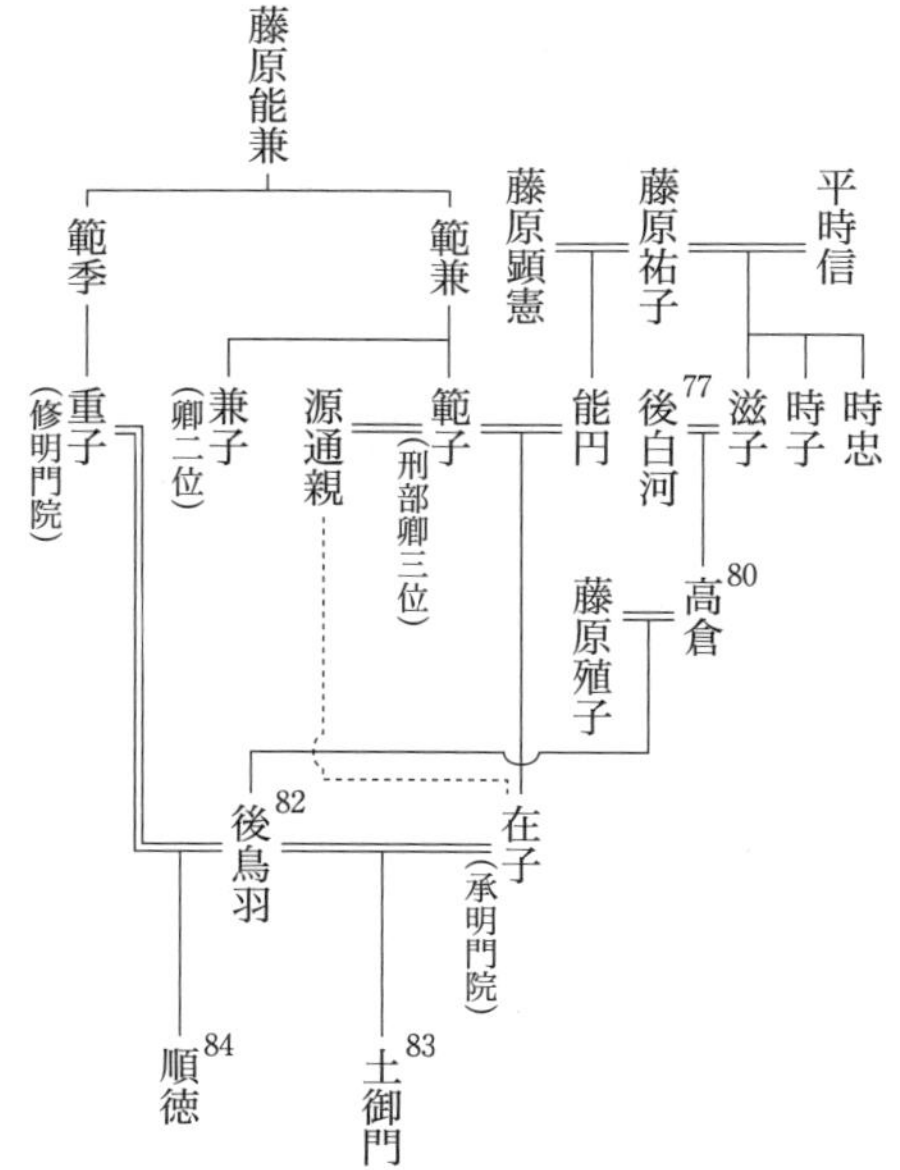

っていることがすべてわかったのであった。これほどまでに乱れた世というのは、何ごとについても筋の通ったことはありえない時代なのであろう。だいたい、摂籙の臣というものがはじまって以来、これほど能なしで役に立たない人はいまだかつてなかった。こうしてこの世は滅亡していくのである。

後白河法皇の形勢判断

さて贈《ぞう》左大臣範季《のりすえ》の話によると、「もう源氏の軍勢は近江国に満ちて、六波羅では大騒ぎをしていた時、後白河法皇は今熊野《いまくまの》（新熊野神社。京都市東山区）に参籠しておいでになりました。わたくしも側近の者に呼びつけられましたが、よい機会がありましたので『どんなことがあっても、もう今となってはこの形勢を覆《くつがえ》すことはできないと存じます。東国武士は人夫に至るまで弓箭にたずさわっておりますから、この平家がかなうはずもございません。平家からおのがれになる御指図があってもよいのではないでしょうか』と法皇に申し上げましたところ、法皇はほほえまれ『今がその時である』と仰せになったのでした」ということであった。法皇も前からそうお考えになっていたのである。

この範季は後鳥羽天皇の御養育に当たり、位につかれた時にも中心になって事を行なった人なのである。位階は二位まで昇進したのであるが、現天皇である順徳《じゅんとく》天皇の母后（重子《しげこ》）の父にあたるから、のちに贈位も行なわれたのであった。範季の姪（範子《のりこ》）は刑部卿《ぎょうぶきょう》三位といわれた人で、能円《のうえん》法印の妻である。そして能円とその妻刑部卿三位の間に生まれた娘が、土御門《つちみかど》天皇の御母の承明門院《しょうめいもんいん》（在子《ありこ》）であった。そのうえ、能円の妻は後鳥羽天皇の乳母でもあったのである。能円は六波羅二位（平時子）の養子となっていたので、時子のはからいで能円の妻を御乳母にしたのであった。平家が都から落ちていった時、能円も平家と行動をともにしたので、その後、刑部卿三位はもっぱら叔父の範季を頼りにしていた。その刑部卿三位に（源）通親《みちちか》内大臣が思いをかけて何人となく子を生ませたのであった。また故卿二位（兼子《かねこ》）は刑部卿三位の妹であるが、しっかりと後鳥羽天皇にお仕えして、大きな幸運を手中にした人である。

法住寺殿合戦

こうするうちに、先に都に入ってきた義仲は頼朝を敵として憎むようになっていた。また平家は九州にいて、やがて京都を奪還しようと思って時をうかがっていた。この平家と義仲とが連絡しあっていっしょに関東の頼朝を攻めようとしているという噂が流れ、都はひそひそとその話で持ちきりになったが、それも確実なことは一つもないらしいということになってしまった。ところで、そのころ後白河法皇の御所にお仕えしていた北面の下級武士に、友《とも》康《やす》（知康）・公友《きみとも》（公朝）という者がいた。この二人はひたすらに武士を立て、頼朝こそ武士の真の姿を示す人物であると心から敬慕し、頼朝の人柄も理想的なものと伝えられていたのでそれに希望を託して、頼朝の上京を待ち焦がれていた。そしてさらに、義仲何するものぞと思って、法住寺殿の後白河法皇の御所を城のようにして防備をめぐらすことを策動したのである。法住寺殿には人々があふれるばかりにぎっしりとつめかけ、源氏をはじめ延暦寺・三井寺の者どもにも召集がかけられた。やがて天台座主の明雲も参上し、比叡山の荒法師を率いてしっかりと守りを固めたから、義仲の方も、このままではわが勢力は衰えるばかりであろう、そうなる前にと思ったのであろうか、ついに決断を下し、山田（山田次郎。ただしここは今井四郎兼平《かねひら》の誤りであろう）・樋口（次郎兼光《かねみつ》）・楯《たて》（六郎親忠《ちかただ》）・根ノ井（行《ゆき》親《ちか》）という四人の郎従を引きつれ、寿永二年十一月十九日に突然、義仲の総勢千騎のうち五百騎ばかりの軍勢で法住寺殿へ押し寄せたのである。義仲方に三郎先生《せんじょう》（義広《よしひろ》）という源氏の武士があった。義仲の立場がこうなってしまったので義仲についていた者もみな法皇の味方に行ってしまったのに、この三郎先生はなお義仲に心を合わせて行動し、最勝光院（法住寺殿の一部）の方を固めている天台座主の軍勢の中に座主の手兵が何人かいたのを狙ってびしびしと射たところ、ばらばらと逃げて失せた。さんざんに追い散らされて、しかるべき公卿・殿上人・宮などもみな武士に捕えられたのである。殿上人以上の人では、美濃守信行《のぶゆき》という者がその場で殺された。そのほかでは、死亡した者は身分の高い人々の中にはさすがにいなかったし、相当に立派な武士もみな逃げたのであった。法皇は清浄光院《しょうじょうこういん》（京都市東山区にあった）の方へお移りになった。武士が来て、丁重に六条西洞院の木曾義仲の邸のかたわらにあった信成《のぶなり》（信業）の家におつれした。今の六条殿はこの御所である。

天台座主明雲の最期

さて、延暦寺の座主明雲、三井寺の親王八条宮と呼ばれた後白河法皇の御子（円恵《えんけい》法親王）の二人は、この時討たれて亡くなった。明雲の首は西洞院河で探し出され、延暦寺の顕《けん》真《しん》が受けとった。この間、明雲に従ってその最期を見とどけた者の話では、「明雲座主は、味方が固めていた一角が攻め落とされたと伝えられた時、法皇の御所に伺候していたのですが、長絹（絹布の一種。堅く光沢がある）の衣を着、香（織物の名。濃い黄色をしている）の袈裟をかけていました。こうなっては座主を乗せた輿をかつぐ人もなく、どうにもしようがなかったので馬に乗せ、弟子たちが少しついて、蓮華王院の西側の築地《ついじ》の下を南の方へ逃げました。ところが、ちょうどそこへたくさんの矢が射かけられ、鞍のうしろの高くなっているところをかすめた矢が座主の腰につき立ったのです。すぐにうしろから矢を引き抜きましたが、衣服の紐のくくり目からは血が流れ出ました。そして、築地の南端のところに田に引く水を貯めたところがありましたが、そこで馬から落ちてしまったのです。武者どもは弓に矢をつがえながら追いかけてきました。明雲座主の弟子に院宮《いんのみや》、のちに梶井宮《かじい》（後白河法皇皇子承仁《しょうにん》法親王）といってわずかの期間座主におなりになった御方がありますが、この時十五、六歳でした。その御方はけなげに『われこそは宮であるぞ』と名のられたので、生捕りにされて武者の小さな家につれていかれ、唐櫃《からびつ》の上にすわらされておいでになりました」

ということであった。

ところで八条宮の方は、つき従っていた人の判断が悪く、法衣や袈裟をお脱がせして、紺色の帷子《かたびら》（単衣《ひとえ》もの）をお着せしていたので、武者がとびかかって斬りつけようとした。その時、宮のうしろに、少将房といって御側近くに使われていた僧が控えていた。その僧は、のちに後鳥羽上皇の御所に伺候していた源右馬助俊光《としみつ》という者の兄であった。急を感じたその少将房が「俊光の兄」といいながら両手をひろげて立ちはだかったが、おどりかかった武者がその腕を斬り落としたところまではたしかに見たと語った者がいた。天台座主明雲の首をとった武者は木曾（義仲）にかれこれと手柄を語ったが、義仲が「そんな者の首がなんだ」といったので、そのまま西洞院河に捨ててしまったもののようである。「後白河法皇の御前に、御子である御室の守覚《しゆかく》法親王がおいでになったのに、急を聞くと一番に逃げておしまいになった。本当に残念なことだ」と語る人があった。明雲は比叡山で座主の職を争って快修《かいしゆう》と武力で戦い、雪の上で五仏院《ごぶついん》（延暦寺東塔の一院）から西塔までの間で四十八人を殺したという人物である。あらゆることに積悪の多い人であった。かつて西光が首を切られた日に明雲は西坂本まで下りて来た比叡山の衆徒に、「ここまで来ておりますぞ」などといわせて威嚇し、平入道は「庭に敷物を敷いて、衆徒の方々が比叡山の大峯に帰っていかれる火が見えている間は拝んでいました」などといったと伝えられている。このようにして明雲は、法住寺殿合戦の日にはまたいったいどうして武者のような行動をしたのであろうかと、世の末とはいいながらもさすがに非難する人が多かった。八条宮はかつて尊星王法《そんしょうおうほう》（北斗七星に長寿息災を祈る行法）を行なわれ、その折の誓いの文に、もし父後白河法皇に危難がある時には身替りとなってその難を受けようとお書きになったという。また三条宮（以仁王）が事をおこして三井寺に逃げ込まれたのを、追い出そうとなさったのもこの八条宮であったといわれている。どう考えてみても、この後白河法皇と木曾（義仲）との戦いは、天狗（深山に住むと思われていた怪物。後世の天狗の姿とは違っていた）のしわざであるとしかいいようがない。天狗が荒れるのをしずめることのできる仏法も、こう人の心が悪くなりはててしまってはもう何とも仕方がない。人々の心が神仏のめぐみを受けるに価しなくなってしまったのである。

松殿の政務掌握

さて、義仲は松殿（基房）の子で十二歳の中納言（師家）――この人は八歳で中納言になられたので、八歳の中納言というあだ名をつけられていた――をさっそく内大臣に昇進させ、さらに摂政、藤原氏の氏長者にした。この時には大臣の欠員もないのに、内大臣の実定《さねさだ》からしばらくの間といって借りての昇進であったから、世間ではまた師家に「借《か》るの大臣」

というあだ名をつけたのであった。こうして政務は松殿がとり行なわれることとなった。あのようにして平家のために摂籙の地位を失われたのであるから、せめてこの時だけでもなどという気持があったのであろう。さて松殿は除目を行なわれたが、善政と思って俊経《としつね》を宰相にとり立てたりなさった。こうして松殿が政務を掌握するようになると、摂政関白家の所領や文書はすべて松殿が管理をなさるのが当然であったから、近衛殿（基通）の権勢はもろくもほろほろと失われてしまった。ところで、後白河法皇は近衛殿をこの上なくかわいい人と思っておられたので、その時にも賀陽院《かやのいん》（高陽院泰子。鳥羽上皇皇后。二二七ページ参照）の所領――それは近衛殿の父中殿《なかどの》（基実）が賀陽院の養子となって相続していたのである――だけは近衛殿に領有を許してもよかろうと仰せになった。それにもかかわらず、松殿が認められないという返事をなさったので、法皇はくやしく思われたのであった。松殿ほどの人も、こうして木曾義仲の権力のもとでいつまでも政務をとろうと考えられたのであろうかと思うとこの上なく残念なことではある。それに対して、九条殿（兼実）は賢明で、木曾義仲の時に自分が選ばれずに松殿の方が選ばれたことについて「表向きに十二歳の仮面を立てたというのはあきれた興ざめな話だが、実際は松殿が還任したということなのである。あぶない、あぶない」といって、自分がのがれることができたのは仏神の助けであったとよろこんでおられた。

義仲の敗死

こうするうちに、やがてつぎの年寿永三年（一一八四）正月、頼朝は法住寺殿合戦のことを聞くと、弟の九郎（義経）という者に、土肥実平・梶原景時・次官《すけ》（中原）親能《ちかよし》などをつけて都に上らせた。義経は正月二十日、事もなく京都に進入し、その日のうちに義仲を殺して首をとったのである。それより先に、関東の武者が攻め上ってくるという報せを聞いた義仲は、郎等どもを勢多《せた》（滋賀県大津市）・宇治・淀《よど》（京都市伏見区）などの方面へ分散させて防ごうと手びろく布陣する作戦を立てた。ところが、九郎・親能は鋭く宇治の方から駆け入ってきた。もう賀茂の川原に敵軍が立っていると聞いて、義仲はわずか四、五騎を従えて駆け出していった。まもなく、勢多を守っている味方の軍勢に加わろうと、大津の方を指して逃げていく義仲を九郎が追い駆け、大津のあたりの田の中に追い落とし、伊勢三郎という郎等が討ち取ったということであった。ほどなく義仲の首が都に持ってこられた時、後白河法皇は御車に乗って御所の門までお出でになり、大路を通っていく義仲の首をごらんになったのである。

一の谷合戦

さてそのころ、平家の方では宗盛内大臣がわが主と仰ぐ安徳天皇を奉じ、義仲と連合する作戦を立てて、西国から都を指して進撃し、福原についていた。そしてまもなく、同寿永三年二月六日、頼朝は郎等たちに命じて攻撃をかけたのである。その戦いは一の谷（神戸市）というところで、九郎――名を義経といったが後京極殿《のちのきょうごくどの》（良経《よしつね》）の名とよみが同じであったために、のちに追われる身となった時に義顕《よしあき》と名を変えられた――が背面から攻撃する軍を率い、谷の上から平家の陣に討ち入って勝敗が決した。平家の一門では、東大寺焼討ちの大将軍重衡が生捕りにされ、そのほか十人ばかりがその日に討ち取られた。教盛《のりもり》中納言の子の通盛《みちもり》三位、忠度《ただのり》などという者どもがその中にいたのである。そして宗盛はあわてふためいて船に乗り、また逃げのびていった。

その後まもなく、寿永三年四月十六日（十五日の誤り）に、崇徳上皇ならびに宇治贈太政《うじのぞうだじょう》大臣《だいじん》（頼長）を祀る神殿ができ上がった。神社の敷地は春日河原（京都市左京区）の保元の乱の戦場跡に定められたのである。この神社の諸事をとり行なっていた範季朝臣は霊蛇の出現を見たといい、平野社（京都市北区）の預《あずかり》（神職の一つ）になっていた神祇権大副卜部《じんぎのごんのおおすけうらべ》兼友《かねとも》も夢に神のお告げを受けて夢判じをしたなどと伝えられた。この神社の造営のことが短期間に決せられたのは、木曾義仲が起こした法住寺殿合戦のことを人々がもっぱら天狗のしわざであると思っていたからであり、間違いなくこの新院（崇徳上皇）の怨霊のせいであるなどといわれていたからであった。また新院の御思い人に烏丸殿という女房があったが、この時まだ生きていたので、綾小路河原《あやのこうじかわら》（京都市左京区）にあった烏丸殿の家にも崇徳上皇の肖像を安置する御影堂《みえいどう》をつくり、霊験があったなどといってさまざまなことが行なわれた。

平家の滅亡

このようにして、平家は西国の海に浮かんだままで国々の支配を行なっていた。関東の方はまた事もなくひまになったが、まだ争いは落ちつかず、京中の人々は放心状態のままに嘆きあっていた。そして元暦《げんりゃく》二年（一一八五）三月二十四日、前から海戦の準備をしていた頼朝は、いよいよ雌雄を決する機会が来たという報せを受け、武士らを続々と西国へ派遣し、長門《ながと》（山口県）の海峡にある門司関《もじのせき》（福岡県北九州市）の沖のあたり、壇《だん》の浦《うら》（山口県下関市の沿岸）というところで海戦にのぞんだ。戦いの結果、安徳天皇を祖母の二位（平時子）——宗盛の母——が抱きかかえ、神璽・宝剣といっしょに海に入った。二位尼は実に腹のすわった女性であった。内大臣宗盛以下、平家一門はすべて海にとびこんだのであるが、宗盛は水泳の心得があったので、浮いては沈み浮いては沈みするうちに生きたいと思う心が起こり、とうとう生捕りにされてしまった。安徳天皇の母后建礼門院（平徳子）も海中から引き上げられ、あれこれ手をつくして生かし申し上げた。神璽と神鏡は同年四月二十五日に都に還ってこられたが、宝剣は海に沈んでしまったのである。神璽はそれをお納めする箱が海の上に浮いていたのを武者が掬い上げて、内侍（内侍司の女官）であった尹明《これあき》の娘に見せたりした。神鏡の方は大納言時忠が海からとり上げて保持していた。この時忠は二位尼の弟にあたる人で、宗盛が引きつれていた平家一門の中に、平時信の子であるということで加わっていた。才ばしったことばかりして、たびたび流されたりした者であった。神璽・神鏡と生捕りにされた者とはいっしょに京都に送られた。二宮（高倉天皇第二皇子守貞《もりさだ》親王）も捕えられ、その後は上西門院（後白河天皇同母姉統子内親王）に養育されておられた。宝剣についてはさまざまな手がうたれたが、ついに海女も潜水しかねて探し出すことができなかった。その間の事情はどのようであったとも書きつくすべきことではない。ただ自分で推測してみるべきことであろう。重要な、事の節々にあたることならともかく、そうでないことは書きつけてもそのかいがないので、書き落としてしまうことばかりである。そののちに、この天皇に安徳天皇という名がおくられた。この天皇が海に沈んでおしまいになったのはなぜかというに、この天皇は平相国（清盛）が祈願をかけ、安芸国（広島県）厳島《いつくしま》の明神のお恵みによってお生まれになった天皇であったからである。この厳島の神というのは竜王（娑伽羅竜王）の娘であるといい伝えられており、清盛の信仰の心が深いのに感応して、この神が、みずから天皇となってこの世にお生まれになったのであった。それで最後には海に帰っていかれたのである。事情を知っている人はこのようにいい伝えているが、それはわたくしにも真実であると思われる。

因果の道理

そもそも、宝剣が失われてしまったというこのたびの出来事ほど天皇の政治にとって心の重いことはないであろう。そこで、このことについても、理解すべき道理がきっとこめられているに違いないと思い、考えをめぐらすと、今の世の中は武士がひたすら表にあらわれて天皇の守護者となる世の中であるから、それと入れ替わって宝剣がなくなったのであると思えてくるのである。それというのも、剣は太刀といって兵器の大本である。つまり宝剣は天皇の武の面の御守りなのである。国主は文武の二道によって世を治めるのであるが、文は継《けい》体守文《ていしゅぶん》（祖先のあとを受け継ぎ、成法に従って武力によらずに国を治めること）といって国王の御身につき従うものであり、東宮には学士（東宮の教育に当たる学者）、天皇には侍読（天皇に侍して学問を教授する役）や儒家がおかれている。武の方は、この御守りに皇室の祖先の神が乗り移って守護し奉るのである。そのうえ今は、武士の大将軍がしっかりと政治の権を握って、武士の大将軍の心にそむくようでは天皇も位についておいでになれないような時のめぐり合わせがはっきりと表にあらわれ出てきた世である。そして、そのことを伊勢太神宮も八幡大菩薩もお認めになったのであるから、こうなっては宝剣はもう役に立たなくなったのである。高倉天皇は平家がお立てした天皇であった。天皇の武の方面の御守りである宝剣がこの天皇の時代になってついになくなってしまったことは、考えてみるとよく理解できることであり、世の移り行く姿がしみじみと物悲しく思われるのである。だいたい、上下の人々すべての運命も、過去・現在・未来にわたるめぐり合わせも、理法のままにおのずから移り行くものなのであるから、そのことを理解すればものごとはたいへん明確にわかってくるのである。そんなことは理由のないことだと思う人もあろう。しかし、三世にわたる因果の道理というものにしっかりと照らし合わせてみると、その因果の道理と、理法のままに移り行くめぐり合わせとが、本来しっかりと調和するように作られており、その中でものごとは流れ下っていったり、また逆行して上っていったりするものであることがわかるであろう。したがって、深い知恵をもつ人は、この理が明白に流れていることをしっかりと理解しているから、他心智（他人の心を知る知恵）・未来智（未来のことを知る知恵）などを得た人のように、すこしも違わずにものごとを予知できるのである。中国の聖人といわれた孔子や老子にはじまるすぐれた人々は、みなこの真理を理解して、前もってものごとのなりゆきをいい当てたのである。そしてこの世の中でも、少し賢明な人がものごとについて思慮をめぐらす時には、それぞれの分に応じてものごとのなりゆきを見通しているのであって、そういう人が登用されて政務を行なえば世の中は治まり、そうでない人がただ当面のことばかりに追われて事を処理し政務をとる時は、世はただひたすらに滅びていくばかりであるということがわかってくるのである。

重衡斬罪

さて、九郎（義経）は大夫尉《たいふのじよう》に昇進させられ、生捕りにした宗盛公や重衡などを引きつれて五月七日に頼朝のもとへ下っていった。宗盛と重衡は二人ともまた京都に送られ、内大臣宗盛は六月二十三日（二十一日の誤り）に勢多の辺で首を斬られた。重衡は、これこそ東大寺の大仏を焼いた時の総大将であるから、こうして仏の御敵を討ち取り申し上げた証拠にしようというわけで、わざわざ泉の木津《こつ》（京都府木津川市）の辺で斬り、その首は奈良坂にさらしものとして懸けたのであった。前内大臣（宗盛）の首が検非違使庁へ運ばれていく時、見物の人々とともに後白河法皇もそれをごらんになった。重衡の最期については、（源）頼政入道の子の頼兼《よりかね》という者を護送の使者として上らせたが、東大寺につれていく途中で斬ったのであった。大津から醍醐を通り櫃河《ひつがわ》へ出て、宇治橋を渡って奈良に行ったのである。ところで、重衡は邦綱の末娘で大納言典侍《ないしのすけ》（輔子《すけこ》）という女房を妻としていた。この女房は高倉天皇にお仕えし、安徳天皇の御乳母でもあったが、この時、姉の大夫三位《たいふのさんみ》（成子《しげこ》）が日野（京都市伏見区）と醍醐の中間あたりに家をつくって住んでいたところへ身を寄せていた。重衡は護送されていく途中で妻のいる所を通りがかったのを喜んで乗物から降り、今すぐにも死ぬ身を嘆き、泣く泣く妻の差し出した小袖に着替えて身なりを正したりして時を過ごした。(26)頼兼も着替えることを許したのである。だいたい悪事をさかんに行なっている時は、それに対して憎悪の念を燃やすものであるけれども、またそれがこういう場面になってしまうと聞く人は悲しみの涙に沈むものである。季通《すえみち》入道の子に範源《はんげん》法印という僧があった。範源は天台宗のすぐれた学者で、宗学の論義を行なう時の出題者であったが、昔吉野山に通っていた時、人相を見て人の運命を判断するのに巧みであると評判されていた。かれは吉野から都へ上ってくる途中、くぬぎの生えている野原で重衡に出会った。「これはいったいどうなさったのですか」と尋ねたところ、罪人として引かれていく途中でやがて殺されるであろうという。範源はそれまでに今すぐに死ぬであろうという人の人相を見たことがなかったから見ておこうと思って輿から降りた。そのあたりには武士たちが食事のために馬を休めたりしていたが、少し重衡に近寄ってよく見たのに、まったく死相は見えない。これはどうしたことかと、重衡のまわりをまわりながら見たが、ついに死相を見いだすことはできずじまいになった。本当に不思議なことであったと語るのを聞いたことがある。人相というものはいったいどういうものなのであろうか。頼朝が重衡に対してこのような処置をとったことを、世間の人々は舌をならしてうらめしく思ったのであった。頼兼は頼政のあとを継いで内裏の警備の任に当たった。しかし、それも永くはなく、思うようになれないで死んだ。そのあとはまたその子頼茂《よりもち》という者が継いで内裏に出仕することになった。

九郎義経の謀反

このようにして今や世の中も落ちついたかと思ったのに、元暦二年（一一八五）七月九日正午ごろになみなみならぬ大地震が起こった。古い堂で倒れないものはなく、あちこちの土塀の崩れないものはなかった。また少しでも弱い家でこわれないものはなく、比叡山の根本中堂以下傾かない所はなかった。地のゆれ方はひとかたではなく、竜王動《りゅうおうどう》という地下の竜が上下に動くようなゆれ方であった。世間では平相国が竜となって震動させているのだと噂した。法勝寺の九重塔は簡単には倒れなかったが、傾いてしまい重ごとの飛簷垂木《ひえんたるき》はみな落ちてしまった。こののち、九郎は検非違使五位尉伊予守というように官位を進められ、関東の鎌倉の館に赴き、また都へ戻ってきたりしたころから、頼朝にそむく悪心を抱くようになっていった。

さて頼朝は地方にいすわったままで、しだいに位階を加えていき、正二位にまで昇進した。また朝廷では平家が管理していた所領を調査して目録を作ったが、没官（没収して官有とすること）の所と名づけられた五百余ヵ所の所領はそっくりそのまま頼朝に与えられたのである。東国は武蔵（東京都・埼玉県・神奈川県の一部）・相模（神奈川県）をはじめとして、頼朝の申請するままにその管理の権を与えられたのであった。

義仲は入京してから敵対する人々を捕えて絞め殺そうと思い、まずはじめに頼盛が狙われたので、頼盛大納言は頼朝のもとへ逃げ下っていった。頼朝は鎌倉から二日の道程のところまで出迎えて、あたかも父に対するようにもてなした。また頼朝は以前から、妹が一人いたのを大宮権亮能康《おおみやごんのすけよしやす》（能保）という人の妻にしていた。それでこの能康もまた妻とともに鎌倉へ下ったのである。こうしてしかるべき者どもが鎌倉に集まり、頼朝は京都の人々の様子などについてもたいへんよく知ることができた。

さて、頼朝の代理として都にいたこの九郎判官は、このころ急に頼朝にそむく心を起こして、文治元年（一一八五）十一月三日、頼朝を追討せよという後白河法皇の宣旨を賜わったのである。この宣旨を下すにあたって法皇は公卿たちに御相談なさったが、公卿らはみなその時の情勢をおそれて「宣旨を下されるのがよいと存じます」というばかりであった。その中で九条右府（兼実）一人だけが「追討の宣旨などというのは何か罪過をおかした時、それに対して下されるものであります。頼朝が何か罪過をおかしたのでしょうか。いまだにその罪過が何であるか存じておりませんので、とやかく意見を申し上げることはできかねます」といわれたのであった。頼朝の郎従の中に土佐房《とさのぼう》（昌俊）という法師があった。この宣旨が公表されると、土佐房はためらうことなく、九郎義経のもとに夜襲をかけたのである。九郎は起きてはげしく応戦し危難をのがれたが、傷を負わされたうえにはかばかしく軍勢も集まらなかったので、文治元年十一月三日、宣旨を首にかけて都を退出していった。九郎は船に乗って西国の方へと出ていったという噂が伝えられたが、その夜、京中の人々は不穏な動きをおそれてひどく騒ぎあったのであった。九郎が落ちていく時は人一人くらいは人質としてつれていくかと思われたが、そういうことは何もなく味方だけで落ちていった。そして川尻（淀川の河口）で頼朝方の郎従どもに追い討ちをかけられ、九郎の勢は散り散りになって逃げうせてしまった。十郎蔵人（源）行家《ゆきいえ》という武士は、さきには木曾義仲についていた。今度は九郎に合流していたのに、それも離れて北石蔵《きたいわくら》（京都市左京区）で討たれてしまった。その首のことなどの噂をする者もあったという。九郎はしばらくの間時節を待とうと、身をかくしながらあちこちと移動していた。無動寺（延暦寺東塔にあった別院で、当時は慈円が管理していた）に財修《ざいしゆう》という下級の僧がいたが、その僧房にしばらくの間九郎をかくまっていたと、のちになって伝えられた。こうして九郎はついに逃げおおせて、陸奥国《むつ》（福島・宮城・岩手・青森の各県）の康衡《やすひら》（泰衡）のところへ行ったのである。この逃亡のことは驚くべきことであると評判されたが、康衡は九郎を討ち取ってそのことを頼朝のもとへ報告した。しかし、陸奥国の人々は「殺さなくともよかったのに、悪いことをしたものだ」と語りあったということである。

頼朝の配慮

同年十二月二十八日、九条右大臣を内覧に任ずる宣旨が下された。この頼朝追討の宣旨を下すのに賛成した人々に対しては、みな天皇のおとがめがあるべきであると頼朝が申し入れてきた。それで、蔵人頭《くろうどのとう》光雅《みつまさ》・大夫史《たいふのし》（小槻《おづき》）隆職《たかもと》などは官をやめさせられたのである。宣旨を出した時の責任者は左大臣経宗であった。頼朝はそのことに関してはとやかくいわなかったが、議奏（頼朝が特定の公卿を推薦して重要な政務を合議させたもの）の上卿（公卿の誤り）にはこの人をといって申し入れてきた名簿の中には左大臣の名が書き込まれていなかった。頼朝はこういうやり方で人々に「もっともなことだ」と思わせたのであるが、それほどまでにこまかく配慮したものと思われる。そしてさらに、後白河法皇の側近（高階）泰経《やすつね》

三位なども みな閉門させてしまったのであった。

陸奥国平定

さて文治二年十一月二十六日（二十五日の誤り）、今度は頼朝に九郎を捕えて差し出せという宣旨が下された。まったくあきれた話である。またその後、文治五年七月十九日に頼朝将軍は鎌倉を進発して陸奥国をめざし、ついに陸奥国の秀衡《ひでひら》のあとつぎである康衡という者を討ち取ろうと考えた。それはいかにももっともなことであった。康衡は誰にも従わぬ態度を示して陸奥国ほどの広大な国をひとりで領有していたのであるから、どうして頼朝がそれを自分のものにしないでいられようか。もののしく軍勢をととのえて攻め入った頼朝は、同年九月三日、やすやすと平定してしまった。そして頼朝はこの陸奥国をみな郎従どもに分け与え、このことを朝廷に報告したあとで、折目正しく国司となった。頼朝の陸奥国の治め方は、それまでの支配とは異なっており、国司の統治のためにもたいへんよい結果を遺したのである。(27)

鎌倉武士の腕前

秀衡に母太郎・父太郎という二人の子があった。康衡はその母太郎の方である。秀衡が家督を母太郎に相続させたので、父太郎（国衡《くにひら》）は平泉《ひらいずみ》（岩手県。奥州藤原氏の本拠地）とは別のところに居館を作っていた。父太郎は武者としての器量も人にすぐれ、戦いの日も他にぬきんでてあっぱれな者と目立っていた。頼朝方ではその父太郎を討ち取ろうと心にかける者が多かったが、荘司次郎（畠山）重忠が戦闘の中に分け入ってただちに出会い、その首を取ってきた。頼朝はいつも荘司次郎に進撃の先頭をつとめさせた。この荘司次郎はなかなか勇猛な武者であった。いつどんな涼みをしている時でも、彼の傍では仲間の者は膝を組んでくつろいでいるということはできなかったといわれている。頼朝は鎌倉を出発して以来、片時たりとも弓の弦をはずさず、また弓を身近においていたので、郎従どもはひとかたならず恐れあっていた。その武芸の巧みなことは、狩などの時に大鹿と肩をならべて角をつかまえ、手玉にとるほどであった。そして頼朝の子太郎頼家もまた、古今に絶えてないほどの腕前をもっているとは、かくれもない評判であった。

巻第六

兼実一族のこと

九条右大臣（兼実）は、文治二年（一一八六）三月十二日、ついに摂政任命の詔を受け、藤原氏の氏長者とする旨の仰せを承った。九条殿はその前年の十二月二十九日に内覧の臣に任命されたが、摂政のことについては決定がなかったので、御自身も人々も何となく落ちつかない思いをしていたのである。この決定を知って世の中の人々は、まったくふさわしい摂《せっ》籙《ろく》の臣があらわれたものだと思った。そして、右大臣は「治承三年（一一七九）の冬（清盛が関白基房をやめさせたことをさす）以来どうなることかと判断もつかなかったので、仏や神に祈ったところ、将来かならず摂籙に昇進をするというお告げがありました。それで十年（実際は八年）後の今日を待っておりました」といわれたのである。まもなく同月十六日には御礼のために参内なさったが、その夜は特に激しい雨が降った。その後、九条殿が後白河法皇と心静かにお会いになった折に、法皇は「自分は見られるとおり、とりたてていうところのない身であるが、もう久しく国の政治を見てきた。そなたは遠慮せず、ただよく治まっていくように政務を行なってもらいたい」などと仰せになり、寵愛なさっていた丹後（高階栄子）――浄土寺二位のことで、宣陽門院《せんようもんいん》（後白河法皇皇女覲子《きんし》内親王）の御母である――にも面会をおさせになったりしたのであった。また、頼朝が関東からいろいろと好ましい約束を申し出てきて、世間の人ももうこれで世の中はしっかりと落ちついたと思ううちに時が過ぎていった。

文治二年十月二十八日（二十九日の誤り）、九条殿の嫡子良通《よしみち》大納言大将は内大臣に任ぜられ、大饗《たいきょう》（大臣に任命された日に行なわれる宴会）を盛大に行なわれたりしたが、同四年正月に春日神社に参詣されたのである。この時、良通内大臣は九条家の嫡子として父の九条殿の御供をなさったのであったが、摂政と内大臣がいっしょに参詣なさるというようなことはめったに例のないことで、内大臣も氏長者と同じように、先払いをする者をおつれになり、近衛府の武官を従えておられた。先払いというのは、大外記《だいげき》・大夫史《たいふのし》・弁《べん》・少納言に、家型のおおいのついた牛車の乗り口の前を馬に乗っていかせることである。この参詣の行列は、実に立派なものであった。このように摂政と内大臣が二人ならんでお出かけになるような時には、片方の先払いは五位でないただの史・外記がつとめるものである。ところが現在は五位の史・外記が二人ずつできているから、こういう時にも少し厳重にし、両方に五位をつけられたのであろう。

さて、春日神社参詣のことがあった翌二月の二十日の明け方、この内大臣は前夜おやすみになったままで、御側の人が気がついた時にはもう息絶えておられたのである。この人は、詩・和歌・管絃の三つの舟に上手に乗ることができるような才能に恵まれ、大学寮の学問を学び、故実をわきまえ、和漢の才にすぐれて、まだ二十一歳（二十二歳の誤り）の人とはとても思われないほどしっかりした人であった。少し背丈は小さめであったが、立居振舞はぬきんでてうるわしく、人々の称賛の的であったから、父の九条殿もめったにないよい子を持ったものだと思っておいでになったのである。また、皇嘉門院《こうかもんいん》（崇徳天皇皇后聖子《せいし》。兼実の姉）に養育されて成人し、その御遺領をすべて相続した人であった。

その内大臣がこのような死に方をされたので、九条殿はただちに喪に服し、そのことを後白河法皇に申し上げたりなさる間に、「自分はもう生きていてもかいがない。受けがたき人の命を得て、この世に人として生まれたうえは、仏道に入ることこそ願わしいことだ。それに、自分は摂関の家に生まれた身としては昇りうべき最高の地位にもついた。出家をしたいものだ」と、心に深く思われるようになった。しかしその一方で、九条殿は良通内大臣の妹（任子《にんし》）を兄と変わらぬくらいに可愛がっておられたのである。この御娘は今の宜秋門院《ぎしゅうもんいん》（後鳥羽天皇中宮）のことである。九条殿は昔の上東門院《じょうとうもんいん》（道長の娘彰子《しょうし》）の例にならって、当時、後鳥羽天皇の御元服も間近であったから――そのころ後鳥羽天皇は八歳（九歳の誤り）になられ、御年十一で御元服が行なわれるであろうと考えられていた――この御娘を入内させ皇后に立てようと深く心の中に思われたのであった。しかし後白河法皇にも、御出家ののちではあるが丹後を御母とする女王（宣陽門院）があった。また頼朝にも娘があったのである。これらのことを考慮なさった九条殿は、御娘の入内はなかなか思うようには行くまいとお考えになり、この願いが成就しないようであれば、良通内大臣の四十九日の喪が終わった時に出家をとげようとお考えになった。そして入内実現のことを一心に祈られたところ、また、この願いはかなえられるであろうという、あらたかなお告げがあったのである。そこで九条殿は心を落ちつけて、善政と思われること、内裏の政務や儀礼などを盛んになさりながら、摂籙の任につかれたはじめから、諸卿の批判をお聞きになるなどのことをお続けになり、中でも記録所（荘園文書の登録や整理に当たる役所）のことを熱心に行なわれた。こうして文治六年正月三日、後鳥羽天皇が元服なさったので、九条殿は正月十一日の吉日に、上東門院の例にならって御娘の入内という念願を思いのとおりに果たされたのであった。

頼朝の上京

さてこのようにして時がたっていくうちに、文治も六年となった年（一一九〇）の四月十一日、改元のことが行なわれて建久となった。そして、建久元年十一月七日、頼朝卿が京都にのぼってきたのである。世の中の人々はかねてから、早く上洛しないものかと思ってこの日を待っていた。頼朝は六波羅の平相国（清盛）の邸宅の跡に、二町の広さをとって新邸を造作しておいてから京都に入ってきた。はじめは十一月六日の入京ということであったが、

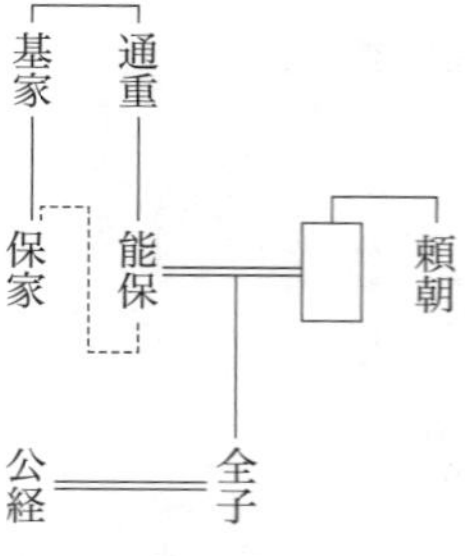

雨のために勢多（大津市）のあたりにとどまり、思いどおりに雨の上がるのを待ったうえで、七日に入京してきたのである。京に入ってきたその有様は、頼朝より前に武士を三騎ずつ並べて行進させ、その数は実に七百騎に及んだ。さらに頼朝の後ろには整列しない三百騎の武士が続いた。頼朝は、紺・青・丹《に》三色の、砧《きぬた》で打ってつやを出した水干を着て、夏の鹿の毛皮で作った行縢《むかばき》（腰につけて袴の前面を覆うもの）をつけ、本当に雄大な姿で黒い馬に乗っていた。その後、院や内裏に参上したりしたが、後白河法皇も頼朝をたぐいない者と思われるようになったのである。まもなく右大将に任命されることになった。十一月九日にまず権大納言に任ぜられた。参議・中納言を経もしないで、ただちに大納言になったのである。同月二十四日にはさらに右大将にも任ぜられたので、同日（十二月一日の誤り）、頼朝は御礼を申し上げるために参上した。そして十二月三日になって、権大納言と右大将の両官職の辞退を申し出たのである。頼朝は以前から折にふれて正二位までの位は授かっていた。この時も大臣に任命してはということを考慮されたのだが、頼朝は自分の考えに従って立派に身を処したのであった。何といってもこういうことは、末代の将軍にはめったにない立派なことである。頼朝はたいへんすぐれた器量をそなえた人物で、右大将任命の御礼を申し上げに参上した時にも、たいへん目新しい作法を作って

いた。先払いの十人にはすべて院の北面の武士を賜わり、また身辺警備の武士には（秦）兼《かね》頼《より》の子息太郎兼平を賜わった。供に従えていた公卿としては、能保《よしやす》ひとり――頼朝の妹の夫にあたり、その後しだいに昇進したので中納言となった――をつれ、さらに能保とほかならぬ頼朝の妹との間に生まれた娘の婿にあたる公経《きみつね》中将、また能保が自分の従兄弟を養子にしていた保家《やすいえ》少将――基家《もといえ》中納言の子である――というような人々をつれていた。そして自分の車の後ろには、鎧だけを着せて冑をかぶらせない七騎の武士をひきつれていた。その名などはさだかに記憶してはいないので省略する。この参内の有様を見た人は、まことにすばらしい見ものだと評判しあった。こうして内裏に参上した頼朝は、殿下（兼実）と会って、世の中はいかに治めていったらよいかなどについて、深く話しあったのであった。

頼朝は内裏だけではなく、院へもたびたび参上した。頼朝は早くから経房《つねふさ》大納言を京都において朝廷と幕府との取次ぎをする者にしようときめて、そのことを申し出ていたので、上京して六波羅の邸に入っても、人が驚くほどの早さで一番に後白河法皇のところへ参上したのであった。頼朝はさきに法皇の命をうけて、さっそく法皇がお住まいになる六条殿を造って差し上げたが、その間、経房は頼朝の意をうけてよくよく指図をし、敷居の内外まであれこれと詮議しつづけたのであった。そして、前々からよく院に参上しなれているように振舞って、人からほめられようと思っていたので、きっと頼朝から「院に参上する折には、先に立って導いてほしい」といわれるであろうと期待していた。ところが頼朝は何もいわないでさっさと行ってしまったから、経房は頼朝の後ろについて歩き、その時は白昼であったからわからないはずがないのに、「そこは敷居よりも上の間です。ここは下の廂の間です」などといったりした。生まれつき口うるさいでしゃばりな人であったから、よけいなことをまくしたてたのである。頼朝はあとになって「まったくあの人は心得のない人だ」といったという。

ともかく頼朝は、こういうように在京の間、人にほめられることばかりであったが、石清水八幡宮（京都府八幡市）・東大寺・天王寺（四天王寺。大阪市）などをめぐって参詣をすませると、いくらもたたないうちに十二月十八日（十四日の誤り）には、鎌倉へ向けて下っていった。出発の前の日には、頼朝に対して大功田百町をたまわる旨の宣下があったりしたのである。また頼朝は院に参上して、後白河法皇につぎのようなことを申し上げた。

「わたくしは朝廷・皇室のためを思い、君に変わったことが起これば、少しの私心もなくわが身にかえてもと存じておりますが、それはわたくしが（上総）介八郎広常《ひろつね》を討ちとりましたことによっても明らかでございます。広常という者は、東国きっての有力者でございました。このわたくし頼朝が旗挙げをして君の御敵をしりぞけようとし勝つことができましたのは、はじめに広常を呼び出して味方に加えましたからこそできたことでございました。したがって広常はわたくしにとっては功績のある者でございましたが、ややもすると、『いったい、頼朝はなんの理由で朝廷や皇室のことばかりみっともないくらいに気にするのだ。ただわれわれが関東でやりたいようにやっていこうというのを、いったい誰が引っぱったり動かしたりできるというのか』などと申すような、謀反の心を持つ者でございましたので、こんな者を郎従としていれば、頼朝まで神仏の加護を失うことになると思い、広常を殺したのでございます」

この頼朝の話のように、命をうけた梶原景時《かげとき》が介八郎を殺したのであるが、景時の功名はいうことばもないほどであった。その時、景時は広常と双六《すごろく》をしていたが、景時が双六の盤の上をさりげなく越えたと思う間もなく、広常の首はかき切られ、頼朝の前に差し出されたという、本当とも思えないようなことであった。くわしくいえば、こういうことは間違いもあるから、ここではこれくらいで十分であろう。後白河法皇に申し上げたこの頼朝のことばが本当であれば、頼朝という人は本当に朝廷や皇室の宝ともいうべき人だったのである。

後白河法皇の死

建久三年（一一九二）三月十三日、後白河法皇がお亡くなりになった。前の年から法皇は御病気になられ、少しは快方に向かわれたなどと伝えられたのであるが、それもしばらくの間であった。御病気の名は大腹水痟《だいふくすいしょう》といい、腹腔に水がたまり排尿が困難になるものであったので、御足などは動かなくなったのに、お亡くなりになる前の日まで一日中護摩《ごま》（不動明王を本尊として、乳木を焼いて祈念をする行法）を中絶することなくお続けになったのである。御喪の間の御仏事のことなどは、さすがにこのごろでは聞いたこともないくらいに、たいへん立派に行なわれたのであった。だいたい、この法皇はまだ俗体でおられた時から袈裟をおつけになって護摩などをなさり、出家なさってからはますます仏道修行だけに打ちこんでおいでになった。お読みになった経の数は数万部になったが、その中で、法華経は二百部に及んだと伝えられている。ひごろは舞や猿楽を愛好され、演じさせてはごらんになっていた。また御妹の上西門院《じょうさいもんいん》（統子《とうし》内親王）も、いつも経典をお読みになる持経者で、法皇よりもお経を少し速くお読みになったので、ひごろは法皇といっしょに読経をしようなどと仰せになっておられた。後鳥羽天皇は法皇の御病気の間お見舞においでになったが、法皇が国政のことはすべて天皇にいい遺されたので、お亡くなりになったのちは、太上天皇はおられないままで政務が行なわれた。白河・鳥羽・後白河とこの三代の間は、位を退かれた天皇が世をお治めになったのであるが、この時はめずらしく、天皇が退位なさってからのことについて、あれこれと事務が行なわれることもなかった。院の御所で行なわれていた尊勝陀羅尼《そんしょうだらに》供養などということも、法勝寺《ほっしょうじ》（白河法皇の御願寺。京都市左京区にあった）で行なわれたのである。こうして後鳥羽天皇は、殿下（兼実）と鎌倉の将軍（頼朝）の二人に相談をなさりながら、世の政務を行なわれたのであった。

東大寺・東寺・興福寺の復興

後鳥羽天皇はまずはじめに、院分《いんぶん》（法皇が国司の収入分を領有している国）であった播磨国・備前国を、文学《もんがく》（文覚）・俊乗《しゅんじょう》（重源《ちょうげん》）という二人の上人にお与えになり、「まだ手もつけていない東大寺の再建を急いで進めなければならない。また東寺（教王護国寺。京都市南区）は弘法大師の御建立になり、鎮護国家のために果たした功績はたぐいのない御寺であるというのに、今は寺もないような有様になっている。これも再建しなければならない。後白河法皇の御追善としてこれにまさることはないであろう」と仰せになった。東寺のためには文学房に播磨国を、東大寺の方は俊乗坊に備前国を与えられたのである。東大寺には以前から周防《すおう》国が確保されていたが、それだけでは間に合わないというわけで、備前国が加えられたのであった。文学はその昔、伊豆国に流されていた時に、同じ国にいた頼朝と朝夕行き来して、仏法を信ずべきこと、王法を大切に守護し申し上げるべきことなどを説き聞かせたのである。頼朝は自分がこのまま世に出ないで終わってしまうとは思わなかったので、いつかは打って出ることもあろうと心に期して、文学に約束をかわしていた。するとはたして思うとおりになったので、高雄寺《たかおでら》（神護寺《じんごじ》。京都市右京区）のことも、東寺のことも、その興隆のためにひとかたならぬ援助をしたのであった。文学は修行にかけては人におくれはとらなかったが、学問はない上人であった。またあきれるほどに人をののしり悪口をいうので、人々の非難をうけ、天狗を祭っているなどと噂されたこともあった。しかし、仏法興隆の誠が心をとらえたからであろうか、播磨国を七年間も管理し、東寺の再興をなしとげたのである。

さて九条殿は年来の願いがかなって摂籙となり、興福寺の南円堂、その御本尊である不空《ふくう》羂索観音《けんじやくかんのん》などの丈六の仏像をはじめとし、大伽藍を隣接する東大寺とならべて再建された。建久五年九月二十二日、興福寺の落慶供養が行なわれた。当日は激しい雨の日であった。その前日に九条殿は春日神社に参詣をなさったが、中納言以下の公卿が騎馬で御参詣の先払いをつとめたという。これは御堂《みどう》（道長）の御時から始まったことらしいが、めったにあることではないと人々は思ったのである。

建久六年三月十三日（十二日の誤り）、東大寺の落慶供養が行なわれ、後鳥羽天皇・七条院（後鳥羽天皇御母殖子）がお出ましになった。この日の天候は大風大雨であった。頼朝将軍はこの東大寺供養に出席しようとして、三月四日にふたたび上京してきた。供養の日、頼朝は東大寺に参詣し、武士らにとりまかれていた。折からの大雨にも武士らは雨にぬれることなど気にもとめない様子でしっかりと居ずまいを正して控えていたが、それはもののわかる人にとってはなかなか驚異の念を禁じえない場面であった。頼朝はまた参内してたびたび殿下（兼実）と会見したりしたが、今回の上京には万事よそよそしい空気があったからであろうか、まもなく六月二十五日には関東へ下っていった。

通親の陰謀

この建久六年の八月八日（十三日の誤り）、中宮（任子）御産のことが伝えられ、世上は大変な騒ぎとなった。九条殿は、前代にもなかったような御祈禱をどのくらいなさったことであろうか。それなのにお生まれになったのは皇女（昇子《しょうし》内親王）であったから、たいへんがっかりなさった。皇女は八条院（暲子内親王）がそのまま養育なさり、立てば光りすわれば光るほどの御容姿は、末の世の上下貴賤の女房にはまたとない御美しさであった。「おぐしの豊かなことはまあ大変なものだ」などと世間では評判しあったし、後鳥羽天皇も「これはめったにないような娘だ」とお思いになり、いつも呼びよせてごらんになっては、心をたのしませておられた。のちに院号をお与えになって、春花門院《しゅんかもんいん》と申し上げたが、人々はこの院号を春の花のはかなさに通ずるとしてよくいわなかった。

さて建久七年の冬のころになって大変なことがおこった。摂籙の臣九条殿が閉門させられておしまいになったのである。関白には近衛殿（基通）が返り咲いて、中宮も内裏から退出なさった。どうしてこんなことになったかというと、頼朝が自分の娘（大姫《おおひめ》）を入内させたいという考えを心に深く抱くようになり、（源）通親《みちちか》大納言のもとに「わたくしの娘を内へ差し上げたい」という手紙を送った。ところが、通親もまた後鳥羽天皇の御乳母であった刑部卿《ぎょうぶきょう》三位《のさんみ》（範子《のりこ》）を妻として生ませた子を隠しおいていたのである。また明雲《みょううん》の弟子の梶井宮《かじいのみや》（承仁《しょうにん》法親王）という人は、木曾義仲の法住寺合戦の時に生捕りにされた人であるが、その後成長して、毎日のように内裏に参上したりしている間に、浄土寺二位（高階栄子）と密通の噂がたった。このように、通親・浄土寺二位・梶井宮といった人々が連絡をとりながら、後白河法皇がお亡くなりになった時、急に播磨国・備前国などに大きな荘園を新設しようとしたのであるが、九条殿はそれに反対してそのたくらみをつぶしてしまわれた。また成《なり》経《つね》・実教《さねのり》などという諸大夫《しょだいぶ》（摂関・大臣の家に伺候して大・中納言まで昇進できる家柄）の生まれの者が宰相中将に任ぜられたのをやめさせてしまわれたことがあったが、それらはみな頼朝と相談しながら、その目くばせにより、本当にこれこそ善政だと思ってなさったことであった。しかし、こういう処置を浄土寺二位が非難し、梶井宮にささやきながら、通親をも説得したのである。この人々は、後鳥羽天皇のお気持をうかがうように、九条殿のなさり方はたいへん筋目正しく、善政善政とばかりいい立てるので、御遊などにも遠慮しておいでになるるのを察して、天皇に対しては頼朝の意向はかくかくと申し上げ、頼朝に向かっては天皇の九条殿に対するお気持は悪化していると伝え、表面は何ごともないようにとりつくろい、さらにはっきりしたことを尋ねられた折には両方にいいわけを準備しておくということをたくらんだ。これは陰謀というものの定石であり、このようにして仏神の加護もありえない時代になってしまったので、同じ建久七年の十一月二十三日に、中宮は内裏を出て八条院に身を寄せられることとなったのである。

十一月二十五日、前摂政（基通）を関白および藤原氏の氏長者に任ずる旨の命が下された。この時に政務をとり行なったのは、上卿（公卿の長として政務を執行する役目）の通親、弁官の（平）親国、職事（弁官で蔵人を兼ねる者）の朝経《ともつね》であったという。この人々は、九条殿をすぐに流罪にしようと考えて処置をとっていたが、後鳥羽天皇の御意向では、流罪にはできないと強くお思いになっていたので、それでも流罪を主張するほどの罪過があればともかく、このことは沙汰やみとなった。こういう次第であったから九条殿の弟の慈円が天台座主になっていたのも、何でもすべて辞任したので、その後任に梶井宮承仁を任命された。梶井宮は翌年の四月（正月の誤り）に座主就任の儀式を行なってから、まもなく病にふして入滅なさった。神仏の霊験あらたかなことだと時の人は噂したという。慈円僧正が座主を辞職したことを頼朝もたいそう恨みに思ったのであった。

　こうするうちに建久九年正月十一日、通親は突然に譲位のことを進めた。例の刑部卿三位が先夫の能円との間にもうけた娘が、後鳥羽天皇の妃

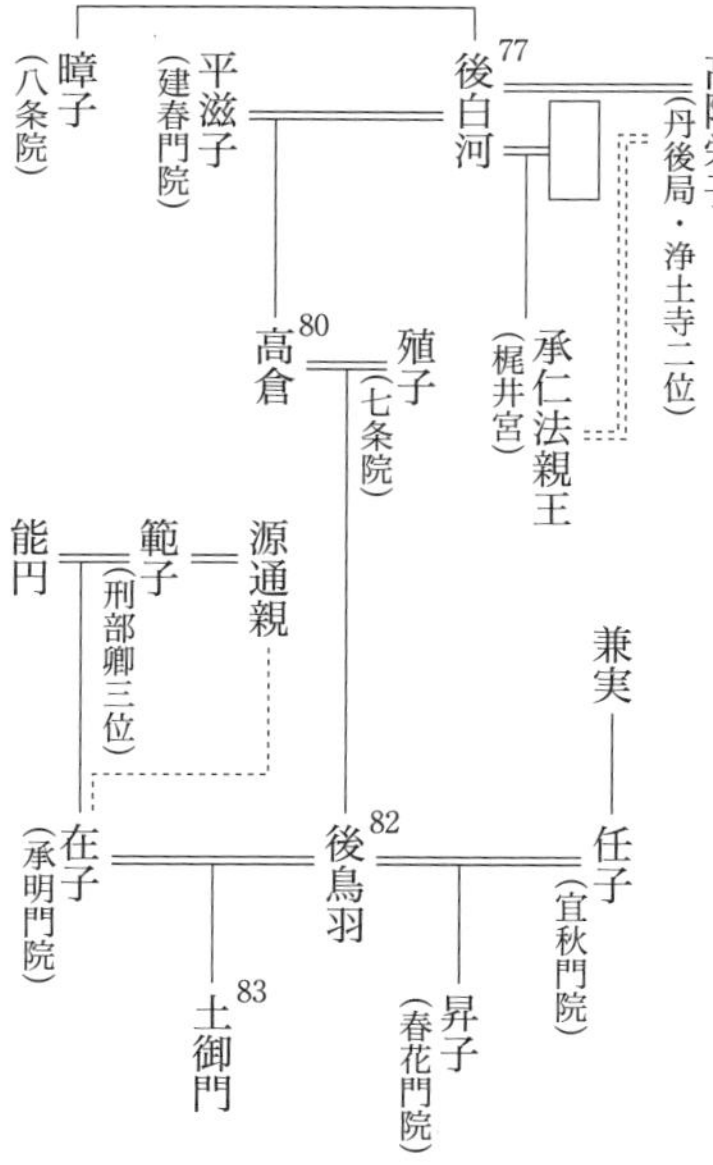

で承明門院《しょうめいもんいん》（源在子）となっておられたが、天皇も、その承明門院がお生み申し上げた皇子（為仁《ためひと》親王、土御門天皇）が四歳になられたのを即位させ、今はいろいろと思いのままにしたいとお考えになったので譲位のことが行なわれたのである。関東の頼朝からは、非常にたしかな承認をおとりにならなかったようであるし、頼朝の方でも自分の手にあまることだと思ったのであろうか。この辺のことは知る人もいないような種類のことである。さてその時はまだ能円法印が生きていたので、僧が天皇の母方の祖父というのはどうかと人々も思ったが、まもなく能円は病気になって死んでしまった。世の人はこれでよかったと思ったのである。

頼朝の死と政変

ところで能保卿は中納言・検非違使別当などになったが、病気が重くなってついに出家の身となっていた。その後、健康も回復し、参内などもするようになったが、九条殿失脚のことには驚きあきれていたようである。能保卿は、九条殿の御子の後京極摂政（良経）に、頼朝の姪にあたる自分の長女をめあわせて、婿に迎える儀式をたいへん立派に行なっていたのである。建久八年十月十三日にとうとう能保入道は死んだのであるが、それより先、同年七月十四日にかねて京に上らせるという噂のあった頼朝の娘（大姫）が久しく患ったのちに死んでしまった。京都から実全《じつぜん》法印という霊験あらたかな祈禱者が派遣されたが、まったく効験がなかった。頼朝はたいへん気をつかって、祈禱の結果快方に向かったと公表してから実全を京都に送り還したが、その実全がまだ京都に帰りつかないうちに大姫の死が伝えられ、死んでしまったという噂がひろまってから京都に入ったので、あたかも祈り殺して帰還したかのようでおかしなことであった。能保の子の高能《たかよし》は若くして公卿となり、参議兵衛督であったが、この報せを聞いてあわてて鎌倉に向かったりした。頼朝はその後の京都の情勢などを聞き、さらにつぎの娘（乙姫《おとひめ》）をつれて上京したいと洩らしたという。そうするうちに建久は九年となり、九月十七日、高能卿も死んでしまった。

さてこんなことで時がたっていく間に、人々の予期しない大変な出来事が起こった。建久十年正月になって、関東の将軍は病気になって思わしくないという噂がほのかに聞こえてきたと思う間もなく、正月十一日には出家し、十三日に亡くなったという報せが、十五、六日にはあちこちで語られるようになったのである。人々はそれを聞いて夢か現《うつつ》かと思うばかりであった。頼朝は「今年はかならず静かに上京して世の中のことをあれこれ処理したいと思っておりました。万事は心に思ってもままにならないものです」などと九条殿に申し伝えさせたのである。この後早くも正月二十日に除目《じもく》が行なわれ、通親は右大将となった。故摂政（良経）を後京極殿ともいうが、それが内大臣であったのを跳び越えて頼実《よりざね》大相国入道が右大臣に任ぜられた。この頼実に右大将を辞任させ、そのあいたところへ通親が入ったのである。またこの除目で頼朝の家を継いだ嫡子頼家が左中将に任ぜられた。

そのころ奇怪な風評がたった。それは能保入道・高能卿などの家の跡目にとってたいへん不利な悪い噂であった。この家の郎等どもに（後藤）基清《もときよ》・（中原）政経《まさつね》・（小野）義成《よしなり》などという三人の左衛門尉がいたが、この郎等どもが源大将（通親）のことに関して何か悪口をいったらしい。ところが頼家の代になって梶原景時の長男景季《かげすえ》が左衛門尉に昇進した時にそのことをもち出して、通親に「こんなことをあの三人はいっております」と告げ口をしたのである。それでこの三人は後鳥羽上皇の御所に参上してしっかりとたてこもり、「ただいま御所の外へ出れば殺されてしまいます」と訴えた。このような不穏なことが起こったので、通親は頼家のもとへ、また（大江）広元《ひろもと》がかねて味方であったからそれを通じて、いろいろと事情を説明し、この三左衛門と人々に呼ばれていた三人を上皇の御前に引きまわし、身柄を引きとってから流罪に処したのである。そしてかつて頼朝が大納言・右大将に任ぜられてその御礼に参上した際に御供をつとめた公経・保家も閉門させられ、能保が特にかわいがって左馬頭に昇進させていた（源）隆保《たかやす》という者なども流されたのである。三左衛門が捕えられたのは、二月十四日のことであったという。また文学上人は播磨国を与えられて望みどおりに高雄寺を建立し、東寺をたいへん立派に再建したのであるが、検非違使庁の監視のもとにおかれるなどの処置をとられた。しかし、三左衛門も通親公が死んだのちにはみな呼びもどされて、それぞれところを得たのである。

通親の死と良経の昇進

さてこうする間に、後鳥羽上皇のお気持には少しも誤ったことや偏《かたよ》ったことはなかったのであるが、陰で上皇がお思いもなさらないことを計画する者がある場合には、それを理解することもおできにならないし、お気づきになれないのも仕方のないことであった。この政変の中で、内大臣良経はさすがに内大臣を奪われることもなくておられたのを、上皇はよくよくお考えになったうえでとりはからわれ、右大臣頼実を太政大臣に上げて、正治元年（一一九九）六月二十二日に大臣の異動を行なわれたのである。兼雅公が辞退したあとの左大臣に故摂政（良経）を任命なさり、その時の摂政であった近衛殿（基通）の長男で今の関白（家実）を右大臣に、また通親を内大臣に任ぜられた。このことで頼実公は驚きあきれるほど腹を立て、土佐国の管理をなさっていたのも辞退して引きこもってしまわれ、人にとやかく非難された。通親は自分が内大臣になろうとしてこの異動をたくらんだのだと思われたのである。九条殿のならびなき後見役であった宗頼《むねより》は大納言で、あの卿二位（兼子《かねこ》）の夫であったから、九条殿はたいへん大切に思っておられた。けれども宗頼は気だてがいいだけで、しっかりしたところのない人物であった。こうして後鳥羽上皇の御所にはいつも和歌の会や詩の会などが開かれ、通親も良経も左大臣・内大臣として出席し、水無瀬殿《みなせどの》（後鳥羽上皇の離宮。大阪府三島郡島本町）などにも行をともにしながら正治二年となったが、この年の七月十三日に左大臣（良経）の北の方（能保の娘）が亡くなった。七月十日に御産のことがあ

光頼―宗頼
成頼
　　　兼子（卿二位）
　　　頼実

り、そのあとがよくなかったと伝えられた。そこで松殿（基房）の娘（寿子）を妻として迎えるようにすすめられたので、翌建仁元年（一二〇一）十月三日、北の方としてお迎えになった。年は二十八だということである。同じ年十二月九日、左大臣良経の母である北政所がお亡くなりになった。

建仁二年十月二十一日、突如として通親公が亡くなった。あまりにも急な死であったから、人々も奇怪なことだと思った。通親は承明門院（源在子）を、その母の刑部卿三位が亡くなったのちはかわいがっておられたのである。そのうちに、後鳥羽上皇は範季の娘（重子）を寵愛なさって、三位の位をお与えになり、美《び》福門院《ふくもんいん》（鳥羽天皇皇后得子）の例にも似た重んぜられようであったが、この后には皇子も数多くお生まれになっていたのである。上皇は、その中で御兄の宮（守成《もりなり》親王）を東宮に立てようとお考えになっている御様子なので、通親公が立太子のことをとり行なって、正治二年四月十四日（十五日の誤り）、守成親王を東宮になさったのであった。その間、他方では九条殿が北政所に先立たれて、出家をとげられた。そのうちに後鳥羽上皇は、建久七年の政変で世の中が変わったが、それは上皇の御心から起こったことではなかったということを人にわかってもらいたいと御心の中に深くお思いになったのであろう。建仁二年十一月二十七日に、左大臣を内覧、藤原氏の氏長者に任命する宣旨を下され、ついで二十八日（二十九日の誤り）には熊野参詣におでかけになった。良経は母の北政所の重い喪に服していたが、それもこの年の十二月までであった。そして後鳥羽上皇は熊野から御帰京なされると、十二月二十七日（二十五日の誤り）、左大臣を摂政とする旨の詔《みことのり》を下されたのである。新しく摂政となった良経は、正月一日の拝礼に先立って任官の御礼を言上なさったので、世の人々は「これはまたたいへんめでたいことよ」と思った。宗頼大納言の養父成頼《なりより》入道は、年来高野山で修行していたが、建仁二年に亡くなった。宗頼は喪服を着るべきであるのに、さきに実の親の光頼《みつより》大納言が死んだ時にも、自分は成頼のために喪服を着るべき身であるからといって喪に服さないでおきながら、今度も喪服を着なかったのである。あまりに時流にのって栄えていたから、いとまを惜しんで喪服をつけなかったのであろう。こんな親もなかったかのような宗頼の振舞を人々は非難したようである。宗頼はこうして喪服を着るべき時に、後鳥羽上皇の熊野御参詣の御供をしたが、その折に松明《たいまつ》の火で足に火傷を負い、それが悪化して正月三十日（二十九日の誤り）に死んでしまった。卿二位は夫を失ったので、その後あれこれと思案をめぐらし、そのころ七条院（後鳥羽上皇御母殖子）のあたりに接近していたあの大相国頼実に話をもちかけたりして頼実を夫にしてしまい、そのまま後鳥羽上皇の御後見をさせたのであった。

頼実の野望

後鳥羽上皇は、後京極殿（良経）のことを実に立派な関白摂政だとたいへん御心にかなっておられたので、この任命はいいことであったと確信しておられた。ところで天台座主に慈円僧正という人がいたが、その人は九条殿の弟であった。本当かどうかあやしいものであるが、本格的な歌人であったから、上皇も摂政と同様にもてなされ、「和歌の会にはかならず参会されよ」との御意向もあったので、いつも上皇の御所に伺候していた。またこの慈円僧正は、上皇が護持僧（天皇・上皇のために祈禱する僧）として以前から他にかえがたく信頼なさっていた人として知られていた。さて、このころ宇治に立派な御所がつくられ、上皇のおでかけなどが行なわれたが、いくらもたたないで焼失してしまった。摂政（良経）は、土御門天皇の御元服も近く行なわれるので、近くは父九条殿の例もあり、また昔の例を見ても、わざわざ天皇の御元服と同時に娘を入内させたことが多いのをごらんになって、何人もあった娘のうち、能保の婿としていつのころかもうけられた長女を、また他にならび立つ人もないようにして入内させようとなさり、上皇にも申し上げて準備を進めておられたのである。ところが卿二位がそれに対して強く反対を申し入れた。卿二位の夫大相国（頼実）は先妻（隆子）との間に男の子は生まれなかったが、かつて女御代《にょうごだい》（幼少の天皇の即位の儀に際して形式的に選ばれる女御）となった娘を持っていた。頼実はその娘を入内させようという強い希望を持ち、また自分の意に反して太政大臣に任ぜられたが、内心ではふたたび左大臣に復任して太政官を統轄する実権を握り、父経宗のようになりたいものだと思っていた。そんなわけで卿二位の夫にもよろこんでなったのであるが、左大臣にもどりたい旨を申し出たところ、後鳥羽上皇は、大臣の降任ということはその例のないことで、あってはならないことだというお考えであったから、申し出を受けていた摂政も上皇にとりつぐことができなかったのである。頼実が思うには、自分の娘（麗子）の入内についても、殿（良経）の娘が入内したあとではもう実現は不可能であろう。自分の娘が入内したのちに、殿の娘が入内するのならば、例もあるし道理にはずれることもなかろうというわけで、ある日、この念願をとげたいと思って、卿二位を通じて殿下（良経）に願いの旨を申し出たのであった。殿は後鳥羽上皇に相談をなさったが、上皇はこの土御門天皇の御事については早く退位をさせ、東宮に立てられておいでになる、修明門院（範季の娘重子）がお生み申し上げた皇子（守成親王）が即位なさった時には、殿の娘を入内させるのがよいとお考えになっていたのである。しかしそのことは誰も知らなかった。上皇が殿と相談なさった時に、何かそういう約束をなさったのではないかと人々は推測したまでであった。さてこういう次第で、頼実は望みどおりに娘の入内・立后を果たしたのである。

摂政良経の死

殿は先々の幸せをただ待っておられるのも不安で、その時は頼実を羨ましく思われたのであろう。人目を避け、娘の入内を果たせなかったのもよしとして過ごしておられたが、中御《なかみ》門京極《かどきょうごく》（京都市上京区）にどこの家よりもまさっているような家をつくられ、庭の山水池泉は、山や岩がそびえ立っているかのように美しくととのえられたのであった。元久三年（一二〇六）三月十三日とかに、新邸で、久しく絶えていた曲水の宴（三月三日に文人らが曲折した流れに盃を浮かべ、それが流れていく間に詩を作る遊宴）を催そうということとなり、鸚鵡《おうむ》坏《はい》（南海産の鸚鵡貝で作った盃）を作らせたりなさった。世の人もこの宴をたいへん楽しみにして待っていたのである。殿は松殿（基房）の娘を北政所になさっていたから、摂籙がそのまま摂籙の婿になるというめったにないことになり、前の関白であった入道殿下（兼実・基房）を二人とも親と舅として持っておいでになった。それで人々は、朝廷の政務の筋道をわきまえ、故実に通じ、そういうことをきわめた人が、昔よりもすぐれた詩歌の道をきわめて、この曲水の宴を再興されるのはしかるべきことだと思ったのであった。こうして人々が心をとぎすまし、耳をそばだて目を見ひらいて宴を待つうちに、三月七日のこと、殿は前夜お寝《やす》みになったまま、わけもなく亡くなってしまわれたのである。天下の驚きはことばではいえないほどで、後鳥羽上皇も限りなく嘆かれたのであるが、もういってもかいのないことであった。そして仕方なく、今度は、近衛殿（基通）の子（家実）が前から左大臣であったので、それを関白になさったのである。

この春、三星合《さんせいごう》（金星・木星・火星の三星が接近して分を犯しあうこと）という重大な天変があらわれた。天文を掌《つかさど》る者たちはたいへん恐れて報告したので、その間、慈円僧正は五辻殿《いつつじ》（京都市上京区にあった）といってしばらくの間用いられていた御所で、威儀を整えた薬師の御修法《みしゅほう》をはじめられたが、その修法の最中に後京極殿の急死のことがあったのである。太白（金星）・木星・火星が隣りあうように近づき、すでに西の方には宵ごとに分を犯しあった三星合があらわれていたが、雨が降って見えなくなってしまった。しかしまた晴れれば見え、見えてはまもなく雨が降って消えるといったことをくり返して四、五日たち、しばらく晴れない夜が続いたので、よろこばしいことだといううち、その雨が晴れてみると三つの星は依然として分を犯しあったまま、退いてはいないのであった。さて御修法の第三日目はまた曇って朝から夜に入るまで、雨が降りそうで降らなかった。どれほど僧正も祈念をこらされたであろうか、夜に入って好ましくも雨がしとしとと降り、明け方になって「消えてしまいました」と報告された。その雨が晴れてのちは、接近していた星は遠く離れて、この大変事もついに消えたのであった。さてこの間に、殿が急死なさったことについて、（安倍）晴光《はるみつ》という天文博士は「まさしくこの三星合は君の御大事でございましたが、押し合っているうちについに消えました。これは三星合が君を殿下（良経）ととりかえ申し上げたのであります」と確かにいったのである。この折からそれに加えて、怨霊も力を得たと思ったことであろう。この時の御修法は特に君の御感を得て、慈円僧正は功賞にあずかったりした。それはともかく、何といってもこの殿下が死んでしまわれたことは、末の世のくやしさのきわみであり、これほどの人でも持ちこたえることのできない時の運はまことに悲しいものであると、人々は思ったのであった。だいたい、故内大臣良通、そしてこの摂政と、いまだになお法性寺殿（忠通）の子孫にこういう死に方をなさる人が出てくるのは、知足院殿（忠実）の悪霊がしたことにちがいないと人は思った。法性寺殿からこの摂政まで、摂関になった人は七人もいるのであるが、知足院殿の悪霊が来世では仏の救いを得ることができるように、心から助けなぐさめる人がいさえしたならば、今はこんなことにはとてもならなかったであろう。ああ物ごとの道理を心から思っている臣下さえ二、三人世の中にいたならば、少しは心強いであろうものを。

ところで、後鳥羽上皇はいうまでもなく、亡くなった摂政のことを深くなつかしんでおいでになったから、家実が摂政となって左大将が空席となったあとへ、中納言中将道家《みちいえ》（良経の長男）を昇進させられた。建永元年（一二〇六）六月二十六日（十六日の誤り）のことである。摂政関白となった人の名を、以上のように煩わしさもいとわずにあえて書きつづけてきたのは、それを特に明らかにしようと考えたからである。

後白河法皇の怨霊

さてまた、ここに奇怪なことどもがあった。後白河法皇がお亡くなりになったのち、建久七年（一一九六）のころ、（橘）兼中《かねなか》といって公時《きみとき》二位入道に後見役として召し使われていた男があった。その男の妻に故後白河法皇の霊がとり憑《つ》かれ、「われをつつしんで祀《まつ》れ。社を建て、管理すべき国を寄進せよ」といわれたといい出したのである。その処置をめぐって評議が行なわれ、兼中夫婦は妻は安房国《あわ》（千葉県）に、夫は隠岐国《おき》（島根県）に流されるということになった。はじめのうちは人も信用しなかったのであるが、能保中納言が出家した時に、もう死ぬのはまちがいないと思われていたのが兼中の祈禱で回復して元気になったために、能保もその時はかりそめに信じていたのである。それがのちになってまたこういうことをいい出したので、浄土寺二位（栄子）も、「兼中らのいうようにとりはからわれるべきでしょう」などと申し上げたから、後鳥羽天皇は、兼中らを呼び出して七日の間とどめおき、彼らのいうことが真実か虚偽であるかを明らかにしようとなさった。入道（公時）も呼んでこいというようにしてお調べになったところ、まったくいうべきことはなく、特に明らかな霊験もなかったので、これは本物ではないということになり、まもなくただの狂乱ということになって、流罪に処せられたのであった。

それからまた七、八年たった建永元年（一二〇六）のころ（建久七年から数えれば十一年になる）、（源）仲国法師は――世間に知られている（源）光遠とは別の光遠法師の子である――後白河法皇の御側に朝夕お仕えしていた者であったが、その妻に後白河法皇の霊がお憑きになり、また「われをつつしんで祀れ」といわれるということが起こった。浄土寺二位などは常に仲国の妻と会って、泣く泣くこれをもてなしたりし、後鳥羽上皇に申し出たので、公卿の評定が行なわれ、後白河法皇の霊を祀ることが決せられようとしたのである。すべての人はみな「それがよろしゅうございましょう」といったのに、現在は前右府である公継《きみつぐ》公だけが「少しどうかと思われます」などと申し上げたと伝えられたので、慈円僧正は後鳥羽上皇が特に信頼しておいでになる人であったからであろうか、こざかしく卿二位（兼子）の夫である大相国頼実《よりざね》のもとへ一通の書簡を書き送ったのであった。

慈円の功績

「かくかくの噂を聞いておりますが、いったいこれはどうしたことでしょうか。まずこのようなことは、怨霊になると定められた人の場合にこそ多く起こるものです。故法皇が後鳥羽上皇のせいで怨霊になってしまわれたというのは、どういうことなのでしょうか。故法皇が八幡大菩薩のように皇祖神としてそうお示しになったのでしょうか。あらたかな霊験があらわれているのでしょうか。わたくしにはただ野犴《やかん》（狐の一種）・天狗といって、人にとり憑いているもののいうことを信じて、こういうことが起こったように思われますがいかがでしょうか。このことはもっともなこととして、すでに京中の諸人の間に伝わり、そこらで評判になっているということです。それを聞いておりますと、故法皇は下賤の者を御側近くに召し寄せられ、世間で狂い者と呼んでいる巫女《みこ》・巫《こうなぎ》・舞《まい》・猿楽《さるごう》といったともがらや、また銅細工などというような者どもが出入りしておりましたから、そうした連中が仲国の妻のことばに調子を合わせているのがまのあたりに見えるような心持がするのです。このような託宣を信ずるならば今すぐに世は滅びるでしょう。それでもなお故法皇の霊を祀られるのならば、真心をこめて御祈りをなさり、神仏の真実の御心をお聞きになるべきだと存じます」

慈円僧正がこういうことを書き送ったところ、まもなく後鳥羽上皇もお聞きになり、「自分もそう思っている。なかなかみごとにいったものだ」と仰せになり、さっそくこのことを慈円僧正にしっかりと御相談になって、「仲国夫婦は流刑に処すべきであろうか」とおたずねになった。そこで僧正がまた申し上げた意見はつぎのようなものであった。

「このことにつきましては、それが決して狐や狸がとり憑いていっているのではなくて、自分の心からいい出したことであるのならば、流刑に行なわれるのも当然かと存じます。仲国夫婦の人柄は奇怪なものだといわれておりますが、彼らが自分でたくらんでいっているとはとても思われません。さきに兼中という者の妻もこういうことをいい出したことがございました。こうしたことには、物ぐるいの性格というものがありますうえに、たしかに狐・天狗などというものもまたいるのでありまして、狐や天狗などというものは、世の中が正しくなくなって、自分を祀ったりするようになるのを特に望んでいるものなのでございます。それらがいろいろと人をたぶらかしたりすることは、昔や今の物語にも見えておりますし、また物語の中だけではなく、実際にありうることでもあります。それらが人間にのりうつっていろいろと病をつくり出しているのでございます。病にかかったからといって、朝廷が罪科に処すべきものでもありませんから、仲国夫婦のことはただお聞き入れにならず、片隅に追いこんでおかれるのがよいと存じます。こういう狐や狸はそのようになされれば、やがてひっこんで音もたてないようになるものでございます。そうして、ただ物ごとの筋道をよくごらんになるべきであろうかと存じます」

こう僧正が申し上げられたところ、上皇は「たいへん立派な意見だ」と仰せになって、そのとおりに処置をなさり、仲国夫婦をおしこめてしまわれた。仲国夫婦は摂津《せっつ》国（兵庫県）の仲山《なかやま》とかいう山寺に置かれていたが、ふたたび物がとり憑いたということもなく、ひそかにしてそのままになってしまったのである。心ある人はこの間の次第を見て、物ごとの筋道というものを感じないではいなかった。浄土寺二位もしらけきった有様で、そのまま何もいわなくなったのである。世の中にはこういう不思議なことが起こるのである。仲国はのちに許されて卿二位の後見役として使われていた。

この間のことを考えてみるに、この後鳥羽上皇という御方は君としてたいへんすぐれておいでになり、御自分の御心では、これが正義であるということだけを考えておいでになったようである。ところが世にはあきれはてるような人々ばかりがいて、口々にいろいろなことを述べたてるので、上皇もあるいはそうであろうかとお考えになるのであろう。したがってこの時もまったくあぶないことで、もしこういう賢人がいて物ごとの筋道を明らかにしなかったならば、あのような奇怪なことも実現して、一度はこの国も邪悪な魔物の思いのままにさせられるところであったと思うと、驚き恐ろしく思われるのである。あの天狗憑きどもは許されて、いまだに生きている。

法然上人と念仏宗

また建永年間のこと、法然房（源空）という上人があった。京の市中に住んで、近年になって念仏宗を立て、[28]専修《せんじゅ》念仏と称して「ただ阿弥陀仏とだけ唱えるべきである。それ以外のこと、顕密《けんみつ》の修行はするな」ということをいい出したのである。ところがこの専修念仏の教えは、異様な、理非もわからず知恵もないような尼や入道によろこばれ、ことのほか繁盛に繁盛を重ねて、教団は急速に大きくなりはじめた。その仲間に安楽房（中原師広《もろひろ》、遵西《じゅんさい》）という者がいた。安楽房は（高階）泰経入道に仕えていた侍で入道して専修の修行僧となった者であったが、住蓮《じゅうれん》と一組になって、六時《ろくじ》礼讃《らいさん》（一昼夜を六つに分け、各時に仏を礼拝し懺悔する行）は善導《ぜんどう》和上（唐の浄土教家）の教えられた行法であるといって、それを布教の中心とし、尼どもの熱烈な帰依を受けるようになった。ところが尼どもは教え以上のことをいいふらし、「専修念仏の修行者となったならば、女犯《にょぼん》を好んでも、魚鳥を食べても、阿弥陀仏は少しもおとがめにならない。一向専修の道に入って、念仏だけを信ずるならば、かならず臨終の時に極楽に迎えに来てくださるぞ」といい、京も田舎もすべてにこのような教えがひろまっていったのである。そうするうちに、院の小御所の女房（伊賀局）や、仁和寺の御室（道助法親王）の御母（後鳥羽上皇妃。坊門局）などといった人々もいっしょになってこの教えを信じ、ひそかに安楽房などという者を呼び寄せて、その教えを説かせて聞こうとしたので、安楽房の方も同輩を連れて出かけていくようになり、夜になっても僧どもをとどめておくようなことが起こったのである。それはあれこれということばもない有様で、ついに安楽・住蓮は首を斬られたのであった。法然上人は流罪となり、京の中にいてはならぬとして追われてしまった。流罪のことも、後鳥羽上皇のしかるべき御処置があったのに、法然を支持する人々がすがって少し手心を加えられたように思われる。しかし、法然の味方はあまりに多く、(29)赦免されてのちついに東山の大谷（京都市東山区）というところで亡くなった。その時にも往生だ極楽往生だといいたてて人が集まったが、しかるべき往生の証拠はあらわれず、臨終に際しての振舞にも、増賀《ぞうが》上人（高名な往生者）などのようにとりたてていうべきことはなかったのである。しかしこのように臨終に人が集まったりしたので、この教えの影響は最近まであとをひいて、いまだに大方の魚鳥を食い女犯を行う専修念仏の禁止ができないのであろうか、比叡山の衆徒が決起して空阿弥陀仏（法然の弟子）を中心とする念仏の信者を追い散らそうとし、念仏の信者どもが逃げまどったりしているようである。だいたい、東大寺の俊乗房（重源）も、自分は阿弥陀仏の化身であるといい出し、自分の名を南無阿弥陀仏と名のり、上に一字を置いた空阿弥陀仏・法阿弥陀仏などという名を誰にでもつけてやったので、本当にそのままそれを自分の名とした尼や法師も多かった。果てには法然の弟子といって魚鳥女犯のようなことなどをしはじめたのを見ると、本当にそこに仏法が滅びていく姿があらわれていることは疑いない。これを考えてみると、悪魔というものには、人々を従わせていく悪魔と、物ごとにさからう悪魔とがあり、ここでは人々を従わせていく悪魔が悲しくもこういう教えをひろめているのである。阿弥陀仏の教えのみがひろまり、それによって得られる救いのみが増していくということが真実であるような世には、本当に阿弥陀仏の救いで罪障が消えて極楽へ行く人もあるであろう。しかし、そのような世にはまだなっておらず、真言と天台の教えが盛りであるべき時に、悪魔の教えに従って救いを得ることのできる人は決してありえない。悲しむべきことである。

さて、九条殿（兼実）は、法然上人の説きすすめる念仏の教えを信じて、法然上人を戒師として出家をなさった。その後、仲国の妻のことに驚きあきれ、法然の流罪のことを嘆いたりしておられたが、久しく病床にふして起居も思うようにならない御様子のうちに、法然の流罪が行なわれた建永二年（一二〇七）の四月五日、立派な臨終をとげられたのであった。

法勝寺の焼失と再建

さて故摂政（良経）の娘（立子）はいよいよみなしごとなり、すべてのことが予期に反してしまったので、どうなることかと人も思ったのであるが、後鳥羽上皇が東宮（順徳天皇）の妃にというお考えになりかけておいでになったうえに、春日大明神も八幡大菩薩もそのようにして皇子が誕生して世が治まることをお望みであろうし、また祖父（兼実）が朝廷の政道に深く心をつくした有様は、きっと仏神もあわれとおぼしめし、この娘に光を与えられるであろうと人々はみな思っていたところ、それが実現すべきことであったからであろうか、承元三年（一二〇九）三月十日（二十三日の誤り）、十八歳で東宮の妃におなりになった。弟にあたる時の左大将（道家）は、大人よりもはるかにまさっており、何ごとも父の殿（良経）よりすぐれているとばかり人々も思っていたので、姉の御事も立派にとりはからっておあげになったのである。

ところでまた大変なことが起こった。承元二年五月十五日、法勝寺《ほっしょうじ》（白河天皇の御願寺。京都市左京区にあった）の九重塔の上に雷が落ち、火がついて焼けてしまったのである。まったく驚くべきことであったが、幸いにも火はほかへは移らなかった。その少し前のこと、後鳥羽上皇が「危難を避けるために、忌み慎みをし、霊験があると思われる修法を行ないたい。御所に来てとりかかってほしい」と慈円僧正に仰せになった。僧正は「法華経の修法をいたしましょう」といって、手助けの僧二十人をつれて院の御所に参上し、七日間の修法を終えたが、退出してまもなくこの塔が焼けたのであった。僧正はこのことを深く考えて「御所に伺候していた修法の最中に焼けたのであったら、どんなにか遺憾なことであったろう。ただしこのことはきっと上皇に御障りがあるはずであったのが、この塔焼失の凶事に移ったのである」と思い、「お嘆きなさいますな。これは吉事なのでございます。ただしただちに急いで再建なさるよう御処置があるべきものと存じます。いま焼失しましたのは上皇の御死が転ぜられたからなのでございます。すぐに再建なされば、きっと御滅罪生善のよすがとなりましょう」と申し上げられたのである。そこで上皇はすぐに、伊予国《いよ》（愛媛県）からの収入をあてて建造するように公経大納言に命ぜられた。まもなく建立にとりかかろうと準備を進めていたが、このことだけで伊予国は手いっぱいになり、国の政治の大事なことにも手がまわらなくなるということになった。そこで、葉上《ようじょう》（栄西）という上人は中国に久しく住んでいた人物であり、それを行なう才能があるというわけで、葉上に周防国《すおう》（山口県）をお与えになり、長房宰相が上皇の命をうけて事務を処理して事を進めていった。法勝寺の執行《しゅぎょう》（寺院の実務を管掌する職名）章玄《しょうげん》法印は、塔が焼けるのを見たのちまもなく死んだ。年は八十を越えていたが、塔の焼亡に人も感応したのであろうか。さて新しい塔は、建暦三年（一二一三）に組み上げを行ない、はじめにとりかかってから七年目に、落慶の供養を終えられたのであった。葉上はこの時、僧正になりたいとむりやりに願い出て、かねて法印には任ぜられていたが、ついに僧正に昇進したのである。後鳥羽上皇はこのことを後悔なさり、あるまじきことをしたと仰せられた。葉上は大師号を申請するなどという見苦しいことをして、そのことについても取沙汰されたが、慈円僧正が反対して大師号授与のことは沙汰やみとなった。しかし、僧正にはなったのである。(30)

天変と譲位

こうして時が過ぎていくうちに、承元四年九月三十日、彗星《ははきぼし》といって天変の中でも第一だと思われている星が、久しくあらわれなかったのに出現して、夜を重ねていつまでも消えなかった。世の人々はどんなことが起こるかと恐れおののいたのである。御祈禱などが行なわれ、慈円僧正なども熾盛光法《しじょうこうほう》（熾盛光仏頂如来に天変地異などの災害の消除を祈る修法）を修したりして、彗星は出なくなったが、後鳥羽上皇の御危難はどのようなものであろうというちに、同年十一月十一日にまたあらわれ出たのである。そのたびに天文を掌る者たちはたいへん驚き心配したが、「上皇が心のまことをつくして御祈念などなさったところ、御夢のお告げがあったらしい」という噂が立った。そしてたちまちに御譲位のことがとり行なわれ、承元四年十一月二十五日に、新しい天皇が即位された。さて東宮（順徳天皇）の妃（立子）は、まもなく承元五年正月二十五日（二十二日の誤り）に立后のことが行なわれて中宮となられたが、大相国（頼実）の娘の中宮（麗子）は、土御門天皇が退位なさったのちは、新院としておいでになる土御門上皇のもとにおいでになるべきなのを、「今はそうしないでいなさい」という後鳥羽上皇の御意向もあったので、院号をお受けになって陰明門院《いんめいもんいん》と呼ばれておられたのである。

さて、いまの順徳天皇は大嘗会《だいじようえ》を行なおうとされたところ、突然に朱雀門（内裏の南面の正門）が崩れ落ちたうえに、春花門院（昇子）がお亡くなりになって、服喪の期間ができたのでつぎの年に延期された。朱雀門が崩れたのは大嘗会のための御禊《ぎょけい》（みそぎ）にお出ましになる日であったから、世の人もどきっとして驚いたのである。しかしながら御禊だけであとは延期になった先例もあるということで大嘗会は延期されたのであった。世の人はどうしたことかと思ったようであるが、別に悪いことも起こらず、つぎの年には朱雀門もできあがって、無事に行なわれたのであった。本当に彗星があらわれて示した天変は、この御譲位のことだったのであろうか、上皇の御危難は大したこともなくてすんでしまったのである。ところで大相国はこの陰明門院が中宮でおられた時、春日神社参詣にお出かけになるようにし、先例もほとんどなかったのを思うようにとり行ない、自分自身には護衛の武官を賜わって摂政関白のようにして、中宮をおつれになったりした。のちに出家して太政入道といわれた人である。人はそれぞれの分に応じて、みな自分の念願を果たすものであるから、程度を越えた考えはよくよく控え慎むべきであろう。

さて今の天皇――佐渡院と申し上げる――の御母（重子）は、建永二年（一二〇七）六月七日に院号をお受けになった[31]。立后のことはなかったが、二位に叙せられ、れっきとした准《じゅ》后《ごう》宮におなりになって、修明門院という院号を称されることになった。この例は八条院（暲子内親王）の御時からはじまったという。また東宮が即位なさったあとで、天皇の御母が院号をお受けになるのが近ごろのきまりである。したがってまた修明門院の父である範季の二位も左大臣を贈られた。特に出家すべき人であったのに、このことを思って出家もしないで死んだのであるが、はたして念願のとおりになったから、めでたいことである。また左大将（道家）は建暦二年（一二一二）六月二十九日に内大臣に任ぜられた。

鎌倉の政争——比企・梶原誅殺

ところで関東の将軍の方では、頼家《よりいえ》が二位（三位の誤り）に叙せられ、左衛門督となって、頼朝将軍のあとを継いでいた。範光《のりみつ》中納言が弁（亮の誤りか）であった時、御使として関東に遣わされるということがあったりしたが、建仁三年（一二〇三）九月（八月の誤りか）のころ、頼家が重い病気にかかりもう死にそうになったのである。頼家は比企《ひき》判官能員《よしかず》——阿波《あわ》国（徳島県）の者である——という者の娘に思いをかけて男子を生ませていたが、一万《いちまん》（一幡）御前とよばれていた六歳になるその長男に、源家のすべてを相続させようとした。実はそうすることによって能員が実権を握ろうとしているのを聞いた北条時政——頼家の母方の祖父で、遠江守になっていた——は、頼家の弟の千万《せんまん》（千幡、実朝）御前は頼朝もかわいがっていた子であるから、その千万御前こそが源家を継ぐべきものだと思い、同年九月二十日（二日の誤り）、能員を呼び寄せて、そのまま（天野）遠景《とおかげ》入道に組みつかせ、新田四郎（仁田忠常）に刺し殺させてしまった。そして時を移さず武士を遣わして、前から（大江）広元《ひろもと》の家で病にふしていた頼家をそこに据えおいて監視させたのである。さて、頼家の子一万御前は例によって源氏の家督のいる家にいて威儀をととのえていたが、そこへも人を送って殺そうとしたので、母が抱いて小門から脱出した。しかしながらそこにたてこもっていたような郎等のうちで恥を知った者はそこを離れなかったから、ついにみな討ち殺してしまったのである。その中で糟屋有末《ありすえ》（有季）は、敵も惜しんで「殺しては意味がない。出してやれ、逃がしてやれ」といったのであるが、ついに出てこず、敵八人を討ち取ったのち、討死した。人はその死をたいへん惜しんだのであった。そのほか、笠原十郎左衛門親《ちか》景《かげ》、渋河刑部兼忠《かねただ》などという者もみな討たれてしまった。比企能員の子息ども、婿の児玉党など、そこに居合わせた者はみな討たれたのである。これは建仁三年九月二日のことであった。新田四郎という者は、頼家に特に重んぜられた側近の者であったが、頼家までがこういうことになろうとはつゆ知らず、さきには能員を刺し殺したのであった。ところがこんなことになったので、同月五日、幕府の中核をなす頼家の家の東西にあった侍所に、二人ならんで出仕していた（北条）義時と立派に戦って死んでしまった。さて、その十日、頼家入道を伊豆国の修禅寺《しゆぜんじ》という山の中の堂に押しこめた。頼家は流行病にかかっていたのであるが、八月の晦日《みそか》二更（午後十時）に出家をとげて、広元の家で療養していたのである。出家してのちは一万御前の世になったと考え、みな仲良くしているからこんなことをされようとは思ってもいなかったので、出家の直後から病気はしだいによくなっていった。九月二日、頼家は一万御前がこのようにして攻められたと聞き、「これは何としたことか」といって側にあった太刀をとってふっと立ち上がったが、病みあがりの体では本当にどうすることもできなかった。こんな頼家を母の尼（北条政子）もすがりついたりして捕え、そのまま護衛をつけて修禅寺に幽閉したのであった。悲しいことである。さてその年の十一月三日、ついに義時

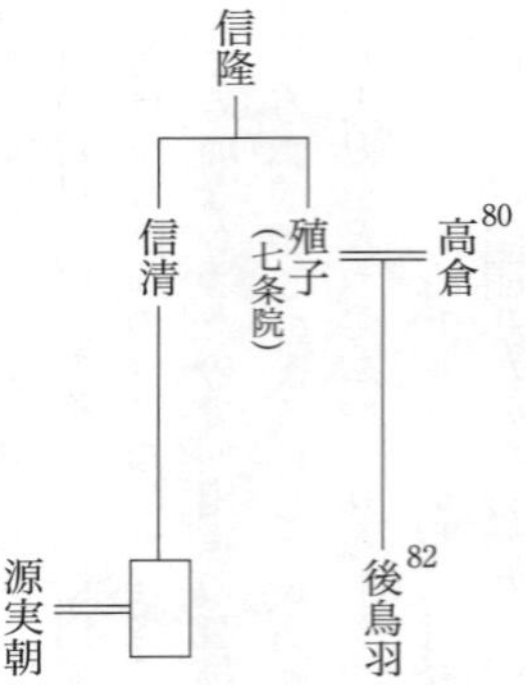

は捕手をさし向けて一万若君をとらえ、藤馬《とうま》という郎等に刺し殺させて、なきがらを埋めた。そしてまたつぎの年、元久元年（一二〇四）七月十八日、修禅寺において頼家入道を刺し殺したのであった。急に攻めつけることができなかったので、首に紐をつけ、ふぐりをとったりして殺したと伝えられた。あれこれということばもないほどのことどもである。どうしてどうしてその返報がなくてすむことがあろうか。人はどんなに猛々しくても、その力には限りがあるものである。比企能員は、武蔵国比企郡（埼玉県）にいて父の党に加わっていたミセヤノ大夫行時《ゆきとき》という者の娘を妻として、一万御前の母をもうけたのである。その行時はまた児玉党の一人を婿としていた。

これよりさき、正治元年（一一九九）のころ、幕府で第一の郎等と思われていた梶原景時《かげとき》は、その妻がほかならぬ頼家の乳母であったから、はなはだしく「自分だけは」と思い上がって、自分より下の郎等を軽蔑したからであろうか、その郎等どもに訴えられたのであった。その訴えを聞いた頼家が景時を討とうとしたので、景時は故郷を出て京の方へ上っていく途中で討たれてしまった。殺されなかった子息たちは一人すらなく、鎌倉のもとからの武士であった梶原はすべて滅ぼされたのである。人々はこのことを頼家の失策であると思っていたところ、はたして今日に至ってこのようなことが起こったのであった。

北条時政の専横と没落

こうして事が進んでいくうちに、幕府は京へ向けて飛脚を上らせ、千万御前を元服させ、京から賜わった実朝という名を名のることになった。まもなく建仁三年十二月八日（九月七日の誤り）、将軍に任ずる宣旨が下され、関東は実朝の祖父北条（時政）の世となり、まだ幼く若い実朝を表に立てて時が過ぎていった。そのうちに将軍の妻にしかるべき人の娘を嫁がせねばなるまいということが出てきて、後鳥羽上皇の母方の御叔父にあたり、七条院（殖子）の御弟である信清《のぶきよ》大納言が娘を何人も持っておいでになったので、その中の十三歳になる娘をということになった。信清大納言はたいへん立派に支度をさせて、関東からお迎えにきた武士どもとともに信清の娘が下っていったのは元久元年十一月三日（十二月十日の誤り）であった。法勝寺の西の小路に御桟敷をつくらせて、後鳥羽上皇もその一行をごらんになった。その御桟敷は、延勝寺（近衛天皇の御願寺。京都市左京区にあった）の執行《しゅぎょう》であった増円法印という僧が上皇の命をうけてつくったのである。

さて信清は、久しく重病をわずらってもうまちがいなく死ぬだろう、と親疎を問わずみなから思われていたのに、病気がよくなって、ついに大臣に任ぜられた。しかし、建保三年（一二一五）二月十八日に出家し、同四年二月十五日（三月十四日の誤り）に死んだのであった。このように人のことを述べてくると、ずいぶん年月をへだてたことのような気がする。こうして関東の情勢は移っていったが、それよりさきのこと、時政は若い妻を迎えて、その妻との間に子をもうけ、娘を何人も持っていた。この妻（牧《まき》の方《かた》）は大舎人允《おおどねりのじょう》（牧）宗《むね》親《ちか》という者の娘で、兄には五位尉《ごいのじょう》となった大岡判官時親《ときちか》という者があった。父の宗親は多年、（平）頼盛《よりもり》入道のもとに仕え、頼盛は駿河《するが》国（静岡県）の大岡牧《おおおかのまき》（牧は牛馬を飼育するための土地）という所領を管理させていたのである。武者ではないのに、こういう者の中からこのような果報者が出てくるというのもふしぎなことである。

　時政はこの妻との間に生まれた子（政範）を京に上らせて、馬助《うまのすけ》などに任官させていたが、この息子はほどなく死んでしまった。娘のうち長女は、源氏の一門である（平賀）朝政《ともまさ》（朝雅・友正）の妻となっていた。朝政は（大内）惟義《これよし》の弟とかで、頼朝の養子であったという。時政の指図によって、朝政は京に上って後鳥羽上皇のもとへ参上し、御笠懸《かさがけ》（馬上から弓で的を射る競技。はじめは笠を的として用いた）の折にも参上したりしてお仕えしていた。そのほかの娘たちもみな公卿・殿上人などの妻となっていたのである。さて、関東ではまた、実朝を討ち殺してしまって、この朝政を大将軍にしようという陰謀が行なわれていた。このことを聞いた実朝の母の尼君は、驚いて三浦義村《よしむら》という者を呼び、「こういうことを聞きました。まちがいのないことです。実朝を助けてほしいが、どうしたらよかろうか」といった。義村は知謀にたけた者であったから、実朝を義時の家に連れていき、そこにすえておいて、何も事は起こっていないのにわざわざ郎等を召集し、陣を張って「将軍の仰せであるぞ」といって、鎌倉にいた実朝の祖父時政を呼び出して故郷の伊豆国に送ってしまった。さて朝政は京都にいるので、在京の武士らに「朝政を討て」という命令を下し、その旨を後鳥羽上皇に奏上したのであった。朝政は京都の六角東洞院（中京区）に家を作って住んでいた。武士がびっしりととり巻いて攻めたので、しばらくは応戦したが、ついに家に火をかけて打って出てから、大津の方へ落ちていった。わざと退路をあけておいて落ちのびさせようとしたようである。朝政は山科（京都市山科区）に着いたが、追ってくる武士どももあり、そこで自害した。伯耆国《ほうき》（鳥取県）の守護の武士に金持《かなもち》という者があったが、この時、朝政の首をとって持参したので、後鳥羽上皇は御車に乗って門のところまでお出ましになってごらんになったということである。これは元久二年閏《うるう》七月二十六日のことであった。

こうして北条（時政）を追いこめたが、時政の子というのは、実朝の母で頼朝の後家であるから親に対しても何の躊躇もしない。義時にとっても時政は親であるが、今の妻（牧の方）の関係でこのような悪事をすればやはり容赦はしない。そのうえ、孫の実朝は母方の祖父が自分を殺そうとしたのであるから、時政が幽閉されたのも当然であった。そしてその後は実朝の世となり、しっかりと幕政の処理が行なわれていったが、時政の娘で実朝・頼家の母（政子）がまだ生きていたから、実朝の母の世であったといえよう。時政の子の義時という者のことを天皇の御耳に入れ、またさっと高い身分にし、右京権大夫という官職につけて、この妹と兄（実際は政子は義時の姉）で関東の政務をとっていたのであった。京都では卿二位（兼子）がしっかりと実権を握っていた。日本国は女人が最後の仕上げをする国であるということは、いよいよ真実であるというべきではあるまいか。

和田合戦

こうして関東の情勢が移っていく間に、まだ時政が実権を握っていた時のことであるが、関東で勢力も大きく、北条にとってはいかにも少しうっとうしかろうと思われる武士が、（畠山）荘司二郎重忠《しげただ》をはじめとしてみな滅ぼされてしまったのである。重忠は武士として望みうることはみな達成して、第一の武士と評判されていた。したがって討たれた時にも、味方が全部殺されたのちも近寄って組みつく者もなく、ついに自害して果てた。平家があとかたもなく滅びてしまったその有様、またこの源氏の頼朝将軍が昔も今もめったにないような器量をもってしっかりと天下をしずめたのにそのあとのなりゆき、それらを見てくると、それはもう人間のしわざとは考えられないのである。眼に見える世界では、武士の世であるべきだと皇祖の神も定めておいでになることからするならば、今の世のあり方は道理にかなった必然のことと考えられる。そうするとそれ以上のことは、平家の人々の怨霊も数多くあるのであるから、ただ眼に見えない世界では因果応報の道理がはたらいて、それが世の中を動かしていくのであろうと、心ある人は考えるべきである。

こういうように明け暮れするうちに、世の人々は関東の方ではまた何かなどと疑っていたのであるが、実朝卿もだんだんと成人して、自分自身で政務をとりたいと思うようになった。そのころ(源)仲章《なかあき》――光遠《みつとお》という者の子である――といって、家を興して儒家の門に入り、菅家の長守《ながもり》朝臣の弟子になって学問を修めたといわれる者があったが、何か縁故などがあったからであろうか、関東の将軍の師となり、常に鎌倉に下って学問の相手をしたので、実朝も武の方よりも特別に文の方面に心を打ちこんだのであった。仲章は京都では、朝廷と幕府の連絡の役も果たしたのであるが、あの男が将軍にあれこれと漢家の例を引きながら何か教えているとは、などと人々が噂をするので、また何をやっているのかと思う人々もあったのである。ところで、関東にはまた不可解なことが起こって、実朝は自分の館をみな焼かれ命もあぶないということがあった。(和田)義盛《よしもり》左衛門という三浦党の長老が、義時を深く妬んで殺してしまおうと考えたのである。義盛は自分の計画が明らかに露顕してしまったと聞くや、建暦三年(一二一三)五月二日、突如義時の家に押し寄せた。実朝は義時と一体であったから、実朝も正面を防いで戦ったところ、その時鎌倉にいたような武士はみな義時方につき、二日間の戦いののちに義盛の首をとったのであった。義盛に同調した児玉党・横山党などの武士もみな滅ぼされた。その後また、頼家の子で葉上上人(栄西)に従って法師となった者(栄実)があったが、義盛の味方で殺されずに残った者が集まり、一つ心となって十四歳になるその禅師(栄実)を大将にして打って出ようとするという事件が起こった。しかしこれもまた発覚してみな討たれてしまったのである。十四歳の禅師もいかめしく自害して果てた。その後は関東も少ししずまったのである。十四歳の禅師もいかめし

立子中宮の皇子誕生

さて、中宮（立子）はたいへん重い御病気にかかっておられた。中宮の御兄に良尊法印《りょうそん》といって寺法師（園城寺の僧）実慶《じっきょう》大僧正の弟子になっていた人があった。師も父（良経）も亡くなったので大峯（修験の行場として名高い。奈良県）の笙《しょう》の岩屋などで修行をしたが、その良尊法印が中宮のために御修法《みしゅほう》を行なった。漫然と御加持のために参上するたびに、きちんとした祈禱をしないさきに御物怪があらわれたので、それではというわけで祈禱をしておあげになったところ、効験があらわれ、御病気は顕著によくなっていった。良尊はただの法印であったから、その功を賞して大僧都に任じたりされるうちに、たちまち御懐妊なさり、建保五年（一二一七）四月二十四日（三月二十二日の誤り）にまた皇女（諦子《ていし》内親王）をお生みになった。やはり皇子をお生み申し上げるのはむつかしいことである。かえって父の殿（良経）などがおいでにならないから、もしかすると皇子がお生まれになるかもしれないという気がしていたのになどと、人々も思ううちに、そのつぎの年の正月からまた御懐妊と伝えられ、十月十日の寅の時（午前四時）、御産は平安で、思いのとおりに皇子御誕生が実現した。後鳥羽上皇はこのことを待ち望んでおいでになったので特におよろこびになり、

十一月二十六日にはこの皇子（懐成《かねなり》親王、仲恭天皇）を早くも東宮に立てることが行なわれた。清和天皇の御時以来、一歳で東宮に立てられる例はきまっていることである。このようなめでたいことは世の末にはめったにないことであり、なおしばらくは世も滅びないで続くであろうと、上中下すべての人々は思ったのであった。

上東門院（彰子）は御堂（道長）の御娘であるが、一条天皇の后として後一条天皇・後朱雀天皇の御二方の母后におなりになった。また後朱雀天皇には、上東門院の御妹（嬉子《きし》）が内侍督《ないしのかみ》として後冷泉天皇をお生み申し上げた。ところがその後は、摂政関白の娘の入内立后は多いのに、すべて御産ということは絶えてしまったのである。

四条宮　宇治殿（頼通）の娘（寛子）、後冷泉天皇后
小野皇太后宮　大二条殿（教通）の娘（歓子）、同じく後冷泉天皇后
賀陽院（高陽院）　知足院殿（忠実）の娘（泰子）、鳥羽天皇御退位の後の后
皇嘉門院　法性寺殿（忠通）の娘（聖子）、崇徳天皇后
皇后宮　同じく法性寺殿の娘（育子）、二条天皇后

これらの方々はすべて御産ということがなかった。

宜秋門院　九条殿（兼実）の娘（任子）、後鳥羽天皇后

この御方には春花門院（昇子）がお生まれになったが、そのことについては先に述べたとおりである。

このように見てくると、この中宮が後京極殿（良経）の娘として、このようにはじめに姫宮をお生みになり、つぎにお生まれになった皇子が東宮にお立ちになったということは、かえすがえすもありがたいことである。

任官の原則

さて公経《きみつね》大納言は、この皇子が東宮にお立ちになった時、東宮大夫になって立派にしておられたが、だいたいこの人は閑院の一家（師輔の九男公季の子孫。一五五ページ参照）の中で、東宮大夫公実《きみざね》の嫡子として立てられ鞆絵《ともえ》の紋（右巻の三つ巴《どもえ》）を描いた車などを伝えた中納言左衛門督通季《みちすえ》の血筋を引いている人なのである。通季は中納言で若死をして、待賢門院（璋子）の時に崇徳・後白河両天皇の母方の伯父として振舞うことができず、実能・実行などという弟ども（正確にいえば実行は兄）の方には、大臣や大将が輩出したのであった。通季の子の公通《きみみち》は大納言まで昇進したが、首席の大納言までは達せず、病気になって没した。その公通の子に実宗《さねむね》があらわれたのである。実宗はその家に大臣となった者がまだいないというわけで、大臣になることがむつかしかった。しかしちょうどその時、実宗よりもすぐれていて大臣になれそうな人もいなかったし、またこの実宗の子公経が後鳥羽上皇の近習として久しく奉公していたので、あれこれと申し上げ、実宗には中風の気があって政務が停滞したこともあったが、内大臣に任ぜられたのであった。公経はその子として大将の任官を申請した。昔の例では、実行大相国の子息公教が父の辞任に代わって内大臣となったことがある。そこで、公経が「父実宗の大臣辞任が承認されました時、故摂政（良経）は『三条内府（公教）の例はそちにこそ適用されるものだ』とたしかに申されました」と申し上げたところ、後鳥羽上皇ももっともだとお思いになり、公経昇進の御約束をなさったのである。ところが、卿二位（兼子）の夫である大相国入道（頼実）は、師経大納言という弟を養子にしていたが、当時公経よりも身分が下であった師経を、いずれ申し上げるべきことであるからといって、大将に任ぜられるよう申請したのであった。まだ空席になってもいない時に、

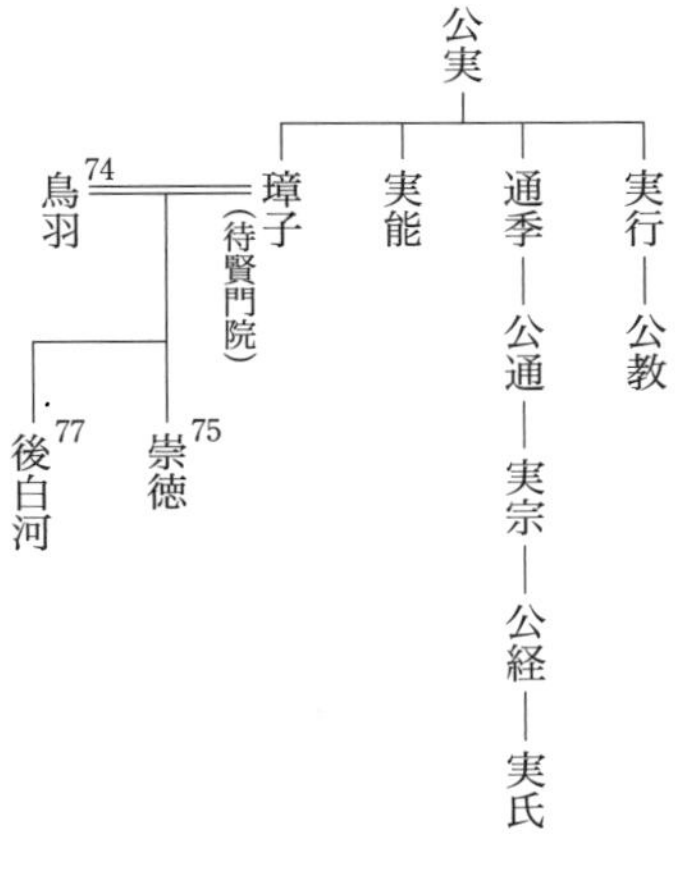

それぞれ予約を申し出たのであるが、それは世の末においては常のことなのである。だいたい、任官というものは、主人の意向によるものであって、前任者に大した過失でもないかぎり、死去のあとに生ずる空席を待つべきものであるのに、末世になってしまった今では、辞任せよといって空席をつくり、人の心をひきつけて、広く恩恵をゆきわたらせる政治がよいとされるようであるから、それが一般の風潮になると約束ごとがつぎのような

重大事にもなるのであろう。

公経の籠居と赦免

そのころ、院の北面に忠綱という者があった。召し使っても本当にたいしたこともなく、漢字さえ知らないような者であったが、諸家の前駆（貴人の通行に際して騎馬で先導する者）をつとめる従者の仲間であった。この忠綱はその昔、後鳥羽天皇の御在位のころから伺候しなれて、側近に召し使われていたので、後鳥羽上皇も内蔵頭《くらのかみ》殿上人にまでお取り立てになっていた。上皇はこの忠綱を御使となさって、水無瀬殿（大阪府三島郡）から公経に、「太政入道（頼実）がこんなことを申し出ているので、大将に昇進させてやることは、今回はおぼつかない」と仰せつかわされたのであった。それは御約束の改変というのではなく、やむをえないのであればせめてこれだけでもと願ってはどうかということであったのに、忠綱はそのことは少しもいわず、もっぱら今回はだめだということだけをそのとおりにいったので、公経大納言はいたずらになさけなく思って、「それならば世の片隅に出家入道をしてひっこみましょう。世間の人々は高貴な人も下賤の者も妻子というものをふびんに思うものですが、わたくしの妻は実朝の縁者ですから、関東へ行けば命はながらえましょう」などといった。公経の子は中納言左衛門督実氏《さねうじ》といって、詩を作り和歌を詠み、たいへんすぐれた人であった。公経はその実氏などを後鳥羽上皇の側近に仕えさせていたのである。ところで忠綱は、このように公経がいったのをそのまま後鳥羽上皇に申し上げて、上皇をおどし「実朝に訴えるといっておりました」などとありもしないことをいったので、上皇はたいへんお怒りになってすぐに公経大納言を籠居させておしまいになった。これは建保五年（一二一七）十一月八日のことといわれている。このことは大将の任官を争ったというだけのことではなく、深い事情があるように思われる。後鳥羽上皇の跡目を継ぎたいとお思いになる方には、今の天皇である順徳天皇のほかに何人もの宮たちがあり、それぞれ相続を主張なさる根拠があるのであろう。はっきりしたことは知らないが、後鳥羽上皇はもともと順徳天皇をこうして皇位におつけした時から、跡目を継ぐべき君はこの天皇であるとしっかりお思いになっていたようである。

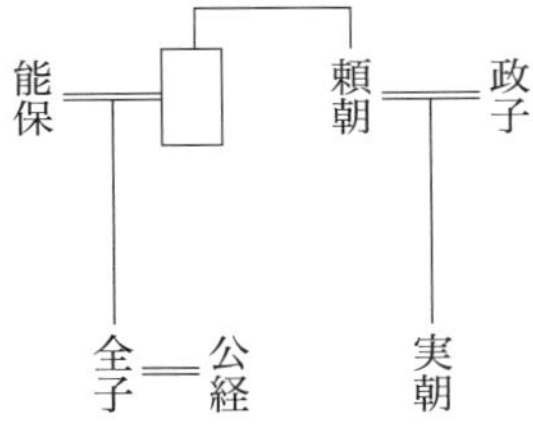

さてだんだんに公経籠居のことを聞いた実朝はたいへん驚いて、公経は親しい人であるから気がかりで心が晴れないのに、そのうえ公経が妻や子に実朝を頼って命だけはながらえさせるようにと内々にいったばかりに、一も二もなくおとがめを受けたとあればよそごとも思えない。妻の父である信清の君は永年幕府のことを朝廷に取り次ぐ役をつとめていたが、公経大納言もまたたしかに同じ取次ぎの役だった。今籠居させられる理由はないと思って、このことで卿二位（頼実の妻）を確実に敵にすることになって残念であると京

都に伝えさせたところ、卿二位は驚きさわぎたてて、建保六年二月十八日にとりなして公経を赦したのであった。過ぎ去ったことは自分も人もただ夢であったとして忘れてしまいたいというような出来事であった。公経赦免と同じ二月の二十一日に、実朝の母が熊野に参詣しようとして上京してきた。卿二位はたびたび出かけていろいろと会談したが、尼であるこの人（政子）ははじめて（出家でしかも女である人に叙位がなされた例はない）三位に叙せられて、四月十五日に下っていった。その後さらに二位に進められて、鎌倉の二位殿と呼ばれたのである。例のないことだと人はいった。

実朝の昇進

こうして時が過ぎていく間、使者として京・鎌倉の間を下ったり上ったりしていたのは（源）仲章《なかあき》という者であった。実朝は母の叙位よりも前に、まず中納言中将に任じてほしいと申請をしてそれになった。さてつぎは大将になりたいといったところ、九条殿（兼実）の時にその例があるからといって、左大臣（道家）が兼任している大将を、兵仗（身分の高い人が身辺警護のために賜わる武官）を賜わることと交換にいそいで大将の空席をつくり、実朝を左大将に任ぜられたのであった。実朝はまもなく大臣になりたいと申し出たが、なるについては内大臣は例が悪い。重盛・宗盛などという人々もみな内大臣であったからなどという奇妙なことをいっていると伝えられた。そのころ、九条殿の子の良輔《よしすけ》左大臣は、日本国の古今にくらべる者のないほどの学者で、左大臣として朝廷の首席にあり、国の重宝《じゅうほう》であると思われていた。昔の師尹《もろただ》小一条左大臣や、右大臣であったころの一条摂政（伊尹）に似ていると心ある人は思ったのである。後鳥羽上皇もたいへんすぐれた人物だとお思いになっていた。良輔の母の三位殿という人は八条院（暲子内親王）に仕えていたので、母の方の親密さによって、良輔は八条院中第一の者としてかわいがられ、女院から養育していただいて成人したのであった。この良輔が建保六年の冬のころ、世に疱瘡が流行した時に、重くわずらって十一月十一日に亡くなったのである。師尹も良輔と同じく左大臣で亡くなられたが、それまでも似ている。九条家に皇子（懐成親王）の御誕生があったのが十月十日で、それは世のよろこびでありまた家が盛んになることであったから、良輔左大臣は「わたくしはもう間違いなく死ぬであろう。見苦しい者でありながらこれほどの地位にのぼっていたのであるから、憂喜、門《かど》に集まる（禍福吉凶はわかちがたく結びついているという意味）ということは、わが身にも当たっている」と、亡くなる前の日にいわれたのであった。こういうことが起こって左大臣が欠員となったので、右大臣道家が左大臣に進み、いったん内大臣になっていた実朝は望みどおり右大臣に任ぜられたのである。さて実朝は京へは上らないで、大将任官の御礼の祝賀も関東の鎌倉で鶴岡八幡宮に参拝して行なった。大臣任官の御礼の祝賀も、建保七年正月二十八日乙未の日にたいへん立派にとり行なわれるというので、京都から五人の公卿が後鳥羽上皇から実朝に下賜された檳榔《びんろう》の車（車体を細く裂いた檳榔の葉で覆った牛

車）とともに下ってきたのであった。その五人というのは、

大納言忠信　内大臣信清の子息
中納言実氏　東宮大夫公経の子息
宰相中将国通　故泰通大納言の子息。もと（平賀）朝政の妻であった人の夫である。
正三位（平）光盛　（平）頼盛大納言の子息
刑部卿三位宗長　この人は本来は蹴鞠のために下向したのである。

将軍暗殺

このような人々を立派にもてなして、右大臣任官の祝賀の儀が行なわれた。夜に入って鶴岡八幡宮に対する奉幣が終わり、実朝は神前の石段を下って、つき従う公卿が整列して立っている前を会釈しながら、下襲《したがさね》の裾を引きずり、笏《しやく》（文武官が束帯《そくたい》を着用した時に手に持つ長さ三十センチくらいの板）を持って通り過ぎていきかけた。その時実朝に、修行のいでたちで兜巾《ときん》（山伏がかぶっている頭巾）というものをつけた法師が走りかかり、下襲の裾の上にのって、一の刀で首を斬り、倒れた実朝の首を打ち落としてしまったのである。追うようにして三、四人同じような者があらわれて供の者を追いちらし、あの仲章が先導役で松明《たいまつ》を振っていたのを義時だと思って、同じように切り伏せ、殺してから消えていった。実朝は、太刀を持って傍にいた義時にすら、中門にとどまっておれといって制止したのであった。だ

いたい実朝が武人としての用心をしていなかったことはいうべきことばもない[32]。みな蜘蛛《くも》の子を散らすように公卿も何も逃げてしまった。賢明にも光盛はここへは来ないで鳥居のあたりで待っていたので、自分の毛車（糸で屋根を葺いた牛車）に乗って帰った。こうしてみな散り散りになり、鳥居の外にいた数万の武士は事件を知らなかったのである。この実朝を討った法師（公暁《くぎょう》）は、鶴岡八幡宮の別当となっていた頼家の子であったが、日ごろ思いつづけていたとおりにこの日に念願を達したのである。一の刀を振り下ろす時、「親のかたきをこうして討ってやるぞ」といったが、公卿どもはみなそれをはっきりと聞いた。公暁はこのようなことをしてから、一の郎等と思われる義村《よしむら》三浦左衛門という者のもとへ、「おれはこうして親のかたきを討った。今やわれこそは大将軍であるぞ。そこへ行くであろう」といってきたので、義村はこのことを義時に伝え、まもなく公暁が一人で、実朝の首を持っていたのであろうか、大雪が降り積もっている中を岡や山を越えて、義村のもとへやってくる道に人をつかわして討ち取ってしまった。公暁はすぐには討たれず、切りちらし切りちらし逃げて、義村の家の板塀のもとまで来て、板塀をのり越えて入ろうとするところで討ちとられたのである。頼朝は何といってもひととおりでない立派な将軍であった。その孫にあたる者がこのようなことをしでかした。武士としての心ばえある者の中にもこんな者が出たのである。また愚かにも武人としての用心もせず文の方面にばかり心を入れた実朝は、大臣大将の面目を傷つけたのであった。こうして源氏もまた跡もなく消えていったのである。

実朝の首は岡の雪の中から探し出された。公暁は日ごろ若宮と呼びならわしていた鶴岡若宮の社のあたりに房をつくって住んでいたが、義時はそこへ攻め寄せ、公暁と共謀して事を行なった者どもをみな討ち取ってしまい、僧房を焼き払ったのであった。こうして夢のようなことがまた起こって、二月二日の早朝、京に報告されてきた。後鳥羽上皇は水無瀬殿においでになったが、公経大納言のもとへ実氏などの手紙がとどいたので、公経は水無瀬殿へ参上し驚きまどいながら、事を申し上げたのである。この二日の日、卿二位は、熊野詣に出かけて天王寺（四天王寺。大阪市）に着いていたが、かくかくとこの報せを告げたところ、帰ろうとしたのを、「ああもったいない。お帰りなさるな」と御使がだんだんに三人までも駆けつけたのでそのまま熊野へ向かった。さて、これは不可解な事件だと思ううちに、下向していた公卿もみなだんだんと上京してきた。そして鎌倉では、将軍実朝のあとを母堂の二位尼（政子）がすべて受けついで治め、さらに尼の弟の義時右京権大夫が政務の処理をすべきであると評定して決めたということが伝えられてきた。実朝が殺された夜からつぎの日にかけて、郎従で出家する者が七、八十人もあり、出家姿の郎従がふえて見苦しいことであった。（大江）広元は大膳大夫として久しく鎌倉にあった。この事件の前に眼病になり重くなって失明してしまった。少しは見ることができるうちになどといって出家をしたが、今はもう昔のような鋭い判断はできないのであろう。広元の子もみな若いのに出家した。出家する者の数の多さはもういうことばもない。こんなことが起こったので、伊勢太神宮に公卿の勅使をたてられたのであるが、順徳天皇御自筆の宣命には、文武の臣の長《おさ》が、去年の冬に左大臣良輔、今年の春に実朝というようにして亡くなったことについて驚きおそれておいでになるということが書きしるされていた。良輔左大臣は本当に立派な惜しい人であった。

頼経東下

こうするうちに、尼二位（政子）が使を上京させてきた。その使は行光といって、年来幕府の政所《まんどころ》の事務を処理し、たいへんすぐれた者とされて使われてきたのである。行光は、成功《じょうごう》（官人が資財を朝廷に献じて官に任ぜられること、売官の一種）によって信濃守となった者であり、二品（政子）の熊野詣の時も、事務の処理をするために上京した。この行光を参上させて、「後鳥羽上皇の御子の中でしかるべきとお思いになるような御方を鎌倉に御下向させられまして、それを将軍になさっていただきとうございます。将軍の背後についております武士は、今は住みつきまして数百になっておりますが、主人実朝を失いましたのできっとさまざまな心も出てまいることでございましょう。御子の御下向によってこそ関東もしずまることと存じます」と申し上げたのである。このことは、さきに熊野詣のために上京した時にも、その時は実朝も生きていたが、子ももうけないので、後鳥羽上皇の御子を関東に迎えるべきであるなどと、卿二位が二位尼に語ったと伝えられているそのなごりであろうか、今回もこのように申し上げたのであった。信清大臣の娘に後鳥羽上皇にお仕えしていた西の

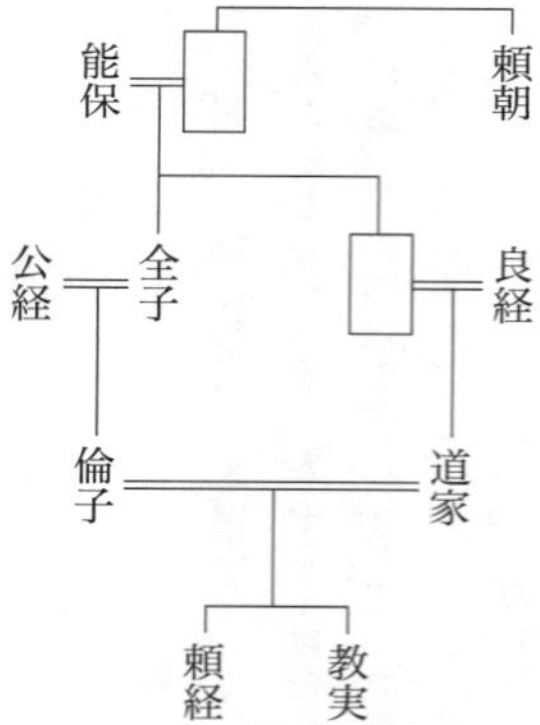

御方という人があり、卿二位はその御方を養女としていたが、西の御方は後鳥羽上皇の御子をお生み申し上げた。その御子はスグル御前と名づけられ、卿二位が御養育に当たった。はじめは三井寺へお入れして法師にしようとなさったが、やはり御元服のことがあって、親王にもおなりになったので、卿二位もお世話して、即位させたいとの心も深く、もし即位がだめであれば将軍にでもなどと卿二位が思ったのであろうか。世の人は卿二位をうとましく思ってこんな想像もするのである。どうして本当の心ある人はそんなことを考えようか。皇位の争いだけは昔からあることであるが、今はそんな心のあろうはずがない。後鳥羽上皇の順徳天皇に対する御心持を見ていれば、そんなことは考えられないであろう。さて、この御子を将軍に所望するということを後鳥羽上皇がお聞きになり、「どうしてさきざきこの日本国を二つに分けることになるようなことを前もってしておいたりできようか。何ごとであるか」とあるまじきことにお思いになり、「そんなことはできない」と仰せになった。その御返事に「将軍にと望むのが人臣の家柄の人であれば、関白摂政の子などであっても申し出に従うであろう」などという、じきじきのおことばがあった。このおことばを手がかりとし、またほかでもない義村の思いつきで、「このう

えは、ほかに何がありましょうか。左大臣殿（道家）の御子の三位少将殿（教実）を、上京してお迎えしてきましょう」といった。この考えに従って重ねて申し出たのは、「左府（道家）の子息は、頼朝の妹の孫が生んだ人ですから血のつながりもあります。皇子をお迎えすることがかなえられないのであれば、左府の子息を下してもらい、育てあげて将軍とし、君の御守りともすべきでありましょう」という意見であった。その後さまざまなことなどがあって、後鳥羽上皇は先に御使として下向させたことがあるというので、また忠綱を御使として下されたのである。けれども「結局はもとからひたすら申し出ておられる、左府の若君で結構ですが、左府の御子息は数多くいらっしゃるのでどなたでも」と結論を伝えたので、「それならば本当によかろう」といって、二歳になる若君（頼経）が祖父公経大納言のもとで養育されており、正月寅の月の寅の年（一二一八）寅の刻（午前四時ごろ）に生まれて、本当にふつうの幼い子とは違ったところがあり、占いによっても星のめぐりあわせからいってもめでたくかなっているというわけで、その若君が関東に下されることになった。そしてついに六月二十五日、迎えに上った武士どもとともに関東へ向かって京を出発したのである。京を出てから鎌倉へ下りつくまで、少しも泣く声がなくてすんだというのでふしぎなことだといわれた。

頼茂誅殺と忠綱服罪

さて大納言公経はその冬十月十三日、ついに右大将に任命してくださるということになり、「御礼の言上のために参上する身支度をせよ」という仰せがあった。そして後鳥羽上皇の御熊野詣《みくまのもうで》ののち、十一月十三日の除目《じもく》で、とうとう右大将となり、同月十九日（十八日の誤り）立派に御礼の言上もすませて、世の人々にほめられたのであった。

この年の七月十三日のこと（源）頼政の孫で内裏に仕えていた頼茂《よりもち》という者が突如として謀反の心を起こし、自分が将軍になろうと思ったということが露顕した。後鳥羽上皇は在京の武士などをお集めになり、頼茂を院に呼びつけられた。しかし、頼茂が参上しなかったから大内裏を取り囲んで攻めたところ、頼茂が内裏に火をかけたので大内裏は焼けてしまったのである。左衛門尉盛時《もりとき》が頼茂の首をとって後鳥羽上皇にさし出した。頼茂が説得して仲間に入れようとした伊予国（愛媛県）の河野という武士がかくかくと陰謀の内容を話したということである。

また後鳥羽上皇は八月のころ、御病気にかかられた折に「よくよく静かにものを考えてみると、この忠綱という男をこんなふうに殿上人内蔵頭にまでとりたてた過失は、どう考えてみても取るところのない間違いであったとよくわかったのである」といわれ、すぐに忠綱を解任して上皇が管理しておられた国のうち、忠綱が関係したものをすべてとりあげておしまいになった。少しでも心ある人はたいへん殊勝のことだと思ったからであろうか、上皇の御病気は無事になおってしまわれた。この忠綱は関東へ御使として下った時にも、いろいろの悪事や奇謀をなしたということである。故後京極殿（良経）の子である左大臣（道家。ただしここは道家の異母弟にあたる内大臣基家の誤りであろう）は、松殿（基房）の娘で後京極殿の北政所であった方（寿子）を母とする人である。それを後鳥羽上皇が養子にしようとして呼び寄せられ、忠綱に育てさせておいでになった。忠綱はその若君が成長していたので将軍として下そうなどと準備し、虚偽のことばかりを京都と鎌倉でいったとも伝えられている。また頼茂と特に親密に語りあって、人からあやしまれたこともあったが、頼茂の後見役であった法師が捕えられていろいろなことをいったなどといわれていることについては、忠綱がひろく公表することもさせずに、法師を関東へ下しつかわしたのであった。すべての悪事を積んで忠綱が消えてしまったことは、ふしぎな後鳥羽上皇の御運、御判断の立派さによると心ある人はこうしたことだけをめでたく思ったのであった。それなのになお忠綱の赦免を申請した卿二位のことを人々はあざけり非難した。

この書の趣旨

さて、この日本国の王臣・武士のあり方がしだいに移り行くことは、このように事柄を書きつけてきたような次第で、すべて明白になったのであるが、この書ではその折々の道理に考えを合わせてしかもこんな誤ったことが世を滅ぼそうとして事をたくらんだのだと人々にその節々を理解させ心を行きとどかせて、のちの人がよくよくつつしんで世を治め、邪と正との道理、善と悪との道理をわきまえて末の世の道理にかなうようにし、仏や神のめぐみをうける器《うつわ》となるようにと考えて書いたのである。さらに今百王のうち、まだ十六代が残っているので、その間、仏法が王法を守りおおせるであろうということが、このさき仏や神が人を救おうとするかぎりない願いのあらわれなのであって、仏や神の眼に見えない感応であろうと思われる。そこでそれを究極の眼目として書いておいたのである。そのわけは、広く深いものであるが、またまたつぎの巻に書きつくされているであろう。しかしその趣旨だけに心を惹かれて読む人は、眠くなってとても読むことはできない。この先の方の巻はよい物語であって、読んでいけば目もさめるであろう。書き残したことの多さ、書きつくせなかったうらみはもう仕方がない。しかしそうすべてのことをどうして書きつくすことができようか。それはできないのであるから、ここに書かれたことのうえで、人の物語を聞いて加えるような人は、その物語が真実か虚偽であるかを理解することができよう。この書には、かざりたてたことやうそのことは神仏の照覧もあるであろうから一言《ひとこと》もないのである。少しでもはっきりしないことは、すぐにそのことがあらわれるもののようである。書き落としたことの多さは、やはりいやになるほどである。さてこののちの事情を見るのに、世が移り変わっていく有様、この二十年前から今年承久までの、世の政治や人の心ばえの報いがあらわれようとする間のことの気がかりは、もういうことばもない。こまかにいっても未来記(33)のすることであるから、いいあてているとしても真実ではない。ただ八幡大菩薩の照覧の下に世の中のことはあらわれ移り行くであろう。そのわけをまた書きつけながら、心ある人は書き加えていかれるのがよい。

巻第七

現在の学問の水準

今、わたくしは世の中が移り変わっていく順序とその理解の仕方を述べようと思い、それをかな文字で書こうとすることはありふれているが、それは、わたくしがつぎのようなことを考えるからである。今の世を見ると、僧侶・俗人の区別なく一般に学問をしなくなり、知恵によって物事を理解する力がいちじるしく低下しているのに気づく。学問というものは、僧侶が顕密の教法を学ぶにしても、俗人が紀伝《きでん》（紀伝道。『史記』『漢書』などの学習）や明経《みょうぎょう》（明経道。『周易』『論語』などの学習）を学ぶにしても、学ぶにつれて知識と理解力が身につき、学ぼうとするものの意味もよくわかるようになってくるからこそ面白くもなり、精進する気にもなるものなのである。ところが、世も末になると、人々はすべて物ごとの真の意味を理解することができなくなり、ことわざにある星を見守る犬のようになってしまうのである。

それはともかく、学問の対象となる書物や文章について考えてみると、まず仏教の場合にとりあげられるものは、もとは梵語（古代インドのことば）で書かれたものを漢訳したものであるから、この日本国の人がそれをやさしい日本語になおして理解しようとすれば、たいへんわずらわしい知識と理解力が必要である。つぎに明経の学科では十三経といって、『孝経』『礼記』に始まり、孔子が書いた『春秋』――それには『左氏伝』『公羊伝』『穀梁伝』などの注釈書がある――というものを学び、紀伝の学科では三史（『史記』『漢書』『後漢書』）や八代史（『晋書』に始まり『唐書』に至る八代の王朝の歴史）、『文選《もんぜん》』『白氏文集《はくしもんじゅう》』『貞観政要《じょうがんせいよう》』などを習うのであるが、これらの中国の古典をひもといて理解しようとする人たちは、やさしい日本語に訳してその意味を考えようというような学問の仕方は滑稽なこととして問題にもしなかった。さて日本では、蘇我入鹿《いるか》が討たれた時に、豊浦《とよらの》大臣（蘇我蝦夷《えみし》）の邸宅とともに古代以来の重要な文書が全焼したのであるが、それでも舎人《とねり》親王が（紀）清人《きよひと》とともに『日本書紀』をお作りになった――一説には太朝臣安麿《おおのあそんやすまろ》の作ともいう――。それにつづいて『続日本紀』五十巻が、はじめの二十巻は中納言石川名《な》足《たり》、つぎの十四巻は右大臣継縄《つぐただ》、残り十六巻は民部大輔菅野真《ま》道《みち》という人々を編集の中心にしてまとめられた。さらに『日本後紀』は左大臣緒《お》嗣《つぐ》、『続日本後紀』は忠仁公（良房《よしふさ》）、『文徳実録』は昭宣公（基経《もとつね》）、『三代実録』は左大臣時平《ときひら》というような人々を中心として作られたといわれている。また『律令』は淡海公（不《ふ》比《ひ》等《と》）が編纂し、『弘仁格式』は閑院大臣冬嗣《ふゆつぐ》、『貞観格』は大納言氏宗《うじむね》が作り、『延喜格式』は時平が中途まで進めていたのを貞信公（忠平《ただひら》）が完成させた。このほかに『官曹事《かんそうじ》類《るい》』とかいう書物があるらしいが、持っている人はいないようである。蓮華王院（本堂を三十三間堂ともいい、京都市東山区にある）の宝蔵にはあるという話であるが、取り出して見ることもされていない。

こうして全体を見ると、何といっても、内典・外典の書籍は一切経（仏教の経典の総称）などをはじめとして、堂々と打ち揃っているように思われる。しかし、それも小さな金翅雀《ひわ》がかたい胡桃《くるみ》を抱えているような、また隣の家の宝を数えるようなもので、本当にそれらの典籍を学ぼうとする人もいない。それでも、さすがに家学として学問を伝える家に生まれた者は学問に励むかと思うと、彼らもやはり物ごとの筋道を何ら理解していないのである。これから先どうなることかと心配になり、いま生きている学者の子孫を見わたすのだが、少しでも親のあとを継ぐと思われるような人物は見つからない。

この書執筆の意図

こんなことを考えると、今こうして書いているようにかなの戯文でものを書いておけば、一見もっともらしい顔をしているような学生《がくしょう》たちも、本心では理解しやすさにひかれてひとりほくそ笑みながら、学識のたねにしようと思って読むかもしれないという気がしてくる。しかし、彼らが古典の文章や語句をしきりに引用して学識をひけらかそうとするには、このようなかな文字で書いたものはとても役に立つものではない。本当にわたくしは世間のことを少しも知らないのであるが、自分を基準にして他人のことを推し測ってみると、ここで考えているようなものの道理を明らかにするには、このような書き方でしるしておく方が少しでも後の世に遺《のこ》るであろうかと思って筆をとっているのである。この書は文字はかな書きであるうえに、ことばはまったくおかしな、卑近なものであるが、それでもそこにはたいへん深い心がこめられているはずである。それにつけても、こんな面白おかしい浅薄なやり方で人の心を誘い出したうえで、正しい道理を理解してほしいと思い、わざわざわかりにくい事柄は削除して、その意味だけを伝えようとつとめ、世の中の道理が順次作りかえられながら世の中をささえ、人間を守っているということを申し述べたいというのがこの書の意図なのである。もし万一、わたくしの本心に気づいて、この書きようはひどい、古典を少しでも直接に読んでみようかと考える人が出てくるならば、それこそいよいよ願うところなのである。そういう人は今ここに申し述べる内典・外典の書物があるから、ぜひそれを読んでいただきたい。それも『寛平遺誡《かんびょうのゆいかい》』（宇多天皇の遺誡）、『二代御記《ぎょき》』（醍醐・村上両天皇の日記）、『九条殿遺誡』（師輔《もろすけ》の遺訓）、さらに名ある識者の家々の日記があり、内典としては顕密の先徳たちが書き遺《のこ》した抜粋などが少しはものの役に立つであろう。それらを完全に自分のものとして読み解き、さらにそれ以上にそれらの古典の持つ意味を読み取った人があれば、その人こそ古典の心を理解する人である。無造作に奥深いところへふみ込んで、古典の中からものの道理を理解する人は決していないに違いない。

さて、この書ではむやみに軽々しいことばが多く、ハタト、ムズト、キト、シャクト、キヨトなどの表現ばかりをたくさん使用しているが、わたくしには日本語の本体はこうしたことばにあると思われるのである。漢字の訓はその字の意味を追求して解釈を示したものであるから、どうしても内包する意味のひろがりに足りないものを感ずる。漢字であらわすと見ばえがしなくて、何の値打ちもなくなるようなことばこそ日本国のことばの本体なのであろう。というのは、物ごとを説明していくうちに、心にいいたいことが積もり積もってきて、その時や場所の情況をあらわす段になると、そうしたことばを使うことによっていいたいことをさらさらと伝えることができるからである。それらのことばを女子供の口ずさみのことばだといって貶《けな》すことがあるが、それは本格的な詩歌のあり方を基本とする立場からいう時のことである。愚かで無知な人にもものの道理を心の底まで教えようとしてかなで書くのであるが、理法のことについては、それを理解するために、ここでは真実の要点一つをとりあげるだけである。この奇妙な書をただこの点一筋に理解して読んでもらいたい。この中で、道理というものが時代とともに変化していくことを心に浮かぶかぎり述べてみた。それをまた要約してその究極の意味を説き明かそうと思って、神武天皇の御代から承久（順徳・仲恭・後堀河天皇の時代の年号）までのことの中から重要なものをとりあげながら、心に浮かぶに従って記述したのである。

皇道・帝道・王道

さて中国の帝室には大別すると三つの政治の道がある。皇道（三皇・五帝の政治の仕方）・帝道（帝者の政道）・王道（夏・殷・周の三代に行なわれた政治の仕方）がそれである。この三つの道に日本国の帝王の政治の仕方を類推しあてはめて説明したいのであるが、三つの道といえば、日本国にとっては『日本書紀』以下にあらわれているならわしも劣っており、対比できるものなど少しもないのであるから、かえってよくないであろう。その程度をまた知りたいと思う人はみな、このかなの戯言《ざれごと》を読むと、なるほどこの程度であるかと思いあわせられるであろう。

昔、中国に衛鞅《えいおう》（商鞅）という執政の臣があらわれたが、その時のことはあらゆることについて人の器量を知る方法を教えるにはいい物語であろう。秦《しん》の国のこと、孝公（秦第十三代の王）がすぐれた臣を探しておられたところ、景監《けいかん》という者が衛鞅を見つけ出して推挙した。衛鞅が孝公にお目どおりして天下の治め方について意見を申し上げたが、孝公はそれをお聞きになって御心にかなわないとお考えになった。そこで衛鞅はふたたび参上して意見を申し上げたが、孝公は居眠りをして聞こうとなさらない。こうして三度目に景監が「無理かもしれないが何とかもう一度お目どおりをさせよう」といって参上させ、衛鞅が考えるところを申し上げたところ、この時、孝公は膝を乗り出してお聞きになり、なかなかみごとに衛鞅を登用なさった。そして衛鞅はしっかりと天下を治めたのであった。なぜこのようなことがあったのかというと、衛鞅は最初帝道を説いて孝公を諫めたのであり、二度目は王道を説いて教えようとしたのであったが、この二回は孝公の御心にかなわなかったのである。そこで三度目には、この君には帝道・王道を説いても役に立たないと見てとり、覇業（武力や権謀による政治。さきの三つの道が徳による政治であるのに対する）による政治の方法を説いて用いられたのであった。秦の始皇という君も覇業の君といえよう。孝公ののち魏《ぎ》の斉王《せい》（秦の昭王の誤り）の時に、范叔《はんしゅく》という臣が政治を行なっていた。その范叔が衛鞅のことをたいへん立派な人物であったといったところ、蔡沢《さいたく》という者があらわれて「衛鞅は立派な人であったかもしれませんが、のちに車裂《くるまざき》の刑に処せられたというではありませんか。王臣というものも一生の間、無為自然に事もなく過ごすことのできる者こそ、よい臣でありましょう」といって范叔を論破した。范叔は、それならばと政務を蔡沢に譲って隠退し、譲られた蔡沢は王臣としてまことに穏やかな一生を送ったのであった。何と好ましい人たちであろうか。蔡沢の立派さよりも、范叔が道理に屈して自分の政治的な地位を去って退いたその心の方がもっとすばらしい。漢家の聖人・賢人の姿はこのことを見ても、みな知ることができるであろう。唐の太宗（第二代皇帝李世民）の事績は『貞観政要』に明らかに書かれている。仏の悟りについても、発心《ほっしん》してから菩薩《ぼさつ》に至るまでの境地に、四十二（ふつうには五十二、また四十一とするものもある）もの階位を立て、善悪のさとりやその分れ目のすべてが理解できるのである。

ところで今ここに、神武以後、延喜（醍醐天皇）・天暦（村上天皇）とたどりながら、この日本国のことをどのように考えたらよかろうかと思いつづけているのであるが、なかなか想像してみることも、ことばであらわすことも容易ではないのである。しかしながら今の時代にのぞんで考えてみると、つぎに述べるようなことに気づく。

まず、神武から成務まで十三代は、王法（仏法の側から天皇の政治をさすことば）と俗諦《ぞくたい》（仏教の根本の真理を真諦というのに対して世間的な真理をいう）のみがあって、ほかには少しの子細もなく、天皇の位は皇子から皇子へと受けつがれて、八百四十六年（巻第一の年数では八百四十七）が過ぎていった。つぎの仲哀から欽明まで十七代の間は、ともすれば落ちたり上がったりで、安康・武烈のような王もまじっておいでになるかと思うと、また仁徳・仁賢のように立派な時代もあった。この間三百九十四年（巻第一の年数では三百七十七）で、十三代の通算年数よりも十七代のそれの方が少ないのである。

さて、欽明の時に仏法が伝わりはじめ、敏達の時、つまり聖徳太子が五、六歳の幼いころから、伝来する経論《きょうろん》はもっぱら太子にまかせられ、太子はそれらを見て理解して天皇に意見を述べられたのである。こうして敏達・用明・崇峻の三代は過ぎていった。そしてつぎの推古女帝の時、太子はしっかりと摂政の任に当たられたのである。つまり、仏法によって王法がささえられていたのだといえよう。この敏達から桓武まで二十一代（巻第一によれば二十代）、平安京に都が遷った御代までを一区切りとするならば、その間二百三十六年（巻第一の年数では二百三十四）、これまた十七代の通算年数よりも少ない。

歴史の段階

このようにして、世の道理というものが移り変わっていくことを明らかにしようとするならば、すべての存在はただ道理という二文字によってささえられていて、そのほかには何もないことがわかってくるであろう。間違った悪事もまた道理によってささえられているということを理解し弁別することがしごく大切なことなのである。この道理が移り変わっていく過程をこの世のはじめから終りへと下りながらたどっていき、また世の終りからはじめへとさかのぼっていくことによってそのことは理解されるであろう。また道理の道を大小の国々の歴史の中で、はじめから終りへとたどっていくことによっても知ることができよう。このような道理を明らさまに呈示すると、それはまたいろいろさまざまであるから、それを理解できない人にわからせるために、少々わかりやすく書きあらわそうというわけである。

一、目に見えぬ神仏の世界と、人間の世界とが和合して、道理がそのまま道理として通っている状態が、まずはじめにある。これは神武から十三代（成務）までであろうか。

二、目に見えない神仏の世界の道理はずんずんと移り変わっているのに、目に見える世界にいる人間にはそれが理解できないという道理が出てくる。ここでは物ごとの前後、首尾が行き違い食い違ったりしているので、善いことも善いこととして貫徹せず、悪いことも悪いままでは終わらないということを人々は理解できないのである。この段階は仲哀から欽明までとするのが適当であろうか。

三、現世の人間にはこれが道理だと思われ、すべての人がそれを認めているのに、それが目に見えぬ神仏の御心にかなわないという道理がつぎにあらわれるのである。こうなると人間がこれはいいと思ってしたことが、かならず後悔を招くことになってしまう。はじめはこれは道理にもとづいていると思ってした人間が、のちになって思い合わせてみると、神仏の御心にかなっていないと気づくのである。これは敏達から後一条の時、つまり御堂関白（道長）までであろう。

四、今あることを処理している間は、自分も他人もこれこそ道理にかなっていると思っているものであるが、そこに知恵のある人があらわれて、これはまったく理由のないことだというと、本当にそうであったと反省するという道理がそのつぎにくる。これは末世の人が本当にそうあってほしい姿の基本をなす道理である。そして、この段階は宇治殿（頼通）から鳥羽上皇までであろう。

五、はじめから、あることで議論が二つに分かれ、びしびしと論争して動揺する間に、さすがに道理というものは一つであるから、その一つの道理に向かって議論が勝ち進んでいき、それを実行するという道理があらわれる。これはもともと道理を知っているというものではないが、すぐれて威徳のある人物が主人である場合は、この方法を用いて事を行なうのが道理にかなっている。この段階は、武士の世界でいえば頼朝までであろう。

六、さてこうして道理というものを分別することができなくなり、あれこれと論じたり、結論が出ないままで過ぎていくうちに、ついに一つの考えに従って事を処理すると、悪い心の誘う方向に流され、道理に反することを道理にしようと悪い企てをするようになり、間違った道をたどるようになるのが道理だという道理があらわれる。これは世が移り変わっていく有様が、間違った方向へと進む場合にすべてあらわれる道理で、悪い形勢が時代とともにさらに下落していく過程の道理なのである。これは後白河上皇から現在の後鳥羽上皇が皇位についておられた時までに相当するであろう。

七、ものみなすべて、はじめに考え企てたことが、自分も人も道理というものを少しも知らないためにただ成り行きまかせになってしまい、先のことなど考えてみようともしないような状態。例えば、回虫の病気が重くなった人が、今は自覚症状がないのでのどが渇くからといって水を飲んだりすれば、やがて病気が重くなって死に至るのと同じ道理なのである。そしてこれが今の世の道理である。そうだとすると、今はもう道理というものはなくなってしまったのであろうか。

歴史の推移と道理

こうしたことを考えてみると、日本国のはじめからしだいに王臣の器量と持って生まれた幸運とが衰えていくにつれ、道理というものが作りかえ作りかえされながら、世の中が移り変わり、時が過ぎてきたということがわかるであろう。世のはじめから世の終りへと移り変わっていく根本の道理に、仏法と王法、上古（慈円は宇多天皇までを上古と考えていた。一六六ページ参照）と中古[34]（醍醐天皇から保元の乱まで。一六六ページ・二二一ページ参照）、王臣と万民のすぐれた才能などの諸要素がこのようにしっかりと結び合わされ、調和がはかられているのである。したがって一人の人間があれこれと案じてみても、思うようにできるわけではなく、けっきょく世の中はしだいに落ち衰えていくのである。そうではあるが内典・外典には、滅罪生善《めつざいしょうぜん》（罪障を滅ぼし善根を生ずること）という道理、遮悪持善《しゃあくじぜん》（悪を遮断し善を保持すること）という道理、また諸悪莫作《しょあくまくさ》、諸善奉行《しょぜんぶぎょう》（もろもろの悪をなすなかれ、もろもろの善を奉行せよということ）という仏の教えが堂々と説かれており、さらにもろもろの仏や菩薩が人々を導くための仮の手段というものがかならず存在するのである。したがってこれらのことを、はじめにあげた根本をなす道理などに合わせて考えねばならない。どのようにして合わせて考えればよいのかということになるが、決して決して人がそれを教えることはできない。それは知恵のある人が自分の知恵を働かせて理解すべきものなのである。ただし、もしかするとその助けになることもあろうかと思って、心の行き届くこと、ことばの及ぶほどのことを申し述べようとしているのである。

だいたい、古い昔のことについては、それを書きしるした人がただ物ごとの一端を聞けば、全体を理解することのできるような心の持主であったから、書き遺されたことはきわめて少なくてはっきりしない。それを見て申し述べようとしていることは、もっぱら推量のようなものである。そのうえ、当節の人は古い昔のことなどあまり信用しようとしないであろうから、こまかなことをいうのはむつかしい。不十分なものであるが、そのままに昔は物ごとのあり方はこのようであったろうというようなことを書きしるしたのである。

国王の条件

さて世も末の方になるにつれて、事は多くなって書きつくすことはできなくなるのであるが、清和天皇の御代にはじめて摂政というものが置かれて、良房大殿《おとど》が出てこられてからのち、その御子の昭宣公（基経）が自分の甥の陽成天皇を退位させたてまつって、小松御門《こまつのみかど》（光孝天皇）をお立てしてからのちのことを申し述べるべきであろう。

まず人は道理というものが推移していくものであるということを基本としてよくよく理解しなければならない。国王というものは天下のことを決裁して、世を平安にし、民をあわれむべきであるのに、いったいどうして十歳にも満たない幼い人を国王にすることができようか、という道理があるであろう。つぎに国王は、国王としてお立てしたのちは、どんなに不都合があっても、そのままにしておくべきものである。それなのに、御自分の本心で退位しようと仰せられもしないのを位から無理におろしたてまつるべき法はないはずである。「この中に、国王からはじまり賤しい民までさまざまな者があることになるであろう。そこで、家の内をおだやかに情趣深く治めていくことをさしていうのである。したがってそういう人うのは何かというと、公的な政治にかかわりを持たずに、いっさいすべての人々が、私的な朝廷の道理にもとづきながら国政に関与して、善悪を定めたもののことである。また人というっきょく人のことなのである。人にとって世というものは何かといえば、それは人が国家・世といい、人ということばを使っているが、その二つは別のものではない。世というのはけを用いるのであるが、何ごとについても究極の道理というものが存在するのである。ここでだいたい、政治のことを考える場合には、世のため人のために善いと思われるような方法しないという二つの原則の兼ね合いで、ものの道理というものを考えるべきである。

はないであろう。したがって、幼主は好ましくない、天皇になってはならないものを天皇に避すれば王位は絶えてしまうであろうから、この道理からすれば幼いということを嫌うこと古今を通じて即位すべきでない人を皇位につけたことはないのである。幼いからといって忌のはよくない、政務の処理ができるくらいにおなりになってからという人があるだろうか。ためにに限りない功績であったといい伝えている。また、幼主といって四、五歳で即位なさるからいるであろうか。誰も決してそうは思わないし、またいいもしないのである。天皇の御陽成天皇を位からおおろししたことを、正当な理由のない昭宣公の謀反であるという人が昔れをこそ、謀反というのである」という道理はまた必然のことであろう。それなのに、この国王には世のことをとり行なう国王の任務を立派にやっていける人がなるべきであるが、日本国のしきたりでは、国王の家柄の出でない人を国王にしてはならないと神代以来定められているのである。またそのきまりの中では、同じ国王の血筋の人ならば立派な人をと願うのも世の常である。そして、国王となられた御方が、万事御自分の手で立派に事を処理していかれることは、かならずや困難なのであるから、御後見役を用いることとして大臣という臣下を設け、それと御相談をなさりながら世の中を治めていくようにと定められたのである。これが国王というものの道理であるから、国王があまりに悪くなっていかれると、世と人との関係からくる因果応報の力に圧倒されて、国王の地位は維持できなくなるのである。その悪い国王の御運が尽きてしまうには、またさまざまな経過がある。

天皇と御後見役

太神宮（伊勢）と八幡大菩薩の御教示によると、「御後見役の臣下との間は少しも心をへだてることのないようになされよ」といわれて、魚水合体（魚と水の間柄にたとえる）の礼ということを定めておかれたのである。天下の治乱はこの君臣の間柄だけできまることがある。はるか昔のこと、天照大神（皇室の祖先神）が「神鏡と天皇の御殿の中に侍して、よく御守り申し上げよ」と命ぜられ、天児屋根命《あめのこやねのみこと》（藤原氏の祖先神）がそれを承諾なさったが、末の世になってもその御約束を違えるような理由は露ほどもない。そういう道理にささえられて、藤原氏の三功ということがおこったのである。その三つの功績とは何かというと、大《たい》織冠《しょくかん》（鎌足）が（蘇我）入鹿を殺してしまわれたこと、永手大臣《ながたのおとど》と百川宰相《ももかわのさいしょう》が光仁天皇を擁立したこと、また昭宣公が光孝天皇をお立てしたこと、この三つである。はじめの二つは時代が遠くへだたっている。昭宣公の御功績は清和天皇ののちの天皇についてたしかに起こったことであった。そして、その後の天皇の御寿命の短いことはことばもないくらいである。位を退かれてのちはみな長く御在世なさったようであるが、在位の間に五十歳に及ばれた天皇は一人もない。こういうことは誰でも知っていることではあるが、一度に心に思い浮かんでくるものでもないから、わずらわしいことであるが、まず天皇の御年について述べてみよう。

清和はわずか三十一歳で崩御なさり、在位は十八年であった。

陽成は在位八年で位を退かれた。八十一（八十二の誤り）の長寿を保たれたが、政務をとることはなさらなかった。

光孝はその在位ただ三年で、これはことさら特別に天皇として出ておいでになったために、位におつきになった時、五十五歳であった。

宇多は三十年（十年の誤り。ただし退位の時は三十一歳）で位を去って出家なさり、六十五歳まで御存命なさった。

醍醐はその在位三十三年の久しきにわたり、おかくれになった時の御年も四十六であったから、ただこの天皇だけはめでたく立派であった。

朱雀は在位は十六年であったが、三十歳でおかくれになった。

村上は在位二十一年で、御年は四十二までである。

醍醐・村上の両天皇は、世に延喜・天暦と称するように、少し御在位の長かった天皇なのである。

冷泉は在位二年で位を退かれ、六十二までの御長寿であったが、陽成と同じことでしかなかった。

円融は十五年の在位で、三十四（三十三の誤り）で崩御なさった。

花山は在位は二年で、おかくれになった時は四十一歳であったが、この天皇のことはいうにたりない。

一条は在位二十五年で、崩御の時三十二歳。幼主でおられたばかりであるから、長くてもそのかいはない。

三条は五年の在位である。東宮の期間が長かったのであるが、これもまたかいのないことであった。

後一条は在位二十年に及んだが、二十九でおかくれになったのであるから、幼主の期間が長かったことになる。

後朱雀は在位九年で、即位の時には分別もおありの年齢であったが、三十七歳でおかくれになったので、これまた短い。

後冷泉は二十三年も在位なさり、四十二（四十四の誤り）まで御在世なさったから、この天皇は少し長かったように思われるが、実際はもっぱら宇治殿（頼通）の思うままであった。

このように代々の国王が若死をなさっていることは、その意味をよく考えてみる必要がある。高貴の人も下賤の者も、運命によって定められた寿命以上に、命を長くするような道理をつくりかため、それを実現する手だてを持っているはずがない。日本国の政治のあり方が移り変わっていく場合の基本をなす、天皇と御後見役とで世を治めていくというあの道理に照らしてみると、世の中がしだいに衰えていきながら、位を退かれた上皇が政務をおとりになるというところへはまだ落ち下っていないという時代にあって、国王が六十、七十までも生きておられたならば、摂籙《せつろく》の臣が政務を処理するという歴史の一段階はありえないのである。何といっても、天皇におなりになって五十、六十まで退位もなさらずにおいでになるのならば、それはまったくよき昔のままであるといえよう。本当に天皇の御年が若くて、はじめは幼主の摂政によって政務が行なわれるが、ようやく適当な年齢におなりになっても、御自分から政務をとろうとお思いになるほどの御思慮は持っておいでにならない。摂籙の臣の人物才能がすぐれており、天皇がおとりになるべき政務をたすけて、世の中を治めていかれるから、万事欠けたところもなく過ぎていくのである。そうするうちに天皇は三十歳前後の御年でみなおかくれになるのである。これこそは、太神宮（天照大神）があらかじめ配慮しておられたことなのであって、この中ほどの時代（清和天皇・良房摂政以後をさす）は、天皇が天皇として昔のようではありえないのであるから、このためにこそ神代の時代に「神鏡と天皇の御殿の中をよくお守り申し上げよ」と命ぜられたのであり、その仰せを承った天児屋根命の子孫（藤原氏）に、このようにすぐれた器量の持主がつぎつぎに生まれ合わせていき、九条右丞相《うじようしよう》（師輔）の子孫たちが天皇の政治をたすけるであろうと作り合わせられているのである。ところでその後、太上天皇として政務をおとりになるべきであるという道理が定まってくると、白河・鳥羽・後白河の三代は、みな七十、六十、五十をこえる長寿を保たれて世をお治めになるのである。したがって、いま述べてきた代々の天皇が若死をなさったことの道理は、この上皇の御年の長いことからも理解できるであろう。

上皇政治の出現

さて、後三条天皇は当然、長期間在位なさるべき天皇であったのに、事をおはじめになったばかりで四十歳でおかくれになったことは何か理解できないものがある。しかし、それはここでぐっと世の中が衰えていくという道理があらわれたものであろう。後三条天皇が御心の中で考えておられた内容は、どんなに立派なことであったろうか。さて、何といっても、その場合にあたって、政務を行なう天皇と摂籙の臣とはしっかりと一つの御心であることが大切で、決して食い違うようなことがあってはならないのに、別に院の近臣というものが男女を問わずあらわれてくると、それが天皇と摂籙の臣の間に割りこんで、何かにつけて天皇と摂籙の臣の御仲が悪くなるようなことをいうのである。それにつけてもあの（源）俊明卿（二一五ページ参照）は、院の近臣といっても本当に立派な人であった。したがって天皇や上皇はこうした近臣の存在を重要な問題としてよく考慮なさったうえで、世の中を治めていかれるべきである。そのうえ、今の世には武者というものがあらわれ、武士が征夷大将軍というものになって天皇と摂籙の臣を圧迫して権力を握るような、世の終りの有様である。そこでこうした武士の指導者たちをみななくしてしまい、誰の郎従にでもなるような武士ばかりにしておいて、その主君となる征夷大将軍に摂関家の若君（頼経）を立てるということが行なわれた。それはもう間違いなく、皇室の祖先神（天照大神・八幡大菩薩。ここでは天児屋根命も含まれる）が君臣を一体にさせて昔に帰らせ、しばらくの間世の中を治めさせようとお考えになったことから起こったのであるから、そうなるに至るまでの経過をここで述べておかねばなるまい。そこで、在位四年であった後三条天皇以後のことをくわしく見ていくこととしたい。

後三条天皇の治世が終わったあとで世の中の様子が変わり、天皇は位を退かれたのちに上皇として世を治めようと企てられるようになる。後三条天皇御自身は退位ののちまもなくおかくれになったが、白河上皇は七十七歳まで政務をごらんになったのであった。白河上皇のなさったことは、国王としての御振舞ではなく、天皇をおたすけする臣下の行為と同じであったから、それゆえに上皇の御寿命は長く続いたのである。つぎの鳥羽上皇もまた当然のこととして五十四歳まで政務をおとりになり、さらに後白河上皇は五代の天皇（二条・六条・高倉・安徳・後鳥羽）の父あるいは祖父として、六十六歳まで世をお治めになった。太上天皇が政治をごらんになるようになってからのちは、その間に皇位におつきになった御子や御孫の在位の長さ短さには意味がないから、ここに書く必要はない。わざわざそうするかのように短期間で天皇が交替されたようである。そしてそのつぎに今の後鳥羽上皇の御代になったのであるが、後白河上皇がおかくれになって今の御代がはじまってから承久（元年）まで、すでに二十八年になったのである。

摂関の権威の下落

さてさかのぼって君臣の関係を見ると、延喜・天暦までは、君臣は一体となり、魚と水の間柄にも似てまことに立派であったと思われる。北野（菅原道真）のことも、しいて時平と天皇の御心とが行き違うことのないようにという目に見えぬ配慮のあらわれであろう。

冷泉天皇以後、天下は摂籙の臣の手中にしっかりと握られることになったようである。そのことについて、御堂（道長）までは摂籙の臣が心の中で時の天皇を軽侮したてまつるようなことはさらさらなく、天皇に悪いことがあれば正しくなさるように申し上げ申し上げして、立派に政務を処理しておられた。ところが天皇の方ではそうしたことを不快に思われ、円融天皇・一条天皇などからは、「この自分を侮っているのか。政務を思うようにさせないではないか」などとお考えになるようになったが、それはみな天皇の御心得違いであったと思われるのである。

しかし、宇治殿（頼通）が後冷泉天皇の御代に、国政をしっかりと握ってしまわれたのちには、少しは天皇を侮り申し上げ、世の中のことをひとりほしいままに思われたこともあったように見受けられる。

後三条天皇は宇治殿の御振舞をそのようにごらんになり、それを改めることをお考えになって、今はともかく位を退いて、その後、御自分で世を治めようとお考えになったのである。しかし、この宇治殿と後三条天皇との対立は、天皇がそうお思いになりはしたものの、君臣が対立したのはよくなかった、間違っていたとすべて思いなおし、反省なさって、政治を公明正大な王道へと落ちつかせて決着がつけられたのであったと知ることができるのである。

白河上皇以後になると、国政はしっかりと太上天皇の御心に従うことになったが、それにともなって摂籙の臣というものが重要な役割を果たすようなことはなくなり、別に近臣というもの——白河院政の初期には（源）俊明などがおり、末期には顕隆・顕頼などがいた——が出てきたのである。国政の根本をなす摂籙の臣には、愚かなしもじもの者とかわるところのないような人がなっておられたので、なさけないことながら摂籙の臣は近臣に押され、近臣をおそれはばかっているような状態になった。しかし、さすがに昔の余勢は強く残っていたので、鳥羽院政から後白河院政のはじめ、つまり法性寺殿（忠通）のころまではともかく摂関家の権威は保たれていたように見ることができる。

この間、白河上皇は知足院殿（忠実）とたいへん御仲が悪く、仇のように処遇され、籠居させておいて、その知足院殿の子の法性寺殿を引き離すようにとり立てて用いられた。この君臣の道理にそむいた間違ったなされ方が、確実に世を滅ぼすことになったのである。このことについて考えてみると、物ごとの背後には、目に見えない冥の道と目で見ることのできる顕の道という二つの筋道があり、また邪神と善神の御争いというものがあって、それらが表にあらわれたり、内にこもったりしているのが明確にわかってくるのである。しかしながら鳥羽上皇は最後の時になって、君臣の道理に気づかれたのであろうか、物ごとを法性寺殿に御相談なさり、その申し上げるとおりに後白河天皇を位におつけになったのである。こうして国政が立ちなおろうとしたのであるが、このように乱世になっていくことは、もう世の中がもとのようにはならないということなのであろう。つまり、日本国の運がここで尽きてなくなってしまったということであり、大乱が起こったのちは、まぎれもなく武者の世になってしまったのである。そののちは、世の中にとって摂籙の臣の威勢は三流、四流に下落し、かつての栄光などなくなってしまった。そうした中で松殿（基房）と九条殿（兼実）の二人がわずかに摂関らしい権威を見せたが、それも本当は下落してしまったことへの同情によってありえたことであった。松殿は平家のために失脚させられ、九条殿は源将軍（頼朝）にかつぎ出された人であるというように、国王の御考えのままに摂籙の臣を味方としたのみ、また憎みもするというような本来のあるべき筋道がいつの間にかなくなってしまったのであるから、摂籙の臣のことなどはよくても悪くても何の意味もないことになり果てたのである。ただその中で後鳥羽上皇が後京極殿（良経）を摂政になさったので、これこそめでたいことと思われたのも束の間、後京極殿は夢のようにはかなく死んでしまわれたのであった。近衛殿の父子（基通・家実）が、摂関の家に生まれ、職についていながら、政務の行ない方も摂関家のしきたりも、きれいさっぱりと少しも知らず、聞こうとも、見ようとも、習おうともしない人であり、そのうえに家領の文書をかかえてあんなに奪われたり返してもらったりしながら、いまだに死なないでいるのを見ても、もう世の中には王臣が一体となって政治を進めていくという道はぜんぜんなくなってしまったのであるということが、明瞭に見てとれるであろう。そし

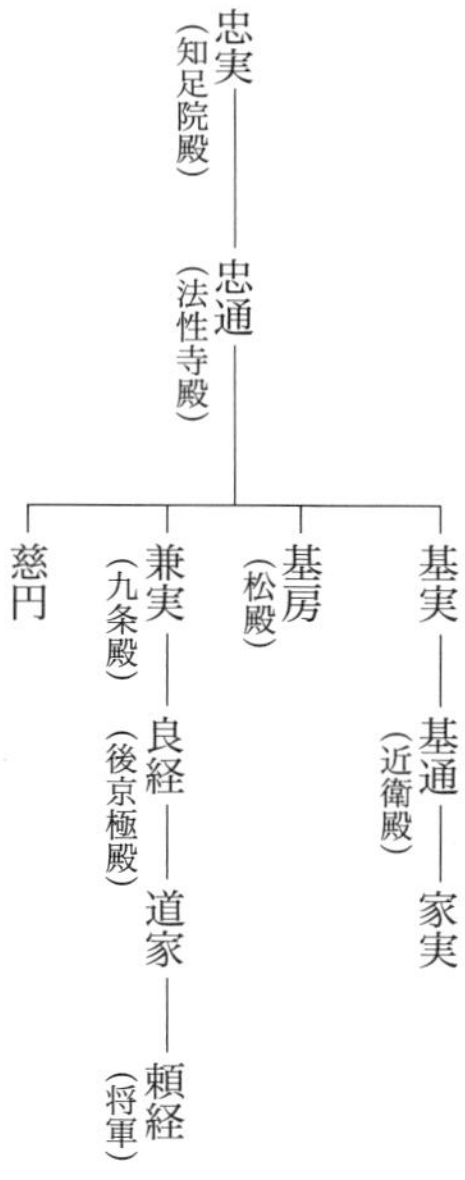

て王も臣もそのあり方には、近年九条殿が世の中のことについて思いをめぐらされたように、武力が正しい道に従って用いられることは国家の根本をなすものであるから、その筋道がとおっていくべきものであろうと思われるのである。

怨霊と道理

今、まがうかたなく八幡大菩薩が左大臣（道家）の子（頼経）を武士の大将軍にお据えになった。人間のするようなことではなく、きっと神々がなさったことに違いないと思われるような、不可思議なことが起こったのである。このことを近衛殿などというお話にもならない者は、「わが家にはこんなことは起こらない。九条家は今に恥をかくさ」といったが、それを聞いて本当にそのとおりだなどと思う人もあるとか聞く。おかしなこととは、まったくこういうことをいうのである。自分自身が立派に家を継いだような人ならば、そんなことは愚かながらもいうことができよう。乱世になっていくことを決定的にした平将軍（清盛）の謀反（治承三年十一月の政変）の結果、近衛殿は本当に何ものを知らない、幼稚で愚鈍な人であるにもかかわらず、二位中将からとり立てられて摂籙の臣の名だけを授けられ、怨霊（平家の怨霊）に特別に守ってもらいながら、やがて自分の家を滅ぼしてしまうために長生きをしているようなものなのである。それを自分では何とも気づかないでいるほどの身であるのに、そんな者が「家の恥である」などといえば八幡大菩薩の御心にかなうとでも思っているのであろうか。いうにたりないというのはこのことである。

世の中が移り変わってものの道理が変化していく次第は、人間には理解しにくいものであるから、そのためにこの書を少しばかり書きつづっているのであるが、これを読む人も、書いてあることを自分の心の中に入れて、自分でよく考えてみることをしなければ、道理の推移というものを決して理解することはできないであろう。そこで、今述べている不可思議のことについては、どう考えればいいのであろうか。よく考えてみると、それは摂関家と武士家（将軍家）とを一体にし、文武を兼ね備えて世を治め、そういう文武兼行の臣下が後見役として君をおたすけすべきであるということになったものと思われるのである。このことについて、昔のことを思い出し、現在のことをかえりみて、世の中を正しい考えにもとづくように帰着させ、邪を捨てて正に帰する道をしっかりと理解すべきことになるのである。そこでまずこのような不可思議なことが、間違いなく大菩薩の御はからいによるものか、あるいはまた天狗・地狗《じく》（深山や地中に住んでいると考えられていた妖怪）のしわざなのか、どちらであるかと深く疑ってみることが大切である。この疑いに関連していうと、昔から怨霊というものが世を乱し人を滅ぼすということがあるが、それも世の中の一つの道理をなしているのであるから、今は、人は何をおいてもまず神仏に祈られるのがよいと思うのである。

かつて、百川宰相がたいへん立派に光仁天皇をお立てしたが、そのあとをお継ぎになる皇太子をどうするかで争いがあった。百川は桓武天皇の擁立をなしとげたのであるが、その間あまりに策が多すぎ、光仁天皇の皇后であった井上内親王《いのかみの》（聖武天皇皇女。桓武天皇と皇位をめぐって対立した他戸《おさべ》親王の母）を、穴を掘って獄を作り、押しこめ申し上げたりしたので、井上内親王はそのまま竜となられ、とうとう百川を蹴殺しておしまいになったということである。一条摂政（伊尹）は、朝成《あさひら》中納言の生霊《いきすだま》（生きている人の悪霊）にとりつかれて、そのために子息の義孝《のりたか》少将まで命を失ってしまったという。朝成は定方右大臣の子であった。宰相の時には一条摂政の方が位が下だったのであるが、二人で競争して中納言に昇進することを望んだので、朝成は一条摂政の悪口を放言した。その後、朝成が大納言を所望した時、すでに摂政となっておられた一条摂政のところへ行って、昔はたやすく殿舎に上ることをしなかったから、しばらく庭に立っていた。やっとのことで一条摂政が朝成を招じ入れてお会いになると、自分こそ大納言になるべきだという理屈を述べ立てるので、それをお聞きになって「昔、二人で中納言を争った時、あなたはわたくしの悪口をいわれました。今、あなたの昇進はわたくしの胸三寸です。世間のことはわからないものですな」といって、そのまま奥に入ってしまわれた。朝成の腹立ちはひととおりでなく、退出する時に車の中へ笏《しやく》を投げ入れると、それが二つに割れてしまった。こうして朝成の生霊があらわれるようになったのだと江帥《ごうのそち》（大江匡房）も伝えている。三条東洞院は朝成の家のあとである。そこへは一条摂政の子孫は行くことをしないなどといい伝えている。元方《もとかた》大納言は天暦（村上天皇）の第一皇子広平《ひろひら》親王の母方の祖父として、冷泉天皇をはげしく責めつけ悩まし申し上げた。

顕光《あきみつ》大臣は御堂（道長）を恨んで怨霊となった。顕光の娘（延子）が小一条院（敦明親王。東宮となったが道長に妨げられて即位を断念した）の妃であったことなどから、こういうように伝えられているのである。しかしながら、そういうことがあったころは、仏法というものが栄え、知恵と行法を兼ね備えた僧が多かったから、このように祟った例はあるけれども、特に問題となったもの以外の怨霊は防いでしまったのであろう。誠実に心の底から尊い僧に帰依すれば、仏法僧の利益《りやく》を受けることができるのである。九条殿（師輔）は慈恵《じえ》大師（良源）、御堂は三昧和尚《さんまいかしよう》（慶円《きようえん》）と無動寺座主（慶命《きようみよう》）、宇治殿は滋賀僧正（明尊）などというように、それぞれ深く帰依された僧があったと伝えられている。

さて怨霊について今の世の中のことを深く考えてみると、法性寺殿（忠通）は、讃岐院（崇徳上皇）や知足院殿（忠実）の怨霊をしずめる処置をなさらなかったので、知足院殿の怨霊は自分の家を滅ぼしてしまおうとしたのであるが、法性寺殿は知足院殿の子であるにもかかわらず、あまりにすぐれた器量を持っておられたために、怨霊も手をかけることができなかったのであろうか、御自身の上には特にひどいことは起こらなかった。しかし、中殿《なかのとの》（基実）の早死のなされ方、松殿（基房）・九条殿（兼実）が重大な事件に出会って失脚なさったこと、近衛殿（基通）がたびたび地位を奪われて今まで生きながらえ、遊びほうけて摂関の家さえあやうくなさったこと、さらに後白河上皇が一代の間、明け暮れ内乱にお会いになったことなどを見てくると、これらのことは怨霊か何かが、ただ怨霊になるべき道理を得て、そのことがあらわれていることと思われるのである。当初はただ難なく過ぎていくように見えることが、のちには一大事になるのである。讃岐国（香川県）から崇徳上皇を呼び戻して差し上げ、京都にお置き申し上げて、知行国の一つもたてまつり、「仏縁を結ぶために何かなさってはいかがでしょうか」などといって、歌を詠んでおいでになれるようにしてあげていたならば、これほどのことにはならなかったであろう。知足院殿にしても、法性寺殿がなさる御処置としては、願い出てその身柄をお預かりになり、宇治の常楽院を御住居とし、いま少し所領の荘園などを差し上げて、以前と同じように御遊びや管絃などを催すことができるようにして差し上げていたならば、これほど世の中が乱れることはなかったであろう。法性寺殿にとって知足院殿は自分の親であるから、流刑を免れることだけをまず願い出ようと思われたのであろうか。それももっともなことではあるが、御自身にあらたかな祟りはなかったとしても、ともかく物ごとの処置をするには、これほどまでにさまざまなことを深く考えて理解することが必要なのであり、それをしないことから、いろいろな事件が起こってくるのである。

人間の住む世界の苦しみの中には、怨み憎む者と会う苦しみというものがあって、その苦しみは憎む者を殺してしまうところまで行きつくのである。たった一言《ひとこと》、自分よりもすぐれた人のことを身分不相応に貶《けな》して勝手な放言をすれば、その場でぶっつりと突き殺され命を失うものなのである。怨霊というものはこの世のすべてについて深く怨みに思う人を仇にしてとりつき、事は一つの家からやがて天下にも及ぶようになり、その仇を穴を掘って転ばせようとして、讒言《ざんげん》や虚言を作り出すのであるが、結局は世が乱れ、人が損亡するのであるから、人間の世界の憎悪と同じことなのである。ただ怨霊というものは、目に見えることでその報復をするということはしないから、目に見えない方法で怨みをはらすという点が世間の憎悪とは違うのである。

末の世の姿

聖徳太子の十七条憲法の中に「嫉妬をやめよ。嫉妬の思いには際限がない。賢いことと愚かなこととは、一つの環のようにつながっていて、区別をつけがたいものなのであるから、自分一人だけはわかっているなどと思ってはならない」と戒められており、また「財宝がある者の訴訟は容易に通る。それは水の中に石を投げ入れるようなものである。貧しい者の訴訟はなかなか通らない。それは水で岩を打つようなものである」と仰せになっている。この嫉妬と忿怒《ふんぬ》と貪欲の三つをおさえ、捨て去るのが仏道修行の究極なのであるが、世も末となった今の世間では、そんな戒めがあるかとさえ思わず、わざわざ嫉妬・忿怒・貪欲を大切なものと思い、少しでも自分には思慮分別があると思っている人は、人を嫉むこと、自分をよしとして他人を非難すること、さらに追従と賄賂などにふけっているのである。こういうことでもっぱら国が保たれているのであるから、きっと災が起こるであろう。それはもう明々白々である。

よく治まっている世では官職が人を求め、乱れた世では人が官職を求めるという。近年は大納言は十人もおり、三位の人は五、六十人もいる。故院（後白河法皇）の御時でも三位は十人内外であった。靫負尉《ゆげいのじょう》や検非違使は数も定まっておらず、一度の除目を見ても、靫負尉や兵衛尉が四十人を下ることはない。したがって一度の除目で任官する人の数は千人にもなるであろう。人が官位を求めて、それを買ったり、賄賂を探し求めたりするのも、近臣や側近に侍する男女になりたいと思えば、あれこれとためらってはいられないことなのであろう。しかし、そこまで落ちるとは思いもよらないことである。実際には、今や末代の悪世、武士の世になりはてて、末法の時代にも入っている（日本では永承七年〈一〇五二〉を末法到来の年と考えていた）のであるから、君もこの末の世にあらわれるさまざまな物ごとの道理などを、ただ塵ばかりでも思い出され、これはどうしたことかと驚き目を開かれて、そうむやみにこの世の中をこんな悪魔・悪霊の手にわたすことができようかとお考えになり、また近臣の男女も少しでもめざめてほしいものだと、それればかりが念願されるのである。

さて武士の方では将軍を失って、わが身にとって恐ろしいものはなくなり、みな地頭、地頭といって、日本国の租税年貢の割当てや徴収を引きうけている。後鳥羽上皇の政治についても、武士が地頭の収益で近臣の脇腹をくすぐれば、笑顔にならないような近臣はいない。また武士であるから、思うままにならない者がいれば、いつでもそれを「それそれ」とにらみつけると、もう誰も手むかいをするような者はいないのである。武士は今はただ思うにまかせてやっていこうと、しっかり思っているように見えるのである。そこで、こうした不合理が積もり積もっていけば、大乱が起こり、この世の中は自分も人も滅び果てるようになるであろう。今はまだ大の三災（火・水・風の三災、または飢饉・疫病・刀兵）にのまれてしまうような世になってはおらず、仏法の行法もまだ残っているし、皇祖神や国家の神々も神々しい光につつまれておられるようである。そこで、世を治める君はほんの少しでも正しい心をとり出して、無間《むげん》地獄に落ちるような無道の有様を少し普通にし、何といっても世の中には末世の道理をわきまえた人が、僧俗の中に二、三人か四、五人くらいはいるであろうから、そういう人を召し出して、天下のために仕えさせてほしいものである。結局は、人間が一切万有のことを知るような最高の知恵をそなえて、本当の賢人や聖人となろうとしても、かなえられるものではなかろう。少しでも分相応に主となるような人は、国王よりはじめたてまつり、みな、人のよしあしを見分けて登用なさることが肝要で、その御心一つが事を容易に進めていくための究極のことなのである。それなのに今の世では、わざわざそうするかのように、何ごとにつけても、ちょうど烏を鵜《う》として使うようなものであるから、明らかに世が滅びてしまうのだと思われるのである。

後世への期待

また道理というものは容易に実現できるものなのである。そのことをよく理解している臣下をもって、勢力のある武士を集めてこういい聞かせてやりたい。

「まず武士というものは、末の世となった今では、たしかに今あるように用いられるのが当然となったのである。だからそのことについては異論はないはずである。そこで、世の中がこうなったうえは、天皇がこうした武士を悪いとお思いになっても、武士よりもすぐれた者どもがでてくるはずはない。このようなことを考えるにつけても、世の末になるとますます悪い者ばかりになろうとするのであるから、この武士どもを滅ぼそうという動乱を起こしたとてどれほどのことにもなるまい。眼に見えない世界で天地主宰の上帝が武士のことをお定めになっていることではあるし、眼に見る現実の世界で天皇がお前たち武士を憎んだり疑ったりなさることはないのである」

さてつぎに地頭のことが大切であろう。これは静かに静かによくよく武士と御相談なさったうえでとりはかられるべきである。武士の方も地頭を停廃させまいとして、迎え火を作って朝廷を威嚇するようなことがあってはならない。しかしまた、それだからといって朝廷も武士に対してそう恐怖の念を持たれることはないのである。今は、だいたいふつうの状態の武士は、正しい道理を理解できる時代になったのである。現在の東宮（懐成親王、仲恭天皇）、現在の将軍（頼経）というのはわずか二歳の子供である。これが作り出されたのはひとえに皇祖神の御はからいがあらたかにあらわれたからであって、そうでなければ、東宮も御母（順徳天皇中宮立子）はみなし子におなりになって皇子の御誕生を祈念する人もなく、東宮の母方の祖父（故良経）が神仏に祈ったその願いの深さに感応してのことならばいざ知らず、どうして今このようなことが実現されたのであろうか。また皇祖神の御はからいによらずに、どうして将軍があのような死に方をして、源氏・平氏の一族が一途に絶えてしまうことがありうるだろうか。そしてまたその代りにこの子（頼経）を用いるということが起こりうるであろうか。これはたしかにただごとではないのである。

昔からしだいに移り変わってきた世を見ると、今はちょうど衰え果ててふたたび持ちなおしていくべき時にあたっているのである。世の中がこれ以上衰えようとすれば、どのようになっていくというのであろうか。今はまだ紀伝《きでん》道や明経《みょうぎょう》道の学問も少しは残っているし、明法《みょうぼう》道（律令・格式に関する学問）の知識や法令《ほうりょう》（律令）の定めも塵ばかりは残っているようである。顕密の僧徒もまた過失なくやっているように聞いている。そして、天皇の代数の限度といわれている百王には、まだ十六代を残しているのである（順徳天皇は八十四代）。今や、この二歳の人々（東宮と将軍）が成人してからのちに、世を滅ぼしてしまい

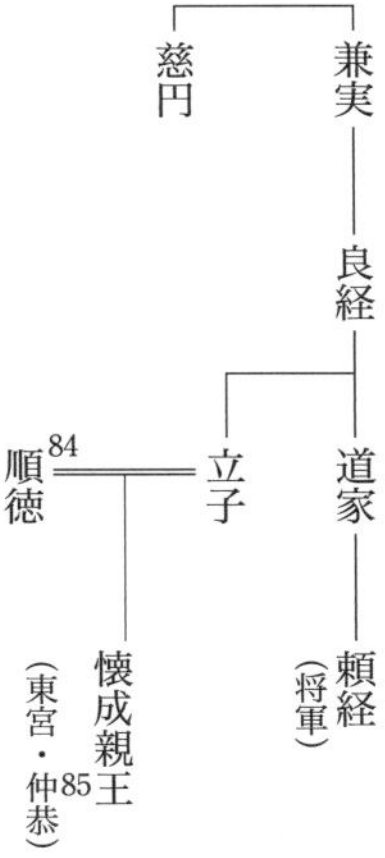

もし、建てなおして盛んにもするのである。そこで、「それにはいま二十年の時を貸して、その間武士は誤った悪いことをするな。自分が誤ったことをしなければ、他の人々の間違いはとめやすいものである」という天皇のおことばを武士に聞かせたい。また天皇が神社・仏寺の神官・僧侶に、よさそうな荘園をさらに結構に寄進なさって、「この世をなおも滅ぼそうとする邪悪な悪魔を神力・仏力で押え、悪人や反逆の心を抱くような者どもをその心の起こらぬ先に召し取れと祈念せよ」としっかり仰せになって、この末世に横行している賄賂や献品を少しやめさせてほしいものである。このようなことは非常に容易なことだと、神武天皇の昔から今日までのことがらを始めから終りまで見てきて、考えると、悪をとどめて善を行なうという道理は今もさすがに残っていると悟られるのである。ああ、いいたいことの何と多いことか。ここではその中のただ塵ばかりを書きしるしただけである。この書をこの人々（東宮と将軍）が成人された時にはお読みいただきたい。そうすればどうお思いになるであろうか。このように露ほどの嘘もなく、世の移り変りのもっとも真実の姿を書きしるした人はよもやあるまいというわけで、世の移り変りの中にはただ一筋の道理があるということを書いたのがこの書なのである。

後鳥羽上皇の心得違い

また究極のことが一つある。人というものは「似た者が集まる」ということがその性質のもっとも究極のものなのである。そのため、世の末になると悪い人はすべて一つに心を合わせてこの世をわがものとするのである。よい人はまた同様に語り合って心を一つにすべきであるから、よい人があれば協力しあおうものを、ない以上何ともしようがない。何となさけないことかと思いながら、わずかに仏神の御指図を仰ぐばかりである。ひとたび用いる時は、虎のように有能な働きをするような人は、何といってもいないわけはないが、立派な人は世の有様を見て出てはこないのであろう。このように今の世が滅びていくということからすれば、上皇も近臣も嘘でもって世を治めておられるらしいと思わざるをえない。嘘というものが朝廷で行なわれることは少しもあってはならないことである。嘘が用いられるならば、正しい人は世にありえないであろう。こういうことを考えると、かえって世の末には、民は心の正直な将軍が出てきて正さなければ、なおりようもないであろうと思われる。そして摂関家出身の将軍がこうして出てくるのは、八幡大菩薩の御はからいなのであって、世を守り君を守るべき摂籙の家の人を文武を兼ねて威勢があるように作りなして、世のため人のため君のために八幡大菩薩が進上なさったのだということを、後鳥羽上皇はおわかりにならないのである。このことこそはなはだしく重大なことである。これは君の御ためには摂籙の臣と将軍とが同じ人であるのがよいであろうと、確かに照覧なさって御指図があったのだということであって、その理由は明らかなのである。摂関家出身の将軍は、謀反の心をもたず、しかも威勢が強いから、それに君の後見役をさせようという八幡大菩薩の御意向なのであるから、君もそのように御理解いただきたいものである。昭宣公基経《もとつね》が陽成天皇を退位させて世を守った例などのようなことになるためには、これはますます結構なことであろう。それをさからいとどめようとお考えになったとすれば、後鳥羽上皇は太神宮・八幡大菩薩の御心に背いておいでになるということになろう。ここのところを心して君は御理解なさるべきである。この藤原氏から出た摂籙の人は、君のために謀反を起こすような心を捨てつくして、そんな心があってはならないと定められているのである。そして、しかも君が悪くなられた場合には強く後見し申し上げて、君が王道の道理をふみ違えたりなさらないようにお守りせよというのが神々の命令なのである。陽成天皇のような君がおいでになれば、世のためによろしくないであろう。そういう天皇はあるかなきかの状態におさまってはおられまい。またそれほどの君がよい摂政を嫉む心をお持ちになったならば、王道の道理を保つことはできないであろう。そういう天皇を強く後見するのは、太神宮・八幡大菩薩の御心であろうし、この道理はまったくそのとおりであろう。そうしっかり定められたことなのである。後鳥羽上皇は、衰えたものが復興しようとする場合に見られる道理についても、また昔から移り変わってきたこの末の世の道理を皇祖神や国家の守護神が照覧なさっていることについても、御存じなくてあさはかな御処置をとっておいでになるとお見受けするのである。ものの道理やわが国のなり行くさまは、前述のことを行なってこそしっかりとおちつくものであろう。仏教で説く十如是《じゅうにょぜ》（万象がそのまま真理であることを十の方面から説いたもの）の中にも、如是本末究竟等《にょぜほんまつくきょうとう》（本をなすもののあり方から、そのはたらきによってあらわれる末の報いまで、それらの帰することはけっきょく同一で真理そのものであるということ）という教えがあるが、過去と現在はかならず呼応しあっており、外見は昔と今では変わっているようでも、同じ一つの筋道でささえられているのである。大織冠《たいしょくかん》（鎌足）が（蘇我）入鹿《いるか》をお討ちになって、世はしっかりと悪をとどめ善を行なうという道理にかなうようになったのであった。今またそのとおりに行なわれるべきであろう。そうしてこそ君臣はしっかりと合体して世はめでたく治まるのである。

君と臣の道理

なお大略この世の有様を聞いてみると、後鳥羽上皇は表面では摂籙の臣を用いるようになさりながら、心の底では奇怪なものとしてうとましくお思いになって処遇され、院の近臣は摂籙の臣を悪くいえば君の御意にかなうことを知っており、こうしたことが世を滅ぼしていくようであるが、それはもういくらいってもいいたりないほど誤ったことなのである。これは内々の小さな家の主人と分相応の後見役に至るまでただ同じことなのである。しかし、国のこととなれば、それぞれ分相応の後見役と主人とが一つの心にぴったりと一致している人の家のように、おちつきがいいというわけにはいかない。まして、文武兼行の大織冠の子孫と国王御自身との間が不和の状態で、互いに打ちとけることなく心に隔てがあるということは、眼に見える世界と見えない世界、物ごとの始めと終り、さらにそのなりゆき、また過去・現在・未来というように、いつどこでも、物ごとのあるべき道理にかなう道なのであろうか。ああ、悲しむべきことであるが、わたくしは、このように誤ったことが行なわれるようになるという道理こそが、世の末には何としてもしっかりと世をつくっていくであろうと、かねてから心の中でひそかに理解していた。それは何といっても人の力ではどうにもならないということであり、世の末になればもう世の中は穏やかではありえないという道理の方へすっと移り変わっていくことなのである。それに、悪魔・邪神が確実に世の中を悪くしようととりはからうのに加えて、時のめぐり合わせもそうさせるならば、仏法僧の三宝や善神の教導や利益《りやく》の力も及びえなくなってしまうだろうと思われ、事が起こるたびに世の中が衰えていき、とうとうこんな末の世に下落してきたのであろう。その子細は、時の君が強力でうるさい摂籙の臣をいさせたくないとお考えになる御心が末の世になるとますます強く出てくることによるのである。この間違った御心がはなはだしく重大なことなのである。それに、非常に強くて、他人によってはとても引き動かすことのできない文武兼行の摂籙の臣が出てくる事情については、君の御心に合わないことが何かあるであろうか、決してない。この食い違い対立がもとで世の中がそこなわれるのである。この道理を君はくれぐれもよく考えられ、御理解なさって、こういう間違ったお考えをさっぱりと捨てていただきたい。君は臣を立て、臣は君を立てて世を治めていくという道理がしっかりと存在している。日本国では、この道理を昔から定められたあり方であるとしてきたのであって、この道理によって先例を明白に理解することができるのであるから、それを事にあたっていちいち考え合わされて、道理を理解なさり、その筋を通されさえしたならば、たいへん立派な世となるであろう。

乱と治の天皇擁立

遠くは伊勢太神宮と鹿島大明神（茨城県鹿嶋市の鹿島神宮をさし、祭神の一に天児屋根《あめのこやね》命《みこと》を祭る。藤原氏の氏神）、近くは八幡大菩薩と春日大明神というように、神代の昔にも現代にも神々がしっかりと評議決定なさって、この世をささえておいでになる。今、文武兼行の人をして君の御後見役をつとめさせるべきであると、ああ移りこう移りしたのち、この末の世となって、そのように定められたことが明らかになったのである。それに中国の王朝でただ眼目とされることは、国王となる人の器量の一点だけであり、器量がたいへんすぐれているということをとりあげ、その人が打ち勝って国王になるものと定められている。しかし、この日本でははじめから王の血筋がほかへ移ることはない。臣下の家もまた定められているのである。そしてそのままに、どんなことが出てきても、今日まで違《たが》えられることはなかった。百王にあと十六代残っているその間は、このあり方は不意に変わったりすることがあってはならない。ここで皇祖神や国家の神がこのような文武兼行の執政を作り出してさしあげられたのを君が憎んだりそねんだりなさることがあるならば、そのような君は君としてありえないであろう。日本にも臣下が君を立てた道はもっともらしいものとして二つあるように思われる。まず一つは清盛公が後白河法皇を悪い君であるとして、その御子（高倉天皇）・御孫（安徳天皇）を立てて世を治めようとしたことであり、もう一つは木曾（義仲）が法住寺殿で一戦を交えて後白河法皇に勝ち、法皇を幽閉し申し上げたことである。このやり方は、君を立てたとはいうべくもないが、武士が心の底で世をお治めになる君を改め申し上げたことになるのである。したがって、世を乱す方向で君をお立てする場合と、世を治める方向での前者との二つがあることになる。乱す方向というのは謀反のことであって成功する道はない。もう一つの、国を治めようとする筋のうえで臣下が君をお立てした例には、昭宣公（基経）が陽成天皇を皇位からおろして小松御門《こまつのみかど》（光孝天皇）をお立てし、永手大臣・百川《ももかわ》宰相が二人で光仁天皇を擁立し、さらに武烈天皇がお亡くなりになったあと継体天皇を臣下どもが探し出して位におつけしたというようなことをあげることができる。これらのことは、君のため世のためにこの君は間違いなく悪い君であるからお替わりになるべきであると、その道理は定まっている。そして、さらにこれらの天皇が位をお継ぎになれば、この日本国は常に立派に治まっていくであろうという道理がしっかりと定まっていたから、その道理によって神々が眼に見えない世界で御指図をなさるのに代わって、臣下が君をお立てしたのである。だから間違いなくこうして立てられた天皇の御子孫はみな皇位を受けつがれて、今日までこの世は保持されている。こういうように明白に二つの道があるのである。

神々の御はからいと政治

ところで今この文武兼行の摂籙が出てきたのを、えてして君が憎むような御心を起こされるならば、それが日本国の運命の尽きる時であると悲しく思われるのである。この摂籙の臣は決して決して君に背いて謀反の心を起こすようなことはしない。ただ少し強面《こわもて》のところがあって、侮りがたいように思われるであろう。しかし、そのような人に対しても、事にのぞまれればひたすらに道理によって万事を処理なさるべきである。すべてをひたすらに天地の主宰神におまかせになって、文武兼行の摂籙の臣が道理にはずれたことを行なえば、神々の眼に見えない罰が下されるであろう。末の世の君がもっぱら御心のままに国の政治をおとりになって、事が起こったならば、百王までさえ待たずに世が乱れるであろう。君たるものはただ誰にもはばかることなく、理にまかせてよくよく仰せふくめられて政務を行なわれるべきである。そうしてこそ今の世はしばらくの間でも治まるであろうと思われるし、これはたしかに神々の御はからいによってこのようになったことであると、明白に理解できるのである。そのことによく注意なさり、神々の御はからいによって定められた理にかなうように考え合わされて、世をお治めになるべきである。「眼に見えない神々などというものはおいでにならない」などというのは、非常に嘆かわしい時に人が神々を恨んでいういいぐさである。本当のところは、世界の終りの時に至るまで眼に見えない神々がおいでにならない世というものは片時すらありえない。まして、このように道があるように思って、人が物ごとをとりはからっている時は、特に眼に見えない神々の霊験があらたかであるように今も思われるのである。以上のことはこの摂関家出身の将軍のことを思いつめていっているが、いま現にこういうことがあるからそれについてだけ申し述べたのであって、わたくしがいおうとしていることは、ただいつもいつも他の異なる将軍についても、君はこの趣旨を理解なさって世の中を治められるべきであるということにある。将軍が謀反の心を起こして運が尽きる時には、また容易に滅びるであろう。それは実朝の死に方を見ればわかることである。平家の滅び方にもまた明らかである。したがってここでは、将軍が幕府の内外に対して処置を誤っていないような時に、その将軍を上皇が理由なく憎まれることはよろしくないということをこまかに申し述べているのである。この理由なく将軍を憎まれるという筋は、よからぬ院の近臣の男女が引き出そうとするものなのである。そして、このところを後鳥羽上皇がおわかりになることがもっとも肝要なことと思われる。ところで気がついてみると、これはどうもとんでもないことを書きつけてしまったようである。これを書いているわたくし自身、自分が書いているような気が少しもしないままに書いてしまった。言語道断のことである。ああ、神仏がものをいわれる世であれば、お尋ね申し上げたいものである。

白河院政の名残り

いやまったく、わたくしはこの世が移り変わるそのつぎ目に生まれ合わせて、眼の前で世の中が変わっていったのをこのようにあざやかに見たことこそ、まことに感慨深く、またあさましく思うのである。人は十三、四歳までは何といっても幼く、十五、六歳くらいになると、心ある人はどんなことでもすべてわきまえることができるものである。わたくしも物心ついた十五、六歳のころからここ五十年の間(35)に、世の移り変りを見たり聞いたりしたが、すべては実にあさましく、すぐれた人々は死にはててしまった。その人々が死んでいく世の移り変りのつぎ目を、どのようにいうべきであるときまっているわけではないが、この世の人は理解することのできるような機会がないので、大略のところを思い出してここに書き添えておくことにする。

今の世の姿は忠仁公（良房）以後のことをいうようであるが、それはやはり上代のことである。一条天皇の御代の四納言（斉信・公任・行成・源俊賢。一七一ページ参照）のころこそ、立派なよい時代であった。僧についてみても、その時代には、弘法（空海）・慈覚（円仁）・智証（円珍）の末流どもに、仁海・皇慶・慶祚《けいそ》などがあった。僧俗の有様にその立派な時代のしきたりが少しずつでも残っているかと思われるのはいつまでかということを、家々に分けて詮索していくと、まずは摂籙の臣の一人一人、つぎにはその庶子（嫡子以外の実子）どもの末流、源氏の諸家、さらには諸大夫（摂関家などの上級貴族に仕えて雑役を勤

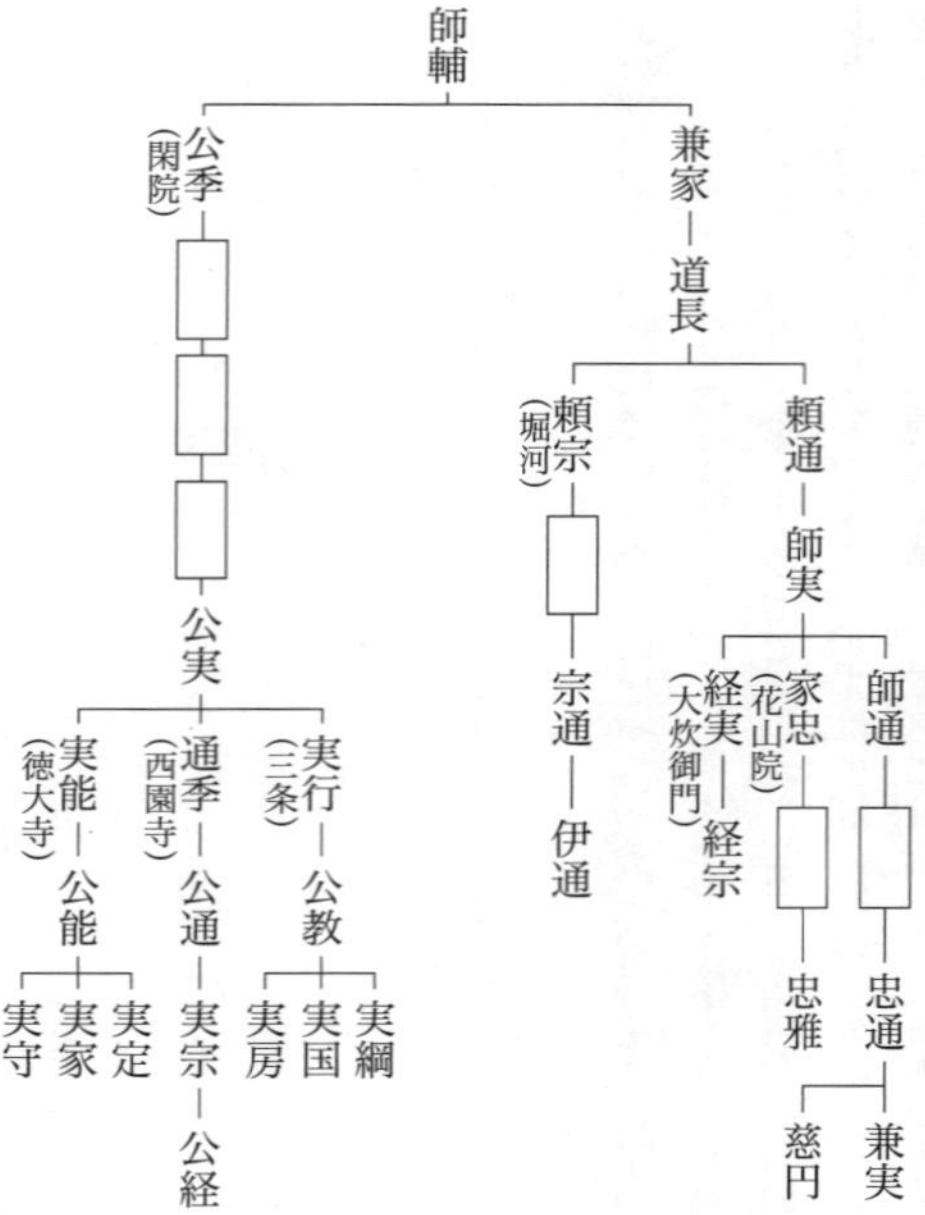

める中級貴族の家柄）というように分けられるが、今の世の人は白河院政の御代を正しい道理が行なわれた時代だとしているのである。それはしかるべきもっともなことであろう。退位なさった天皇が国をお治めになる時代に変化していくつぎ目にあたっていたのである。白河院政の御代にお仕えしていた人は最近まで在世していたのであるから、白河上皇の御代を正法（日本国のあるべき姿が行なわれること）の時代と考えたことを知ることができるであろう。一条天皇の御代の四納言の子孫も、白河院政のはじめまでは昔と同じように活躍していたが、しだいに影が薄くなっていった。白河天皇御退位ののちに世の中は一段一段と落ち下

っていったが、各家々の子孫にはまだ昔の香りが残っていた。後白河法皇の御代になると、まず摂関には法性寺殿（忠通）があり、摂関家の庶子の子孫からは、花山院忠雅《ただまさ》、また（大炊御門）経宗、伊通《これみち》相国があった。さらに閑院の家からは、近くは公能の子として実定・実家・実守の三人があり、公教の子としては実房・実国・実綱の三人があった。また公通・実宗父子もあげられる。これらの人々までは昔の名残りをとどめていたのである。つぎに源氏の家柄では雅通《まさみち》公があり、諸大夫の家々では、顕季《あきすえ》の子孫として隆季・重家、勧修寺《かじゆうじ》家には朝方《ともかた》・経房、日野家には資長《すけなが》・兼光父子というような人があげられ、これらの人々について見たり聞いたりした人々は、この人々までは少しではあるが昔の香りがあったのではなかろうかと、その家々の器量の大体をおのずと考えたのであった。それらの中で交された非難などについては論外である。光頼《みつより》大納言は桂《かつらの》入道といわれていたが、末代の人の中では群を抜いており、人々の称賛を受けた。二条天皇の御代に「世のことをすべてとり行なえ」という仰せを受けたが、すべて辞退して出家してしまったことは、本当にいいことだったのではないだろうか。ただし、そもそも大納言になったことが納得できない。「諸大夫の家の出で大納言に任ぜられることは光頼から始まった」などと人にいわれているようである。光頼のような人は大納言にはならずにいたであろうなどと思う人もあろう。昔は諸大夫で何かと器量ある人をとりたてて高い官職に任命することはなかった。そういう時代には光頼が大納言にならないのは当然だったのである。久しい間こういう位と禄のあり方が定まっていて、

「諸大夫の家の出で大納言に任ぜられることは光頼から始まった」などといわれるのは、上等な賢人がいわれることではあるまい。しかし末の世ではこの非難もひどすぎよう。光頼は何といってもよくその器量を認められた人物であった。さきにあげた人々の息子たちの世となっては、生まれついた時から父祖が持っていたような器量は削り捨ててしまって、少しも持っておらず、さらに孫どもとなるとそれは現在活動している人々であるが、あれこれいい人だ悪い人だとさえいうにたりない有様になっているのである。

人材なき末の世

さて、今の世となってから摂関になった人は四、五人も並び出ている。その中で、法性寺殿の子息で摂政になられた人たちから、中殿《なかのとの》（基実）の子近衛殿（基通）、また松殿（基房）と九条殿（兼実）の子息にはそれぞれ師家と良経がある。父の殿三人（基実・基房・兼実）の中では、九条殿が国家のことに深く心をうちこんだ人であったからであろうか、兄二人（基実・基房）の子孫には、この人こそと思われるような器量をもった人は一人もいないのである。松殿の子に家房という中納言がいて、この人はよい器量をもった人らしいといわれていたが、三十歳にもならないうちに若死してしまった。九条殿の子息たちは昔の気品をそなえていたのであろう、三人までそれぞれに世の人々からなみなみならぬ称賛を受けたのであった。良通内大臣は二十二歳で亡くなったが、そのよい評判は今も人々の間に語られている。また良経は執政の臣となり、同じく才能は群を抜いていた。詩歌に長じ、書の上手なことは昔の人におとらず、政務を行なうことや儀式に通じている点でも立派に父祖を継いでいた。左大臣良輔は、その漢学の才は古今に並ぶ者がないとまで人々から思われていたが、三十五歳（三十四歳の誤り）の若さで死んでしまった。こういう人たちが若死していることから考えても、世の中が衰えてきたらしいということがわかるのである。本当に悲しいことである。今は良経後京極殿の子としては、左大臣（道家）ただ一人が残っているだけであり、九条殿の兄たちの子息などは人のかたちをしているだけであるから、誰を選ぶかとなると迷うばかりのようである。その他の家々を見ても一人もとるべき人はいない。諸大夫の家にもまったく人はなくて、職事（蔵人頭および五位・六位の蔵人のこと）・弁官（太政官の事務局員）というような官の名ばかりは昔のままであるが、その任にたえるような人はないようである。たまにすぐれた人があっても、それらはみな出家入道となった人ばかりであると聞く。しいて探し求めるならば三、四人くらいはすぐれた人も出てこようが、一般にすぐれた人を探し求められてこそ、この世にあって用いられないでいる人があると

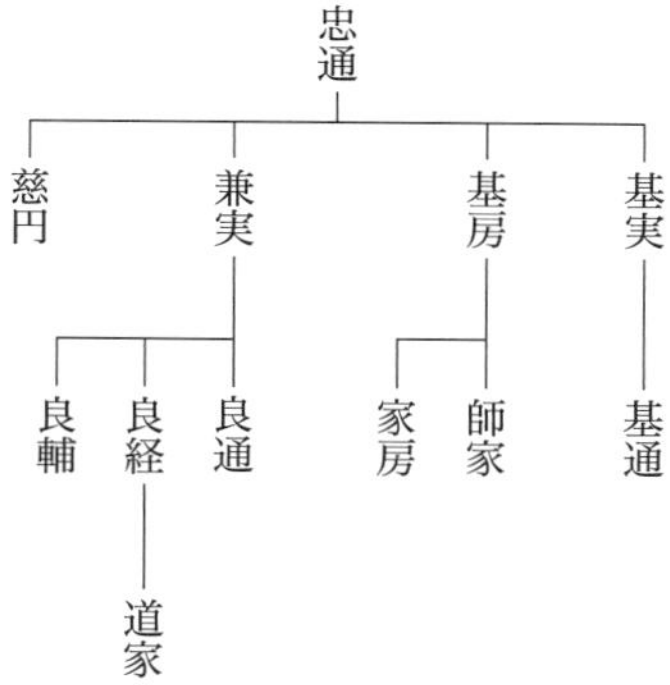

いうこともたのもしく思われるのである。そういうわけであるから、この人のなさを、今はいったいどうすべきであろうか。こうした中で実房は左府入道として生き残っていたが、いつのまにか今の世の人の心とただ同じになってしまっているとかいわれている。

さて、僧の方を見ると、比叡山延暦寺には青蓮院座主《しょうれんいん》（行玄）以後、少しでも昔のすぐれた面影を伝えるような人はいない。青蓮院座主が亡くなってから、もう六十年あまりになってしまった。三井寺でもやはり行慶・覚忠ののちはすぐれた僧の名を少しも聞かない。東寺や仁和寺では五宮（鳥羽天皇第五皇子覚性法親王）までである。東寺長者（東寺では上首を長者といった）の中には、かつては寛助・寛信などの名が聞こえ、盛んなころには理性房《りしょう》（賢覚）・三密房（聖賢）などが名僧の誉れをほしいままにしたのであった。奈良の方では恵信法務（興福寺別当）が流されたのちは、誰かなどと思いめぐらしてもいうにもたりない。覚珍（興福寺別当）があまり悪くはいわれていないが、かえって現在、法性寺殿の子として残っている信円前大僧正が身分の高い人の面影を伝える人といえるであろう。また比叡山には慈円大僧正が信円の弟として残っているであろうか。

多すぎる高官位の人

そこで、いったいこの世はどうしたらよいのであろうか。この頼りになる人のなさを思いつづけていると、いたずらに心もくさくさとなって、予期すべきこともまったくたのもしくないので、今は死にのぞんで雑念を払い捨てひたすら仏道に思いをいたし、もうすみやかに急死をしてしまいたいとばかり思われるのである。今の世が末の世となり、あざやかにああなさけないと見えてきて、これだからこんな世になったのだと思われるしるしとしては、摂政を経験した人が四、五人も並んでいながら、まったく平気な顔をしているということをあげねばならない。これは前任の人として一人いるだけでもなお稀有な職であるのに、小童が歌っておどることばにも、九条殿の摂政の時には、「入道殿下（基房）、小《しよう》殿下（師家）、近衛殿下（基通）、当殿下（兼実）」とはやして舞うような始末であった。それに良経摂政がまた任命されたので五人になったのである。一方、天台座主も、慈円・実全・真性・承円・公円というように五人が並んでいるようである。奈良の興福寺には、信円・雅縁・覚憲・信憲・良円があった。信憲も師の覚憲が生きていたのに別当になったのであろうか（事実は師の死後である）。十大納言、十中納言などといって、散三位（位だけで官職のない三位）は五十人にもなったのであろうか。僧綱《そうごう》（僧官である僧正・僧都・律師の総称）についてみれば、正員の律師は百五、六十人にもなったであろうか。故院（後白河法皇）の御代に百法橋《ほつきよう》（僧位の一つ）といって人々が驚き嘲ったことの恥ずかしさよ。僧正は故院の御代でも五人を越えることはなかった。それが現在は正僧正（権僧正の上で僧官の最上級）が一度に五人できて、合計十三人にもなるらしい。前僧正はまた十余人もいるのである。衛府の官人はもう数えきれないほどであるからとやかくいうこともできない。官が人を求めるということは今やいい出すべきことではなくなった。人が官を求めるのにも、今は筋もなにもなくなってしまったのである。朝廷が成功《じょうごう》（官人が資財を朝廷に献じて官に任ぜられること）だといって、なおそれに応ずる者を求めても、応じようという者がない。それで今は予定の半分の献財しかしない者でもよしとして任官させるとかいうことである。それにつけても、官位のことはこのような有様であるが、今はそういうようにありうるということなのである。これがまた末の世の見本であろうと思われる。

人あれどなきがごとし

だいたい、心ある人のなさというものは、こうしていくらいっても悲しいことである。こういうわけで摂関になった人の子も何と多いことか。この慈円僧正が座主になった時までは、比叡山の昔からのことは数えやすく、摂関家の出身で座主になったのは、飯室《いいむろ》の僧正尋禅と、仁源・行玄・慈円というたった四人だといっていたのである。ところが今は比叡山だけでも、摂関になった人の子が一度に並んであらわれて、十人以上にもなるであろう。三井寺、奈良の興福寺・東大寺、仁和寺、醍醐寺と数えれば、摂関の子は四、五十人を越えるであろう。それも一度に摂籙の臣が四、五人までも前官のままで並んでいる以上は、これも道理というものであろうか。さてまた、宮たちで出家なさった御方は入道親王といって、仁和寺の中でもめったにないことであったのに、今は比叡山にも二人並んでおいでになるようである。新院（土御門上皇）・順徳天皇、さらに二宮（高倉天皇第二皇子守貞親王）・三宮（高倉天皇第三皇子惟明親王）の御子などといって、幼い宮たちを数知れず、法師に法師にといって師の僧どものもとへあてがわれるようである。「世滅松」（未詳。書名か）に聖徳太子が書き残されたことを思い合わすと、しみじみと感慨深く、太子の予見はぴったりと一致しているように思われる。それでこれを見て、昔は高貴な人は子をもうけなかったのかと疑う人も世間には多いであろう。よくよく考えて理解されるべきである。昔は国王の御子たちは多かったが、みな姓を与えられて、ただの大臣・公卿にもなさったから、親王たちの御子も特別な処置をなさるには及ばなかった。摂関の子も、家を継いで摂籙にしようと思う子のほかは、すべてただ身分の低い人として振舞わせて朝廷に仕えさせた。摂関以下つぎつぎの人の子も、かなりの人物らしいと思われる子だけをとり出し、そうでない者はただ世に出ないままに終わっていたので、世に出た人はみなしっかりしたよい人であり、もてあまされるような者はなかったのである。今の世では宮も、摂関の子も、さらにつぎつぎの人の子も、それぞれすべてが宮の振舞、摂関家の嫡子の振舞をし、摂関につぐ家々の子もよい親のようにならせようとして、親たちがよからぬ息子どもをとり出して所々方々にあてがうので、このようなことになるのである。また僧の中でも、その寺の長吏を経るとその門人だ弟子だといって人が集まり、僧の世界の師弟というものは俗世間の父子のようなものであるから、われもわれもとその分派を作っていくことの何と多いことであろうか。したがって、人がないというのは、いかにもこの大変な人の多さというべきであるのかもしれない。ああ、「有若亡《うじやくもう》（あれどもなきがごとし）」、「有名無実」などということばを人々が評判に使うのは、ただこのことをいうためであろうか。こういうわけであるから、いよいよ僧俗はすべて怨敵であって、争い戦うことが本当にしっかりと定まっている時代なのである。貴賤を問わずすぐれた人物がなくて、ことばではもう何も説明することができなくなった。こう思いつづけてくると、最後は自問自答を試みる以外に心をなぐさめるすべもないのである。

問　以上のようであるから、今は何とも力の及ぶところではない。こんな有様ではこの世は絶対に立ち直らないのであろうか。

答　ある程度ならば容易に立ち直るであろう。

問　すでに世は落ち下りはてた。また人もないようである。昔のすぐれたことのあともなくなってしまったというではないか。それなのに容易に立ち直るであろうというのはどうしてなのか。

答　だからある程度はといったのである。間違いなく容易に立ち直るであろう。

問　その立ち直るであろう理由は何か。

答　すぐれた人はいなくなったが、君と摂籙の臣とが御心を一つになさって、現在世に出ている人に対しては悪いが、そうかといって遠慮をすることなく、僧俗を問わず人をよく選び、よい人をただ鳥羽天皇・白河天皇のころの官人の定員数で召し使われ、その他の者はきっぱりと捨ててしまわれるべきである。役に立たない者を本当に捨てはてて同情の心を目にさえもあらわされなければ、立派に立ち直るであろう。ある程度は立ち直るというのはこのことによるのである。しかし、昔のようには人もないので、なかなかむつかしいであろう。選び整えるというようにしてできる世は本当によい世ではないが、よく立ち直ったこの世はそういう世であろう。

問　この官の多さ、人の多さをいったいどのようにすれば捨てることができるだろうか。

答　捨てるというのは、きっぱりと召し使うのをやめることである。そういう者が世にあろうと知っておいでになることすらあってはならないのである。陽成上皇が生きておいでになっていろいろの悪事をなさったが、宇多・醍醐両天皇はものもいわれず、聞き入れることもなさらなかったから、寛平・延喜の世はめでたく治まった。わざわざ官職を免ぜられるにも及ぶまい。ただ捨てておしまいになることで、「本当に捨てられたような人は相手にするな」と選びとられた人に仰せふくめて、そのままにしておかれるべきである。

問　その捨てられた人があまりに多くて、寄り合って謀反を起こし、大事になるようなことはないであろうか。

答　武士をこのようにして保持しておいでになるのはそのためである。少しでもそういう兆候があればどうして聞こえないでいるだろうか。聞こえてきた時に、そういう者を二、三人遠流《おんる》にしてしまわれれば、決してそんな謀反の心を起こす人はないであろう。

問　このことはよくできあがった筋道である。たいへんよい方法であろう。ただし、誰がその人を選び出すのであろうか。

答　このことこそ大事なことである。ただしこうして選び出して差し出す人四、五人はかならずあるであろう。その四、五人が寄り合って選び出して差し出すのを君でさえも強引に変えるようなことをなさらず、しっかりと用いられたならば容易にこの世は立ち直ることであろう。

問　捨てた者を免職にしないというのはどういうわけなのか。

答　選び出された人が八座（参議）・弁官・職事くらいの職につくことが肝要であるから、それらの官職にあった人は免職になるであろう。それはいうまでもない。そのほかはあえて何の処置もなさらないであった方がよいというのである。僧侶・俗人の官人の定員をきめることは大事であるが、それについては鳥羽上皇の治世の最中の数が末の世にはほどよい数であると考える。

補注

（1）皇帝年代記　歴代天皇を中心とした年代記は、慈円の時代の前後から数多く作られるようになった。『愚管抄』が巻頭に「皇帝年代記」を置き、『神皇正統記』が年代記を全体の骨組みとして、その上に独自の叙述を付加するというかたちをとっているように、「皇帝年代記」というものは、鎌倉・室町時代の公家が、歴史を考える場合の基本的な枠組みであったと考えることができよう。慈円はこの「皇帝年代記」を書くにあたって、『簾中抄』『扶桑略記』『歴代皇紀』などを参照したが、『日本書紀』以下の史書を見ることはしなかったようである。中でも、慈円の同時代人である藤原資隆が編集して、八条院暲子内親王に進上した『簾中抄』は、この「皇帝年代記」の記述の基礎として用いられている。

（2）七十七歳　治世の三十四年と即位の年三十四歳をたしても七十七歳とはならないが、これは誤記あるいは書写のときにでも生じた誤りであろうか。こうした例はこれ以後もかなりあるが、いちいち注記することはしなかった。

（3）崩御の御年は三十七といい、……　敏達天皇の崩御の年齢は『日本書紀』には明記されていない。治世十四年、崩御の年齢四十八とするものに、『歴代皇紀』『簾中抄』などがあり、『扶桑略記』『水鏡』は崩御の年齢を二十四歳としている。こうした正誤を『愚管抄』の「皇帝年代記」の部分で注記すると、その件数はかなりの数にのぼり、細大もらさず注記することが現代語訳としてかならずしも意味があることとは思えないので、あまり重要でないと思われる正誤は注記を省略し、注記する場合は本文中に（　）で挿入した。大化改新以前の部分ではほとんど原文のままで、注記を加えなかった。

（4）また僧正・僧都という僧侶の官名……　僧侶の官や位については、複雑な変遷を経て僧綱を中心とする制度が作られた。僧綱は僧正・僧都・律師の三官と、法印・法眼・法橋の三階をさす。まず、僧正は僧侶の濫行不正をただす職で、もとは一人であったのが、大僧正・僧正・権僧正の三人となり、のちにはさらに増員された。僧都は僧侶を統べる役で、これもはじめ一人であったものが、大僧都・権大僧都・僧都・少僧都・権少僧都の五等に分けられ、五人・十二人と増員された。さらに律師は衆僧に戒律を示す職で、大律師・中律師の二人から、権大律師・権中律師を加えて四人となり、のちには十五人となった。この僧官が慈円の時代にさらに増員され統制がとれなくなっていたことは、『愚管抄』巻七（四二一ページ）にくわしく述べられている。つぎに僧位の方では、法印大和尚位を筆頭に法眼和尚位・法橋上人位とつづき、この三官と三階を僧綱といい、その下にはさまざまな官位が定められていた。

（5）斉明天皇崩御ののちは、……　天智天皇は六六一年七月に斉明天皇の崩御の後をうけて朝廷の中心に立ったが、即位したのは六六八年であった。したがって天智天皇は即位せずに七年、即位後三年、合計十年間の治世を数えるのが普通である。この間皇位に七年間の空白があることになるが、『日本書紀』を見ていない慈円は、『簾中抄』などの簡単な記述ではその間の経緯を理解できなかったので、孝徳天皇崩御ののちに、天智天皇の母の皇極天皇がふたたび皇位について斉明天皇となり、その在位が七年であったことから、天智天皇が七年間即位しなかったというのはこの七年間のことであったと考えた。そして、皇太子のままで政治をとった期間も含めて十年間となる天智天皇の治世を即位後十年であったと誤解しているのである。

（6）現今の平氏は……　巻第一の記述がどこで終わるかは写本によって異なるものがある。島原本と阿波本は桓武天皇で終わるが、現存写本の中でもっとも古い文明本は、巻第一の記述が、醍醐天皇を終わり、つぎの朱雀天皇に少し入ったところまでで、その後が失われている。そして、天明本をはじめとする多くの写本は醍醐天皇までを巻第一とするのである。このことは現存の『愚管抄』がいずれも七巻編成であるのに、十三世紀末に作られた『本朝書籍目録』には「愚管抄　六巻」と書かれていることと関係があるとされてきた。もともと巻第一と巻第二は一巻であり、全篇六巻であったものが、後になって「皇帝年代記」の部分が二巻に分けられたのであろうと推定するわけである。さらには、この「皇帝年代記」の部が成立当初から巻頭におかれていたかどうかを疑う考えもあるが、巻次と編成については現在のところ、明確なきめ手を欠いたままとなっている。

（7）灰の中から焼けた金を……　この部分の原文は、「天元三年十一月二十二日半減給云々。同五年十一月十七日今度ハ皆焼ウセサセ給フ。焼タルカネヲ取アツメテマイラセタリ」となっており、「半減給」「皆焼ウセサセ給フ」というのは神鏡そのものが焼けて半分になり、さらに焼失してしまったと解釈する方が、敬語の使い方などからみても妥当であるようにも考えられる。しかし、神鏡が焼失してしまったのであれば、もう少しその事後処理のことが記述されてもいいように思われるので、訳文では仮に「半減」と「皆焼ウセ」の主語は内裏であると解しておく。

（8）こののちにも智証大師の……　天台座主の任命は、初代の義真、二代目の円澄までは延暦寺の内部でえらばれたが、第三代の円仁が太政官符をうけて勅任されて以来、朝廷に保証された公的なものとなった。延暦寺の基礎を作った円仁に対して、第五代の座主となった円珍は空海の姪の子にあたる人で、天台宗の興隆に力をつくし、園城寺（三井寺）を中興して延暦寺別院とした。その後、円仁系（山門派）と円珍系（寺門派）は比叡山の二大派閥をなすに至り、両派の勢力争いは時を追って激しくなっていった。第二十代の座主となった円珍系の余慶は、永祚元年（九八九）に座主に任命されたが、円仁系の僧徒はそれに反対し、任命の勅使の登山を再三にわたって阻止した。登山の途中で勅使が宣命を読み上げるという事態の中で座主に就任した余慶は、実質的には座主の事務をとることができず、三ヵ月ののちに辞任に追いこまれたのである。この事件後、両派は完全に分裂し、四年後には争いは実力行動に及ぶに至った。その後、文治六年（一一九〇）、第六十代座主に公顕が任命され、四日間で辞任するまで二百年のあいだに円珍系から九人の座主が任命され、いずれも数日のうちに辞退した。これらの寺門派座主は、任命はされたが実質はなかったので、『天台座主記』では「歴三ヶ日」「歴四ヶ日」というように書かれ、山門派の座主が「治山五年」「治一年」というように書かれているのと区別してある。『愚管抄』の「皇帝年代記」でも寺門派の座主には「治」という表記を使わず、単に「宣命」としるしている。

（9）延暦寺のことについては……　この一巻は補注（10）別巻にあたると思われる。

（10）別巻　山門のことを書いたというこの「別記」は、現在は失われてしまった。十四世紀前半、青蓮院門跡・天台座主として活動した尊円法親王が『門葉記』という天台宗の記録を編纂し、その一部を抄出した『門葉記抄一』に、「愚管抄第七云……」という引用があることが、明治四十一年（一九〇八）、萩野懐之によって紹介された。そこには、上京した頼朝が慈円と面会し、勧学講のために援助を約したことがくわしく述べられている。この部分は現在の『愚管抄』にはないので、巻第七あるいは巻第六の一部にあったものが削除されたものという考えも成り立つ。しかし、村岡典嗣はこの逸文がここにいう山門のことを記した「別記」の一部であろうと推定した。もしこの推測が正しければ、六巻編成の原『愚管抄』には、巻第七として比叡山のことを書いた「別記」が付されていたことになる。

（11）神武から一昨年まで　この部分の原文は「神武ヨリ去々年ニ至ルマデ」となっており、「去々年」に「承久三年也」という傍注がついている。ところが、島原本以外の諸本では、傍注が「承久二年ナリ」となっていて、『愚管抄』成立の時点を考えるうえで重要な部分として、さまざまに論議されてきた。島原本が紹介されていなかった従来の研究では、「承久二年ナリ」を、「去々年」のいいかえと解し、貞応元年（一二二二）の時点で、「皇帝年代記」を除く『愚管抄』の記載事項の下限が承久二年であることを説明したものと解釈するのが一般であった。そうすれば、この部分は貞応元年の追記ということになり、後堀河天皇の追記に続くものと見ることができるわけである。しかし、実際に『愚管抄』の「皇帝年代記」を除いた部分の記載事項を調査した結果では、下限は明らかに承久元年（一二一九）であるから、この傍注の解釈とは合わないことになる。その後、新しく紹介された島原本では、この傍注が「承久三年也」となっているので、赤松俊秀氏はこの「承久三年」を、『愚管抄』記載事項の下限を示す傍注なのではなく、この追記の年次を示す傍注、つまり「去々年」の起点であると解された。そうすれば、承久三年からみて去々年、つまり承久元年が下限であるということになり、内容と一致することになる。そして、その解釈が正しければ、この追記の部分は、後堀河天皇の追記よりも前にしるされたことになり、仲恭天皇のことをしるした部分と同時にしるされたものではないかと考えられることになる。仲恭天皇の追記のところで、在位「三ヶ月」という記載は、後堀河天皇以後の付記であろうから、この追記は仲恭天皇の記載の下限、承久三年四月二十六日以降、承久の乱が起こった五月十五日以前という時期が考えられることになろう。ここでは、赤松俊秀氏の解釈に従って、この部分は「第一次追記」とし、承久三年、それも五月十五日以前であろうとして訳した。この追記の内容は巻第七の冒頭の部分と同じ趣旨であり、巻第七の成立と時間的にあまり隔たらない時期に書かれたものと考えられる。

(12) 何でもない語り口で、……　この部分の原文は「サシモナキ口弁ニテマコトノ詮意趣ヲバイヒノケタル事ドモノ多ク侍レバ、其ウタガヒアル程ノ事ヲバエカキトゞメ侍ラヌ也」となっている。「イヒノケタル」を「説破する」「いいあてる」という意味にとると前後の文意が通じないので、仮に「とり落とす」という訳をつけておく。

(13) 道理　道理ということばは、一般には物の筋道、理屈という意味で用いられ、人の行なうべき正しい道という意味で用いられることも多い。『愚管抄』が書かれた当時、道理ということばは広く用いられ、書状や古文書の中でもしばしば使用された。ところで、仏教では、物事が存在し、変化してゆくうえで準拠している法則を道理ということばでとらえている。『瑜伽論』巻三十の説くところによると、道理というものには、相待道理・作用道理・成就道理・法爾道理という四つの種類があるという。相待道理というのは相対的なかたちで存在する道理であり、作用道理は因果の関係として、存在するものとその変化を規制してゆく道理をいい、成就道理という場合は物事を確認してゆくその仕方のあり方を決定する道理をさす。そして法爾道理はあるがままで本性そのものを具現するという道理のことという。『愚管抄』の中で慈円は当時常用されていた道理ということばを用いて、歴史の推移を考えようとしたのであるが、そこでは道理ということばが明確な規定をされないままで多義的に用いられている。『愚管抄』の道理は、まず第一に「御孝養アルベキ道理」「道理トイフモノハナキ」というように、人の行なうべき正しい道という道徳的な意味に用いられる。そして第二に、「タヾ一スヂノ道理ト云事ノ侍ヲ書置侍リタル也」「世ノ移リ行道理ノ一通リヲ書ケリ」というように、筋道・理屈という意味で使用されるのである。第三に筋道・理屈というものをもう少し具体的に把握して因果の道理が説かれる。「三世ニ因果ノ道理ト云物ヲヒシトヲキツレバ」といい、さらに「コノ怨霊モ何モタヾ道理ヲウル方ノコタウル事ニテ侍ナリ」という場合がそれである。ところが、「一切ノ法ハタヾ道理ト云二字ガモツ也」として、すべてに道理を認めるのみでは、人間の判断や行動の基準は明らかにならない。そこで第四に、種々の道理が競合する場合には、道理の軽重を選択しなければならない。それは道理というものの相対的な把握のうえに立って、それをこえる道理、つまり一つの社会を支えている基本的な道理をよりどころにすることが必要である。「仏法王法マモラルベキ道理」「コレ又臣下出クベキ道リ也」というように説かれている場合がそれである。第五に、そうした道理は世の移り変りに従って変化してゆくという道理がある。ここでは世を支えている道理も、もう一つ外側から相対化されているわけで、「ウツリマカル道理」「何事モサダメナキ道理」ということが説かれることになる。慈円は、日常的な道理のほかに歴史の推移を見ようとしたのであるが、仏教的な道理の考え方をとり入れることによって道理の相対化に成功したといえよう。道理の用語例はさらに細分類することも可能であるが、他面では複合的な意味を持つ場合も多く、訳文ではあえて他のことばに置きかえることをせず、道理はすべてもとのままにとどめた。

(14) 王は百代　百王ということばは、本来は数多くの王、代々多数の君主という意味であったが、平安時代の末ごろから、末法思想の流布にともない、王は百代限りで滅亡するという考えがひろまり、百代を限定的な数字と解するようになった。当時の順徳天皇は八十四代であったから、すでに残りは少なかったわけで、慈円にとっても、無視することはできない問題となっていたのである。一四〇・三七〇・四一一・

四一三ページなどでも、百王について言及している。

(15)　正法　釈迦が入滅してから時代が下るに従って、その教えが実行されなくなるとする歴史観を末法思想という。正しい教説と実践とその結果として得られる悟りがすべてそなわっている時代を正法といい、教説と実践のみの時代を像法、教説のみが存在する時代を末法という。正・像・末三時がいつからであるかについてはいろいろな数え方があるが、日本では正法千年・像法千年・末法万年という説がひろく信じられ、永承七年（一〇五二）を末法到来の時点と考えることが多かった。『愚管抄』では、末代・末世ということばが実に数多く用いられているが、厳密な意味で末法ということばが使用されているところはほとんどなく、正法ということばも、日本の皇位のあり方が正しくあらわれていると考えた時代を、正法ということばで比喩的にあらわしたものと考えられる。

(16)　また、正式の得度を受けた者で……　国家が仏教を制度的に管理していた日本では、出家した僧尼には官から公験とよばれる証明書を与えられることになっていた。度者は出家得度した者という意味であるが、それを国家に認められているという意味も含んでおり、正式な手続きを経ないで出家した僧は私度僧と呼ばれた。政府は各宗に対し、毎年一定数の度者を許し、それを年分度者といった。諸宗・諸大寺では官から許された定員を守って、試験を行ない、度者となった者は修学・修行につとめさせた。

(17)　八幡大菩薩　神仏習合の萌芽は、七世紀の末にすでに見られ、時代が下るに従って神仏の習合が進められていった。八幡大神は東大寺大仏の鋳造を助ける動きを示して中央に進出して以来、仏教との結びつきを深めるようになった。日本の神々は、仏・菩薩が日本の衆生を救うために姿を変えてあらわれたものであるとする思想が明確になるのは十世紀以降であるが、八幡信仰はその習合の過程で主要な役割を果たした。

(18)　劫末　劫は梵語のカルパ kalpa のことで、劫波・羯臘波と音写し、略して劫という。漢訳では長時といい、きわめて長い時間という意味である。『倶舎論』巻十二によれば、人間の寿命はもと無量であったが、しだいに減るようになった。後世の解釈ではこの減り方を百年目ごとに一歳ずつとする。そして人間の寿命が十歳になると、今度は百年目ごとに一歳ずつ増して、八万歳にまで達する。この期間もまた一小劫とよび、増減の二小劫を合わせて一中劫という。こういう増減が二十中劫の間くりかえされるが、その二十中劫は、世界ができ上がったままの姿で存在する間であるとして、住劫という。その中で人間の寿命が減じつつある間を減劫といい、増しつつある間を増劫というのである。さて、住劫のつぎに世界が壊れてゆく間を壊劫といい、壊劫の後の世界が空無のままで続く間を空劫という。そして、空劫のつぎに世界がつくられてゆく期間を成劫という。こうして、成・住・壊・空という四劫が循環するのが世界の姿であるというわけである。四劫は各二十中劫からなっているので、合計八十中劫を一大劫という。この循環する四劫の中で、成劫のはじめを劫初というのであるが、『愚管抄』のこの部分では、増劫のはじめを劫初、減劫の終りを劫末といっているように思われる。また人間の寿命の長い方を八万四千年とするなど、数え方にはいろいろの説がある。

(19) 常に梵行を修す　このことばは、原文では「常臨梵行」となっている。文明本では「常修梵行」とあり、この方が正しい。つぎの提婆達多品の引用も、『法華経』の原文では「時有阿私仙　来白於大王　我有微妙法　世間所希有　若能修行者　吾当為汝説　時王聞仙言　心生大喜悦　即便随仙人　供給於所須」となっていて、『愚管抄』では中間の部分「若し能く修行すれば、われは当《まさ》に汝がために説くべしと。時に王は仙の言を聞きて、心に大喜悦を生じ」という部分を落としているために意味がとれなくなっている。

(20) 自分の姓名を書いた札を……　ここでいう名を書いた札というのは、名簿・名符・名籍・名謁などと書き、みょうぶ・なづきなどとよんだものである。札に名を書いたものであるが、一般に当時の名前は二字であったことから、単に「二字」ともいった。現在でいえば名刺に相当するが、名簿を差し出すことはきわめて重要な意味を持つものであった。それは、一、人の弟子となる場合、二、人の従者となる場合、

三、敵に降伏する場合、という三つの場合が考えられる。この部分、さらに二五四ページで、平清盛の名簿を藤原信頼に差し出して相手を油断させたところなどは、従者となるための名簿奉呈であったと見ることができる。この名簿奉呈の儀は平安時代中ごろからはじまり、貴族に仕える侍、師の僧のもとに入門する弟子、管絃などの芸道の伝授を願って師弟の関係を結ぼうとする人などが、さかんに名簿を書いて奉呈することを行なった。このしきたりは鎌倉時代にも行なわれたが、平安時代ほどの厳格な意味を持たなくなり、一般に自分より尊貴な人に対して、はじめて面謁を願い出る場合の一つの礼式として行なわれるにすぎなくなった。

(21)　七月十六日　七二ページには「七月六日」とある。『日本紀略』には「七月十六日」、『歴代皇紀』には「七月六日」としるされていて両説がある。

(22)　武者　『愚管抄』では武士ということばを、武者《むさ》と区別して使用していると考えられる。武士は姓を持ち、任官している者をさすようであるが、武者は武士に比して身分が一段階下である。したがってここでも、慈円のいわんとしたところは、単に保元の乱以後、武士の時代になったということではなく、秩序の崩壊してしまったことを、武者の世ということばに託しているものと思われる。現代語訳にあたっては、武士と武者は『愚管抄』の用語のまま訳文に残すことにした。

(23)　法性寺殿は、白河法皇が……　この部分の原文は「法性寺ドノハ、白河院陣中ニ人ノ家ヲメシテヲハシマシケルウヘ、カナラズ参内ニハ先マイラレケルニ」となっているが、意味がとりにくい。巻第四のほかの個所に「陣ノ内ニ仙洞ヲシメテ世ヲバヲコナハセ給ニケリ」という文があり、陣は左近衛陣・右近衛陣のことで左右近衛の詰所を意味し、陣の座は公卿が仗議を行なう所をいうので、そこでは、上皇が内裏の陣の内に御座所を占めて政務をとられたと解した。したがってここでも、上皇が院御所ではなく、内裏の陣中に御座所を設けておいでになったという意味に解しておくことにする。ただし、「白河法皇は、臣下の家を召し上げてそこを公卿の政務審議の場に使っておいでになったので」ととることもでき、その方がいいようにも思われる。

(24) 聖　ひじりという呼称は、国家によって公認され保護された神社・寺院に属さない自由信仰者・民間布教者・呪術者などをさすものであった。ひじりの語原は、日知りであるとかさまざまに論じられている。平安時代の中ごろ以降、民間布教者はほぼ「聖」の呼び方で一括されるようになった。ひじりと呼ばれる宗教者は雑多な要素を持ち、仏教以外の信仰の系譜を引くものも多かったが、浄土教成立以降、ひじりの中では阿弥陀信仰を持って極楽往生を願う行者の存在が目立つようになる。そうしたひじりのことは、往生伝や説話集の中に伝えられている。

(25) この重成はのちに自害したが……　この部分の原文は「コノ重成ハ後ニ死タル所ヲ人ニシラレズトホメケリ」となっており、話の内容が当時広く知られていて説明が不要であったとでもしなければ意味が通じない。『平治物語』中巻には、重成が主君義朝の身代りになって死んだことがつぎのようにしるされている。「佐渡式部大夫（重成）此由み給て、『ここにはたゞ今重成かはりまいらせん』とて、ある家にはしりいりて、馬を引出し、うちのり、『左馬頭義朝おつるぞ。らうぜきなり。そこのき候へ』とて、雑人どもをけちらしておちられければ、宿の者ども申けるは、『源氏の大将軍、雑人にうしろをみせておちさせ給ふか。かへし給へ』とて、こやすのもりにはせ入、おもてにすゝむもの二三人射ころし、『義朝たゞいま自害するぞ。後に我が手にかけたりなんど論ずるな。是をみよ』とて、おもてのかはをさんぐ\にけづりすて、腹十文字にかき切て、二十九と申に、重成空しくなり給』。みずから顔を削って義朝の身代りであることがわからないようにして自害し、義朝の身代りとなった重成の話は当時広く知られていたのであろう。

(26) 重衡は護送されていく途中で……　この部分の原文は「コノモトノ妻ノモトニ便路ヲヨロコビテヲリテ、只今死ナンズル身ニテ、ナクぐ\小袖キカヘナドシテスギケルヲバ、頼兼モユルシテキセサセケリ」となっている。当時かなり広く知られていたと思われる、捕えられて以後の重衡の物語を前提とした記述で、この文章だけでは説明不足といわざるをえない。『平家物語』巻第十二の「重衡の斬られの事」は、重衡の最期についてくわしいが、その一節をつぎに引用しておく。「北の方、『あまりに御姿のしをれて候ふに、奉り替へよ』とて、給の小袖に浄衣を添へて出されたり。中将（重衡）、これを着かへつゝ、もと着給ひたる装束をば、『これをも形見に御覧ぜよ』とて、奉り給へば、北の方、『それもさる御事にては候へども、はかなき筆の跡こそ、後の世までの形見にて候へ』とて、御硯を出されたり。中将泣く〳〵一首の歌をぞ書き給ふ。『せきかねて涙のかゝるから衣後の形見に脱ぎぞ替へぬる』。北の方の返事に、『ぬぎかふる衣も今はいかがせん今日を限りの形見と思へば』」

(27)　頼朝の陸奥国の治め方は、……　この部分の原文は「サテミチノ国モ皆郎従ドモニワケトラセテ、コノ由上へ申テウルハシク国司ナサレテ、年比ニモニズ国司ノタメモヨクテアリケリ」となっており、後段の意味は明確にしがたい。仮に訳文のように解釈しておく。

(28)　また建永年間のこと、……　この部分の原文は、「又建永ノ年、法然房ト云上人アリキ。マヂカク京中ヲスミカニテ、念仏宗ヲ立テ」となっている。法然の専修念仏の確立は、一般には安元元年（一一七五）とされているが、十二世紀の末、あるいはここで述べられている事件の少し前ではないかとする説もある。原文の「マヂカク」を「念仏宗ヲ立テ」にかかるものと解釈すれば、法然の念仏宗は建永をそうさかのぼらない年に立てられたことになろう。ただし「マヂカク」はかならずしもごく最近を意味せず近年という程度の意味ととることもできるので、この表現だけでは何ともいえない。ここでは慈円が念仏宗のことを、最近活動をはじめた新興仏教だと見ていたと考えておきたい。

(29)　しかし、法然の味方は……　この部分の原文は、「サレド法然ハアマリ方人ナクテ、ユルサレテ終ニ大谷ト云東山ニテ入滅シテケリ」となっている。「方人ナクテ」を、味方するものもなくと字義どおりにとると前後の意味が通じない。それで、身分の高い貴族の中にはあまり味方がなくと解するか、安楽・住蓮のように誤った教えをひろめる味方は身近にはあまりいなかったというような意味に解することもできるかと思うが、河村本によると「方人ナクテ」が「方人多クテ」となっているので、ここでは河村本のことばをとることにした。

(30)　葉上は大師号を申請する……　高僧に対して生前に大師号を贈ることは中国では珍しくない。しかし、日本ではすべて没後に弟子たちの申請によって朝廷が授与するのが例であった。栄西があえて生前の大師号授与を自分自身で申請したことは、当時非難の的となったらしく、藤原定家の日記『明月記』にもかなりくわしくしるされ、栄西がそのために朝廷の有力者に贈物したという噂を聞いて憤慨した文が記録されている。慈円は、兄兼実の戒師であった法然についても理解を示さず、栄西についてもきわめて批判的な態度を持っているように、いわゆる鎌倉新仏教とは対極に立つ人物であった。

(31)　さて今の天皇――佐渡院と申し上げる――……　この部分の原文は、「サテ当今佐渡院御母ハ、建永二年六月七日院号アリキ」となっている。順徳天皇が「当今」であったのは、承元四年（一二一〇）十一月二十五日から、承久三年（一二二一）四月二十日までである。承久三年七月に佐渡に流されて、二十一年間配流の地佐渡にあった。したがってこの「佐渡院」の注記は、承久三年七月以降に加えられたものである。

(32)　夜に入って鶴岡八幡宮に……　の部分の原文は、「夜ニ入テ奉幣終テ、宝前ノ石橋ヲクダリテ、扈従ノ公卿列立シタル前ヲ揖シテ、下襲尻引テ笏モチテユキケルヲ、法師ノケウサウ・トキント云物シタル、馳カヽリテ下ガサネノ尻ノ上ニノボリテ、カシラヲ一ノカタナニハ切テ、タフレケレバ、頸ヲウチヲトシテ取テケリ。ヲイザマニ三四人ヲナジヤウナル者ノ出キテ、供ノ者ヲイチラシテ、コノ仲章ガ前駈シテ火フリテアリケルヲ義時ゾト思テ、同ジク切フセテコロシテウセヌ。義時ハ太刀ヲ持テカタハラニ有ケルヲサヘ、中門ニトヾマレトテ留メテケリ。大方用心セズサ云バカリナシ」となっている。『吾妻鏡』によればこのとき、北条義時は、参拝の直前に気分がわるくなったといって、太刀持ちの役を仲章に譲って帰宅し、そのために危難をのがれたとなっている。この記事によって、従来実朝殺害は義時の陰謀と考えられてきたのである。しかし、『愚管抄』によると公暁の一味は仲章を義時と思って殺したとあるので、かならずしも義時の陰謀とはいえなくなる。さらに、その原文で「義時ハ太刀ヲ持テ」以下を、『吾妻鏡』を念頭において解釈すれば、義時が主語となって、義時は実朝のそばに太刀を持って控えていた者すら、中門のところに留まれといって留めたという意味になり、最後の文章も、だいたいすべての人々が用心しなかったことはという主旨であろうということになる。しかしもう少し前から読んでいくと、この部分全体の主語は実朝であるようにも考えられ、「義時ハ……」の部分も、実朝は太刀を持ってそばにいた義時までも、中門に留まれと命令したという意味に解釈することもできる。したがって、つぎの「大方用心セズ」も、だいたい実朝が武士としての用心をしなかったのは、という文意であろうかと思われる。「用心」ということばは、この少し後に「ヲロカニ用心ナクテ、文ノ方アリケル実朝ハ」という文があって、その用法からみても、武士としての気遣いという意味と思われ、実朝を貶した表現とみるのがよいと思う。ここでは義時は実朝の命令で留められたと解しておく。

(33)　未来記　未来記というのは、神仏にも等しいすぐれた人が、未来を予言して書きしるしたもののことであるが、『愚管抄』が書かれた時代は『聖徳太子未来記』がつぎつぎに出現し、信仰された時代であった。未来記は石に刻まれたものが土中から掘り出されることも多く、十一世紀のはじめから十七世紀の初頭まで、さかんに発掘され、発見された。もちろんそれは一部の僧侶たちが不安な人心に対応すべく偽作したものであるが、中世の思想を考えるに際して興味ある現象である。慈円は『愚管抄』の中で、すべてを聖徳太子の予言によって説明するようなことはしていないが、巻第三の聖徳太子の行為の解釈は、そうした当時の風潮を背景にしているものと思われる。ある意味では、『愚管抄』は承久の乱に対する未来記的な側面を持つものともいえるが、それを神秘的な予言によって説くのではなく、歴史の過程に密着して述べていこうとしているところに『愚管抄』の特色があるといえよう。

(34)　上古と中古　『愚管抄』における時代区分は、まず上古・中古・末代の三区分がとられている。上古は、神武天皇から宇多天皇までとし、日本国の正法の時代とされる。延喜・天暦の時代は上古の末、中古のはじめで、この時代に藤原氏の権勢が確立するが、衰えはじめた正法の道理をささえたのが、道長というすぐれた臣下であった。そして、鳥羽上皇の後に起こった保元の乱以後が末代になるわけである。この時代区分とは別に、巻第七では道理の推移をもとに七つの段階に区分することを試みている。この七区分は、一、神武から成務まで、二、仲哀から欽明まで、三、敏達から後一条まで、四、道長の死後、頼通から鳥羽上皇まで、五、武士の擡頭から頼朝まで、六、後白河から後鳥羽の在位まで、七、後鳥羽院政の時代つまり頼朝の死後、という区分になっており、四のつぎの五、六は同じ時期の二つの側面であり、七でふたたび一つにまとめられている。この区分については種々論じられているが、承久の乱直前の時点における慈円の政治的主張であった公武合体の立場を基本として考えられたものであることはたしかであろう。

(35) ここ五十年の間　原文は「コノ五年ガアイダ」とあり、諸本はすべて五年となっている。しかし、五年としては前後の意味が通じないので、村岡典嗣は、承久元年（一二一九）六十五歳であった慈円が、十五、六歳からの五十年間のことを回想したもので、五年は五十年の誤記、あるいは誤字であろうとした。

学術文庫版へのあとがき

この本の初版は、一九七一年六月発行の、中央公論社「日本の名著　9『慈円・北畠親房』（責任編集　永原慶二）」に収められた現代語訳『愚管抄』である。その後、一九八三年に、「中公バックス　日本の名著」として再刊される際に、訂正を加えたので、今度の文庫版は中公バックス版をもとにしたが、またさらにいくつか誤りを正す機会を与えられたことを有り難く思っている。

「日本の名著」には、「中世の歴史感覚と政治思想」と題する解説が付けられていて、「慈円の生涯」「『愚管抄』の世界」という二章を私が書いたが、その後『愚管抄を読む――中世日本の歴史観』（平凡社　一九八六年）の第二章にそれを転載し、現在、同書は講談社学術文庫の一冊になっているので、この文庫版にもとの解説を付載することはしなかった。そのためここでは、ごく簡単に、慈円と『愚管抄』の成立について記しておくことにしたい。

慈円は、天皇家・摂関家内部の権力争いが武力衝突に発展して、武士の政界進出の端緒になった保元の乱の前年、一一五五年に生まれ、東国の武家政権が公家政権を圧倒するに至った承久の乱の四年後に、この世を去った。貴族の時代が終わり、武士の時代の幕が上って行くのを目の当たりにしたわけで、同じ年に死んだ北条政子は、会うことはなかったが二歳下の同時代人であった。

慈円は、平安時代の末に、三十七年の長きにわたって摂関の地位にあった法性寺殿藤原忠通の子で、系図に名を記された十三人の兄弟姉妹の中で、三人は摂関に、一人は太政大臣になった。六人は出家して大寺院の僧となり、三人の姉妹はいずれも皇后になった。

十三歳で出家した慈円は、山門の僧として修行に励み、源平内乱が始まった頃、さらに仏道修行に専念するために隠遁することを願ったが、兄の兼実に止められて、摂関藤原氏出身の僧として、栄達を目指す道を進むことになった。摂関家がかつての栄光を失って行く中で、慈円の兄の基実は平氏と、基房は木曾義仲と、兼実は源頼朝と結んで力を保とうとした。兼実に支えられていた慈円は、親幕派の立場を取り、四度も天台座主に任じられ、『新古今集』の主要な歌人として知られるようになった。

兼実は、右大臣として活動し、摂関になったが、将来を期待した長男良通が突然死し、次男良経にも先立たれて失意の中に没した。慈円は、兄が立てた九条家を守るために、甥良経の子の道家と立子の後見人を自任して、政治的な活動を続ける中に、一二一八年に順徳天皇皇后立子が産んだ皇子が東宮に立ち、一二一九年、道家の子頼経が将軍になる予定で鎌倉に下った。かつて兼実が考え、慈円が受け継いだ、九条家を軸にした公武合体の政権構想が実現するかに見えたのである。

ところが、同じ頃、後鳥羽院の周囲では、実朝が暗殺され、将軍が不在になったのを好機と見て、討幕計画が進められていた。後鳥羽院の計画が現実のものとなれば、慈円の夢は瓦解する。六十代半ばを過ぎた慈円は、その高揚と緊張の中で『愚管抄』を書いたのである。

一二二一年四月二十日、順徳天皇が位を退いて仲恭天皇が皇位を継ぎ、天皇の母立子の弟に当る道家が摂政となったが、五月十五日、後鳥羽院は北条義時追討の院宣を下し、六月十五日には、幕府軍が京方の軍を破って京都に進入した。七月になって、後鳥羽院は隠岐に、順徳上皇は佐渡に流され、仲恭天皇は廃位された。

『愚管抄』は、現存する本では、七巻から成っているが、慈円は、現在の巻第三から書き始めた。巻第三の初めに、全篇の序にあたる文章があり、神武天皇以来の、歴代天皇の皇位継承の次第が記されて行く。直系の皇子が皇位を継いだ国初の時代が終ると、天皇を補佐する臣下が現れ、日本国の政治を支える仏教も伝来して、世の中が移り変わって行き、摂関政治の時代から院政の時代へと進み、院の近臣や武家が政治に介入する時代に入ったところまでを述べて、巻第六を終わる。慈円はさらに、歴史を総括し、この世を立てなおす方策を記した巻第七を書いた後、「皇帝年代記」を書いて、巻第一、巻第二とした。

当時、年代記の形で書かれた歴史書が、一般に用いられていたが、巻第三から巻第六の歴史叙述が、皇位継承に藤原氏の歴史を併せた私的な性格を持っているので、別に公的な年代記を置いて歴史書としての形を整えたものと思われる。全七巻の最後に書かれた巻第二の末尾には、巻第六を書いた後、承久の乱の後のことを記した二度の書き継ぎがある。石田一良、M・ブラウンの英訳『愚管抄』(*The Future and the Past* カリフォルニア大学出版部)は、書かれた順序に従って、巻第三から始められているが、『愚管抄』の読み方としては、理に適った編集であると思う。

それはともかく、『愚管抄』は、国初以来の日本国の歴史を、一人の眼で凝視し続け、一人で書ききった最初の書であった。摂関家に生まれて、貴族社会の政治がいかなるものであるかを知り、仏教界の中心に立って、政治の世界を対象化する眼を持った慈円は、歴史を書く条件に恵まれた希有の人物であったが、慈円の錯綜した思いに耐え得る文体は、当時まだ成立していなかった。慈円は『愚管抄』の記述の仕方について、二度も弁明を書いているが、それでも『愚管抄』を読み辛い書にしてしまった責めを慈円だけに負わせるのは、日本語の文章の歴史を考えると酷に過ぎるのではないかと思われる。

この学術文庫版の刊行に当っては、講談社編集部の阿佐信一氏と、上田哲之氏のお世話になった。感謝して、あとがきを終えたい。

二〇一二年四月

大隅和雄

本書の原本は、一九七一年六月、「日本の名著　9『慈円・北畠親房』」として、中央公論社より刊行されました。本書は、中公バックス版「日本の名著　9」（一九八三年刊）を底本としました。

大隅和雄（おおすみ　かずお）

1932年福岡県生まれ。東京大学文学部国史学科卒業。北海道大学助教授，東京女子大学教授を歴任。東京女子大学名誉教授。専攻は日本文化史。著書に『愚管抄を読む』『事典の語る日本の歴史』（以上，学術文庫），『中世思想史への構想』『中世　歴史と文学のあいだ』『信心の世界，遁世者の心』『方丈記に人と栖の無常を読む』『中世仏教の思想と社会』など多数。

講談社学術文庫

定価はカバーに表示してあります。

愚管抄《ぐかんしょう》　全現代語訳

慈円《じえん》　大隅和雄《おおすみかずお》　訳

2012年５月10日　第１刷発行
2023年２月10日　第14刷発行

発行者　鈴木章一
発行所　株式会社講談社
　東京都文京区音羽 2-12-21 〒112-8001
　電話　編集（03）5395-3512
　　　　販売（03）5395-4415
　　　　業務（03）5395-3615
装　幀　蟹江征治
印　刷　株式会社広済堂ネクスト
製　本　株式会社国宝社
本文データ制作　講談社デジタル製作

ISBN978-4-06-292113-8

「講談社学術文庫」の刊行に当たって

これは、学術をポケットに入れることをモットーとして生まれた文庫である。学術は少年の心を養い、成年の心を満たす。その学術がポケットにはいる形で、万人のものになることは、生涯教育をうたう現代の理想である。

こうした考え方は、学術を巨大な城のように見る世間の常識に反するかもしれない。また、一部の人たちからは、学術の権威をおとすものと非難されるかもしれない。しかし、それはいずれも学術の新しい在り方を解しないものといわざるをえない。

学術は、まず魔術への挑戦から始まった。やがて、いわゆる常識をつぎつぎに改めていった。学術の権威は、幾百年、幾千年にわたる、苦しい戦いの成果である。こうしてきずきあげられた城が、一見して近づきがたいものにうつるのは、そのためである。しかし、学術の権威を、その形の上だけで判断してはならない。その生成のあとをかえりみれば、その根は常に人々の生活の中にあった。学術が大きな力たりうるのはそのためであって、生活をはなれた学術は、どこにもない。

開かれた社会といわれる現代にとって、これはまったく自明である。生活と学術との間に、もし距離があるとすれば、何をおいてもこれを埋めねばならない。もしこの距離が形の上の迷信からきているとすれば、その迷信をうち破らねばならぬ。

学術文庫は、内外の迷信を打破し、学術のために新しい天地をひらく意図をもって生まれた。文庫という小さい形と、学術という壮大な城とが、完全に両立するためには、なおいくらかの時を必要とするであろう。しかし、学術をポケットにした社会が、人間の生活にとってより豊かな社会であることは、たしかである。そうした社会の実現のために、文庫の世界に新しいジャンルを加えることができれば幸いである。

一九七六年六月

野間省一